霧島《きりしま》火山群(霧島錦江湾《きりしまきんこうわん》国立公園内)

主峰韓国岳《からくにだけ》(標高1700m，中央)，天孫降臨《てんそんこうりん》神話の高千穂峰《たかちほのみね》(標高1574m，奥)を始めとして，20数座の火山があり，大浪池《おおなみのいけ》(中央右)などの火口湖が多い。平成23年(2011)1月，新燃岳《しんもえだけ》が爆発的噴火を起こした。シイ・アカマツ・ミヤマキリシマなど，豊かな植生(約1300種類)が残る。昭和9年(1934)，わが国初の国立公園に指定された(霧島国立公園)。昭和39年(1964)，屋久島《やくしま》地区が加わり，霧島屋久国立公園となったが，平成24年(2012)，錦江湾が加わり，屋久島が分離した。平成22年(2010)，日本ジオパークに認定された。

目次

鹿児島県の近現代

近代の横顔——翔ぶが如くに

島津斉彬による近代化

日本近代の扉をたたいたのは欧米の外圧であった。鹿児島は日本列島のなかでまっさきに外圧の洗礼を受けた国（藩《はん》）である。弘化《こうか》元年（一八四四）薩摩《さつま》藩《はん》支配下の琉球《りゅうきゅう》王国にフランス艦隊が通信・貿易・布教を要求し、宣教師フォルカドを残して立ち去った事件（琉球外艦事件）は、ペリー提督の浦賀《うらが》来航の九年前のことである。

薩摩藩は、天保《てんぽう》の財政改革に成功した調所広郷《ずしょひろさと》を家老《かろう》とする第十代藩主島津斉興《しまづなりおき》の時代であったが、調所派は世子《せいし》斉彬《なりあきら》が藩主になることを妨害していた。曽祖父の第八代島津重豪《しげひで》譲りの蘭癖《らんぺき》の斉彬が、せっかく建て直した藩財政をまたあやうくしかねなかったからである。

弘化二年、幕閣《ばっかく》の阿部正弘《あべまさひろ》から琉球問題を一任された斉彬であったが、調所派による妨害により、国許ではなすすべはなく、江戸《えど》へ戻らざるをえなかった。このあと斉彬擁立派のクーデタ計画が露顕し、斉彬派は粛正されるが（お由良《ゆら》騒動）、嘉永《かえい》四年（一八五一）二月、幕府《ばくふ》の横やりにより斉彬は第十一代藩主に就封《しゅうほう》した。斉彬の治世（一八五一〜五八）は、七年余りにすぎなかったが、このとき薩摩藩は、明治維新《いしん》へ向けて動きはじめたといってよい。

日本の近世を農業社会とすれば、近代は工業社会である。この社会変革を達成しなければ、日本は実質

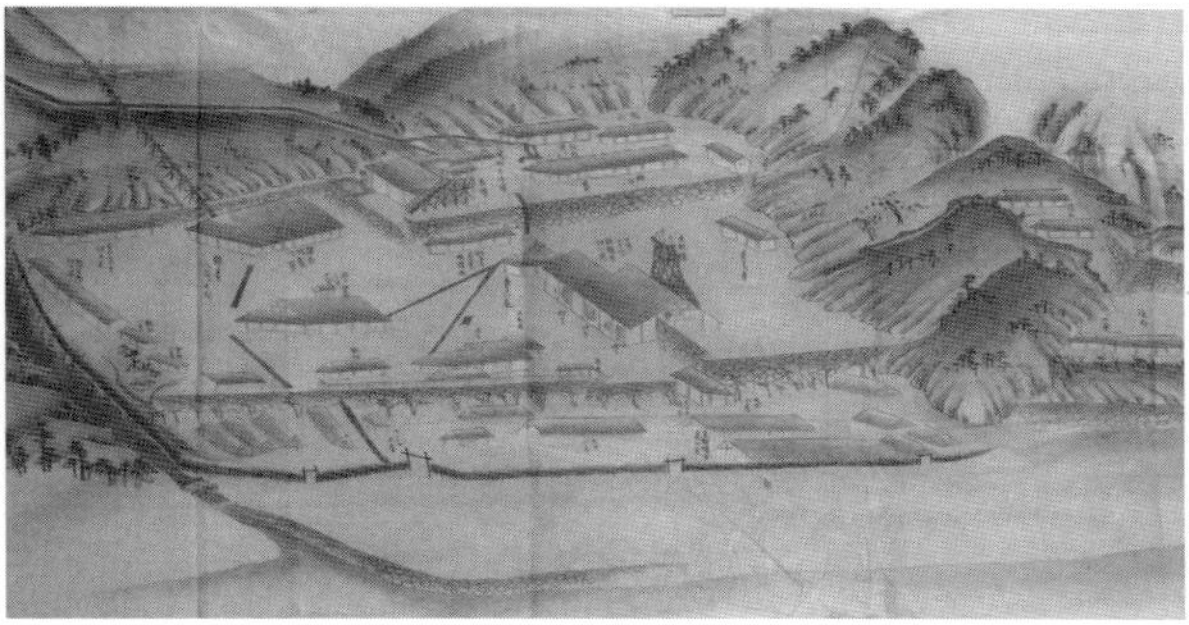

集成館（磯別邸「薩州鹿児島見取絵図」）

的に欧米の植民地《しょくみんち》と化してしまうというのが、斉彬の考えであった。斉彬は、工業化実現のために製鉄・造船・紡績業の基幹産業を移植（集成館《しゅうせいかん》事業）、またモールス通信・銀板写真・活版印刷など、工業化に向けての情報革命に着手した。この改革は阿部正弘の幕政《ばくせい》改革の一翼を担うものであったが、阿部と斉彬の急逝、井伊直弼《いいなおすけ》による安政《あんせい》の大獄《たいごく》により頓座する。斉彬死後、異母弟久光《ひさみつ》が、戊辰《ぼしん》戦争までの一〇年間、薩摩藩の実質的指導者となった。

久光と戊辰戦争・西南戦争

久光により保守の時代に移ったかのようであるが、安政の大獄以降、幕府の攻撃が水戸《みと》藩に集中し、薩摩藩は人材を温存する結果になった。久光は、桜田門外《さくらだもんがい》の変《へん》（万延《まんえん》元年〈一八六〇〉）に際しても慎重論で藩をまとめ、大久保利通《おおくぼとしみち》らの下級改革武士層との連携を保ちながら、中央政界進出の機会をうかがっていた。文久《ぶんきゅう》二年（一八六二）久光は、はじめて卒兵上京し、江戸での幕政改革に成功する。イギリス人殺傷の生麦《なまむぎ》事件が起こるのは、江戸からの帰途であった。翌文久三年、イギリス東洋艦隊を鹿児島に迎えた薩英《さつえい》戦争により、薩摩藩は攘夷《じょうい》の非現実性にめざめたばかりでなく、急速に対英接近をはかることになる。このあと集成館は、軍事と紡績の二部門に集中して経営が拡大され、使節および藩費留学生一九人がイギリスへ派遣された（慶応《けいおう》元年〈一八六五〉）。国禁をおかしての派遣であるから、このころ薩摩藩は公武合体《こうぶがったい》路線から離脱しはじめたとみられる。慶応三年の倒幕《とうばく》につながる薩長同盟《さっちょうどうめい》が成立するのは翌年一月のことである。

パリ万博には薩摩・琉球国としてあたかも独立国を装い参加、幕府の国際的信用を失墜させ、フランスからの大借款《しゃっかん》による幕府軍事力増強の計画をくじいたうえで、大政奉還《たいせいほうかん》、王政復古《おうせいふっこ》の政治改革を主導していった。あくまで倒幕を狙う西郷《さいごう》・大久保らの薩摩藩は、江戸での挑発活動により、鳥羽《とば》・伏見《ふしみ》の開戦を引きだし、緒戦において予想以上の圧勝をおさめた。翌明治二年（一八六九）五月の箱館五稜郭《はこだてごりょうかく》の開城により、戊辰戦争は終結するが、薩摩藩にとっては、じつは同二年からが、大変革の幕開けであった。

明治二年になると、戊辰戦争に勝利した兵士がつぎつぎに凱旋し、藩庁に抜本的な改革を迫った。下級兵士の鉾先は、まず慶応三年十一月に出軍自重論を唱えた門閥《もんばつ》層に向けられた。川村純義《かわむらすみよし》ら下級家臣《かしん》から藩主忠義《ただよし》の面前で自重論を糾弾された宮之城《みやのじょう》一万石《ごく》の領主島津久治《ひさはる》（忠義の実弟）は、領地へ引きこもり、不慮の死をとげている。下級兵士の掲げた改革のスローガンは「門閥の打破・家格の廃止・私領の返上」であった。薩摩藩では久光ら門閥派と西郷・大久保らの下級改革派の連携により倒幕戦争にかかわってきただけに、藩内の政治改革は持ち越されていたのである。明治四年の廃藩置県《はいはんちけん》にいたって久光はじめ旧門閥層の権力が完全に解体した。しかも、太政官《だじょうかん》政府の中央集権化策は、士族《しぞく》全体の特権の解体を迫るものであった。地租改正《ちそかいせい》・徴兵令《ちょうへいれい》・廃刀令《はいとうれい》・金禄公債《きんろくこうさい》発行条例が施行されるなか、鹿児島県だけが政府の政策を骨抜きにした県政を続けていた。明治政府にとり士族への家禄《かろく》の支給が国家財政を圧迫していただけに、金禄公債発行は譲れない政策であった。ところが、明治六年政変で下野《げや》した元参議《さんぎ》の西郷が私学校《しがっこう》をつくり、軍備を強化し、あたかも独立国の動きをしている。内乱の危険を察知した内務卿《ないむきょう》大久保利通は、鹿児島にある弾薬を引き上げようとしたことから西南《せいなん》戦争が勃発、この国内最大で最後の内戦も、半年後に終結し、政府は不平《ふへい》士族の反乱の根絶に成功した。

西南戦争により九州各県、なかでも鹿児島県の被害は甚大であった。西郷軍は私学校生徒一万三〇〇〇人が主力であっただけに、有為の青壮年の大半が死傷した。この間、すべての産業が停滞し、県土が焦土と化した。戦後復興のために大久保は、鹿児島県に特別一〇〇万円の授産金をあたえたが、いずれの士族授産事業も成功をおさめるにいたっていない。なによりも地租改正事業は明治十四年から着手され十八年にやっと完了するありさまであった。また鹿児島県での国立《こくりつ》銀行設立が全国でも最後発だっただけに、せっかくの金禄公債も起業資金としていかすチャンスを失ってしまった。

西田橋（明治初期）

西南戦争後の産業

農業は、明治十四年（一八八一）以降の松方《まつかた》デフレにより打撃を受けた。人口過密の南薩地方から原野の多い都城《みやこのじょう》（庄内《しょうない》）や大隅《おおすみ》地方への開拓移住が旧藩時代に引き続き盛んに行われ、北海道・関西への移住や海外への移民がふえていったのも県内産業の不振の結果である。帆船から鉄道の時代になり、鎖国《さこく》時代に有利であった辺境の県域は、文字どおりの辺境に化してしまった。県内の道路整備はだいたい明治二十年代後半、鉄道の開通は明治四十二年に持ち越されている。それでも大正九年（一九二〇）鹿児島港が開港され、大連《だいれん》・台湾との航路も開かれたが、経済的発展も県都の鹿児島周辺にとどまっている。

農業技術の改良も遅れた。もともと耕地は火山灰土壌の畑地が優勢で、水田耕作は劣勢であったが、明治二十年代後半の加納《かのう》農政により近世の農業技術段階を脱している（湿田の乾田化・正条植の指導など）。

松方デフレによる寄生地主《きせいじぬし》制の進展は、東北のように水田単作地帯ではない南九州では顕著ではなかった。山林が多かったため宮崎県高城《たかじょう》の後藤家《ごとうけ》（九州第一の納税者）のような山林王があらわれている。県下初の小作《こさく》争議は大正九年加治木《かじき》町（現、姶良《あいら》市）で起こっている。

奄美《あまみ》は、藩政時代黒砂糖生産地となり専売制のもと薩摩藩のドル箱であったが、明治六年、大蔵省の自由売買令により専売制の桎梏《しっこく》ははずされたが、鹿児島商人とあらたに大阪商人が参入し、砂糖生産農家は、商人への負債に圧迫され、台風被害が加わったときには「蘇鉄《そてつ》地獄」と称される惨状を呈することもあった。奄美黒糖業は、輸入外国糖の増大に追打ちをかけられた。藩政時代の債務奴隷である家人《やんちゅ》は身分的には解放されたが、自作農に成長するのは困難であった。しかし、あらたに大島紬《おおしまつむぎ》業が中央市場をえたため紬による自活の道が開かれた。奄美からの移住者による大島紬の鹿児島産地も明治三十年代に確立している。

軍国主義から敗戦へ

軍事面において本県は人材の供給県であった。大山巌《おおやまいわお》・西郷従道《じゅうどう》・井上良《いのうえよし》馨《か》・東郷平八郎《とうごうへいはちろう》ら元帥《げんすい》級の軍人が多く、「薩の海軍」とも称せられた。

当初の鹿児島線が「軍事鉄道」と呼ばれ熊本県人吉《ひとよし》経由の内陸ルートに決定したのも軍事的観点からのルート設定であった（明治三十四年〈一九〇一〉）。昭和二年（一九二七）に天皇の奄美行幸《ぎょうこう》があり、奄美では「禁酒興国」運動が起こったが、ワシントン軍縮条約で、日本の軍拡が制約されると、奄美諸島の不沈戦艦としての軍事的価値が高まり、外国人宣教師の存在が奄美要塞化の妨げとなると考えられ、カトリック弾圧事件が起こっている。

昭和十年天皇の行幸による陸軍大演習、十二年日中《にっちゅう》戦争勃発の年に国防婦人会県支部が結成され、西郷隆盛《たかもり》像が勤労奉仕により完成、十六年の真珠湾《しんじゅわん》奇襲攻撃の猛訓練が錦江湾《きんこうわん》で行われ、十二月八日二中《にちゅう》出身の横山正治《よこやままさはる》少佐が特殊潜航艇で真珠湾に突入し、軍神と崇められ、鹿児島は戦時色に染められていった。敗色濃くなると、十七年に完成した知覧《ちらん》や鹿屋《かのや》の飛行場などから神風《かみかぜ》特攻隊が沖縄方面に出撃、鹿児島市をはじめ多くの都市がアメリカ軍の空襲を受けた（鹿児島市空襲で三〇〇〇人以上死亡）。鹿児島は沖縄出撃、本土防衛の最前線であった。

終戦で鹿児島もＧＨＱの占領下にはいったが、昭和二十一年ＧＨＱは北緯三〇度以南の南西諸島をアメ

鹿児島県人口の推移

年　次	世帯数	人	口	
		男	女	計
	世帯	人	人	人
明治11年	126,475	313,282	290,004	603,282
16年	125,575	390,679	379,636	770,333
26年	206,686	521,749	520,071	1,041,820
30年	207,461	541,354	546,433	1,037,787
33年	209,811	560,669	569,230	1,129,899
38年	216,848	592,312	615,786	1,208,098
43年	227,457	649,071	672,161	1,321,232
大正４年	237,191	699,007	727,803	1,426,815
９年	261,128	682,243	733,339	1,415,582
14年	313,547	713,702	758,491	1,472,193
昭和５年	322,088	753,644	803,046	1,556,690
10年	332,623	773,126	818,340	1,591,466
15年	327,684	765,603	823,864	1,589,467
20年	296,187	699,455	839,011	1,538,466
25年	377,620	868,963	935,155	1,804,118
30年	443,176	985,617	1,058,495	2,044,112
35年	470,303	935,282	1,027,822	1,963,104
40年	489,492	872,751	980,790	1,853,541
45年	511,820	803,980	925,170	1,729,150
50年	550,297	804,365	919,537	1,723,902
55年	607,452	839,392	945,231	1,784,623
60年	640,954	856,493	962,777	1,819,270
平成２年	659,880	842,474	955,350	1,797,824
７年	688,646	840,980	953,244	1,794,224
12年	716,600	837,857	948,357	1,786,214
17年	725,045	819,646	933,533	1,753,179
22年	729,386	796,896	909,346	1,706,242

『鹿児島県統計年鑑』などによる。

リカ軍治下に行政分離した。昭和二十六年サンフランシスコ講和条約、日米安保条約調印により、日本は自由主義陣営の一員として国際社会に復帰（昭和三十一年国連加盟）し、朝鮮戦争の特需《とくじゅ》で日本経済は回復するが、トカラ・奄美と沖縄は、冷戦《れいせん》構造のなかで、アメリカ軍による統治が続いた。

戦後の鹿児島

昭和二十七年（一九五二）のトカラ列島（十島《としま》村）復帰、二十八年十二月の奄美の本土復帰により、政治的には鹿児島県の戦後は解消したが、意識の面では四十七年の「太陽国体」によって戦後が終ったといえる。溝辺《みぞべ》町（現、霧島《きりしま》市）に新空港が誕生し、沖縄が日本復帰を果たしビザなしの隣県となったのもこの年である。「太陽国体」は鹿児島県にとって高度経済成長期のシンボルであった。太陽国体開催は県下にスポーツが普及する契機でもあった。昭和四十五年の城山《しろやま》団地造成も周辺台地の住宅地造成を加速させ、鹿児島市域のスプロール化に拍車をかけた（昭和四十二年谷山《たにやま》市と合併、五十五年五〇万都市）。昭和四十七年にいたるまでの県の軌跡は、開発の歩みでもあった。

昭和三十一年春三月、日本で最初の集団就職列車が中卒者を乗せて鹿児島駅を出発した。高度経済成長時代の始まりであり、鹿児島が過疎化する始まりであった。またこの年には大口《おおくち》市（現、伊佐《いさ》市）の曽木《そぎ》発電所（明治四十二年〈一九〇九〉）から生まれた日本カーバイト会社の後身、新日本窒素株式会社のある水《みな》俣《また》市に原因不明の病気が確認されている。昭和三十三年、東京タワーが建てられ関東地域が本格的テレビ時代にはいったとき、鹿児島にもＮＨＫテレビが開局している。

農業構造の改善と環境問題　高度成長時代の鹿児島は農業県であったが、昭和三十六年は画期的な年であった。農業基本法の制定により、農村の貧困からの脱却、農工間の所得格差是正をめざし、農業構造の改善が進められた。「選択的拡大」を合言葉に専作化が進められ、コスト低減のために省力化、すなわち機械化・施設化・農薬化・化学肥料化が進められた。こうして鹿児島県は日本の農業基地と化した。とくに畜産の伸びが顕著で、黒豚・黒毛牛・鶏の生産量は全国一、二位になっている。昭和六十三年、牛肉・みかんの貿易自由化のしわ寄せも農家におおいかぶさっている。この間、畜産飼料は海外からの輸入に大きく依存するようになり、家畜糞尿による環境汚染問題や、農薬除草剤の化学肥料の多投による自然環境の破壊が深刻な問題としてあらわれている。実験的ながら循環型農業への取組みも始まった。

日本のエネルギー基地　田中角栄《たなかかくえい》内閣の日本列島改造の時期、鹿児島は、日本のエネルギー基地とみなされていた。日本石油《にほんせきゆ》（日石《にっせき》）喜入《きいれ》原油基地（現、ＪＸ日鉱日石石油基地）が建設され（昭和四十四年）、新大隅開発計画（昭和四十六年発表）が始まっている。しかし、同時に水俣病などの公害《こうがい》の教訓を踏まえ、住民による志布志湾《しぶしわん》公害反対運動も始まった。九州電力による原子力発電は昭和四十三年に一号炉を川内《せんだい》市（現、薩摩川内市）に建設することが決定、県議会がゴーサインをだしたのは七年後の昭和五十年であった。

奄美は昭和二十八年の本土復帰以降、奄美群島復興特別措置法などにより本土との格差是正がはかられてきた。港湾道路などインフラ整備が中心で、開発による環境問題、ソフト面での遅れなどの問題を積み残しているのが、課題である。平成二十七年度から一括《いっかつ》交付金による改善が始まった。

宇宙産業の新世紀　この時期、鹿児島県だけに特徴的な開発は宇宙関連産業であろう。内之浦《うちのうら》に東京大学宇宙空間観測所が着工され、第一号ロケットを発射したのが昭和三十七年、四十三年には種子島《たねがしま》宇宙センターが初のロケット打上げに成功している。昭和四十五年、内之浦から国産衛星第一号機「おおすみ」が誕生、平成十三年（二〇〇一）には種子島からＨⅡロケット打上げの成功にいたっている。

オイルショックとバブルの崩壊　日本経済への試練は二度にわたるオイルショックであった（昭和四十

八年・五十四年)。日本経済は低成長経済期を迎えたが、省エネ・技術革新によりこの試練を乗りきった。しかし、平成二年にはバブル経済崩壊が決定的となり、市場原理・グローバリゼーションのなかで日本経済は抜本的な構造改革の必要性を迫られた。鹿児島県はどちらかといえば高度経済成長から取り残された観があり、バブル崩壊の直撃は他県よりは相対的に低いとみられるが、低成長・デフレスパイラルによる、倒産・失業の波を蒙った。

市民の時代　バブル経済が崩壊して、政治・経済空白の一〇年間といわれたが、他面からみれば、政治や国の行政に頼れないことを自覚した市民から新しい動き(NGO・NPO)があらわれた一〇年間でもあった。二十世紀の最後の四半世紀は、資源と環境の限界という認識が人類共通のものとなったが、鹿児島県でも、人類と生物が共存するための取組みが始まっている。奄美大島と徳之島《とくのしま》だけに生息している固有種アマミノクロウサギの生きる権利を求めての住民訴訟がその一例である(平成七年提訴、同十四年却下)。また、川辺町《かわなべ》(現、南九州市《みなみきゅうしゅう》)では、長年廃棄していたゴミを掘り起こし、ドイツからダイオキシン処理の研究者を招き、処理の実用化のメドをつけている。世界自然遺産に登録された屋久島ではゼロエミッションの試みがなされている。野生生物の保護とかダイオキシンの問題とかは従来型の地方自治体では、県や国に依存する体質があったと思われるが、住民がみずからの問題として受けとめはじめたことの表れであろう。

二十一世紀になり、農畜産業にも大きな変革が起こりつつある。ヒトゲノムの解析など遺伝子工学の発達により人類は生命現象の深いレベルまで手を伸ばしはじめたが、鹿児島では平成十年全国にさきがけてクローン牛の生産に成功している。花卉《かき》栽培などにもバイオ技術が導入されている。本県特産のイモ焼《しょう》酎《ちゅう》や黒糖焼酎の品質改良はもはやバイオ技術なしには考えられない。本格焼酎がスコッチなみの課税をされた平成十二年以降も焼酎ブームが続いているのは廃液処理法の開発とバイオ技術の導入に企業が取り組んでいるためであろう。同じく本県の伝統的工芸品である大島紬のデザインなどコンピュータを駆使した品質改良の努力が続けられている。大島紬は高度経済成長期、日本人の着物離れ、韓国産の市場参入などで、極端な生産ダウンを余儀なくされたが、今新しい生活嗜好品としての市場開発の可能性を模索しつつある。

　戦後も「台風銀座」と呼ばれるように自然災害に見舞われた。昭和三十三年、県は台風常襲地帯の指定を受けている。終戦直後の九月、枕崎《まくらざき》を直撃した枕崎台風、県土全域に被害のおよんだ昭和二十六年のルース台風など戦後復興に大きな影響をあたえた。豪雨による土石流災害も火山灰台地の弱点となっている。昭和五十二年鹿児島市竜《りゅう》ヶ《が》水《みず》で山崩れが発生し、九人が死亡した。平成五年の八・六水害では甲突《こうつき》川が氾濫、文化財の五大石橋《ごだいせっきょう》も欠損し、一二一人の死者をだしている。桜島《さくらじま》の噴火も大正三年（一九一四）以来の大爆発が昭和二十一年に起こり、平常も降灰に悩まされている。しかし一方では気候は温暖で雨量が多いため災害からの復旧も速く、火山国ならではの温泉が奄美を除く県下各地に湧出するなど自然の恵みも少なくない。

　スケールの大きい自然景観や歴史文化遺産は本県の観光資源でもある。戦後の観光動向は、昭和四十七年の沖縄復帰の前後に区分することができる。昭和三十九年日本人の海外渡航が解禁となったが、月収に比べてはるかに高い航空運賃のため、ハワイなどへの海外旅行ブームは、高度経済成長の後半からの現象である。それ以前、昭和三十五年当時日本の新婚旅行のメッカは宮崎・鹿児島の両県であった。いわゆる

「三島《さんとう》観光」とは、青島・霧島・桜島への観光旅行であった。ちょうど皇室から清宮貴子《すがのみやたかこ》内親王が宮崎県の佐土原《さどわら》島津家に降嫁《こうか》され、三島ブームに火がついた。三島は「島津ライン」とも呼ばれた。このころ、指宿《いぶすき》は、「東洋のハワイ」として南国と温泉で日本の代表的観光地となっていた。また沖縄の本土復帰以前の日本の最南端与論島《よろんとう》観光のブームも起こった。しかし、沖縄の返還と日本経済の発展を機に日本人の観光の主流は海外渡航に移ってしまった。一方、バブル経済崩壊後、平成五年、屋久島《やくしま》が世界自然遺産に日本ではじめて登録されるとエコ・ツーリズム、グリーン・ツーリズムなど新しい観光動向がみられるようになった。

平成元年、九州自動車道の全通、平成二十三年九州新幹線鹿児島ルートの完成（平成十六年新八代—鹿児島中央駅間部分開業）、国分《こくぶ》ハイテク産業など鹿児島のインフラはやっと整備されつつある。過疎・高齢化など地方都市共通の問題をかかえてはいるが、高度経済成長に取り残されたことは、価値観を転換すれば、自然・歴史文化遺産にめぐまれた県土は、豊かな生活を実現するためのかぎりなく高い可能性を秘めているといえよう。

一　明治維新と鹿児島県

「市尋校」と呼ばれた鹿児島尋常高等小学校

1　幕藩体制の解体

高まる凱旋兵士の発言権

戊辰《ぼしん》戦争に出軍した薩摩藩《さつまはん》の総兵数は、銃隊四二小隊・砲隊六隊・軍艦二隻で、戦兵約四五〇〇、総数六〇〇〇余人であった。彼らは明治元年（一八六八）末ごろまでに東北転戦から帰郷した。古代ギリシアの民主政治やローマの共和制も、凱旋《がいせん》兵士の政治的発言権が強まって達成されたといわれるが、戊辰戦争後の薩摩藩でも、門閥家老《もんばつかろう》が握っていた藩政への弊風を打破し、全面的な改革を要求して藩庁へ迫り、下級士族《しぞく》による藩政参加が実現するのである。

版籍奉還《はんせきほうかん》後になされた藩政改革は全国的にみられるが、鹿児島藩では政府の改革指令以前に、一部改革が実施されていた。慶応《けいおう》四年（一八六八）五月までに諸役の廃止・合併や、職制の一部変更がみられるのである。従来の家老座を議政所《ぎせいじょ》に、学制を刷新、軍隊の呼称を近代的な名称へ、会計も勘定奉行《かんじょうぶぎょう》から会計奉行へと改めている。そのほか奥向きに関する従来の役割を廃止または合併して、役人の数を減らし、あまった役人は兵士に組み込んでいる。

このように、本格的な藩政改革の原動力となったのは、下級士族を主とする戊辰戦争の凱旋兵士たちであった。つぎつぎと東北の転戦から帰藩してきた彼らは、戦勝の余勢をかって、下級士族からの人材登用を要求して藩政の改革を求めたのである。戊辰戦争で兵士として出陣したのは、ほとんどが下級士族の小姓与《こしょうぐみ》の出身で家格が低い者たちであった。門閥派は保守的で公武合体《こうぶがったい》論にとどまり、出発に際し消極的意見であったのに対し、下級士族は急進的で討幕《とうばく》論者が多かった。

兵士たちの指導的地位にあったのは、川村純義《かわむらすみよし》・野津鎮雄《のづしずお》・伊集院兼寛《いじゅういんかねひろ》など、戊辰出陣の薩摩藩諸隊の隊長たちであった。彼らは公然と藩父島津久光《しまづひさみつ》に建白《けんぱく》し、現今の時勢を説いて門閥を打破し、家格の高下に関係なく人材の登用を論じた。同じような運動は私領にも起こり、加治木《かじき》では私領の要職を独占してきた役人与の廃止を要求し、鹿児島城下にでて藩庁へも要求して許可を勝ちとっている。このような動きに対して維新《いしん》出陣の参謀《さんぼう》ともなった西郷隆盛《さいごうたかもり》は、日当山《ひなたやま》温泉に湯治《とうじ》中で兵士たちの動きに直接関与することはなかったが、凱旋兵士たちの棟領《とうりょう》とみられていた。一方で小松帯刀《こまつたてわき》・岩下方平《いわしたみちひら》・大久保利通《おおくぼとしみち》らは中央政界に出仕、兵士らの要求を処理できなかった。

野津鎮雄（左）と川村純義

急進勢力の門閥攻撃が続くなかで藩政改革が迫られると、久光は兵士の要求をおさえるために小松・吉井友実《よしいともざね》を帰鹿《きか》させたが、さらに大久保の帰鹿を求め、大久保も応じて二年二月に帰鹿した。大久保は円満解決をめざし、川村・野津・伊集院らの諸隊長に要求の修正を求めたが彼らは承服せず、家老島津久治《ひさはる》（宮之城《みやのじょう》領主、久光次男）を藩主忠義《ただよし》の面前で詰問したので、久治は翌日辞任した。ついで奈良原繁《ならはらしげる》・伊地知貞馨《いじちさだか》などを免職に追い込んだ。彼らは戊辰出陣に際して慎重論を唱えたので、その責任を追及されたのであろう。門閥保守派はあいついで藩政から追放された。

明治二年二月、島津忠義は版籍奉還を自筆の手紙で公表し、門閥の打破や漸次藩政を改めることを告げ、鹿児島城から磯《いそ》の別邸へ移居して、ときどき政庁へ出席するようになった。改革によって藩政と島津家の家政が分離され、同月二十日に新しい藩治職制が定められ、藩政では家老座にかわる知政所《ちせいじょ》と、家政をあずかる知家事《ちかじ》（のち家令《かれい》）に分離された。知政所には執政《しっせい》・参政《さんせい》・公議人《こうぎにん》がおかれた。執政は当分欠員、参政に即日伊地知正治《まさはる》・桂久武《かつらひさたけ》、翌日橋口彦二《はしぐちひこじ》・大迫貞清《おおさこさだきよ》・伊集院兼寛が任じられた。事務局には軍務・会計・糺明《きゅうめい》・監察《かんさつ》の四局がおかれ、総裁・奉行以下の役人が任命された。会計総裁欠員、軍務島津（諏訪《すわ》）広兼《ひろかね》、監察大山綱良《おおやまつなよし》、糺明橋口与一郎《よいちろう》が任命された。これらの役職に就いた者のうち、島津広兼・伊地知・大迫・伊集院・大山などは、戊辰戦争で総督参謀・隊長・監軍などをつとめた歴戦の勇士たちであった。桂と小松帯刀は門閥家ではあるが、ともに勤皇派《きんのうは》有志の代表であった。

二十三日、忠義は村田新八《むらたしんぱち》と日当山の西郷隆盛をたずね協力を要請した。西郷も了承し翌二十四日忠義に従って帰鹿、二十五日参政に就任した。こうして凱旋兵士たちの要求どおり、従来の門閥家老が藩政から追われ、かわって戊辰戦争に活躍した者が担当することになり、下級士族の全面的な藩政掌握が実現するのである。改革がほぼ終了したので、大久保は三月十一日帰京の途に就いた。

藩政参加とは別に、改革の一つに家格の廃止と禄制《ろくせい》の改定があった。上級士族の地位引下げ、下級士族の待遇向上である。明治二年六月版籍奉還が実施されると、知藩事《ちはんじ》禄は現有一〇分の一に分離されることになり、一門以下小姓与にいたるまで家格による称号が廃止され、すべてが士族となったので門閥の弊風は一新された。家禄も従来の私領制が廃止されたので、一門以下九家は一五〇〇石、一所持格など三〇余家は三〇〇石と蔵米《くらまい》二〇〇石《こく》、ほかに一五年かぎり二〇〇石、一般の士族は二〇〇石までが認められた。改革による超過分は藩庫におさめ、一部は二〇〇石以下の士族に一石二〇〇貫文《かんもん》で売買を認めた。なお、郷士《ごうし》については従来の持高《もちだか》一〇〇石を五〇石に制限したので、郷内での平等化はうながされたが、城下士族との経済格差は広まり、士族地主による寄生地主化は小規模にならざるをえなかった。

常備隊と外城郷士のゆくえ

戊辰戦争に参加した薩摩藩の軍隊組織は、慶応二年（一八六六）からイギリス式編成が採用され、城下士族を中心として、大隊長・教頭《きょうとう》・教佐《きょうさ》・小隊長・半隊長・分隊長などの職制がしかれていた。同三年になると、諸郷でも出兵に備えて急速にイギリス式兵制への改編が進められた。

明治元年（一八六八）の軍隊組織は九〇人で一小隊、六小隊で一大隊に編成されていた。城下士族で三大隊、諸郷は一三大隊を数える。大砲隊一大隊には大砲六門が配備されていた。二年二月以後、藩政改革のなかで、軍隊組織にも改革が加えられ、戊辰出陣の経験をいかして整備し、とくに諸郷常備隊の強化に重点がおかれた。兵の種類は銃兵・砲兵・海軍に大別されるが、一時騎兵《きへい》・楽隊・軍医などもおかれた。改革以後、歩兵は兵士四〇人・押伍《おうご》八人で一小隊、八小隊で一大隊に編成された。明治三年正月の総兵員は常備一三一小隊と三分隊であったので、一万二〇六七人、ほかに遊軍・学館《がっかん》兵士・兵器隊・楽隊など一一九〇人がいた。常備隊はこのあとも編成が進められたようで、三年七月兵部《ひょうぶ》省への届出によれば、常備兵だけで一五一小隊とあるので、漸次諸郷で拡充されたことがわかる。

兵士の年齢は一八歳以上三五歳までで、そのうちの選ばれた兵士を常備隊士とし、以外のものは予備隊とした。兵士には若干の俸禄《ほうろく》が支給された。銃器の多くは施条銃が使用された。城下大隊の訓練は隔日に二大隊ずつ実施し、明治三年十月ごろには鹿児島城の前に、旧垂水《たるみず》・宮之城屋敷を取り払い練兵場が設けられた。旧庄内《しょうない》藩主酒井《さかい》忠篤《ただずみ》と旧藩士ら七六人が兵学《へいがく》訓練に鹿児島を訪れたのは、城前の練兵場が完成した直後のことである。参加した松嶺《まつみね》藩（支藩）常備兵小隊長川上信任《かわかみのぶとう》の「鹿児島日記」によると、着鹿翌日より隊別の訓練を始め、さらに練兵場で薩摩兵と合同の訓練を受けている。毎日十時から十二時までの練兵、とくに大砲隊は五砲隊、砲車は馬に引かせて兵士はかけ足、銃隊の訓練もつねにかけ足で、活気にあふれるようすであったと伝えている。さらに練兵場では常備隊二大隊・兵器隊二大隊・大砲隊二隊の訓練が毎日行われていた。

　廃藩置県《はいはんちけん》に備えて、明治四年四月までに城下五大隊と二砲隊が御親兵《ごしんぺい》として上京すると、諸郷の常備兵を召集して城下の警備にあたらせた。戊辰戦争の際、諸郷隊は急編成のためもあって、とくに北越《ほくえつ》の戦闘で資質が城下士族に劣っていることがわかったので、外城常備隊の編成が兵制改革の重要な課題となった。旧藩時代、諸郷の政治は形式的に地頭《じとう》が任命されたが、赴任する者はなく、現地では郷士《ごうし》のなかから選ばれた噯《あつかい》（郷士年《とし》寄《より》）・与頭《くみがしら》・横目《よこめ》の三役が分担して政務をみていた。二年の兵制改革ではこの従来の三役を廃し、かわりに常備隊の小隊長・半隊長・分隊長をおき、軍政のもとに諸郷の振興をはかることにした。さらに小郷では常備隊の編成に不便だとの理由で、二年から三年にかけて郷の統合・合併や分立などがなされた。こうして予備隊を含め、洋式編成による膨大な常備隊が編成され、古い軍隊組織の面目を一新し、藩内だけでなく中央政府の支柱としての役割を意識するのである。

　樋脇《ひわき》の常備隊は二年九月に組織され、小隊長・半隊長・分隊長が知政所から任命され、教導《きょうどう》・小頭《こがしら》（五人）・調助役《しらべすけやく》（二人）、そのほか兵士・付役《つきやく》・夫卒《ふそつ》（二一人）、計七八人で構成された。樋脇小隊は桐野利秋《きりのとしあき》の大隊に、平佐《ひらさ》小隊は野津鎮雄の大隊に属していたので、大隊長は城下の有力者が任じられたようである。兵士の服装は、初め筒袖《つつそで》・袴《はかま》・草鞋《わらじ》に股引《ももひき》であったが、のち洋服と靴にかわったという。左肩に白木綿《しろもめん》をまいてほかの兵士と区別、兵器は小銃四八挺《ちょう》、短七連発銃三挺で、弾薬は一人五〇発、予備弾薬一〇〇〇発ずつが兵器庫から配布されていた。毎月一日と十五日、鹿児島から師範がきて、ラッパや太鼓にあわせてイギリス式訓練を受けていた。

明治四年七月、廃藩置県が達せられると、知政所は、士民動揺なく従来の役職これまでどおり励むように、と達した。知政所は鹿児島県庁と改められ、鹿児島城が兵部省所管となったので十月客屋に移転、さらに五年二月廃止された軍務局跡に移った。旧藩兵の解体にも着手、四年九月十五日、城下・諸郷の全常備兵と予備兵が吉野原《よしのはら》に集められ、一大調練が実施された。参加したのは、御親兵で上京した城下四大隊と二砲隊を除く一万二〇〇〇人、全員がそろったのは最初にして最後であったが、解散を予定して藩と別れる記念式典であったので、全員感慨深く名残の調練であった。

戊辰戦争に参加した兵士の多くは常備隊に編入されたであろうし、解隊後は戸長《こちょう》役場の役人や郷校の教師となった者もみられるが、多くは秩禄《ちつろく》処分によって収入を失い、私学校分校の設置後は同校に入校し、西南《せいなん》戦争に従軍した者が多かったと考えられる。

廃藩置県と島津久光の抵抗

廃藩置県の報に接して、島津久光が悔しさのあまり、屋敷で花火を打ち上げて、気持ちをまぎらわせていたという話は、新政府の施策に対する久光の心情をよく伝えている。さきの版籍奉還でさえ大藩主らは不満であったのに、中央政府が命令した廃藩置県に不服であった久光は、西郷・大久保らの裏切りと考え、以後、病気を理由に上京を再三断わり続けるのである。

廃藩の実施を前に、政府は岩倉具視《いわくらともみ》を勅使として派遣、久光に中央政府の要職に就くように交渉した。結局、久光は病気を理由に辞退し、かわりに忠義が上京するのだが、岩倉は薩長両藩の協力をえるために、明治三年（一八七〇）十二月まず鹿児島着、大久保利通・山県有朋《やまがたありとも》・川村純義らも同行して、西郷隆盛以下の藩重職と会談した。西郷は賛成、桂久武以下も極力政府の改革を支持することを誓ったので、世間で注目されていた薩摩の態度に対する疑惑は払拭《ふっしょく》された。

岩倉は久光の病気をみて忠義に勅書と恩賜品をあたえ、久光が上京するときには必ず西郷を随従せよと伝えた。二十四日久光は病気を押して勅使の旅館を訪問し、西郷は必ず上京させるが、自分は平癒《へいゆ》を待って来春上京したいと伝えた。二十五日西郷も岩倉へ、政府を支持しただちに上京したいと伝えた。実際に翌明治四年一月三日、西郷は大久保・川村・西郷従道《じゅうどう》らと岩倉一行のあとを追い、ともに七日山口にはいった。

山口で西郷・大久保は木戸孝允《きどたかよし》と会談し、三人は高知の大参事板垣退助《いたがきたいすけ》に改革の趣旨を説き、山内容堂《やまのうちようどう》の許可をえて板垣も出京させた。四人は二月二日に入京してきたるべき大改革に備えることになったが、久光は病気を理由に忠義が代理として上京し、毛利敬親《もうりたかちか》は死去したので、当初予定の二人を起用することはできなかった。薩長土の三藩はさらに協力して御親兵をだした。鹿児島藩は城下四大隊と二砲隊が上京したので、御親兵の半分以上を鹿児島兵が占めることになった。一方、城下常備兵の八割がぬけた鹿児島城下には、諸郷常備隊が召集されて警備にあたった。

明治四年七月十四日、廃藩置県が断行された。宮中に召集された在京五六藩の知藩事のなかに忠義もいた。従来の知藩事は東京在住を命じられたが、久光の強い反対もあって、忠義の東京移住はすぐには実現できないままであった。鹿児島県は八月初め知政所から廃藩を達し、士民動揺なく従来と同様に勉励すべしと達した。しかし一部を除き予期せぬ改革であったので、一般士民で茫然《ぼうぜん》として為《な》すところを知らずの者もいて、保守派は不平をいだき、人心動揺の兆しもみられた。

この間の事情は、八月十七日付西郷宛桂久武書翰《しょかん》に詳しい。桂は久光の近況を報じ、人心の動揺は学校と兵隊で維持しているので、すみやかな解兵を行わないように希望している。さらに伊地知正治は県下の人心鎮静のため、西郷・大久保両人のうち一人の帰郷を求めているが、二人のかわりに吉井友実《よしいともざね》・西郷従道が帰郷した。二人は約二カ月間滞在して、八月下旬から事情を説明したので、ようやく人心はしずまったという。置県直後は全国三〇二県あったが、年末までに統合されて三府七二県となった。直後の鹿児島県域は旧藩領の範囲であったが、十一月薩隅日三国の七県が廃され、鹿児島・都城《みやこのじょう》・美々津《みみつ》の三県がおかれた。新しい鹿児島県は旧薩摩国と大隅《おおすみ》国のうち種子島《たねがしま》・屋久《やく》島三二万石余と琉球《りゅうきゅう》国を管轄していた。その後数回の合併分離ののち、現在の県域になったのは明治十六年である。

　廃藩に対する久光の不平を、「副城公御不平論の義、なんとなく世間中に響きわたり、尹宮《いんのみや》（中川宮朝彦《なかがわのみやあさひこ》親王）とならんで論じられる義に御座候」と西郷も述べている。明治四年末、鹿児島藩権大参事《ごんのだいさんじ》大迫貞清が上京してきた。用件は、空席となっている鹿児島県令《けんれい》に久光を就任させよという、大山綱良県参事の建白書をだすためである。旧知藩事で県令への就任を希望したのは宇都宮《うつのみや》県ぐらいのものである。この要求を知った西郷らは、三条実美《さんじょうさねとみ》をして断わらせる解決策をとった。朝廷では出京をうながしているのに、病気猶予中に県令就任を願うのは「以《もっ》ての外《ほか》」と一蹴《いっしゅう》した。西郷は一月十二日の手紙で一件は落着したと伝えているが、鹿児島での久光の機嫌は相変わらず悪く、久光の次男宮之城家の久治も、時勢の推移を憤慨して自殺してしまった。西郷が「兵隊の破裂（近衛兵《このえへい》の紛議）は恐ろしくもこれなく候えども、副城公の着発弾には何とも力及ばず大よわり」と述べるほどである。

　久光は廃藩でも逆上したが、翌明治五年西郷が明治天皇に随行して一

島津久光肖像画（キヨソネ筆）

○日も鹿児島に滞在しながら、久光の御機嫌伺いにでなかったことにも激怒した。久光は一日行在所《あんざいしょ》を訪れ、徳大寺実則《とくだいじさねのり》宮内卿《くないきょう》に謁して一四条の建白書を提出し、西郷や大久保の悪口を盛んに述べて、徳大寺と論争したという。西郷は帰京後このことを知らされた。西郷は自分の不行届を謝すために、十一月休暇をとって帰鹿し、久光の詰問に対して詫状《わびじょう》をだしたのである。

2　旧藩時代の遺産

専売砂糖のゆくえ

廃藩置県後、奄美《あまみ》群島産の黒砂糖をめぐって、大蔵省と鹿児島県とのあいだで、現物納か金納かについて攻防が展開された。旧藩時代、奄美大島・徳之島《とくのしま》・沖永良部《おきのえらぶ》島・喜界《きかい》島・与論《よろん》島などでは、年貢米《ねんぐまい》のかわりに黒砂糖が納入されており、残りの糖もすべて買い上げて、米・大豆などの生活必需品や日常の雑貨などが支給され、生産される黒砂糖の大部分が藩庫におさまる仕組みであった。

鹿児島県は黒砂糖の現物納を改めて、国へは金納したい意向であった。明治五年（一八七二）度分産糖について、年貢糖と残糖を県が一括して大阪で換金し、運賃など雑費を差し引いて、租税を大蔵省へおさめたいと願い出た。大蔵省の解答は、現糖のまま大阪租税寮出張所に提出せよ、ということであった。実は県はこれより以前、独断で黒砂糖の現物納をやめて金納とし、残糖の総買入れも改めていた。さらに県が直接黒砂糖に関与することをやめ、鹿児島の豪商数人が組織した大島商社に業務を継承させていた。商社は島民代表としての与人《よひと》と契約して、全島の産糖を買い占め、島民はその代金から租税を納入する仕組みであった。「大島代官記」によると、明治五年夏、島民の嘆願によって、大島詰検事岩元六右衛門《いわもとろくえもん》・筆者柏木厚之助《かしわぎあつのすけ》が、与人太三《ふとりみ》和良《わら》・基俊良《もといしゅんりょう》などをつれて出県し、年貢糖と残糖も売払いを大島商社と契約している。

県はすでに明治五年九月、島民に対して金納を許し、産糖は大島商社の手で換金されていたので、大蔵省指令の現糖を納入することはできなかった。そこでふたたび金納を大蔵省へ申請したが国は許さず、六年一月またもや現糖の納入を命じた。両者はたがいに譲らず紛争が展開されたのである。六年二月、県は島民へ金納と米糖勝手作《かってさく》を達してしまったことを告げたが国は認めず、あくまでも現糖納入を命じた。三月になって大蔵省は方針を転じ、奄美群島の税制について政府案を示した。大島ほか四島の租税は、米額を基本として代糖上納であった制度を改め、五年度上納の砂糖額を今後の租糖の定額とする。年貢糖以外は自由に売買してよいが、当分のあいだはこれまでのように米穀をあたえ、給与米の量をふやす。年貢糖は大阪へ運び換金する、というものであった。大蔵省の態度は強硬であったが県も屈せず、六年五月陸奥宗光《むつむねみつ》租税頭《そぜいのかみ》へ、旧習一洗の恩恵を島民へほどこし、金納を認めてほしいと請願した。陸奥は残糖売却の契約について、全島民の意志ではなく一部島民によるものとして、県の介入があったことを暗に指摘し、契約した糖価も安いので商社の動きを監視せ

奄美大島の産糖額

明治年	産糖額
	斤
元年	9,491,275
2年	11,052,750
3年	6,198,834
4年	7,626,669
5年	7,999,101
6年	6,853,766
7年	4,903,618
8年	5,459,049
9年	7,636,176
10年	6,071,408
11年	5,806,033
12年	6,301,930
13年	7,412,802
14年	3,635,148
15年	4,393,045
16年	5,171,622
17年	4,858,768
18年	7,145,073
19年	7,996,009
20年	3,307,787
21年	5,381,580
22年	7,741,121
23年	12,211,442
24年	9,474,002
25年	8,240,866
26年	6,473,971
27年	7,374,831

「大島代官記」による。

よと命じた。

こののちも県と大蔵省の攻防は続くのであるが、県は明治六年七月、国の指令により五年度分年貢糖の延納を請願することになり、年貢糖の半分を現糖で上納し、残りの半分は一〇年賦延納を申請した。国はいったん全額を完納し、半分は一〇年賦貸付けとしたいので、島民の詳細な請願書の提出を命じた。書類は書式不備として却下され、書式を整えた三度目の貸付願いによって、八年四月半額分六万余円が一〇年賦で貸し付けられ、さらに六年度分からの金納が許されることになった。

従来は年貢糖を確保するために、一定の耕作を半強制していたが、甘蔗《かんしょ》耕作への強制が緩和されると作付面積は減少し、七・八年度産糖は急に減少した。理由の一つに大島商社との契約が不当に安価であったこともあるという。県は増産を奨励したので、その後いくらかはもちなおした。

大島商社は旧藩時代の総買入法を継承したので、完全な自由取引ではなかった。糖の取引が県の手を離れたにすぎない。大島商社にだけ砂糖を売り、物品の購入も商社を通じて行われていた。明治五年夏、鹿児島で契約したのち、島民と商社との紛争が生じたのは、契約が島民にとってけっして満足すべきものではなく、旧藩時代の仕法とたいして変わらなかったからであろう。政府は年貢糖以外は勝手売買を許し、内地商人もたがいに往来して交易するようにと達したが、県は島民に伝えず、船便の不便さから商人も現地にはいることはむずかしかった。

明治八年末、商社と島民間に砂糖の値段に関する紛争が起こった。五年産糖売却分について県が利潤の四分を商社に下付したことで、島民が異議を申し立てた。結果、四分は島民に戻され、かわりに八年産糖を平均相場より一〇〇円低い値段で商社に売却したことが島民の不服を生み、戸長を通じて県に嘆願、商社は譲歩して救助金を支出しようとしたが県が許さず、商社と島民との険悪な関係が続き、県の斡旋《あっせん》で九年三月契約一七条が成立した。おもな点は、糖価は一斤旧銭一貫五〇〇文とし、配分を島民九〇〇文、商社六〇〇文とし、高低の場合は折半する。島民用の米・大豆・綿・油は産糖予想に応じて注文し、生活品雑貨は島民帳面で申し込むことで一応妥協が成立した。しかし大多数の島民は不服で、契約破棄と正副戸長に対する攻撃が続いたが、十一年商社との契約も満期となり、以後ようやく島民は売買の自由をえたのである。

沖永良部島では大島商社のかわりに、鹿児島下町の商人矢野作兵衛《やのさくべえ》・同善左衛門《ぜんざえもん》の両人が担当し、年貢糖は十金納、残糖は日用品雑貨を購求する取決めに従って明治六年から実施、島民との紛争はなかった。ここでも十一年以後は自由売買となった。与論島も同様であったと考えられる。喜界島では商社と取引関係があったというので、この商社が大島商社であったとすれば、大島・喜界島・徳之島のいわゆる三島が大島商社の管理下にあったと考えられよう。

その後の集成館事業

集成館《しゅうせいかん》は薩英《さつえい》戦争でイギリス艦隊の砲撃を受け、主要な施設は灰燼《かいじん》に帰していた。その後再興に着手、鋳砲場を設け、蒸気力による鉄工機械をイギリスから買い入れ、慶応《けいおう》元年（一八六五）には機械工場（現、尚古《しょうこ》集成館の建物）が竣工《しゅんこう》し、主として大砲を製造、艦船の修理にもあたっていた。ここで製造された四斤山砲《しきんさんぽう》は戊辰戦争に威力を発揮、維新後も長四斤砲・短四斤砲・十二斤臼《きゅう》砲《ほう》と砲弾などを製造し、職工のなかには士族も勤務を許されていた。

明治三年（一八七〇）十二月、庄内《しょうない》藩から軍事訓練に来鹿した支藩松嶺藩の川上信任《かわかみのぶとう》は、兵事訓練を終了した午後七時すぎ、築地《つきじ》お茶屋の宿所から磯の集成館見学にでかけ、参観を許されている。それによると、時間が遅かったせいか職工は見習工が多かったが、全工場で操業が続けられていた。門をはいった正面の事務所に掛員が詰め、左に製鉄所・大砲の弾丸製造所・大砲鋳造場・仕上場・雷帽子《らいぼうし》製造場・砲銃床台製造所・四斤半砲施条《せじょう》砲製作所などがあり、あらゆる兵器があちこちで製造されていると述べている。さらに右には製綿（紡績所）や製糸場、そのほかさまざまな製作機械類があり、精米所や製糖所もある。職工は毎日六〇〇余人が従事していると述べ、ここでつくるラッパは東京よりも優れているので、帰藩して軍事訓練のために五個を注文しているほどである。

『鹿児島県史』によれば、廃藩置県後の集成館は砲器・弾薬の製造機関であった。明治四年の集成館の概況は、蒸気機械所・鋳物《いもの》所・皮滑《かわなめ》所・鍛冶《かじ》所・硝石《しょうせき》所・製薬所など二六の工場があり、就業する職工は六八三人である。

当時の製造能力をみると、施条長四斤砲は鉄製と銅製に差がなく、一挺の製作日数は三〇日ほどで、同短四斤砲は五日で完成している。砲弾は長四斤砲弾一日当り一五〇発ぐらい、十二斤臼砲弾は一日三〇発ぐらい、雷帽子は一日一万発ほどが製造されたという。廃藩後、鹿児島県が政府にだした報告書によると、経費は年額約六万両にのぼっている。慶応二年が約二万両であるから、戊辰戦争の体験から大量の兵器・弾薬の増産に乗りだしたのであろう。

集成館は廃藩後、新政府へ引き渡された。明治五年三月に大砲製造所と改称され、同年四月陸軍省の所管となった。七年三月海軍省の所管に移され、海軍造船所と改称している。しかし、十年一月私学校徒《しがっこうと》に襲撃され、砲器・弾薬を掠奪《りゃくだつ》されたので、二月初旬閉鎖され、一時は私学校徒が支配して、集成館の旧名で弾薬などが製造されていた。ちなみに奪われた弾薬は水に浸《つ》けられ、使用できなくなっていた。

西南戦争後はふたたび官有となり、その後民間に払い下げられたが、明治二十二年七月島津家の所有に戻り、

鹿児島紡績所（明治期）

経営権が他人に譲渡されて機械類が製作されていたが、まもなく閉鎖された。二十三年島津家が再興、三十年代にはいると、島津家の鉱山事業が活発になったので、諸製作機械が整備され、磯島津家集成館として鉱山用機械を中心に製作されたが、日本の産業界の発達に即応できず、大正四年（一九一五）閉鎖され、機械工場だけが「石蔵《いしぐら》」と呼ばれ残されていた。

大正七年二月二十六日付『鹿児島新聞』によると、在京一記者の記事に、教育博物館の建設を論じた記事がある。当時全国的な傾向として、学校教育・社会教育の一機関として、図書館・博物館の設置・増設がみられるようになった。山口県の教育博物館・福岡県の図書館の拡大計画に対して、在京の鹿児島県出身者たちが貴族院議員山之内一次《やまのうちかずつぐ》を中心に、鹿児島に教育博物館を建設する計画があった。山之内は県内務部長に相談し、磯の旧集成館石造建物を予定している、建物は斉彬《なりあきら》公に由来する歴史的価値があり、建物を博物館に転用するには、天井や窓をガラス張りにすれば、多額の経費を要せずして立派な博物館になる構想である、と説いている。三月十六日付新聞では、鹿児島市の中央部に新築される案に変わっているので、磯の石造建築転用案は消滅したらしい。

県の博物館建設構想とどのようなつながりがあったかは不明だが、島津家では残っていた集成館の石造建物機械工場を改築して、博物館に使用することになった。建物の改築見積りが大正八年十月にだされ、全国各地の刑務所を設計した司法省の山下啓次郎《やましたけいじろう》技師が、改築工事の設計・監理にあたった。工事は九年九月に完成、十二年五月に開館した。展示品は島津家に伝えられた資料が中心である。鹿児島の博物館としては、八年四月十九日、南洲《なんしゅう》墓地奥に開館した鹿児島市教育参考館につぐ施設となった。

3 宗教と教育の改革

廃仏毀釈と寺院

鹿児島における廃仏毀釈《はいぶつきしゃく》は、ほかに例をみないほどに激しいものであった。すでに江戸《えど》時代から、平田《ひらた》派国学者《こくがくしゃ》らを中心に廃仏論が盛んに唱えられていたが、鹿児島でも平田派国学者の後醍院真柱《ごだいいんみはしら》や国学者の田中頼庸《たなかよりつね》などが復古神道《ふっこしんとう》・廃仏を強く主張していた。事実、後醍院真柱から古典の講義を受けていた島津斉彬は、時報鐘以外の寺の梵鐘《ぼんしょう》をすべて鋳《い》つぶして武器の製造を計画していたが、これは、斉彬の急逝《きゅうせい》によって実行されなかった。

慶応元年（一八六五）、藩内の少壮武士らは、水戸《みと》藩にならい廃仏断行・僧侶還俗《そうりょげんぞく》を建議し、これを受けて藩でも廃仏の計画を進めた。明治元年（一八六八）、明治新政府が成立し、「神仏分離令」が発布されるや、鹿児島ではただちにこの実施が通達された。しかし、藩内には島津家ゆかりの寺院が多く、藩ではその処置に苦慮していた。しかし、翌年藩主島津忠義の夫人暐姫《てるひめ》が死去すると、「御前様御逝去については、方今、復古の御盛典基《もと》づかれ、御葬祭向きは全て神国の礼式を以《もっ》て遂行さるべき旨仰せ達せられ候」と、葬儀を神式で実施することを決定したため、廃仏の動きは一挙に進むこととなった。さっそく、同年六月には、「中元《ちゅうげん》・盂蘭盆会《うらぼんえ》の儀、……御領国中一同御禁止仰せ付けられ候、左候て、祖先祭祀《さいし》の儀仲春・仲冬両度に執行いたし候様仰せ付けられ候」と、中元・盂蘭盆会の廃止と先祖祭りの神式化が命じられた。また、八月には、すべての寺領が没収され寺院に大きな打撃をあたえた。ただし、僧侶の授産を積極的にはかり、また当面の食料を支給するなどしたため、大きな混乱はなかった。この結果、藩内一〇六六寺はすべて廃寺となり、二九六四人の僧侶はすべて還俗した（数字は慶応二年）。僧侶の三分の一は兵士になったという。十一月には、大龍寺《だいりゅうじ》・不断光院《ふだんこういん》・慈眼寺《じげんじ》などの島津氏ゆかりの大寺も廃され、翌年一月には、著名寺院にあった墓地も「これまで銘々御墓所の儀寺号をもって相唱え来り候処、すべて廃せられ候に付、以来右の通り諸所地名を以て相唱え候様仰せ達せられ候」ということになった。仏像や経典はすべて焼きつくされ、あるいは河川の堤防に使われるなどして破却され、石像の仁王《におう》すら首を打ち落とされるという徹底した廃仏毀釈の嵐が吹き荒れた。

以後、鹿児島県内には、数年間一寺もない状態が続いた。島津家ゆかりの寺院も、たとえば島津家代々の菩《ぼ》提《だい》寺《じ》福昌寺《ふくしょうじ》は鶴峰《つるみね》神社に、貴久《たかひさ》の菩提寺南林寺《なんりんじ》は松原《まつばら》神社に、義弘《よしひろ》の妙円寺《みょうえんじ》は徳重《とくしげ》神社に、忠良《ただよし》の日新寺《じっしんじ》は竹田《たけだ》神社にそれぞれ改められてしまった。

鹿児島において、廃仏毀釈がこのように徹底して遂行されたのは、旧藩時代以来、寺請《てらうけ》制度がなく、僧侶の社会的役割が小さく地位も低かったこと、早くから一向宗《いっこうしゅう》禁制が徹底して行われ、庶民のなかに仏教信仰の浸透定着が未熟であり地下信仰化していたことなど、仏教と民衆との結びつきが比較的希薄であったことが大きく影響していたと思われる。

一向宗解禁と農民

戦国時代、浄土真宗《じょうどしんしゅう》の信徒たちは一向一揆《いっき》を組織し、戦国大名と対立し大名によって禁圧されてきた。江戸時代になると、ほかの宗派と同様に幕藩体制のもとに組織され、檀家《だんか》仏教化してしまった。ところが、鹿児島藩ととなりの人吉《ひとよし》藩だけは、戦国時代以来の禁圧政策が維持されていた。

明治になって、藩の宗門方《しゅうもん》は廃止されたが、この方針は継続された。そればかりか、廃仏運動の高まりや、解禁をみこして他県から布教の目的で僧侶が入薩し、当時県政の実権を握っていた私学校徒が彼らをスパイ視して、禁圧を働きかけたため、禁圧方針はかえって強化されるありさまであった。そうしたなかで、信徒たちはさまざまなカモフラージュをして自分たちの信仰を維持していた。

知覧《ちらん》町に昭和中期まで勢力を張っていた「細布講《ほそふこう》」もその一つである。これは、近所の主婦たちが夜集まって木綿糸を紡《つむ》ぐという、内職仲間の形をとりながら、実は僧侶から法話を聞くのである。細布講を組織したのは、西本願寺《にしほんがんじ》からきた大魯《だいろ》師で、彼の死後は永田正源《ながたせいげん》が引き継いだが、たび重なる拷問にたえかねて自殺した。

西本願寺鹿児島別院

このように、禁圧を避けて油講とか煙草《たばこ》講などというカモフラージュをした信者組織は各地で盛んに組織されていた。彼らはガマという洞穴《ほらあな》に集まって阿弥陀如来《あみだにょらい》像をおがみ、法話を聞いた。その信仰心はきわめて強かった。明治六年（一八七三）九月には、県北部の大口《おおくち》で、禁圧に赴いた士族に対し数百人の信徒農民たちが竹槍《たけやり》や薙刀《なぎなた》で抵抗をした「一向一揆」が起こっている。

真宗解禁の直接のきっかけとなったのは、明治九年八月の宮崎県との合併であった。当時、宮崎県は信教の自由を認めていたから、両県の合併にあたって、宮崎県側に禁教を行うとすれば大きな抵抗が予想された。そこで、県令の大山綱良は、禁教担当の野村忍介《のむらおしすけ》らに諮問《しもん》した。野村は、西郷隆盛の意見を聞いた。西郷は、合併された旧宮崎県側に禁教を徹底するのは不可能であり、最近は禁教もしだいにくずれてきつつあることや、隣県に説教を聞きにいく者が一万四、五千人おり、彼らが他県の僧侶に寄付する金もばかにならないこと、あるいは、禁制をかいくぐって入り込む僧侶がしばしば質が悪いのは、禁制があるためである、などとして全県の解禁を主張した。これによって、県の解禁の方針は決定した。

明治九年九月五日、県参事田畑常秋《たばたつねあき》の名で「各自宗旨の儀、今より人民各自の信仰に任せ候条此の段布達《ふたつ》候事」との布達がだされた。ただちに、信者代表はこの朗報を京都の本山《ほんざん》に伝えた。本山は、権中講義小田仏乗《ごんちゅうこうぎおだぶつじょう》らを鹿児島に派遣することとなった。彼らが、鹿児島にはいったのは九月二十三日であった。一行は、鹿児島市泉《いずみ》町の田原喜助《たわらきすけ》宅を仮説教所とし、十月十一〜十四日には記念の大法会《ほうえ》が行われた。仮説教所は、のち呉服《ごふく》町に移り、さらに築《つき》町に寺務所が開かれた。大谷《おおたに》派（東本願寺《ひがしほんがんじ》派）は九月下旬に権大講義細川千巌《ごんだいこうぎほそかわせんがん》らが鹿児島にはいり、仮別院を開いた。しかし、廃仏毀釈によって寺院はすべて破壊され、やがて、西南《せいなん》戦争が起こって鹿児島は焦土となったため、布教は容易ではなかった。それでも、戦争が終るとしだいに布教も浸透し、県外から寺院の移転もいくつか行われて、ようやく教勢は県内に深く定着するようになる。現在、浄土真宗はもっとも強大な勢力を誇るにいたっている。

学校教育の創始

旧藩時代の藩校造士館《はんこうぞうしかん》は、維新《いしん》後の藩政改革によって開成所《かいせいじょ》を併合し、新しく和学局《わがくきょく》をおき、和・漢・洋の三局による教育がなされていたが、明治四年（一八七一）正月改正され、上級学校にあたる本《ほん》学校と、下級の小学校四校、ほかに郷校《ごうこう》もおかれ、生徒数一八〇〇余人を数えていた。郷校には城下《じょうか》郷校と外城《とじょう》郷校とがあり、それぞれ出願申請の順によって、第一・第二と番号がつけられ、

明治初期の就学情況

		明治６年	明治８年		明治10年
			鹿児島県	宮崎県	
総人口		810,833	821,352	388,508	1,209,173
学齢人員			140,887	58,934	201,212
小学校	公立	98	99	372	692
	私立				25
生徒	学齢内	9,605	19,220	20,967	46,150
	学齢外	3,461	9,861	1,375	7,691
	合計	13,066	29,081	22,342	53,841
人口百中就学率		1.61％	3.54％	5.75％	4.45％
学齢就学率					22.94％

『鹿児島県教育史』による。

城下一五郷校と外城一二一郷校まであった。

明治五年、「邑《むら》ニ不学ノ戸ナク、家ニ不学ノ人ナカラシメン」と学制が頒布《はんぷ》されると、本県でも文部省の方針に従って小学校を開設することになったが、旧藩時代寺子屋《てらこや》などの庶民教育施設に乏しかったので、ただちに学制に示された正則《せいそく》小学校を設置することは不可能であった。そこで正則小学校に準ずるものとして、各地の郷校を変則《へんそく》小学校として認め、しだいに正則小学校に移行させる方針がとられた。変則小学校では七〜八歳で入学し、読書（初級で三時教《さんじきょう》・孝経《こうきょう》・内国史略《ないこくしりゃく》・四書《ししょ》）、手習《てならい》（いろは・片仮名・数字・往来物《おうらいもの》名頭《ながしら》国尽《くにづくし》）、数学などの課目があり、ほかに日曜日の講釈聴聞などがあった。変則小学校による郷校の整備が一段落すると、八年七月、正則施行を全県下の郷校に布達した。

正則施行にあたって最大の困難は、免許状をもった正式教員の不足であった。早急に大量の教員を養成する必要があった。明治八年十一月明時館《めいじかん》跡に設立された小学正則講習所は、翌九年二月二十三日鹿児島師範《しはん》学校と改称し、同年九月四日開校した。東京師範学校第二回卒業生で、九年二月二等訓導《くんどう》として鹿児島師範学校に着任した山形県新庄《しんじょう》出身の北条巻蔵《ほうじょうけんぞう》の記録によると、初年度の師範生徒は五一人、ほかに伝習生五五人、伝習生乙二一人が学んでいた。伝習生は九月〜十一月の三カ月間の短期養成である。前年正則講習所に学んだものは各郷から二人ずつ推薦され、修了者一一〇人は成績によって、

県下の学区・小学校数(明治16年11月)

	学区数	改定小学校数	初等・中等高等科あり	初等・中等科あり	初等科のみ	女子小学科あり	巡回授業学舎
鹿児島郡	12	41	11	14	13	3	
日置郡	13	47	13	3	30	1	
谿山郡	2	14	2	12			
阿多郡	3	16	3	12	1		
給黎郡	2	14	2	9	2	1	
揖宿郡	5	17	5	1	11		
頴娃郡	3	12	3	6	3		
川辺郡	11	45	7	14	23	1	26
高城郡	2	14	5	3	6		
出水郡	9	34	9	11	14		
伊佐郡	9	33	9	12	12		
薩摩郡	11	32	11	12	9		
甑島郡	3	12	3	2	7		
菱刈郡	4	8	4	1	3		
始良郡	17	44	17	7	20		
桑原郡	9	28	9	8	11		
噌唹郡	16	77	20	28	29		
肝属郡	11	41	11	22	8		2
大隅郡	10	36	10	19	7		
大島郡	26	118	5	17	96		
南諸県郡	5	28	3	17	7	1	
熊毛郡	4	29	3	13	13		
馭謨郡	4	15		6	9		
合計	191	755	165	249	334	7	28

『鹿児島県史』第4巻による。

四等・五等準訓導と一等〜四等準訓導補の資格があたえられ、それぞれの出身地に帰って正則小学校の教育が開始されていた。ところが県内の小学校教育は西南戦争のために中断されることになった。教師はもちろん上級生徒の多くが薩軍に投じ、戦死者も多数でたからである。なお女子教員養成も、東千石《ひがしせんごく》町に小学正則女子講習所が設立され、九年十月に女子師範学校と改称した。

　西南戦争後に再出発した本県の小学校教育は、鹿児島師範学校の再建と併行して、県外から東京そのほかの師範学校の卒業生を教師に迎えて整備されていった。明治十二年教育令がだされ、町村ごとに公立小学校を設けることが定められ、修業年限の八年も四年間までの短縮が認められると、学校数も漸増した。森有礼《もりありのり》文部大臣による十九年学校令の小学校令で、尋常《じんじょう》小学校四年、高等小学校四年とし、尋常小学校が義務年限とされた。

前にも少しふれたが、変則小学校での学科課程は、初級から三級まで級によって内容は異なるが、学科は読書・手習・数学の三科で、読書は四書など従来の儒学《じゅがく》に関するもの、日本・中国の史書のほか、英仏語の学習もあった。手習は公用・私用文書、数学は加減乗除・比例式・算盤《そろばん》などであった。七、八歳から就学、修業年限なし、毎月試験をして等級を定めた。日曜・祝祭日（六日）と冬休み（一九日）、夏休み（三〇日）が休業日であった。

正則小学校初期の科目など不明な点が多いが、鹿児島師範学校の科目では、読物・算術・書取・問答・作文・習字などである。読物は五十音図に始まり、地誌略・小学読本など、書取は小学読本中の漢字熟語、問答は生理学、算術は分数・小数、作文には題をあたえ、習字は楷書《かいしょ》が課された。師範学校で学んだことがやがて小学校で教授されたと考えられる。小学校の呼び名も変わった。城下に、初め一郷校から一五郷校があったが、変則小学校では一番校・二番校のように数字で呼ばれたらしい。正則小学校では地名や町名をつけた小学校名となった。変わった順序は次のようになる。

一三郷校—一番校—新町《しんまち》小学
一四郷校—二番校—向江《むかえ》小学
一五郷校—三番校—西田《にしだ》小学
城下第一—小学第一校—鶴嶺《つるみね》小学

名前が変わったのは明治九年三月、城下では男子一九校、女子八校、翌十年県下では六九二校を数えるが、なかにはまだ変則小学校程度の学校が多数含まれていたのであろう。

鶴嶺小学の教員構成をみると、校長の職名はなく、校長に相当するのは筆頭の二等監事梅北休兵衛《うめきたきゅうべえ》であろう。教職員は四等準訓導四人、五等準訓導一人、一等準訓導補一人、四等準訓導補一人、用度司《ようどし》一人、計九人であった。

なお、私立小学校の特殊な学校として、島津家の家庭小学校が磯にあった。島津忠義の子どもたちの教育のため明治二十七年に設けられた学校で、忠重《ただしげ》・忠備《ただみつ》などのほか、旧家臣の子弟も学友として学んでいたが、忠重は成人後上京、忠備・忠備の弟淳之助《じゅんのすけ》も上京が決定して、三十一年十月廃校が決まった。

二　士族王国と西南戦争

私学校跡（鹿児島市）

1 最大の士族反乱となった西南戦争

私学校と大山綱良県政

廃藩置県《はいはんちけん》によって県令《けんれい》が発令された県もあるが、しばらく参事《さんじ》・大《だい》参事・権令《ごんれい》などが代行した県も多かった。鹿児島県では大山綱良《おおやまつなよし》（一八二五〜七七）が明治四年（一八七一）八月権参事に、同年十一月参事、同六年四月権令、同七年十月県令に任命され、同十年三月解任されるまで五年八カ月の県政であった。

大山県政の始まる直前、鹿児島城下士族《じょうかしぞく》の大部分は、西郷隆盛《さいごうたかもり》（一八二七〜七七）の御親兵《ごしんぺい》設置のため、歩《ほ》兵《へい》四大隊と砲兵《ほうへい》二大隊が上京していたので、城下の治安維持には外城《とじょう》常備隊にあたらせていた。大山県政にとって城下士族団の不在は好都合であった。しかし明治四年八月に起きた御親兵解隊事件で、夫卒《ふそつ》をいれて一五〇〇余人が帰郷してきたが、まだ大部分は近衛兵《このえへい》や海軍に残っていたので、それほど大きな影響はみられない。

ところが明治六年政変に敗れた西郷隆盛が帰郷すると、桐野利秋《きりのとしあき》・篠原国幹《しのはらくにもと》・別府晋介《べっぷしんすけ》らをはじめとする軍人や文官たちは、西郷下野《げや》に従って辞官帰郷する者があいついだ。加治木常樹《かじきつねき》の『薩南血涙史《さつなんけつるいし》』には一四六人の名前があり、兵士までいれると六〇〇余人になるという。

西郷の帰郷より少し前、明治六年七月には近衛兵を二年の満期で退役した一三〇〇余人も帰郷していた（『旧記雑録追録《きゅうきざつろくついろく》』八）。これらの帰郷者たちは、戊辰《ぼしん》戦争の凱旋者《がいせんしゃ》として、版籍奉還《はんせきほうかん》後の藩政改革で、従来の家《か》老《ろう》などを藩政から引退させた者でもあった。厄介《やっかい》な兵隊たちが帰ってきたことになる。

私学校《しがっこう》の建設は、西郷に従って帰郷した者の代表者辺見宗助《へんみそうすけ》らが、将来の一大事に備えて毎月数回集まる場所がほしいと西郷に相談した。同じころ、近衛兵の帰郷者の渋谷精一《しぶやせいいち》らも、将来のために学校をつくって教育することを願い出ていた。西郷は両者の考えは同じだとし、桐野利秋・篠原国幹・村田新八《むらたしんぱち》らの意見も聞いて、学校を建てることにした。この学校が私学校と呼ばれるもので、鹿児島県が設けていた本学校《ほんがっこう》に対して私学校と呼ばれるようになった。

学校の敷地は、一月ごろは木屋場《きやば》跡（鹿児島城本丸《ほんまる》の前、現在の裁判所付近）が予定されていた（「西郷隆盛の動静探索」『西郷隆盛全集』第五巻）が、六月には旧厩《うまや》跡（現、国立病院機構鹿児島医療センター）へ変更された。西郷の学校創設を知った大山は、用地取得のために上京して、陸軍省に払下げを願い出たが、不許可になった。同年八月に、大山は東京から篠原国幹・渕辺群平《ふちべぐんぺい》に宛てて、「近日中に許可がおりそうだから、厩跡に建築を始めてよい」と手紙（『西南紀伝』）を送っている。

このように大山は西郷に対して全面的な協力をみせるのであるが、以前の二人はけっして親密な関係ではなかった（芳即正《かんばしのりまさ》「県令大山綱良と私学校」『敬天愛人』第八号）。どちらかといえば西郷が大山を非難しているのである。大山の態度の変化について、「この建設問題に全面的協力の姿勢を鮮明にすることで、兵隊連中とのわだかまりを解きほぐすことにしようと考えたのではないか」（芳前掲論文）と説くように、先述の帰郷兵たちの存在は、大山県政にとって大きな問題であった。

大山県政にとって地租改正《ちそかいせい》と秩禄処分《ちつろくしょぶん》は最大の難事であった。鹿児島県の禄制《ろくせい》改革は幕末《ばくまつ》まで知行《ちぎょう》制であったので厄介であった。給地高《きゅうちだか》については明治五年八月蔵入地《くらいりち》とし、諸納費を差し引いた額、高一石《こく》につき三斗六合の米が支給され、同六年二月、士族の世禄《せろく》は永世家禄《えいせいかろく》としてあたえられた。しかし八年九月の金禄《きんろく》

区長・副区長一覧（明治９年）

区名	職名	人　　名	前　　官	西南戦争時の部署
加治木	区　長	別府晋介	少佐	６・７番連合大隊長
	副区長	越山休蔵	少尉	６番大隊長
	〃	児玉強之助	中尉	７番大隊長
宮之城	区　長	辺見十郎太	大尉	小隊長
	副戸長	松永　高	海軍大尉	〃
	〃	長崎通直	中尉	〃
菱　刈	区　長	村田三介	少佐	〃
	副区長	木原胤澄	軍曹	（半隊長）
出　水	区　長	山口孝右衛門	島根県参事	小隊長
	副戸長	桂　正介		
谷　山	区　長	伊東直二	大尉	小隊長
伊集院	区　長	仁礼景通		本営附
	副区長	森岡昌武	大尉	小隊長
加世田	区　長	広瀬景明	海軍大尉	押伍
	〃	（後任）餅原正之進		分隊長
	副区長	八木彦八	中尉	〃
	〃	（後任）西郷小兵衛		小隊長
	〃	（後任）高城七之丞	東京府出仕	〃
高　山	区　長	重久敦周	大尉	〃
	副区長	坂本清絹	中尉	〃
	〃	国分寿介	中尉	〃
種子島	区　長	小倉知周	海軍大尉	〃
	副区長	堀　為宝	大尉	〃
	〃	伊地知弥兵衛	軍曹	半隊長
高　江	副区長	山下喜衛	中尉	小隊長

『鹿児島県史』による。

への改正では金禄に改めず、依然として現物で支給されていた。さらに九年八月の金禄公債発行では、上京中の大山が大蔵省と交渉し、一般給地（門地《かどち》）・浮《うき》免地《めんち》（自作地）・抱地《かけち》（自作地）などの売買家禄については、とくに一〇カ年分の公債を支給し、利率も一割にするという特権を獲得していた。この鹿児島士族にだけ認められた特権は、大山が秩禄処分を実行するにあたって、鹿児島士族団を納得させる策であった。

土地制度史上の四大改革の一つとされる地租改正事業は政府にとっても大事業であったが、多数の士族をかかえる鹿児島県にとっては難事業であった。給地高改正が行われたとはいえ、士族の土地所有への執着は強かった。相当の反対が予想される。この反対を押さえるために大山が打った手が、私学校幹部を県下の区長・副区長に採用することであった。人選について大山が西郷に依頼し、西郷が答えた手紙数通が残っている（『西郷隆盛全集』）。手紙によると、西郷自身が選ぶのではなく篠原や池上四郎《いけがみしろう》らに托されていたことがわかる。『鹿児島県史』に載せられた区長などは前ページ表のとおりであり、西郷の推薦者と若干の違いがみられるが、大山によって修正されたのであろう。旧厩跡の私学校本校には、交代で正午まで出席する決りであった。下校した彼らはやがて公学校《こうがっこう》（郷校《ごうこう》）の施設を利用して、昼すぎから夜にかけて、子弟の教育や会議などをする私学校分校が城下各地に開かれるようになった。大山県令による区長への私学校生採用以後、県下全域に分校が設立されていったのは当然のことであろう。西南《せいなん》戦争における鹿児島士族団の養成はこうしてなされた。大山綱良県令は大きな役割を果したことになる。

肥薩の天地を血にそめて

明治九年（一八七六）十月末ごろから始まっていた鹿児島士族団の動揺は、神風連《じんぷうれん》の乱にも西郷隆盛が動きをみせなかったことから、しばらく沈静化の動きをみせていたが、翌十年一月末に政府側がひそかに磯《いそ》の弾薬を搬出したことから、一部の私学校徒が火薬庫を襲撃する事件が起こり、ついで二月初め、墓参の名目で帰郷していた中原尚雄《なかはらなおお》以下警視庁関係者らが逮捕され、西郷暗殺が自供されると、士族団の動きは一気にあわただしさをみせはじめた。

二月六日、急を聞いて遊猟中の根占《ねじめ》から帰った西郷は、私学校幹部が提案した、西郷暗殺を政府に尋問するため、陸軍大将として率兵上京することを承認した。部隊編成は二月十四日、旧鹿児島城の前、熊本鎮台《ちんだい》第二分営（明治六年十二月焼失後解隊）の旧練兵場《れんぺいじょう》で行われた。城下や外城から応募した私学校生は五〇小隊に分散配属される。一小隊二〇〇人、一〇小隊で一大隊、五大隊約一万人が集まった。二月十五日（この日は旧暦正月三日であり、慶応《けいおう》四年〈一八六八〉鳥羽《とば》・伏見《ふしみ》戦で勝利をえた正月三日を吉日として、上京出発の日に選んだという）一

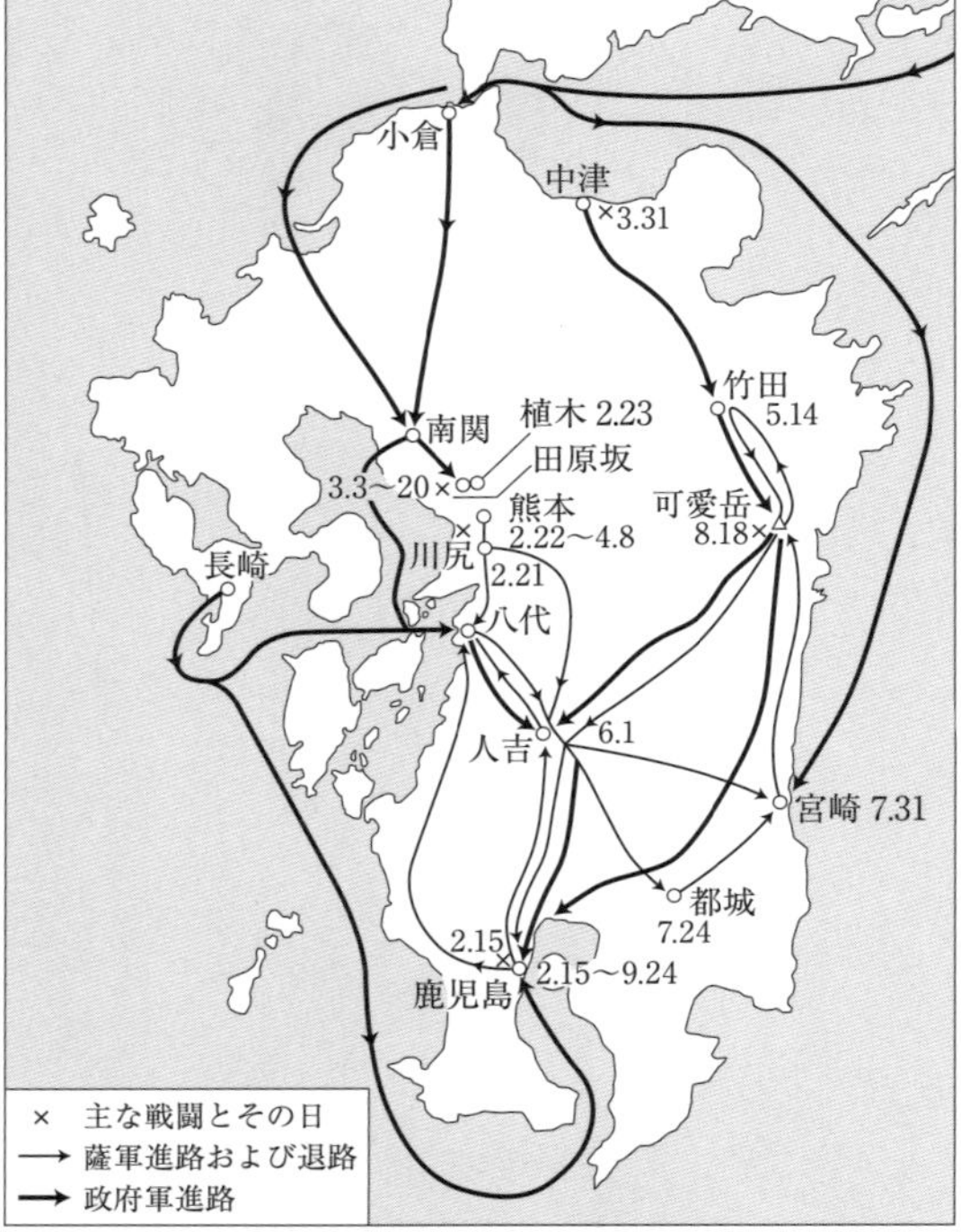

西南戦争要図（日本文化の会編『日本を創った人びと24　西郷隆盛』による）

番大隊は西目《にしめ》街道（現在の国道三号線沿い）を、二番大隊は東目《ひがしめ》街道（加治木《かじき》・大口《おおくち》・人吉《ひとよし》経由）をとり、六〇年来の尺余の雪を踏んで出発した。翌日三番・四番大隊が二道に分かれて続き、十七日五番大隊は西目を、西郷幹部隊と砲隊は東目街道を進んだ（砲隊は鹿児島―加治木間は海路をとったが、西郷は重富《しげとみ》まで陸路、脇元《わきもと》から加治木まで海路）。加治木など数カ郷の区長をしていた別府晋介は、同地方の参加者約一五〇〇人を別働隊二大隊に編成して、一足早く熊本に迫ろうとしていた。

熊本県四課（警察）は明治九年末から十年初めにかけて、鹿児島県士族団の動きを探偵し、鹿児島の動きをよく知っていた（宮下満郎「西南戦争における熊本県の探索」『敬天愛人』第二～六号）。薩軍は二月二十日に別府隊が川尻《かわじり》に到着するが、熊本鎮台司令長官谷干城《たにたてき》は、薩軍を迎え撃つべく前日に熊本城を焼き、砲台を築き地雷を埋めて戦闘準備を整えていた。その夜から小競合《こぜりあい》が起こり、二十一日にも発砲があったが、後続部隊が川尻

▲西南戦争(錦絵。永島孟斎筆「鹿児島の暴徒出陣の図」)

◀西南戦争城山堡塁

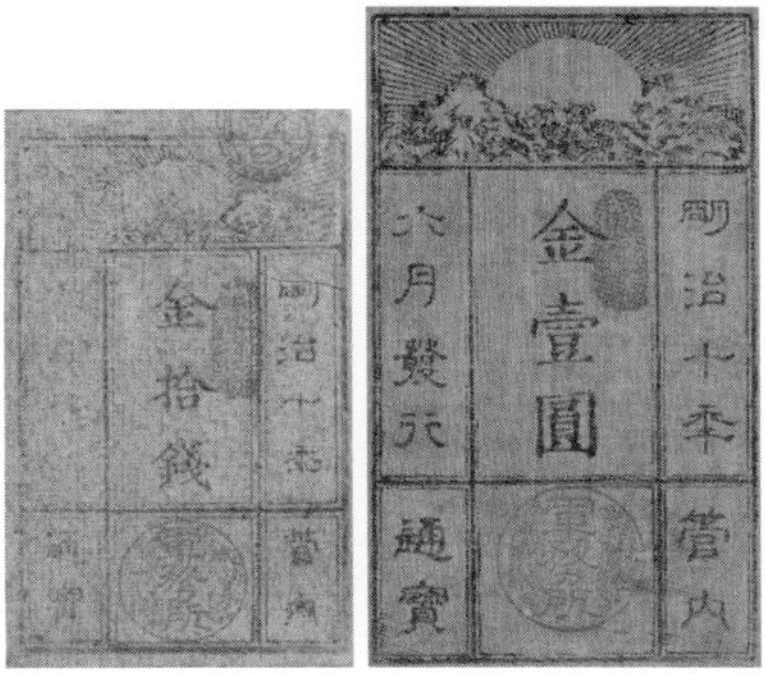

◀西郷札

■西南戦争

明治10年に勃発した西南戦争は，８カ月の長きにわたって南九州各地を主戦場にして繰り広げられた。そのようすは，錦絵《にしきえ》としても多く残されているが，速報が意識されており，新聞の役割を担っていたこともわかる。同年９月，薩軍・政府軍あわせて１万3000人余の死傷者をだし，国内最後の内戦は幕を閉じた。

に到着した二十二日、正面軍と背面軍の二手から熊本城総攻撃が開始され、ここに全面的な西南戦争へと突入するのである。

西郷は二十二日に熊本に着いた。ただちに戦略会議が開かれる。熊本城総攻撃を続行するかどうか、初めは篠原国幹（第一大隊長）の熊本城強攻策が支持されたが、遅れて着いた野村忍介《のむらおしすけ》は小倉《こくら》進軍策を主張した。熊本城攻撃に参加できなかった功を取り戻そうとしたのだという。西郷や桐野利秋（第四大隊長）の決断で、熊本城長囲策《ちょういさく》に決し、一部の部隊が熊本鎮台の動きを封じ、主力部隊は田原《たばる》・吉次《きちじ》方面に向かうことになった。

一方、政府軍の小倉連隊の進軍も始まっていた。二十二日、乃木希典《のぎまれすけ》が率いた二箇中隊は、植木《うえき》で薩軍の村田三介《さんすけ》隊と衝突した。伊東直二《いとうなおじ》隊の援護で追撃し、連隊旗を奪取するなど緒戦の戦果は大きかった。しかしぞくぞくと繰りだされる政府軍に対して、薩軍は田原坂《ざか》から吉次峠《とうげ》にかけての防衛ラインを築かざるをえなかった。なかでも田原坂の攻防は激しく、雨のなかで一進一退が繰り返された。

激しい銃撃戦のなかで、銃弾を撃ちつくした薩軍は、政府軍に肉迫して抜刀戦を採用した。個人による抜刀戦は以前にもあったろうが、集団による抜刀戦は三月五日の田原坂での戦いである。抜刀戦はその後も続けられ、個々の戦いではかなりの成果をあげている。政府軍でも警視抜刀隊を組織するほどであった。長びく戦いに薩軍の戦傷死者はふえていく。幹部では二月二十七日高瀬《たかぜ》で西郷小兵衛《こへえ》が戦死、三月四日吉次峠で第一大隊長の篠原国幹を失った。田原坂の攻防戦も戦死者の補充が続かず、三月十七日には退却を余儀なくされた。

田原坂正面軍の苦戦を知った政府軍は、黒田清隆《くろだきよたか》指揮の背面軍を八代《やつしろ》に上陸させた。薩軍八代方面軍の指揮長永山弥一郎《ながやまやいちろう》（第五大隊長）はよく防いだが、四月十二日民家に火を放って自刃《じじん》した。八代背面軍は十四日に熊本城と連絡がつくが、前日の十三日に桐野は西郷の本営《ほんえい》を木山《きやま》に移すことを主張し、薩軍の熊本からの撤退が始まった。その後も矢部《やべ》・浜町《はままち》をへて、薩軍の本営は人吉に移った。
　薩軍は兵力を補充するため、二次・三次の募兵を行っているが、人吉以後は農民兵まで組織せざるをえない苦しさであった。このような補充兵による戦力補強はあったが、人吉も支えきれず、約一カ月で宮崎へ敗走する。この間戦線は拡大し、薩隅の各地で一進一退を繰り返しながら、宮崎方面への敗走が続く。高鍋《たかなべ》を追われ、延岡《のべおか》へと追いつめられ、最後に長井村《ながいむら》に包囲された西郷は、八月十七日全軍に投降を命じた。薩軍の多くはここで投降した。護送される投降者のなかに、看護にあたった数人の女性の姿があったという。
　投降を拒否した私学校幹部を中心とする約五〇〇人は、西郷を守って可愛岳《えのだけ》突破に成功し、宮崎県の山間部を追われながら、九月一日鹿児島の私学校を奪回した。しかし政府軍の重包囲に阻まれて、補充兵も入城できず、しだいに城山《しろやま》の一隅へと追いつめられていく。九月二十四日早暁、政府軍の総攻撃によって薩軍は壊滅し、西南戦争は終った。

西南戦争の県民犠牲者

内訳	国名	士族	平民	合計
戦死	薩摩	人 2,118	人 133	人 2,251
	大隅	976	36	1,012
	日向	608	42	650
行方不明	薩摩	676	49	725
	大隅	276	10	286
	日向	265	28	293
計		4,919	298	5,217

『鹿児島の歴史』による。

　国内最後で最大の内戦となった西南戦争には約一万三〇〇〇人の私学校兵と、高鍋隊・延岡隊・飫肥《おび》隊・佐土原《さどわら》隊・熊本隊・協同《きょうどう》隊・竜口《たつぐち》隊・報国《ほうこく》隊・人吉隊・中津《なかつ》隊など、熊本・宮崎・大分からの参加者を加えて約三万人が戦い、六〇〇〇人を超える戦死者をだした。政府軍は約六万人が従軍し、一万六〇〇〇人余が戦傷死した。

非西郷派の人びと

　鹿児島の士族団の多くは私学校党の挙兵に応じた。しかし出兵を忌避した城下士族や地方の門閥郷士《もんばつごうし》たちもいた。旧練兵場での大隊編成に続いて出兵が始まると、「両島津家《しまづけ》（忠《ただ》義《よし》・久光《ひさみつ》）も西郷とともに挙兵した」、「いやまったく関係ない」など相反する巷説が飛びかうなかで、島津家への旧恩を忘れぬ者は、旧主の護衛の名のもとに、千二、三百人がかけつけたという。彼らは政府の暴挙を憎むが、西郷らの徒も傲慢無礼《ごうまんぶれい》とし、多くは旧門閥の輩《やから》で、七〇〇年来の恩顧にむくいるのはこのときとばかりに、集まった封建《ほうけん》旧守党ともいうべき頑固の者や、賊徒を恐れ警衛に名を藉り内心は保護を受けようとする者たちであったという（「丁丑乱概記《ていちゅうのらんがいき》」）。

五月三日、兵火が眼前に迫ると、忠義や久光は桜島《さくらじま》の横山《よこやま》へ避難した。それを聞いて庁下・諸郷にいたるまで数千人が護衛と称して渡島した。桜島の士族がもっぱら移転の作業にあたったが、諸郷からも三〇人ぐらいが従事し、ことに加世田《かせだ》・重富の士族が多かったという。指揮したのは川上十郎左衛門《かわかみじゅうろうざえもん》や東郷弥十郎《とうごうやじゅうろう》・内田《うちだ》政風《まさかぜ》らであった。

西南戦争に参加した戦士の年齢を、口供書《こうきょうしょ》や懲役人筆記でみると、二〇代や三〇代が圧倒的に多い。西郷や幹部級の年齢に近い者や、それを上回る者は数えるほどの少なさである。薩軍の従軍者は、私学校党の者と彼らに強制された若年層の者が大部分で、一家の戸主《こしゅ》や社会的に重要な地位にある者は不参加者が多かった。とくに地方の有力郷士層は、それぞれの地方で産業界の指導者の立場にあり、彼らの目は地域の振興こそ重要な課題であり、戦争には批判的であった。原口泉は『西郷王国の崩壊』で、「非西郷派の共通した特徴は、地方の門閥有力者、地主、豪農《ごうのう》、篤農家《とくのう》、産業開発者である」として、次の人びとをあげている。

出水《いずみ》の伊藤祐徳《いとうすけのり》、伊藤家は出水郷で代々郷の行政・司法・軍事をつかさどる噯《あつかい》（郷士年寄《としより》）役をしてきた上級郷士で、一〇〇石の家禄を有していた。祐徳は幕末《ばくまつ》に一〇八人の出水郷兵士を率いて動乱の京都に出軍し、御所《ごしょ》を警固、やがて鳥羽・伏見の戦いに参加し、まもなく若き西園寺公望《さいおんじきんもち》の山陰鎮撫総督《さんいんちんぶそうとく》の護衛、とくに参謀として丹波《たんば》・丹後《たんご》・鳥取・但馬《たじま》などに出軍した。

西南戦争では祐徳も薩軍の大小荷駄方《にだかた》として出軍し、人吉では弾薬・食料などの補給を担当、六月には出水隊六〇〇人の総指揮官として郷土出水の防衛にあたったが、なぜか戦いなかば政府軍に降伏《こうふく》したのである。伊藤の降伏を薩軍に対する叛旗《はんき》または裏切りとみなすこともあるが、伊藤は初め薩軍に従軍することに積極的ではなかった。西郷より年長の五二歳でもある。消極的な伊藤に対し、挙兵の直前、区長山口孝右衛門《やまぐちこうえもん》をはじめとする出水の私学校徒たちは、刀をぬいて従軍を迫ったという。伊藤家の奥座敷の柱や鴨居に残る刀傷の跡はそのときのものと伝えられている。

伊藤家は五代にわたって出水郷の干拓地開墾に携わり、祐徳も安政《あんせい》七年(一八六〇)出水郷庄潟《しょうがた》の浜干拓工事の監督を命じられ、五年後の文久《ぶんきゅう》四年(一八六四)に二五〇ヘクタールの広大な干拓に成功している。彼は武人である一方、有能な土木事業家でもあったのである。六月、政府軍の出水総攻撃を受けて、強勇を誇った出水軍団は敗れ、宮之城《みやのじょう》へ退き、まもなく降伏する。伊藤としては、降伏することで郷土出水の被害を最小限にとどめようとしたのであろう。

田布施《たぶせ》郷の噯役宮内善左衛門《みやうちぜんざえもん》は、安政年間(一八五四~六〇)から吹上浜《ふきあげはま》砂防工事に従事、私費三〇〇貫《かん》も投じて荒地数十町歩《ちょうぶ》を開墾した。明治二十四年(一八九一)に病没するまで、四五年も砂防林育成に尽力した人物である。西南戦争が勃発するとやむなく工事を中断して桜島へ避難した。宮内が舟に乗り込んだら討手が迫っていて危機一髪の脱出であった。田布施郷門閥の宮内家は当然頭に立つべきだと目され、中立であることは許されなかったのである。

大口郷噯役の有村隼治《ありむらじゅんじ》夫妻の場合は悲惨であった。有村家は天保《てんぽう》改革のとき曽木川《そぎがわ》改修工事を指揮し舟運を開いた功績があった。西南戦争では一次出兵を拒否したが、田原坂敗退後の三月、隼治は夫人スマと別々に呼びだされ、斬殺された。有村が官軍に内通したというのが殺害の理由であった。

高山《こうやま》郷曖役の宇都宮東太《うつのみやとうた》も非協力的であった。高山の士族たちは国学者《こくがくしゃ》である東太に私淑《ししゅく》していた。西南戦争の募兵が始まると、私学校生であった河俣《かわまた》ら三人がなんども帰郷して従軍を呼びかけたが、応ずる者は少なかった。しかし最後は東太も時勢に抗しきれず、「一東三日ハッチケ（行け）」といったと伝えられる。同郷のみんなにつきあった従軍であったといえよう。

菱刈《ひしかり》・太良《たら》郷の戸長《こちょう》伊地知嘉兵衛《いじちかへえ》・時任時之助《ときとうときのすけ》は、初め西郷軍を支援するが、のちには政府軍に協力した。同じく菱刈郷の要職にあった山下竹之助《やましたたけのすけ》は豪放で見識があり、西郷とは親交があったにもかかわらず、挙兵に反対して官軍にはいり、流れ弾にあたって戦死した。山下も菱刈郷にあっては、田中新田《たなかしんでん》などいくつかの開墾・土木事業に貢献した産業開発者であった。

志布志郷の大慈寺《だいじじ》には勤皇僧《きんのうそう》で名高い柏州和尚《はくしゅうおしょう》がいた。西南戦争では順逆の理《じゅんぎゃくことわり》を説いたために私学校徒から迫害され、寺領の田之浦《たのうら》に追われた。田之浦は柏州が安政四年（一八五七）開田したところである。柏州はほかに砂鉄採掘などの産業開発にもつくしている。

西郷家の家庭教師北条巻蔵

山形県新庄《しんじょう》出身の北条巻蔵《ほうじょうけんぞう》が、西南戦争後の明治十二年（一八七九）、武《たけ》村の西郷家に招かれて二年間家庭教師をつとめたことは、鹿児島ではすでに忘れさられていたが、山形県ではよく知られており、中野豊政「大西郷の遺孤を教育した北条巻蔵先生」（『山形県教育』第三三五号、大正七年三月）が発表されている。

北条巻蔵は安政元年（一八五四）十月、新庄藩士北条左近太《さこんた》の長子として生まれ、幼名を松二郎《まつじろう》といった。

幼少時代から漢学《かんがく》・礼法《れいほう》・和算《わさん》などを学んだ。戊辰戦争では藩主の弟戸沢大格《とざわだいかく》に従ったが、若年であったので戦場にでることはなかった。父の左近太は一隊の隊長となり、新政府軍として出陣したが黒森《くろもり》の戦いに敗れ、責任をとって自刃した。

明治六年十月、巻蔵は選ばれて東京師範学校二期生（二〇人）として入学、二年間の修学をおえて同八年十月卒業した。翌年二月、新設される鹿児島師範学校の二等訓導《くんどう》として来鹿した。新庄出身の北条巻蔵がなぜ鹿児島に赴任したのだろうか。奥羽鎮撫総督《おううちんぶそうとく》参謀であった大山綱良が当時鹿児島県令であり、大山は父左近太を知っていた縁故からではないかという説もある（田口一夫「西郷家の家庭教師　新庄藩士北条巻蔵」）。しかし巻蔵より前に、和歌山県出身の鈴木敏勝《すずきとしかつ》や小久保直五郎《こくぼなおごろう》（出身地不明）が二等訓導として着任しているので、とくに巻蔵が指名された訳ではないと思う。師範学校の師員のうち、三人以外は三等準訓導以下であるので、三人だけが東京師範学校の卒業生であろう。鹿児島県の教育振興のために、大山県令は二〇人の卒業生のうち三人を招いた。鹿児島出身の政府要人への働きかけがあったのは当然であろう。

旧西郷屋敷見取図（石川静正筆）

この時期に風俗・習慣・言語の異なる鹿児島に赴任した巻蔵は、かなりのとまどいを覚えたようだが、信念と誠意をもって鹿児島県教育の近代化に努力したようである。西南戦争が起こると、鹿児島出身の山形県令三島通庸《みしまみちつね》は、西郷を欽慕《きんぼ》する鶴岡《つるおか》士族の蜂起を押さえさせ、県内から巡査を募集して特別旅団《りょだん》に送り込んだ。この警視隊員の一人鈴木広《ひろし》は新庄出身で、巻蔵が鹿児島にいたことを知っていた。ある日雑貨屋で北条巻蔵のことを聞いてみた。

店の主人は巻蔵のことをよく知っていて、新しい教育のために一生懸命努力した人だった、と話してくれた。

巻蔵が遺した「備忘録」は、多くは教育関係の記事であるが、鹿児島方言もあり、現在では死語になった言葉もある。同じく採集した歌謡は卑俗な歌詞が多い。妻のある身で単身赴任した巻蔵の慰みになったのであろうか。鹿児島県景況と題したページには、明治九年ごろのようすが記されて興味深い。市街は不潔きわまり、人民はおおむね野蛮頑固で、傲慢無礼《ごうまんぶれい》であり、放歌吟詩《ほうかぎんし》、半裸体の者が多い、と手厳しい。また人力車《じんりきしゃ》が多く、断髪《だんぱつ》・廃刀令《はいとうれい》がよく実行され、保守的なのは三郎《さぶろう》（久光）党《とう》だけである。二月に大門口《だいもんぐち》の遊郭が廃され、跡に牛肉店や鰻《うなぎ》店ができてたいへんにぎわっているなど、鹿児島の開明ぶりも伝えている。名望がもっとも高いのは西郷で、桐野がこれに続き、大山を非難する者はないが声望はない。ほかに西郷党三〇〇〇余人の動向なども伝えている。

明治十年二月、西南戦争の直前に、巻蔵は薩軍への参加を決意していたが、二月十三日、大山県令から菅実秀《すげさねひで》（旧大泉《おおいずみ》＝庄内藩大参事）への専使《せんし》を依頼されたという。西郷と旧庄内藩士との交友には次のようないきさつがある。江戸市中取締役《えどしちゅう》の庄内藩は、慶応三年（一八六七）十二月二十五日、江戸の薩摩藩邸を焼打ちした。この報が上方《かみがた》に達し、鳥羽・伏見の戦いが始まった。その後奥羽越列藩同盟《おううえつれっぱんどうめい》が結成されると庄内藩も参加した。最後まで新政府軍と戦った庄内藩は、降伏式で厳しい処分を覚悟していたが、参謀黒田清隆は勝者の威を張らず、藩主酒井忠篤《さかいただずみ》以下を丁重に扱い、処分も寛大なものであった。この寛大な処分が西郷の意図にあったことを知った庄内の人びとは、その後直接西郷と接してますます師とあおぐようになった。

大山県令はこの事情を知っていて、旧庄内藩士の蹶起《けっき》をうながしたかった。巻蔵は庄内出身で私学校へ入学を許された伴兼之《ばんかねゆき》と榊原政治《さかきばらまさはる》を推したが、同郷出身者では疑われるので、近郷出身の巻蔵に托されることになった。巻蔵は大山・西郷の手紙をもって鹿児島をでたが、久留米《くるめ》で捕えられ福岡の監獄に投獄された。その後東京・長崎へ移され、十月にようやく無罪釈放された。後年、巻蔵は「紙を食べるのは羊だけではない、人間も食べることができる」と話したという。

翌明治十一年十二月に、置賜《おきたま》郡の小学校に奉職したばかりの巻蔵に、西郷家から家庭教師を依頼する手紙が届いた。巻蔵は二月に小学校訓導を辞任すると、ふたたび単身で鹿児島を訪れ、初めは西郷家に寄宿して、寅太郎《とらたろう》ら西郷遺児の教育にあたった。月俸三〇円、のち西郷家の苦境を知って、みずから申し出て二〇円とした。一年後、家庭教師の辞退を申し出たが、糸《いと》夫人のたっての願いで、さらに一年延期することになった。

鹿児島での巻蔵の生活を伝える話はあまりない。毎朝起きるとすぐに袴《はかま》を着けて人に接し、めったに笑うことはなかったという。その巻蔵に、一度だけ人を笑わせた話がある。あるとき西郷家に招かれた巻蔵は、桜島大根のふろふきを振る舞われた。糸夫人に対して、「この大根は名のように太いが、あなたも名前のように細い」といったので、主客ともに大笑いしたという。

明治十四年二月、巻蔵は西郷家を辞して神戸行きの汽船に乗った。新庄に帰ると、まもなく山形県郡立最上《もがみ》中学校に奉職した。二十年に同校が廃止されると、最上高等小学校長兼新庄尋常小学校長となった。二十六年八月在職中に自宅で割腹自殺をとげたが、自殺の理由は不明という。

2　地租改正と殖産興業

士族の地主化と地租改正

全国的な寄生地主《きせいじぬし》制の成立は江戸《えど》時代中期以降にみられるが、鹿児島県では旧藩時代の門《かど》割《わり》制度や士族持高《もちだか》の制限などもあって、寄生地主の発生は土地の私有が認められた地租改正以後のことであり、寄生地主の多くは士族であった。

旧藩時代、門百姓《かどびゃくしょう》にあたえられていた二〇〜三〇石《こく》程度の田畑は、藩主のものであり、百姓は耕作して年《ねん》貢《ぐ》を納入するだけの、御高格護《おんたかかくご》の土地であった。城下士族や外城《とじょう》衆中にあたえられていた持高も、給地高や抱地《かけち》などの自作高を含む複雑な内容であった。武士は持高の売買を許されていたが、幕末には軍制改革にともない一〇〇石に制限されていた。明治二年（一八六九）知政所《ちせいじょ》の通達（『旧記雑録追録』八）によると、城下士族は一〇〇石、郷士は五〇石に制限されており、薩隅の農村で寄生地主の発生する余地はなかった。

地租改正と秩禄処分は本来はまったく別のものであるが、鹿児島県では幕末まで武士の家禄は知行制をとっており、売買も認められていたので、彼らは知行地は私有地だと思っていた（芳即正「県令大山綱良と私学校」『敬天愛人』第八号）。地租改正にあたって県令大山綱良は、明治九年上京して大蔵省と交渉し、鹿児島県士族に金禄公債発行についての特例を認めさせた。それは「一般給地（門地《かどち》）浮免地《うきめんち》（自作地）抱地（自作地）などの売買家禄に対して、特に十カ年分の公債を支給し、利率も一割」（芳前掲論文）というもので、大山が獲得した特例こそ、地租改正にあたり、士族が主張している給地の所有権を放棄させる切札であったという。

地租改正にあたって、蔵入地《くらいりち》の門高《かどだか》は当時の耕作者を所有者とみなし、門百姓を所有者とした。給地高の門高も同様であるが、この給地高については金禄公債が交付されることになった。ところが浮免地・抱地・永作《えいさく》地《ち》などはその支配者を所有者としたので、士族は同じ給地高のなかで、所有地とそうでない土地とが生じたことになり、混乱が予想された。地租改正を実施すれば、必ず士族が反対するであろう。大山はこの反対を押さえるため、西郷隆盛と相談しながら私学校の幹部を県下の区長・副区長へ登用したが、このことは私学校の分校を各郷に設立させ、西南戦争の動員力を増強させることになった。

西南戦争で中断された地租改正作業は、明治十二年に再開され同十四年に一応終了するが、県下全域の事務が終了するのは同十七年一月であった。この改正の終了で鹿児島県の税制も一応近代化されたわけであるが、農村における士族と農民の関係は旧来の慣習が残存したままであった。

明治12年改正の地券

鹿児島県における寄生地主制の成立は、前述のとおり門百姓による田畑の集積は考えられず、旧藩時代の武士も給地高の制限があったりして、江戸時代での成立・発展は考えられない。小野武夫は、明治維新《いしん》後五〇年ごろの鹿児島県下では、五〇町歩以上の所有者三六人、一〇〇町歩以上一二人、最高二九六町歩である（『旧鹿児島藩の門割制度』）とし、鹿児島県の土地集積は地租改正後急速に進んだという。この調査では地主の旧身分についてふれていないが、士族の寄生地主化が一般的な傾向であった。

長島《ながしま》町の飯尾《いいお》家は、地租改正前の明治七年に三三石余で、城川内《じょうがわうち》村最高の石高を所有していた。同十二年の地租改正では、田四町六反余歩、畑二町余歩になった。一〇石一町で計算すれば田だけでも改正前をしのぐことになる。

改正前の飯尾家の知行高の内容がはっきりしないが、知行高に給地高が含まれていたとすれば、給地門高も飯尾家の所有地となり、耕作者を所有者とする地租改正の原則はいかされなかったことになる。すべての給地門高が士族の所有地となったわけではないが、所有権をめぐる対立は県下各地にみられた。

給地門高の百姓は郷士のダンナに年貢米を上納し、日常の雑役に従事することもあった。地租改正で門地が士族の所有地になると、この関係は地主と小作人との関係に転化する。旧藩時代の郷士の多くは抱地や永作地などを経営していたが、多くは下人《げにん》を使用しての手づくり経営であった（原口虎雄「薩藩郷士生活の経済的基礎」）。富裕な郷士は下男二〜三人、下女一〜二人を使っていた。一般にデクヮン・メロと呼ばれ、多くは年季奉公人《ねんきぼうこうにん》であったが、なかには「膝育《ひざおやし》」といって、幼時から貧窮者の子を育て、一生奉公させる例もあった。

出水地方にはこのほかに札子《ふだこ》などと呼ばれる下人もあった。札子とは宗門改《しゅうもんあらた》めの手札があたえられた者であり、ダンナに家屋敷をあたえられ、家族生活を許され、ダンナの田畑を耕作する人びとであった。下男のなかには札子に昇格する者もあったというが、やがて士族地主がつぎつぎに土地を集めて寄生地主化していくと、札子たちは小作人として定着した。ダンナと小作人の従属関係は、戦後の農地改革まで続いたのである。

殖産興業と農民

明治以後の農業もしばらくのあいだは旧藩時代と変わらず、水田の稲作を中心に、畑作の大豆・麦・粟・そばなど在来種の雑穀栽培が続けられていた。諸産業については、旧藩時代の特産品が士族授産事業として継続されたのである程度の発展をみるが、農業の近代化は着手が遅れるのである。

明治二十一年（一八八八）の鹿児島県農事調査によれば、県内の農家戸数一七万二八〇〇余戸、全戸数の八三・五％にあたり、農業生産費の七二八万二六〇〇円は全生産額の八三・五％であった。農家一戸当りの耕作

興業館（明治40年）

面積一町一反四畝余歩、一人当り二反四畝余歩、所得は一戸当り三三円余、一人当り七円余にすぎなかった。
民力養成のため殖産興業《しょくさんこうぎょう》は明治政府の一大スローガンであったが、鹿児島県がはじめて農業の近代化に取り組んだのは、明治十三年五月第一回鹿児島県県会で、勧業費予算案が可決されてからである。それは同十一年に勧業試験場として、新上橋《しんかんばし》近くに設立されていた第一試験場と桑苗木場、旧兵士学校跡の第二試験場などが、経費が少なく十分に機能できなかったので、県会はその充実をはかったのである。第一試験場では在来種よりも収益をあげるため、国内種やホノルル米などをはじめ、粟・小麦・とうもろこし・豆類など穀物一三種、アスパラガス・ねぎなど蔬菜《そさい》類二四種の試作に着手したが、成果をみないうちに第二試験場は廃止、第一試験場も養蚕振興のために桑苗木場に変更された。同場では関東地方などから良種の桑苗を購入し、試験栽培のうえ県下二八〇人に払い下げた。

　産業発展のため博覧会や共進会が開催されるようになった。東京上野《うえの》公園で行われた第一回内国勧業《ないこくかんぎょう》博覧会には、県内の出品物も集められたが、西南戦争で焼失し出品されることはなかった。明治十四年の第二回内国勧業博覧会には一七人が入賞し、五〇余人が褒賞《ほうしょう》を受けたが、出品物は綿糸・金鉱・陶磁器・馬・鰹節《かつおぶし》・煙草《たばこ》などで、従来の産業製品の域をでなかった。同十六年に第二回九州沖縄八県連合共進会の開催県になったのを機に、会場として石造の興業館《こうぎょうかん》（現、鹿児島県立博物館分館）が建設された。同共進会に出品されたのは、米・麦・大豆などの穀類、鍬《くわ》・鎌などの農具、製糖・製茶・

製糸などの機械類、漁具、大工・左官などの器具類などであった。いずれも実用を旨とし、種子・農具については農事改良を目的としていた。このあと興業館では毎年県内の共進会が開かれ、本県産業の発達に寄与するのであるが、同二十七年には物産陳列場と改称され、常時陳列されるようになった。また県内の郡単位の品評会も十八年ごろから盛んになり、生糸《きいと》・米などの品質改良に役立った。さらに役人主催の品評会とは別に、村内有志による品評会も開かれ、農民の意欲の高まりをみせた。

このような県庁の殖産興業策もあって、一部の農家では商品作物の栽培も始められたが、大部分の農家では旧態依然の栽培が続けられ、自給自足農業の域をでなかった。農業の近代化が遅れた要因としては農業のもつ保守性もあるのだが、松方《まつかた》デフレ策の影響もみのがせない。明治十四年から十八年までの不況で農産物価格が下落し、普通作物については利益をあげることができず、わずかに蔬菜園芸・養蚕などで利益をあげるにすぎなかった。しかし、このような商業的農業は金肥《きんぴ》を多用し、生産物の価格は景気に左右され、天候にも左右されて不安定であった。借入金を返済できない農家は、田畑を手放して小作人となり、寄生地主制の発達を助長することになるが、この傾向は鹿児島県だけの問題でなく、広く全国的な現象であった。

不況の期間に利益をあげえた農業経営のなかでとくに養蚕による収入が高かったことから、県当局も明治十九年以降養蚕に力をいれ、農家の副業として保護奨励した。県下の養蚕業の発達は、士族授産の製糸業とも関連するが、県の指導とは別に、民間人の果たした役割も大きかった。皮肉なことに西南戦争がきっかけとなった。後年養蚕業の先進地となった宮之城（現、さつま町）では、戦没者の遺骨引取りのため熊本県下各地に出張した平田孫一郎《ひらたまごいちろう》ら六人が、桑園や養蚕を視察し、同地から優良桑苗を持ち帰り、従来の大木の桑から、根刈仕立の桑苗を畑で栽培しはじめた。このほか県下の養蚕業を支えた民間人篤志家としては、文久《ぶんきゅう》三年（一八六三）に牧之原《まきのはら》に一〇町歩余の桑園を開いた川畑梓《かわばたあずさ》がいる。川畑は明治以後富岡《とみおか》製糸場で見聞を広め、従来の江州《ごうしゅう》手取式から上州《じょうしゅう》風の座繰機《ざぐりばた》に改め、海外輸出に成功した。その後も養蚕事業を続け、その功績が評価されて県庁勧業課の役人となり、養蚕業の啓発《けいはつ》活動に従事した。

このような先進篤志家の努力によって、県下の養蚕業はようやく盛んになるが、明治十八年に県授産場第二部として蚕業講習所が設立されると、以後はここが中心となった。同所では製品の向上と販路の拡張をはかるため、各地に養蚕組合を結成させるが、鹿児島県養蚕組合が設立されたのも同年であった。下部組織の地方組合は三四組にもなり、ようやく鹿児島県の養蚕農業も軌道に乗るのである。

3 資本主義と士族授産

大島商社の設立と新納島司

奄美《あまみ》群島の歴史のなかで、砂糖専売制から勝手《かって》売買への移行は大きな社会的変革である。農村の衆達《しゅうた》と家人《やんちゅ》への極端な両極分解、金銭通融の禁止による貨幣経済からの遮断という二つの特質を付与された奄美農村は、前近代から近代への移行過程において大きな社会的混乱に見舞われた。明治前期の奄美民衆運動には、家人解放運動・勝手世《かってゆ》騒動（大島《おおしま》商社の解社運動）と三方法《さんぽうほう》運動の三つがある。

衆達とは奄美諸島の豪農層。多くの奴隷を所有する旦那様であり、家人とは年貢糖がおさめられずに身売りした債務奴隷である。

明治十年（一八七七）、家人解放運動と相前後して、奄美大島では「勝手世騒動」と呼ばれる自由売買を求める農民運動が起こった。明治六年、大蔵省より砂糖自由販売の達《たっし》がだされたにもかかわらず、奄美の砂糖はすべて鹿児島県がつくった大島商社に売り渡し、あらゆる生活物資は商社を経て買い入れるという、なんら旧藩時代と変わることがなかったからである。運動の主導者は丸田南里《まるたなんり》というイギリス帰りの島の青年であり、島民五五人の県庁への嘆願行動に発展した。しかし、嘆願者一行が到着した鹿児島の地は西南戦争直前で、彼らはむなしく西郷軍に囚われ、三五人の身体強壮者が必死隊と名づけられて西南戦争に従軍させられた。一行のうち、のちに帰島できた者は半分にも達しなかったという。

この勝手世騒動ののち奄美の人たちは、自分たちの生産した砂糖を自由に売れるようになったものの、現実には本土資本の餌食《えじき》となった。自由売買といっても、三六年間金銭の使用を禁じられていた島民が本土商人と対等に商取引できるものではなかった。鹿児島系・大阪系の商社が押しよせ、貨幣経済に不慣れな島民に七〜八割の高利で前貸し、先物契約の形で黒糖を買いたたいたので、島民は借金地獄に陥った。

これに同情したのが、明治十八年新任の大島島司《とうじ》新納中三《にいろちゅうぞう》である。新納は慶応《けいおう》元年（一八六五）若き薩摩《さつま》の留学生をイギリスへ引率した家老《かろう》新納久修《ひさのぶ》である。新納は糖業振興のネックは流通過程にあることを洞察し、大阪の豪商阿部彦太郎《あべひこたろう》を誘い、奄美出張店を設けさせ、一割五分の低利で金融させて島民の窮状を救済しようとはかった。そこで鹿児島商人らは結束してあらたに「南島興産社」を設けて激烈な競争を開始し、のちには金利年八分までさがったという。新納は山田海三《やまだかいぞう》（初代鹿児島商法会議所会頭）ら鹿児島商人の画策により一年で島司を罷免されたが、彼の蒔《ま》いた奄美改革の種子は広範な農民運動を呼び起こした。

薩摩製糖組と屋久島開拓

鹿児島県の士族授産事業の一つとして、あまり知られていないものに、薩摩製糖組による屋久島《やくしま》開拓がある。加世田村武田《たけだ》出身の久米清太郎《くめせいたろう》は、薩摩製糖組の事務員として屋久島に渡り、開拓事業に従事した。清太郎の残した史料によってその概要を述べたい。

久米清太郎は嘉永《かえい》四年(一八五一)四月二十一日、加世田郷武田村の久米次左衛門《じざえもん》の嫡子《ちゃくし》として生まれ、大正九年(一九二〇)一月二日、享年七〇歳で没した。墓は加世田市(現、南さつま市)にある。清太郎の戊辰戦争への従軍は不明であるが、明治十年(一八七七)の西南戦争には二番砲隊の病院掛《がかり》として従軍し、熊本・人吉・宮崎・延岡《のべおか》などで傷病兵の看護にあたった(『従軍日記』)。日記は八月十二日で終っており、その後の投降から帰郷のようすはわからない。

清太郎はその後加世田を離れ、山川《やまがわ》の児ケ水《ちょがみず》に移住して製糖事業を興こすが(「薩摩製糖組営業履歴」)、やがて明治十八年に、薩摩製糖組事務員(「官有林地拝借願」)として屋久島に渡り、開墾事業にあたっている。

薩摩製糖組の結成は「業務沿革及履歴」によると、士族授産金をもとでに、糖業の改良をはかり、国内の需要や輸出を目的として、明治十七年四月に県下各地の製糖業者が団結したもので、喜入《きいれ》村の宮原直二《みやはらなおじ》が組合物代に選ばれている。明治以後の県本土の製糖業は明治八、九年ごろ知覧《ちらん》郷に始まったが、菜種栽培の全盛期で、甘蔗《かんしょ》栽培の農家がなく、いったん中断した。同十二年に再興、その営業があやぶまれたが、石油の使用が普及し菜種油の値段が下落しはじめた。同十四年には耕作者もふえたが、甘蔗栽培に反対する保守派も多く、栽培法や製糖法をあやまったりして、業界は不振にあえいでいた。

事情が好転したのは明治十六年、暴風雨によって農作物が全滅したが、甘蔗の被害は五割にとどまり、有利性が証明されたことと、宮原直二が第二回九州沖縄八県連合共進会に出品して六等褒賞を受けたことである。

同十七年には熊本での連合共進会に出品するために、同年四月に薩摩製糖組が結成されたことは前述のとおりである。同十七年の出品者は高江《たかえ》・田布施《たぶせ》・阿多《あた》・加世田・南方《みなみかた》・知覧・頴娃《えい》・山川・指宿《いぶすき》郷などの組合員である。なお当時栽培されていたのは、大島・垂水《たるみず》・桜島・天草《あまくさ》・広東《かんとん》などの種苗で、栽培面積七三町歩余、一二五万斤のきびから九万五〇〇〇余斤の黒糖・白下糖が精製されている。

製糖のため清太郎は屋久島に渡ったが、屋久島では旧藩時代から甘蔗栽培の歴史がなかった（口永良部島《くちのえらぶ》では幕末《ばくまつ》に栽培）ので、島民にきびを栽培させることはできなかった。そのため製糖組では官有の林野を開拓することになるが、開墾にあたっては五年または一〇年の年期で無料で借り、開墾後時価で払下げを受ける方法がとられている。久米清太郎と喜入村の平山茂樹《ひらやましげき》が連名でだした借地願に明治十九年十月のものがあるので、実際の活動はこのころからであろう。借地願は許可されたらしく、開墾が進められ、棉《めん》・甘蔗・藍《あい》の栽培が始まった。甘蔗についてみると、安房《あんぼう》村の勧業委員が、二十一年度産の砂糖について報告書をだすように照会しており、翌二十二年八月の清太郎の官林地拝借願に、本年度は三〇万斤の甘蔗生産を見込んでいるので、事業はようやく軌道に乗ったらしい。

きびをしぼるために製糖組では牛車と水車を動力として使用していたが、屋久島では馬が少数いるだけで牛は一頭もいなかった。このため明治二十一年、種子島《たねがしま》の増田《ますだ》から農耕用の牧牛二頭と製糖用に二頭の計四頭が移入されたが、牛車がないことから製糖には使用されず、屋久島では豊富な水を利用して、もっぱら水車が使用されていた。

製糖の質・量や販売に関する記録がないので正確な姿はつかめないが、大阪市場では中等品のレッテルを貼られ、一〇〇斤わずか三、四円でしか売れなかったという。屋久糖の一部は、黒砂糖・白下糖ともに三〇樽が郷里の父次左衛門に送られ、加世田で販売された。屋久島では黒砂糖一〇〇斤三円五〇銭の相場であったが、加世田では一斤六銭八厘で売られたので、送料を引いてもかなりの利益があった。

明治二十三年四月、膨大な借金を背負った薩摩製糖組は解散した。その後も屋久島では製糖が続けられたようだが、明るい展望ではなかった。方向転換を余儀なくされた二十六年、清太郎は樟脳《しょうのう》部分製造願をだした。官林の楠原木については許可されなかったので、安房村共有林の楠木を利用することで樟脳製造に着手した。請合約定証によると、雇職工による製造である。経営は軌道に乗るかと思えたが、営林署による共有地の引上げによって、共有地は従前の一〇〇分の一程度に縮小された。清太郎の樟脳製造も官林に編入された山の釜を取り壊し、わずか二釜だけが残った。製造人も四人だけを残してほかは帰郷させた。

屋久島での糖業が成功したとしても一時的なものであったろう。日清《にっしん》戦争で獲得した台湾で近代的な製糖業が興ると、不振の一途をたどることになる。きび作が中止されると、清太郎には春田《はるた》地区だけで、原野一町六反歩と畑二町二反余歩の土地が残った。明治三十九年の「春田田地小作証書写」によると、一町七反五畝の水田を一五人に小作させている。製糖や樟脳製造事業が失敗に終ったあと、清太郎には寄生地主化の道が残されていた。なお清太郎の寄生地主としての所有地は少ないほうで、知覧郷出身の折田兼至《おりたけんし》は一〇〇町歩を超える面積であったという（屋久町岩川直隆氏談）。

鹿児島授産場と生糸

政府は士族授産のため、多くの勧業資金・士族授産金を貸与した。鹿児島県の士族授産もこれら資金の貸与を受けての事業である。そのうち大久保利通《おおくぼとしみち》が内務卿《ないむきょう》となって設けた内務省交付金を受けて設立されたものに、産馬会社や織物授産場がある。県独自の事業としては、大山綱良県令による旧藩御厩《おうまや》跡の授産場と玉江橋《たまえばし》畔の水車織物場がある。また西南戦争後、明治十一年（一

鹿児島授産場織機工場（明治40年）

八七八）に起こされた内国起業公債募集によるいわゆる起業基金もあった。同基金は内務省配分額を各府県庁を通じて授産事業に貸与されるものであったが不足が生じ、一般会計から勧業資金として二十二年度まで貸付けが続けられていた。本県の授産事業もこれらの貸付金の交付を受けて始められたのである。いくつかの授産事業をみてみよう。

鹿児島授産場　戊辰戦争の賞典禄《しょうてんろく》の恩恵に浴さない老年者・功労者、廃寺の僧などへ終身養料として禄米が給与されていたが、西南戦争後は禄制が認められず、生計の道が閉ざされることになった。岩村通俊《いわむらみちとし》県令はこれらを救済するため、家禄とみなして交付金を願い出たが許可されず、ついで勧業資金を願い出て一〇万円が貸与された。この資金をもとに明治十三年四月、旧藩米蔵跡（現、市役所敷地）に鹿児島授産場が設立された。鹿児島郡長が事務を取り扱い、初年度は七五七人の困窮者を集めて、筆・紙・傘・マッチ・竹細工など一〇品目が生産された。翌十四年には製品を、織物・裁縫・製紙・製茶の四品目と製糸場とした。従業員は男子三二人、女子二七九人であった。

ところが明治十五・十六年度は松方デフレ策のあおりを受けて経営がゆきづまり、十七年、織物授産場を吸収合併した県庁直轄の授産場となり、養蚕・製糸の模範事業場となった。さらに女子就業のため、紙巻たばこと飛白織部《かすりおりぶ》が追加された。二十三年、官営事業の払下げ方針にともない、鹿児島県でも授産場と蚕糸講習所が民間へ払い下げられることになった。新会社は県下士族の戸主《こしゅ》全部の会社組織となり、鹿児島県共同授産会社と称して、織物・煙草・蚕紙の三部門を営業した。
明治三十五年十月、社団法人鹿児島授産社と改称、三十七年資本金三〇万円で織物業に専念するため下荒田《したあらた》町に社屋を移し、飛白織部・縞《しま》織部に加えて木綿《もめん》織部を新設して事業を拡大した。四十一年の生産高は、糸織物類八〇二四反、薩摩絣九五九〇反、薩摩縞四万七七二〇反であった。

長島町城川内の飯尾家は、明治以後寄生地主化した在郷地主である。昭和二十年（一九四五）～三十年代に村長（当時）となった飯尾登幾男《ときお》は、大正八年（一九一九）親戚小浜《おばま》区の松本《まつもと》家と共同で授産場を設立した。授産場は指江《さすえ》の港付近にあり、工場数棟を数え、六〇余人の女子工員を雇っていたという。鹿児島授産場から原糸を仕入れ、紬《つむぎ》や木綿に織り上げて授産場に納入していた。約一〇年続いたがのち経営難に陥り閉鎖したという。ここにいう鹿児島授産場とは鹿児島授産社と考えられ、県下の町村に同じような授産場がほかにあったことも考えられよう。

織物授産場　廃藩置県後も旧藩時代の織物製造所は継続して運営されていたが、西南戦争の戦火で廃絶した。明治十一年春、大久保内務卿から一万円の貸付けを受け、県産業課は従来の事業を受け継ぎ、士族の子女を集め、初め日常使用の衣類・帯などの生産から着手し、十二年五月、県営織物授産場として、旧藩時代の米蔵跡（現、市役所敷地）に移し、京都西陣《にしじん》流の教師多田武二《ただたけじ》を招いて、織機の技術を習得させた。卒業生のうち優秀な者を教師に採用したので、十六年には教師陣五人となった。授産場の定員は一三〇人（糸紡四〇、織機九〇）であったが、同年の卒業生は一〇五人であった。卒業時に織機一台と付属品があたえられた。授産場での絹織物製品は月に二〇〇反前後が織られ、場内に売場が設けられて軌道に乗るかにみえたが、松方デフレ策の不況のあおりを受け、十七年には鹿児島授産場の飛白織《おり》と競合するようになったので、同年、両者合併することになり、八月いったん廃止された。

蚕糸講習所　明治十四年易居《やすい》町（現、不断光院《ふだんこういん》敷地）に製糸場が設置され、製糸伝習者が育成された。十六年第二回九州沖縄八県連合共進会が本県で開催されたことで、はじめて他県の製品をみることができ、大きな刺戟を受けた。翌十七年拡張改良され、養蚕製糸部門が導入された。十八年蚕糸講習所と改称され、士族有志者男女各三〇人を募集、男子に桑の栽培と養蚕、女子に製糸を伝習した。製糸は上州風の座繰機器が導入された。二十一年までに男子一九人、女子四九人の卒業生をだし、男子は県下各地の伝習所に出張して教授し、女子は鹿児島の二カ所で伝習した。

このほか県の授産事業としては、知識兼雄《ちしきかねお》を中心とした農事社（牧牛）、産馬会社、養蚕の桑原組、一農社、大隅《おおすみ》製糖社、薩摩製糖組、馬毛《まげ》島牧羊組、口永良部島牧羊社、乗馬飼育会社、種畜会社、製糸協同組、加治木・帖佐塩田《ちょうさえんでん》修築事業などがあった。

第百四十七国立銀行の創業　日本に近代的な銀行制度を確立したといわれる国立《こくりつ》銀行条例は、明治五年（一八七二）五月に制定された。岩倉遣欧使節団《いわくらけんおうしせつだん》の副使として渡米した伊藤博文《いとうひろぶみ》は、南北《なんぼく》戦争後のアメリカ経済に活路を開いたナショナルバンクに着目し、移植することに決め、国内の渋沢栄一《しぶさわえいいち》らの努力によって実現した。国立銀行はその名前から国営の銀行と勘違いされやすいが、国法によって設立され、資本金の六〇％で政府紙幣を購入して発行できる、有限責任の株式組織による民間銀行であった。設立の目的は、正貨兌換《せいかだかん》の銀行券を発行させ、殖産興業の資金を供給することであった。同法公布後まもなく第一から第五まで（第三を欠く、国立銀行は行名に、設立順に番号がつけられた）四国立銀行が設立された。

明治九年八月、政府は秩禄処分のため条例を改正し、銀行券の兌換をやめ、資本金の八〇％を公債証書とし、同額の銀行券を発行できるようにし、抵当権証書に金禄公債証書も加えられた。この改正で全国的には十年に設立された国立銀行が多いが、鹿児島県では西南戦争のため準備が遅れ、十一年二月、大蔵卿の布達に基づき、県庁に銀行係がおかれることになった。

当時、鹿児島には、明治六年十二月に開業した第五国立銀行鹿児島支店があるだけであった。県当局の奨励もあって、十一年七~八月に伊集院中二《いじゅういんちゅうじ》ほか一二人が資本金四〇万円で鹿児島に、福山健偉《ふくやまけんい》ほか九人が資本金二〇万円で鹿児島に開設を申請した。当時の鹿児島県の県域は現在の宮崎県を含んでいたので、延岡と飫肥にも設立の動きがあり、両者は申請の資本金一〇万円を五万円に減額することで許可され、同年十二月、飫肥に第百四十四国立銀行、延岡に第百四十五国立銀行が設立された。

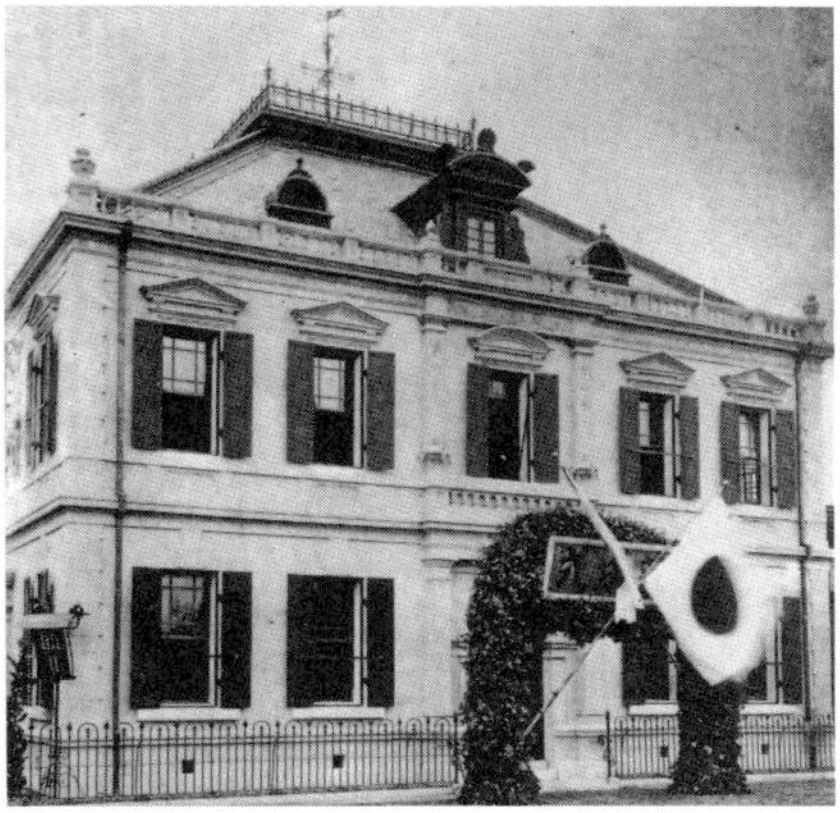
第百四十七銀行

鹿児島に設立希望の両者に対しては、県の指導で合併することになり、初め資本金五〇万円で申請したが不許可、四〇万円に減額して再願して許可がおり、第百四十七国立銀行の設立が認められた。しかし公債証書の下付が遅れ、明治十二年六月ようやく入金検査がすんだ。創立証書奥書によると、頭取福山健偉と支配人山田海三が十二年七月二十四日にだした願書に、翌二十五日鹿児島県令岩村通俊が奥書保証して大蔵卿に提出された。証書の正本は大蔵省にとどめられ、写本が銀行に渡されたが、第百四十七国立銀行への下付が大蔵卿大隈重信《おおくましげのぶ》の名で認められたのは、同年八月三十日であった。資本金四〇万円の八割に相当する三二万円の政府発行の紙幣が交付され、十月六日、本店は名山堀《めいざんぼり》近くの築町《つきまち》一九番地の社屋で開業することになった。支店は大阪府におかれた。定款《ていかん》は十二年七月二十四日に、島津忠欽《ただかた》を筆頭に四八人の署名捺印がみられる。

明治十二年十二月一日に開業式が行われ、鹿児島県大書記官渡辺千秋《わたなべちあき》（のち県令・知事）や鹿児島郡長有馬純行《ありますみゆき》が祝辞を述べ、初代頭取の福山健偉が答辞を読んでいる。福山の答辞によると、株主は士族二〇〇余人であった。九年の条例改正で金禄公債が資本金に認められたことは前に述べたが、金禄公債を手にした者のなかには、公債で銀行を設立する使命感に燃えていた者もいたという。鹿児島での資本も多くは同公債証書によるものであったというので、銀行の設立が同公債を資本化する、原始資本の蓄積という役割を果たしたことになる。

資本金四〇万円は、一株五〇円の八〇〇〇株であり、取締役は六〇株以上と定められ、当初取締役五人、内頭取・支配人・副支配人各一人、書記方三人、出納方四人、計算方四人、簿記方三人で出発したが、事務量の増加につれて明治十五年一月、副頭取一人が加わった。

明治五年の条例で開業した国立銀行では、一〇円・二〇円などの高額紙幣も扱ったが、九年の改正以後は一円・五円の二種類だけで、政府の印刷局が印刷した紙幣を資本金に応じて配布されるものであった。全国の国立銀行一五三行から発行される紙幣は、兌換券ではあったが正貨（金貨）への兌換が禁じられていたので、しだいに政府発行の不換紙幣と同質化し、西南戦争後のインフレを助長させることになった。松方デフレ策で不換紙幣が整理され、スイスの中央銀行にならった日本銀行が設立されると、十六年に国立銀行条例が再改正され、開業後二〇年間の免許期間中に銀行券を消却して普通銀行に転換することが定められたので、当行も三十年一月、行名から国立が除かれ、私立の第百四十七銀行になった。

士族の銀行に対して、平民の銀行としては明治三十年八月六日町《むいかまち》に開業し、岩元信兵衛《いわもとしんべえ》が頭取となった鹿児島貯蓄銀行がある。また翌三十一年三月、農工業の発達をはかるために鹿児島県農工銀行も東千石町《ひがしせんごく》に設立された。初代頭取には折田兼至が就いた。

4 鹿児島の文明開化

士族町鹿児島の変貌

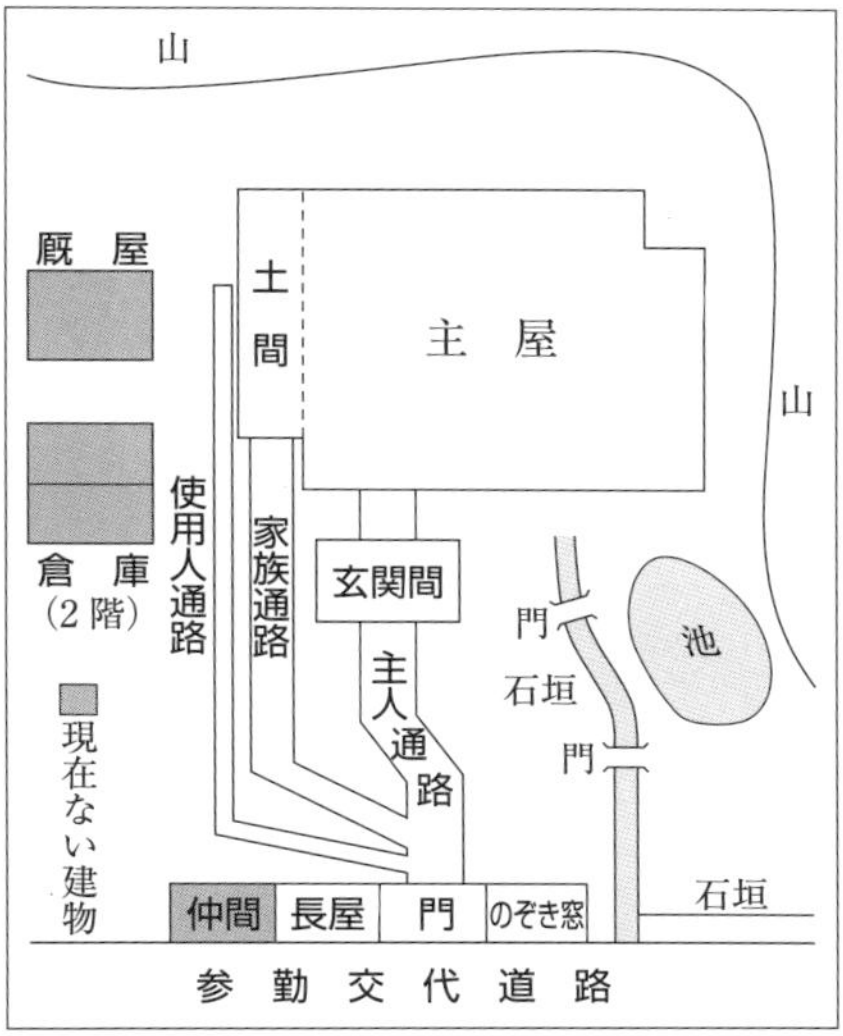

江田邸の配置

鹿児島は、藩政時代には人口七万人といわれ、九州一の大都市であったが、本富安《ほんぶやす》四郎《しろう》の『薩摩見聞記』に「昔は『西海紀游《さいかいきゆう》』に『町は三分武家は七分に候と』と記したる如く町家は至て少なかりしなり」と記すように、その大半が士族で占められていた。明治維新《いしん》の波はこの町にもおよび、幕末文久《ぶんきゅう》三年（一八六三）のいわゆる「薩英《さつえい》戦争」、さらに明治六年（一八七三）の城下の大火による鹿児島城と市街地の焼失で、上町《かんまち》を中心とする一帯が大きな被害を受けた。加えて、明治十年の「西南戦争」の際は鹿児島が戦場となったため、町の主要な部分はほとんど灰燼に帰してしまった。鹿児島は明治十年五月と九月の二回にわたり戦場となった。その際多くの人家が焼かれてしまった。

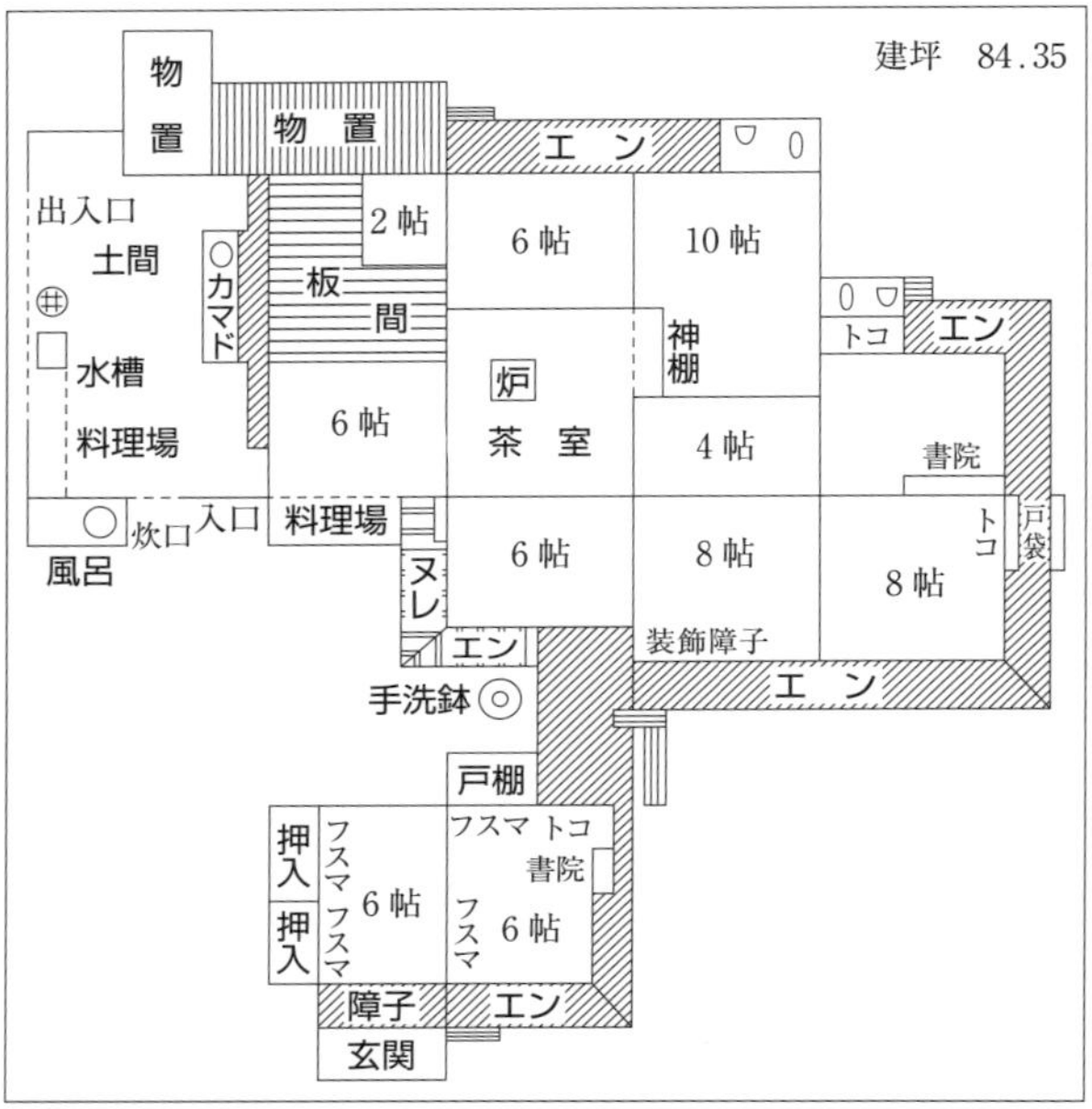

江田邸の主屋

たとえば五月五日、政府軍は「敵の巣窟を掃滅せんと欲し、西田《にしだ》近傍に火し、火益熾んなり。又四方に火起るを見る」（『西南戦史』）という状態で、県庁日誌にも「東西の士族屋敷一時に兵燹《へいせん》に罹り、炎天に漲《みなぎ》ル」と記している。東西の士族屋敷というのは、城下の士族屋敷が鹿児島城を境として東側を上方限《かみほうぎり》、西側を下《しも》方限といったが、この両方限のことである。この両方限には、上方限に五五五、下方限に八六八の武家屋敷があったとされ、そのうちどれほどが罹災したかはっきりしないが、大多数の士族屋敷が焼失したと思われる。当時の士族屋敷の例としては、西田町に近年まで残っていた江田《えだ》邸が知られている。それをみると、まず入り口には仲間《ちゅうげん》長屋《ながや》を備えた長屋門があり、門をくぐって少し上がると主屋《おもや》の玄関に達する。玄関には六畳の部屋が二間あり、表・中座を中心として炉《ろ》のある茶室、家族の居間である「おすえ」など一〇ほどの部屋があり、さらに土間のある台所、物置と厩《うまや》がある。主屋の建坪は約八四坪（約二七七平方メートル）もあった。主人や客、家族、使用人の通路は別々に設けられており、出入り口もそれぞれ異なっていた。武家《ぶけ》屋敷の外延には上《かん》・下《しも》・西田の三つの町がある。さらにその外側には近在といわれる二四カ村が広がっていた。明治二十一年、市制・町制がしかれると、この城下の大半が鹿児島市とされた。その当時の鹿児島市は戸数一万一七三〇戸、人口四万七五一七人であった。藩政時代の盛時には五万ないし七万の人口があったというから、明治になってから大きな人口の減少があったことになる。その最大の要因はやはり人口の三分の一を占めていた士族の他出や困窮であった。そのため、士族の居住地であった上町一帯や城下の中心地に空き地がめだつようになった。加えて、明治になってからもほとんど毎年のように火災が起こり、市街地の変貌を促進した。とくに、明治四十四年には前後三回にわたって大火があり、鹿児島の古い姿は一変してしまった。

明治中期以後になると、町人勢力が台頭し商店を核とした町並みが繁盛してくる。そして明治末には、「中央は最も繁華なる所にして数万の甍殆《いらか》んどこれ店舗なり」（『鹿児島市案内記』）といわれる状況になっていた。新しい町並みは、まず築町・潮見《しおみ》町・住吉《すみよし》町・堀江《ほりえ》町など、海岸の港付近から始まり、納屋《なや》町・野菜町・呉服町・中《なか》町に拡大し、明治末には従来中福良《なかふくら》といわれていた天文館通《てんもんかんどおり》や山之口《やまのくち》町・千石馬場《せんごくばば》へと、しだいに南へと町並みは拡大した。明治二十七年、約二五〇〇戸だった商家は四十年には五三七〇余戸と二倍以上になっている。明治二十七年、全戸数の二七％であった商家の数は、明治四十年には五〇％近くとなり、しだいに商業都市に変貌しつつあることがわかる。明治末の商家の比率をみると、果物商・穀物商などの食料品関係が約六五％、洋服・履物・小間物などの衣料品関係が約一〇％、家具・薪炭・薬品・文具などその他の商店が二六％余となっている。とくに衣料品関係には、明治屋とか山形屋などの大型店があり、店舗数だけで趨勢をはかるのは当をえていないが、大正四年（一九一五）の刊行になる『鹿児島自慢』によると、「市内で一番の大通かい南泉院《なんしんいん》馬場だろうね、併し此奴は幅の割に長が無いんだ、両方揃ひの大通って言やあ、朝日通、石灯籠《いずろ》通、千石馬場なんぞだね、……迚頃《ちかごろ》中心て奴が追々西南に移動する傾向があるっていふんだよ、道理で名だいのお着屋界隈がぜんぜん寂れ行く」状況であった。

さて、かつての士族町がこうして商人の町に変わっても、それのみでは近代的都市になったとはいえない。数万の市民が安心して生活できるためには、なによりも水と燃料、明かりの確保が必要であった。鹿児島は、市街の周囲にシラスという厚さ一〇〇メートルにおよぶ火山灰土の台地があり、そこを通過した冷涼な清水《しみず》が各所に噴出しており、藩政時代から「清水《しみず》」とか「冷水《ひやみず》」といわれる湧水地から凝灰岩をくりぬいた送水管で水を市内に引く設備がつくられていた。明治十五年ごろ、当時県庁職員であった白野夏雲《しらのかうん》が韻文《いんぶん》であらわした『かごしま案内』には「汲とも尽ぬ高桝の　水の恵も広小路……菜摘の瀑布のいと高く　聞伝へてし仁王堂湧や清水の馬場の町……ゆかりぞ清き近衛水　冷水の名もことはりよ」と当時の水源地が書き上げられている。「高桝」というのは、城内に引いた水を城下の広小路にまで引き、そこに石造の桝をつくって市民に上水を提供するようにしたものである。『鹿児島市水道誌』（昭和三年〈一九二八〉刊）によると、明治初年、参事大山綱良は、当時鹿児島医学校・付属病院の校長兼病院長として鹿児島にきていたイギリス人ウィリアム＝ウィリスの提言をいれ、明治五年の明治天皇行幸《ぎょうこう》に際して冷水水道の改良工事を行った。しかし、これは十分なものではなかったとみえて、ウィリスは、明治八年帰国にあたって、県に対し、「近来此県衆庶、衛生ノ為ニ設為セル事居多ナレドモ、中ニ就キ最早ク着手スベクシテ未ダ然ラザル者少ナカラズ　凡テ市街ニ良水ヲ多饒ニ給与シ　街渠ヲ清潔ニスルコトハ、人民衛生ノ為、太《はなは》ダ重切ナル事件ニシテ、当県及ビ他県トモ有司ノ最モ注念スベキコトナリ」と、要請している。藩政時代、藩の管理下にあった冷水水源は、県の管理下に移り、明治二十二年鹿児島市が発足すると、翌二十三年には鹿児島市に移管された。市内全域に水道が通じたのは、ずっと遅れて明治四十五年、上伊敷《かみいしき》の七窪《ななくぼ》に水源が発見されて、大正八年幾多の難工事ののち通水に成功してからのことであった。

明治十年、長崎から鹿児島に寄港した品川丸《しながわまる》に乗船してきた巡査がコレラの保菌者であったため、谷山・入来《いりき》など各地にコレラが広がり、患者数は一〇〇〇人におよんだという。十二年にはこれが鹿児島市にも伝染し、罹患者は二五〇〇人におよんだ。天然痘も流行し、明治十九年には八八〇〇人が罹患し、三五〇〇人余が死亡した。そのほか、赤痢なども流行し、明治三十八年には「最モ緊要ナルハ　善良ナル飲料水ノ供給　下水ノ疎通及清潔方法ノ施行是ナリトス」（『鹿児島新聞』）、との県知事の告諭があった。しかし、下水道工事が本格的に計画実施されるようになったのは、実に戦後、昭和二十五年以後のことであった。昭和二十五年夏、岐阜市水道部長安部源三郎《あべげんざぶろう》が来鹿の際、下水道建設の急務を強調したことがきっかけであった。以後、計画的に下水道の整備は進み、昭和三十年、甲突川《こうつきがわ》川口に終末処理場が完成し、全国七番目の公共下水道のある都市となった。

鹿児島の都市景観を一変させたのは、やはり電灯の点灯であろう。藩政時代、すでにガス灯の点灯実験も行われていた鹿児島であったが、市街に電灯が普及するようになったのは、明治二十九年（一八九六）「鹿児島電気株式会社」の設立以後である。それまでは、明かりはランプかろうそくでとっていた。市内に油屋が六〇軒、ランプ屋が二〇軒、ろうそく商が一〇軒あった。これが、市内に火災が頻発した原因の一つでもあった。明治四十二年市内の約一〇%の一一〇〇戸であった電灯使用家庭は大正初年、八二〇〇戸に激増し、鹿児島電気株式会社は「資本金二百万円、発電機容量一九三〇KW、灯数約四万二千、配当額の大なる事は、鹿児島市の事業界中、三本の指に外れぬと言はれているが、何しろ七万城下の夜の光と機械の活動とは、両々挙げてその掌中に、握られているわけであるからその権威その勢力の素晴らしいのも、無理からぬ次第である」（『鹿児島自慢』）といわれる。ついでに、電話は明治三十九年、電話交換局の開設以後で、明治四十二年の電話加入数は八二五件であった。ガスは明治四十三年鹿児島瓦斯株式会社の創立以後だが、当初は多くが灯火用であった。市民がガスを燃料として使えるようになったのは昭和三年ごろからである。

薩摩や長州《ちょうしゅう》その他の志士たちによって、江戸幕府《ばくふ》が倒され、「御一新《ごいっしん》」となっても、薩摩藩が鹿児島県と変わっても、庶民の日常生活は、そうにわかに変わるものではなかった。

庶民の生活

『薩摩見聞記』は、明治二十年（一八八七）宮之城村（現、さつま町）の盈進《えいしん》高等尋常小学校に赴任して数年をすごした新潟県出身の本富安四郎《ほんぶやすしろう》が、その見聞を記したもので、明治二十年代の薩摩農村のようすを知る貴重な文献となっている。それにより、当時の農村や農民のようすをいささか覗いてみよう。

地方の村々には、藩政時代からの郷士《ごうし》といわれる士族は相変わらず、村のリーダーとしての地位を維持していた。「今、外城《とじょう》士族の有様を見るに、依然として其旧邸宅に安んじ戸々相依り門々相対し、敗屋《はいおく》空地等あること称《まれ》（稀）なり。屋敷廻りには石垣を以《もっ》て高く積み上げ、生墻《いけがき》、板塀、竹垣を以て其上を取り廻し、門を構ひ、道を掃へ儼然《げんぜん》として封建《ほうけん》武士の邸なり。内には下男下女を置き牛馬鶏豚を畜ひ、馬小屋あり土蔵あり浴場あり物置あり下人部屋あり」というありさまであった。南九州ではいわゆる分棟型の住居が多く、オモテという主屋にナカエという土間付きの台所兼常住の建物、それに家畜小屋や物置・蔵・便所・浴場などそれぞれの機能に応じた建物が庭を取りまくように配置されている。屋敷の周囲はキンチクダケの生垣や凝灰岩の切石《きりいし》を積んだ石塀で囲まれている。半農半士の郷士の屋敷は、藩政時代のこうしたたたずまいを、残していたのである。それに対して、「農民は如何《いかが》と云《い》ふに、……其財力皆士族に及ぶなく、実際薩摩の内地に入りて之《これ》を見れば一目して瞭然たるが如く、衣食住より生活百股《ひゃっぱん》（般）の程度平民《へいみん》は遠く士族に及ば」ない状態であった。

さて、当時の農民の姿は、本富の目にはどのようにみえていただろうか。

農民の服装風体《ふうてい》について、「男子の風体は前にも記しし如《ごと》く、衣服は総て幅《はば》狭く、丈《たけ》短きが常なるが、少年男児は格別短きを着し、手は肘《ひじ》より先き足は膝《ひざ》より下を露はす。頼詩《らいし》（頼山陽《らいさんよう》の『前兵児詩』をさす）は決して形容に非ず。山間僻地《へきち》に至りては、此風《このふう》更に一層甚しく、唯《ただ》長き者は羽織《はおり》なるべし。国産の薩摩絣にて製したる大丈夫なる厚羽織を衣装と一ツ丈にして着したり（ドンザ、ニンブなどという厚手の衣装のことか）。袴《はかま》は極めて短きを更に帯の上に高く括り付けたれば、短衣は益々釣り上げられて尚更《なおさら》短く見ゆ」。「農夫の田畑に耕すにも、笠、呉座《ござ》、頭巾《ずきん》、手拭《てぬぐい》、股引《ももひき》、脚半《きゃはん》等を用ひざるのみならず、衣服を脱ぎ捨て、働く者多し」というわけで、「常に身体を日光に晒し居ること常なれば、自然其色も黒くなるべし」という。

婦人の風体は、とみるに「久しき以前より大阪風に倣《なら》へり。是《こ》れ昔より大阪とは船の往来あり、出入の人多き故なるべし。今は東京との往来も開け、官員等の出入も多ければ、次第に東京風をも加へたり」と、明治になってから、しだいに東京のファッションが広まってきたという。「婦人の風俗は意外に華美」ではあるが、「城外諸村に至りては敢て然るに非ず、袖《そで》狭くして手先多く出で、裾《すそ》短くして踵《かかと》を掩《おお》はず、帯も幅広からず質朴の風多し。又労働家居する時には、必ず細紐《ほそひも》を以て衣《ころも》を纏《まと》ふ。山村農家にては殆《ほと》んど広帯を用ふる者なし。少女の如きは古風なる大模様の衣服を着る」と、若い本富の観察は細かい。衣料としては、薩摩絣という木綿《もめん》の絣が知られていた。「其《その》真の飛白は琉球《りゅうきゅう》より出で山藍を以て染めたる者にして、洗ふ毎に色沢《しきたく》を増す。其異臭あるを以て直に真偽を判すべし。……士族授産場に於《おい》ては、常に数百人の工女《こうじょ》ありて之《これ》を織る。種々の品柄ありて値廉なり」という。

食事や食料についても、本富の記述は細かい。「米は品質悪からず味も宜《よろ》し。去れども通常米のみを食うは甚だ少なし。大抵《たいてい》粟飯《あわめし》なり。城外にては富豪にても常食は粟飯を用ふ。……麦は飯用となさず、貧民は一般に甘藷《かんしょ》を米に焚き交ぜて食す。島々の田畑乏しき処《ところ》は只《ただ》甘藷のみ食し飯に代ふ」状況で、多少米も食べるようにはなったものの、多くは甘藷が庶民の常食であった。「野菜類は一体に乏しきが如く且《か》つ其培養は余り注意せず、通常農家抔《など》にて植えたるまゝに棄て置く様に思はるるもあり」、鹿児島は南国のためか菜園畑の管理は概して粗放で、雑草のあいだに野菜がはえている状況であった。新潟出身の本富がなかでも珍しがったのは、糸《いと》瓜《うり》と苦瓜《にがうり》であったようで、「最も珍らしく覚ゆるは、糸瓜、茘子《れいし》にて、家毎に之を作り人々好みて食す。夏中野菜の代用をなせり」。また、「菜、大根、葱《ねぎ》、茄子《なす》、南瓜《かぼちゃ》、胡瓜《きゅうり》、芋、蕪《かぶ》、牛蒡《ごぼう》、人参の類皆之を作れども多からず」とし、その理由は「天然の食物甚だ富める故《ゆえ》」であろうという。そして、自然のものの代表格として本富があげているのは筍《たけのこ》と茸《きのこ》で、「山地にては夏の野菜類多く出るまで、三・四ヶ月の間は、筍を野菜に代へ、或は汁とし、或は煮付とし、三飯の菜殆ど筍尽しなり」、しかし、筍はやわらかくかなり大きくなったものでも食べられる、と記す。それゆえ、「下女下男等の野畑より帰るもの皆筍を持ち来るが常」である。茸は「菌《きん》類」と記し、「多きこと類なく、椎茸抔は通例何《いず》れの家にも貯置《ためお》き絶えず之を用ふ。……其外の菌類は皆塩漬にして貯へ、汁、煮付等に用ふ」。また、「肉類を食することは甚だ容易なり」と。鶏や豚を家のまわりに放し飼いにしておき、必要に応じてこれを屠殺して食べる。これも、本富の驚きであった。「凡《およ》そ飲食物大抵手製なり。味噌、焼酎《しょうちゅう》、酢、醤油の類皆家にて作り、之を買い求むること稀」で、味噌は麦味噌で、酢や醤油も味はよい。「惣じて薩人は是等《これら》飲食物の製法には甚だ長《た》けたり」と感心している。料理の塩加減は「鹿児島にては甘けれども、村方にては稍《やや》塩辛く、汁には実を多く入る」。また鍋釜の類は「大抵小形にて煮焚は度々《たびたび》する風俗なり」という。「鶏、豚、猪、鹿等総て骨迄打ち切り共に煮ることにて、骨の中より脂《あぶら》出る故味よきなり」、また、「長き毛の数多《あまた》付き居る等も構はず食う。特に猪は皮目を貴び毛の二、三分付き居るを尤《もっと》も珍重《ちんちょう》する」ことを珍しがっている。

このほか、本富は、焼酎の種類や飲み方、宴会の作法《さほう》などについても詳細に楽しく紹介しており、他郷人の目でみた鹿児島の地方農村の日常生活が活写されている。そして、そこに描かれた庶民の生活と習慣は、藩政時代からあまり変わっておらず、時代が明治になってもただちに大きな変化が生ずるものではなかったことがわかる。ただ、その行間からは、封建的な桎梏《しっこく》から解放された庶民の明るい姿がうかがわれるようである。やがて、日清・日露《にちろ》戦争に際し、農村からも多くの出征兵士がで、軍服という洋服の着用になじみ、米の飯の味を知ると、出征兵士の帰還とともに洋服や米飯が農村にも持ち込まれる。さらに、第一次世界大戦時の好況とその後の戦後不況は農村にも大きな動揺と変革をもたらし、しだいに庶民の日常生活は変貌してゆくことになる。

離島の生活とその変貌

奄美群島における明治初期の生活は、天保《てんぽう》年間(一八三〇~四四)に名越左源太《なごやさげんた》によって書かれた『南島雑話《なんとうざつわ》』の世界からさして変わったものではなかった。しかし、明治になって島外の商船の寄航もみられるようになると島外からの物品の流入が進み、島の人びとの生活もしだいに変貌する。まず、奄美にやってきたのは、沖縄のマーラン船(ヤンバル船)であった。これは、沖縄北部山原《やんばる》の人たちが仕立てた商船で、商人の個人船と集落共有の地船があった。このマーラン船による奄美での交易は、奄美大島《おおしま》へは酒、瀬戸物、日用雑貨をもたらし、奄美大島からは、特産の木材や牛馬、芭蕉糸《ばしょういと》などをもっていくものであった(林蘇喜男『奄美拾遺集』)。奄美では、生活に必要なものはほとんど自給することができたが、明治以後まずはマーラン船により、沖縄の物産がもたらされるようになった。「マーラン船の奄美への出現は、はからずも自給自足の生活状況にあった奄美の人々の生活状況に大きな変化をもたらし、これまでの生活状況を脱出させ、いわゆる庶民生活に変革をもたらして、バラエティーに富んだ日常生活の状況をつくりだしていった」。そして「沖縄・奄美における社会経済的交流は、マーラン船の出現によって促進され、双方の経済社会に需要供給のバランスを維持しつつ、明治・大正期にかけては積極的な交易活動へと進展していった」(林前掲書)。

昭和になると、それまで奄美航路を独占していた大阪商船に加えて、昭和五年(一九三〇)、奄美出身の川畑《かわばた》當築《とうちく》によって川畑汽船が登場すると、両者の顧客獲得競争が激烈となり、阪神《はんしん》地区との人・ものの交流が進んだ。川畑汽船は、一年ほどで経営難から倒産したが、島の経済や社会にあたえた影響は大きなものがあった。こうして、明治・大正期には沖縄との交流が中心であった奄美の生活は、昭和にはいるとしだいに日本本土との交流へと移っていく。

こうした背景を踏まえて、近代における奄美の生活の変貌を具体的にたどってみよう。

まず、住居についてみよう。

恵原義盛《えばらよしもり》によると、およそ「明治時代までは旧藩時代の名残りで住居の構造に凡そ三様の形態がみられ」た。それは、(1)豪農ないし横目《よこめ》以上の島役人の家、(2)下級役人および普通農家の家、(3)貧賤の(者の)家である。(1)はごく限られており、一村に二、三軒しかなかった。(2)は、前者より一回り小さく、二間《けん》間口のオモテ座敷をつくることは禁じられていた。(3)は、チャドヤと称する直屋根の小さな家であった。奄美の家は、オモテとトーグラの二棟からなり、便所は、大きな家でも別棟につくられほとんどが大便用だけであった。オモテには、客間とニショ(寝室)、ナンド(納屋)などがあり、トーグラは、台所兼居間を中心とする建物で、その一角にはジロ（囲炉裏《いろり》）が切ってある。昔は、オモテのニショにもジロがあったが、大正時代以後これはなくなった。トーグラのジロも最近はほとんどみられなくなった。縁は外縁でオモテにあり、濡れても腐りにくいヒトツバ（イヌマキ）でつくられていた。大正時代から、しだいに内縁に変わってきたが、それでもやはりヒトツバの板が使われることが多い。屋根は、明治時代はすべて茅葺《かやぶき》屋根であった。茅葺屋根の形は、とくに甍《いらか》の部分が島ごとに異なっている。奄美ではじめて瓦屋根の住宅をつくったのは、明治八年（一八七五）、名瀬《なぜ》市の柳実章《やなぎさねあき》という人であった（名越護『南島雑話の世界』）という。

奄美の家は、基本的に分棟型で、オモテとトーグラのほかに、サシヤ（物置兼ときに隠居屋《いんきょ》）、タカクラ（米稲の収蔵庫）、あるいは薪置き小屋、厩などが、一つ屋敷内に配置されていた。しかし、最近はオモテとトーグラを一つにした様式に変わっている。屋根も、茅葺屋根はすっかり姿を消し、今は、赤、青、緑などのペンキで塗られたトタン屋根に変わってしまった。また、奄美特有の風景をつくっていたタカクラも、収納される稲穂がなくなったことと、あいつぐ台風の襲来のため、昭和四十年代にはほとんど姿を消して、現在は、郷土館の展示資料としてその庭に立てられている程度になってしまった。

つぎに、奄美の衣類では、まず、バシャギンをあげねばなるまい。これはヤマバショウの繊維でつくった衣類のことで、奄美から沖縄にかけての南西諸島で一般的につくられ使われていた。軽くかたくて体にくっつかず、風通しもいいため、高温多湿の風土に適した衣類である。大正時代までは作業着として愛用されていた。そのため、奄美では自宅付近や近くの山にヤマバショウの木を植えておく。これをバシャヤマと称し、大切な財産で、娘が嫁にいくとき、これをつけてやるものであった。

木綿は、古くは自宅で棉を栽培し、木綿をとって糸に紡ぎ、布を織って衣類を仕立てたものであった。元来、棉は南方のものであり、奄美にはだいぶ早くから伝来していたと推定できるが、木綿の衣類が一般に使われるようになるのは、日本本土との交流が進む明治末から大正時代以後で、それらは多く平織りの縞模様であった。とくに、木綿ではメクラコンという無地の紺染めは丈夫だといわれ、作業着や半纏などとしてよく使われていた。

絹のいわゆる大島紬は、江戸時代からあった。奄美には桑の大木が多く、それを利用して蚕《かいこ》を飼い、繭《まゆ》をとり、糸をとっていた。明治以後はしだいに絹糸を本土から移入するようになり、昭和になると養蚕をする家はほとんどみられなくなった。古くは、くちなしとか糸瓜、ウコンなどで染めていたが、テーチギと鉄分のある泥で染めるいわゆる泥染めが好まれるようになった。絣模様などを染めるには、トリキリクビリといって、バショウ糸でところどころを縛って染めるものであった。明治四十年に永江伊栄温《ながえいえおん》父子によって締機《しめばた》が発明されてから、精巧な絣模様が織りだせるようになったという（名越前掲書）。

昭和五十年には大島紬は国の伝統工芸品に指定されたが、景気の後退と韓国産紬の出現によって不振を続けている。

庶民の衣類は裾と袖が短く風通しがいい作りとなっていた。冬は袷《あわせ》一枚ですごす者も多かった。衣類は、日常に着るフダンギン、晴れ着のキョラギン、作業着のワクシギンなどがあり、キョラギンの下には襦袢《じゅばん》を着て、富裕な者は、上にウワーベリ（上羽織）を着た。帯は、昔は男も女も前結びであったが、明治になって男は後ろ結びになり、女性は大正時代まで前結びであった（恵原義盛『奄美生活誌』）。洋服は、明治末ごろはまだ珍しく、小学校の男の先生が、詰襟《つめえり》の洋服をつけるようになった。女の先生は依然として筒袖の着物に袴姿であった。大正末から昭和にかけて、子どもや女性のあいだに簡単服が使われるようになった。

なお、南西諸島に特徴的にみられたハジキ（入墨）は、明治になって禁止令がだされたが、これは奄美の女性の誇りともいえるものであったため、明治三十年ごろまで行われていたらしい（名越前掲書）。

下駄《げた》は、大正初期までは各自手づくりで、盆と正月につくるものであったが、大正初めごろから平たくて履きやすいヤマトゲタがはいりしだいに普及した。草履《ぞうり》は明治末には履かれることも少なくなった。

奄美の食料では、ソテツをまずあげねばなるまい。ソテツはほとんど奄美特有の植物といえるもので、風に強く岩だらけの山の斜面でも生育する植物である。ソテツはその幹や実からでんぷんをとって食用にする。ただし、これはいずれも毒性（アルカロイド）が強く、あく抜きをしなければ食べられない。江戸時代はこれが庶民の大切な食料であったため、正月二日には村人総出で山にソテツを植えるものであった。こうした風習は大正時代まで続いたが、大正時代紬の景気がよくなってからは、ソテツのドウ（幹）を食べることもなくなったため、この風習は行われなくなった。それ以後は、ナリ（実）からとったでんぷんで味噌（ナリミソ）をつくる程度となった。最近も、このナリミソの独特の香りをなつかしみナリミソをつくることもある。

奄美の山には椎《しい》の木が多く、椎の実も重要な食品であった。これもあくがあるので、水でさらしてあく抜きをして食べる。大正時代には、椎の実を買い集める商人があらわれた。一升七〜八銭で売れたので、子どもたちの小遣い稼ぎとなった。昭和にはいると椎の木は枕木として伐採され、また、ほかに賃稼ぎの方法も多くなったため、椎の実拾いはすたれてしまった。

焼酎は、明治末までは自家醸造が認められていた。原料は甘藷が主で、椎の実をいれるとアルコールの濃度が上がるといわれていた。大正二年（一九一三）ごろに、自家醸造は禁じられたが、終戦後の米軍占領時代、復活した。昭和二十九年の本土復帰後、ふたたび禁じられた。なお、奄美にはミキという祭事につくられる独特の甘酒状の飲み物もある。江戸時代の『南島雑話』では、女性が米を口で噛んで製すると記されている。現在もノロ（祝女）の特殊な祭りにはこれがつくられる（ただし、現在は口噛みではない）。

三　殖産興業と鹿児島県の近代化

鹿児島商業会議所(明治43年)

1　住民の反権力運動

徳之島《とくのしま》は、藩政《はんせい》時代から母間《ぼま》村騒動（文化十三年〈一八一六〉）、犬田布一揆《いぬたぶいっき》（元治《げんじ》元年〈一八六四〉）、東間切《まぎり》島役事件、伊仙《いせん》・検福《けんぷく》両村の百姓《ひゃくしょう》逃散《ちょうさん》事件など農民抵抗の豊かな伝統をもっていた。明治になると、阿権《あごん》村衆達《しゅうた》某家の家人解放のために家人《やんちゅ》が全島的に徒党《ととう》して示威運動を起こしたといわれ、また明治十五年（一八八二）には亀津《かめつ》の青年たちが、鹿児島商人排撃のために「断髪組《だんぱつぐみ》騒動」と呼ばれる徳之島版「勝手世《かってゆ》騒動」を起こしている。

徳之島の学校設立運動

家人解放運動・勝手世騒動・断髪組騒動など明治初期の奄美民衆運動の一環として、徳之島の学校設立運動にも注目する必要がある。従来、学校設立運動は、教育制度史のなかでふれられるにとどまり、奄美民衆運動のなかに位置づけられることはなかったが、砂糖専売制とけっして無関係ではあるまい。

徳之島の学校設立運動は、明治八年八月徳之島支庁布達《ふたつ》九号に対する下からの自発的な運動として起こっている。当時徳之島には変則小学校が創設され、全島から生徒を募集して収容していたが、徳之島支庁では、教員に人をえていないとの理由で大淘汰を布達九号で行おうとした。すなわち学校閉鎖令である。これは旧藩時代以来の砂糖専売制を継続しようとする島庁が、「農民文盲策」（愚民観）の一環としてだしたものと考えられ、県庁の糖業策と無縁ではあるまい。

ところで、栄友直《さかえともなお》『徳之島小史』では、「役人目覚むるところありて教育の重大なるに鑑み、同年同月布達十三号を以《も》って再度開校を許した」とあるが、はたして役人が目覚めたための撤回であろうか。教育の重大なるは、突如思いつくべき事柄ではあるまい。もしめざめたのであるのなら、下からの島民の学校設立維持の要求が予想以上に大きかったからではなかろうか。布達十三号を掲げてみよう。

布達十三号

当島の儀、従来学校の設有レ之候得共、人材教育の道十分不二相定一、不都合の廉《かど》有レ之、先達講師以下師員都《すべ》て相廃候得共、学校の儀は人の人たる道を教へ、人民一般の知識を開き、上下貴賤各々其の分に従い、一身の義務を尽さしむる基本の処候得共、方今文明の世僻遠の地と雖も学校の設有レ之は緊要の事に候。依って今般更に講師以下師員申付候条、従前入学の生徒は勿論、各曖《あつかい》農夫作人の子弟に至るまで入校差許し候に付、一涯《きわ》致二出精一候様、父兄の輩厚く可レ致二世話一、此旨及二布達一候事、（傍点原口）

明治八年八月　支庁

（『徳之島郷土研究会報』第一号所収）

このなかで注目されるのは、「農夫作人の子弟」と銘記されていることで、さきの布達九号に対する撤回運動の主体に農夫作人がいたことを想起させる。また直島秀良《なおしまひでよし》「教育の歩み」（『同研究会報』第一号）には、「花徳《けどく》村では、この年直ちに学校設立世話人という父兄の組織的な動きが行なわれている」（振仮名・傍点原口）、「村では、……各戸随意、収穫米を出し合って（約三〇俵）、学校建設にのりだした……花徳や母間の学校設立と前後して、島内の村々でも学校が次々と設立されたとみえて……」というように当時のようすが明らかにされている。

『徳之島町誌』には、さきに明治五年廃仏毀釈《はいぶつきしゃく》で壊された安住寺《あんじゅうじ》跡に学校建設を主唱した有志として山徳《やまとく》善《ぜん》・柳義昇《やなぎぎしょう》・安田佐和志《やすださわし》・竜禎道《りゅうていどう》・指宿文都志《いぶすきふみとし》・津留義祐《つるよしすけ》などの名をあげている。これら有志は、明治八年の組織的動きの推進役として活躍したと想定される。また、明治九年（西南《せいなん》戦争のため実質的には十年）以降解禁された浄土真宗《じょうどしんしゅう》（一向宗《いっこう》）の布教活動が奄美民衆運動にあたえた影響もみのがせない。徳之島における嶺山嶺《みねやまみね》文《ふみ》による地租改正《ちそかいせい》のときの水利・新田開発事業も農民による自立的な殖産《しょくさん》事業として評価される。

奄美の自由民権運動

明治二十三年（一八九〇）喜界島《きかいじま》で起こったのが喜界島兇徒《きょうと》聚集《しゅうしゅう》事件、または田《た》中圭三《なかけいぞう》事件である。川内《せんだい》（現、薩摩川内市）出身の田中圭三は南島興産社の暴状に憤慨して、明治二十年、島民一四三人を集めて「有志」と称する同盟を結んだ。田中はみずから同盟の総代理人となり、負債の償還と砂糖販売の方法を相談して、明治二十一～二十二年産糖をすべて阿部《あべ》商店へ売り渡し、また日用品も自分が依頼を受けて購入することにした。すると明治二十三年六月五日突如喜界島派出所に田中は拘引《こういん》された。有志同盟は田中の釈放を二度も嘆願したが聴き入れられず、ついに同志三〇〇余人が天神山《てんじんやま》に集合し、嘆願書を呈出した。派出所では嘆願を許可せず、群衆に解散を命じたので、同志は派出所に押しよせ、田中の釈放を迫った。このとき小競合《こぜりあい》が起こり、窓ガラスが打ち破られるなどの騒ぎに発展した。巡査二人も騒ぎを制止しきれずに田中を釈放し、その場を逃れた。農民による派出所襲撃事件の報に接した大島警察署では武装警官隊を派遣し、田中を再逮捕、有志同盟数人を拘引した。この騒ぎで、同志の新宗明《しんそうめい》は一巡査の銃剣の先で目を突かれて失明するという災難にあったが泣き寝入りであった。田中をはじめ検挙された人びとは名《な》瀬《ぜ》に送られ、鹿児島軽裁判所大島支庁予審判事のもとで有罪とされたが、県外出身の関清英《せききよひで》検事は、この事件の性質上公平な判断をくだすためには裁判管轄を移す必要があるとして上訴した。その結果、長崎控訴院《こうそいん》では全員無罪の判決がくだされた。もともと田中の拘留が南島興産社の告訴に基づくものであったこと、なにより も島民側が失明者をだすという犠牲を払いながら、一切竹槍や棒などの武器をもたずに、合法的に事件の解決をはかろうとしたことが勝訴の原因であろう。したがって現在、事件を「兇徒聚集」と呼ぶのは必ずしも適当ではない。また注意すべきは、田中圭三事件がけっして喜界島だけに偶発した特殊事例でないことである。

同じころ、徳之島には伊勢《いせ》出身の石井《いしい》清吉《せいきち》が来島して、島民の衰退を挽回《ばんかい》しようと全島の有志を誘って各村を巡回して、商人の横暴を罵《ののし》り、低利にしなければ返済をしないという運動を始めた。いわゆる「三方法《さんぽうほう》運動」である。『徳之島事情』には、「三方法と唱える一種党派のごとき人民の団結」ができたとしている。石井清吉を議長とする有志総代会がスローガンとして掲げた三方法の内容は、第一に「勤倹貯蓄」であり、第二は不当な借金の支払いを拒否する債務対策であり、第三が、債務処理は法廷闘争を通じて戦うという運動方針であった。『名瀬市誌』によれば、三方法運動は単なる借金対策にとどまらず、島民の自立成長意識を背景に興産商社との取引拒否運動から反権力闘争へ展開したものとされている。島民の側から「勤倹貯蓄」を第一のスローガンに唱えたのは、失われていた経営の主体性を取り返そうという農民の意気込みの表れであった。

三方法は明治二十年麓純則《ふもとすみのり》を中心として全群島に広がった県令《けんれい》第三十九号撤廃運動の方針を受けついだものである。麓純則は、新納《にいろ》中三《ちゅうぞう》島司の薫陶《くんとう》を受け継いだ島庁の若手役人であったが、砂糖の販売問題で鹿児島商人側に立つ渡辺《わたなべ》千秋《ちあき》県令にたてつき免職となっていた。明治二十年七月糖業組合規則が県令第三十九号をもって公布されるや、これに対して猛烈な反対運動を起こした。第三十九号第一条によると甘蔗《かんしょ》栽培・砂糖製造・砂糖売買する者は組合規約を設け、島庁の認可を受けること、第二条には、甘蔗栽培の反別、製造期節、樽《たる》の寸法、旧来の負債弁償方法を書くこと、島庁は各島に監査員を派遣し規約の実行を監督し、生産者は商業者に砂糖売買の約束をなすものは組長をへて監査員の承認を受けること、規約違反者には罰金ないし拘留に処すという規定であった（『伊仙町誌』）。第三十九号の狙いは「大阪商人阿部某ヲ斥ケントスルニ外ナラサリキ」

と『大島郡来歴』に記されているように、阿部商店を締め出し鹿児島商人の独占利潤を守ることにあった。県がバックアップして結成された南島興産社は県令第三十九号を有利に利用してその商業活動を広げていった。これに憤慨した麓純則は、郡内有志とともに一大運動を展開、二十一年三月県会議員に選出され、郡民運動を背景に議会活動をとおして県令第三十九号の撤廃を勝ちとっている（明治二十三年）。

明治二十年夏から翌年にかけて全群島を沸騰させたこの運動は、知事による「乱麻」を「快刀」で断ったところから「乱麻解決運動」とも称されている。麓がふるった「快刀」（三大方針）は次のようなものであった。

一、阿部商会ヲ保護シ、便宜ヲ計ルコト

二、県令三九号砂糖販売規則ハ、知事ノ権限以外ニ出デ、無謀ノ規則ナルヲ以《もっ》テ、人民ハコレニ服従スルノ義務ナシ

三、人民ガ商人ニ対シ負フ所ノ債務ハ、利率高キニ過ギ、不法ノ取リ立テナルガ故、正当ノ計算ニ引キ直シタル上支払イヲ為サシムル事

石井清吉が唱えた三方法運動も実は麓純則の運動の延長にあった。三方法の第二のスローガンの債務対策の内容は、明治十八年までの債務は、利子を正当なものに引き下げてこれを支払う、十九年、二十年のものは、未曽有の台風災害によって支払い能力を失い、当然免除されるべき税金を、県が勝手に糖商に一時肩がわり納付させたと称せられるもので島民はあずかり知らないという考え方に立ち、支払いを拒否しようというものである。三方法運動のときに島民がかかえていた負債は当時としては厖大な額の六〇万円余にもおよび、のちに負債は一〇〇万円になったともいわれている。三方法運動は明治二十二年から二十五年にかけて最高潮に達し、このころ法廷闘争がたえなかった。沖永良部《おきのえらぶ》島でも明治二十六年ごろ、負債処理方法をめぐって党派的対立が

三方法運動一覧(明治20年～)

地域	事件名		組織者	組織名称	性格
大島	県令第39号撤廃運動(明治二十～二十一年)		山禎和喜・勝又重義など多数(島出身)		法廷闘争(民事)
徳之島		三方法運動	石井清吉(伊勢出身)総代会議長(新納中三の招聘，福沢諭吉門下尾崎行雄同窓)	「有志の総代会」「三方法」	法廷闘争
喜界島		喜界島兇徒聚集事件(明治23年)，田中圭三事件	田中圭三(川内出身)	「有志同盟」143人	派出所襲撃・刑事事件，数百人結集・上訴して全員無罪
沖永良部島			熊本出身某	明治26年負債処理方法をめぐり党派的対立あり	
与論島					

『名瀬市誌』下などにより作成。

あったようで、奄美大島でも訴訟が続出し、群島では年一七〇〇件から二〇〇〇件にものぼったという。

各島の運動を一覧表にして、二十年代の島民運動を検討してみよう。伊勢出身の石井清吉なる人物は、月刊雑誌『奄美大島』の昭和三年四回にわたる連載記事によれば、明治十五年に慶応義塾《けいおうぎじゅく》を卒業、福沢諭吉《ふくざわゆきち》の門下生の一人であった。明治・大正・昭和期の政党政治家尾崎行雄《おざきゆきお》とは同学の人物である。尾崎の全国遊説とは行動を共にしており、当時は一かどの啓蒙家であり、自由民権家であったようである。尾崎は『郵便報知《ゆうびんほうち》新聞』の記者をつとめていたが、福沢諭吉も都市ジャーナリズムを基盤にした都市民権論者として知られている。都市民権家の人脈に連なる石井清吉がなぜはるか徳之島まで乗り込んで島民運動を組織したのか。実はこれも新納中三の招きによるものであった。明治十四年の政変の影響で福沢諭吉の慶応義塾卒業生は就職難に陥っていたとも考えられる。

鹿児島の自由民権運動を振り返るとき、その主体勢力は西南《せいなん》戦争後急速に没落していく城下士族《じょうかしぞく》や南島を足場にして経済活動を続けていく鹿児島商人層である。彼らの多くは「民党《みんとう》派」であり、その性格は「士族民権」といってもよく、一種の求官運動のような側面を強くもっていた。民党とは吏党《りとう》に対する名称で、藩閥《はんばつ》政治に反対する反政府政党の総称である。

鹿児島商法会議所を中心とする鹿児島経済界、金融・銀行資本の南島への依存度は絶大であった（次ページ表参照）。

明治十～二十年の県下会社一覧であるが、○印をつけたのは直接、南島を対象とした会社であり、奄美群島の糖業が県内産業で絶大な比重を占めていたことが理解できる。奄美群島への依存度の強さは、鹿児島経済界の弱さでもあった。奄美を視点とした場合、鹿児島県の自由民権運動の本質を理解できる。

奄美農民運動と鹿児島経済界は経済的に対立するものであり、鹿児島の経済界を後ろ盾とする自由民権家、民党派は、奄美島民の運動には敵対関係にあったのである。ここに明治二十年代に奄美の経済問題に関して鋭い現状分析、より正しい理解を示したのは、皮肉にも藩閥政府支持の立場に立った「吏党」系独立倶楽部《クラブ》の『鹿児島毎日新聞』であった。

　大島郡の糖業　砂糖を製しても値段は低く売る人買ふ人互《たがい》に……島民苦《くるし》み苦んで商家又この苦を受く、負債負債又負債、裁判又裁判、知らす此結果果して何如《(ママ)》……経済上の実勢よりして是《これ》を観察するときは、大島諸島は我が鹿児島県の大島郡諸島にあらすして却《かえっ》て大島郡諸島の鹿児島県なりと論するもの是ある位の関係を有するにも係《かか》はらす、互に敵味方となりて商業以外の訴訟に……相争ふは遂に糖業萎靡《いび》商家困頓の媒《なかだち》となりて毫《ごう》も益する所なきは勿論《もちろん》……依然救済の道を講せさるは蓋《けだし》勢の止むを得さるに出るものなるか、将《まさに》是を講するものなきによるか……当局者請ふ、猛省する所あれ。　（明治二十四年十一月三日付）

記事の主旨は、このような裁判沙汰が続けば、島民・商人共倒れになるだろうという意見で、なにも手を打たない当局者に反省をうながしている。訴訟続出の島の状況を新聞は悲観的にみている。逆にこれと対照的に楽観的な見方をしているのが、民党系の『鹿児島新聞』である。

　商店と人民との悶着《もんちゃく》、曩《さ》きに鹿児島商店と大島人民との取引上に生したる悶着《もんちゃく》事係《じけん》(ママ)は……愈々《いよいよ》過日鹿児島商店の勝訴に帰する旨、大阪控訴院に於《おい》て判決ありたる由、就《つい》ては今後従前の如く苦情等も絶へて彼《ひ》

鹿児島県諸会社一覧(明治10〜20年，資本金3,000円以上)

会　社　名	資本金	営業種目	開業年月
①南島興産商社	円 400,000	抵当貸付	明治20.5
2共同授産会社	120,400	養蚕・織物	23.5
③南　島　社	80,000	沖縄・大島など産糖交易	13.11
④大島商社	50,000	大島産糖交易	12.1
④商産会社	〃	徳之島産糖交易	13.4
④物券会社	〃	貸付金・物品売買	14.3
7功　成　社	49,800	小蒸汽船	15.6
8交　通　社	44,000	貸付金預り金	12.10
9魚類商社	36,000	魚類販売	15.7
⑩沖永良部島商社	35,000	沖永良部島産糖交易	7.11
⑪大一組便理社	30,000	各島物産運漕	14.6
⑫明　行　社	25,000	沖永良部島産糖交易	18.2
⑬康　泰　社	23,000	徳之島産糖交易	12.12
⑭喜界島商社	20,000	喜界島産糖交易	8.5
⑭穀物会社	〃	穀物売買	13.7
16牧　牛　社	13,654	牧牛事業・開墾	17.12
17商　質　社	10,000	貸付金	13.1
17製藍会社	〃	製藍	13.12
17和　親　社	〃	牛馬骨売買	15.1
17鋳造会社	〃	鋳造	20.4
21三開会社	9,600	薬種売買	14.6
㉒共　志　社	9,000	大島砂糖交易	13.11
23交　潤　社	8,000	貸庫	15.4
24交　補　社	7,000	貸付金	16.3
25貸付会社	5,000	〃	14.5
26養　穀　社	〃	牛馬骨売買	14.12
27昌栄会社	〃	〃	15.2
28便農会社	4,900	貸付金	14.5
29安得組合会社	4,000	〃	14.5
30鉄工会社	3,000	鉄工・売買	11.10
30死牛馬買入会社	〃	牛馬皮骨売買	12.5
㉚物　券　社	〃	貸庫	15.3

『鹿児島県史』第4巻より作成。

我《が》の取引も円滑に行はれ、同時に島地の殖産も亦《ま》た繁栄するに至らん、（明治二十四年九月二十九日付）

つまり、糖業者と商人の訴訟事件の結果、鹿児島商人側が勝訴し、これ以後は島民も商人も苦情のない円滑な取引によって島の産業も栄えるであろうというわけである。このように『鹿児島新聞』は流通過程の矛盾にはふれずに、現状打開に島民の自覚をうながすばかりであった。

明治二十二年七月『鹿児島新聞』論説（民党系）

語ヲ大島郡民ニ寄ス

近時、世人動《やや》モスレハ即チ、我ガ大島郡ヲ指称スルニ東洋ノ愛耳蘭《アイルランド》ヲ以テスルモノアリ。吾人之《こ》レヲ聴クゴトニ、未タ曾《かつ》テ怫然《ふつぜん》トシテ憤怒シ、喟然《きぜん》トシテ嘆息セズンバアラザルナリ。大島郡民モ亦《ま》タ天皇陛下ノ臣民《しんみん》ニシテ、彼《か》ノ市町村制施行ノ事ヲ除クノ外ハ、殆《ほと》ンド全《まっ》タク内地人民ト同一ノ待遇ヲ受クルモノナリ。而シテ彼等《しこう》ノ多クハ、多少自己ノ所有ニ係ル地所家屋ノアルアリテ、通常人ノ有スベキ権利ヲ有スルモノノ如《ごと》クナルニ拘《かか》ハラス、呼ンデ東洋ノ愛耳蘭トナス。寧《むし》ロ苛酷ノ評語ナラザランヤ。

而シテ、其ノ茲ニ至ル所以《ゆえん》ノ原因ヲ探討セバ或ハ天災モアルベク人為モアルベク其関係ヤ種々様々ナルベシト雖モ、……之レヲ以テ他人ニ帰スルコトナク、皆ナ自己ノ招ケルモノナリト覚悟センコト是レナリ……。

『大阪東雲《しののめ》新聞』（明治二十一年十一月ごろ）

鹿児島県下大島郡……ノ糖業者ト、南島興産会社（鹿児島地方ノ商人等ガ兼テヨリ鹿児島ニ設ケ居ル）トノ間ニ起リ居ル、糖業上及ビ之レガ取引売買ニ関スル紛議事件ハ、既ニ経済社会ノ一問題トナリ、普《あま》ネク世人ノ知ル処ナルガ、

『鹿児島新聞』の論説にみられるように、鹿児島の自由民権運動は砂糖への寄生《きせい》という点で一致しており、鹿児島で「民党」といわれる山田海三《やまだかいぞう》・岩元信兵衛《いわもとしんべえ》は南島の農民運動の抑圧者であったといわねばならない。

家人解放運動と勝手世騒動が、反封建《ほうけん》・反専売の戦いであったのに対し、明治二十年代に展開された三方法運動は、鹿児島の士族、とくに旧城下士族ならびに高利貸資本への法廷闘争であり、「士族民権」の担い手である鹿児島士族（民党系）への対抗という側面、ならびに島民の大半が黒糖の生産者農民であるという立場上、当初より「農民民権」の性格を強くおびている。不当な債務に対する執拗な、そしてあくまで平和的な法廷闘争の不断の日常的展開、「士族民権」との鋭い対立を内包しているという理由により、同時期日本各地で展開された自由民権運動との直接的関連の有無にかかわらず、明治前期の奄美農民運動、とくに「三方法運動」は農民民権運動として位置づけられるものであろう。

屋久島と官山

旧藩時代の屋久島では、山林は薩摩《さつま》藩のものであるとされていたが、特別に藩が保護した鹿倉山《かくらやま》・御建山《おたてやま》・御仕立山《おしたてやま》などを除けば、地元民が自由に育成・伐採できた。とくに村落に近い前岳《まえだけ》の山林原野は共有地として、村民の生活に必要な建材・薪炭材などの採取場であったので、私有地の概念もなかった。

西南《せいなん》戦争のため遅れて明治十二年（一八七九）から再開された地租改正《ちそかいせい》では、奥岳《おくだけ》はもちろん前岳の共有林までも官有地とされた。地租改正担当の役人は、官有地の増加をはかる政府の方針を実行するため、民有地にすると地券《ちけん》の証紙代や毎年地租が課されると説明し、山林は民有地にしないほうが得策であると説いたという。村民は従来の慣行が認められると考え、不満ながらもこれに従った場合もあった。慣行が認められないことを知ると、同十五年甘藷耕作用の官有地作地願が安房《あんぼう》村からだされたりしたが、農商務省鹿児島山林事務所は十八年十一月、宮之浦《みやのうら》に事務所をおき盗伐を厳しく禁止した。

　地租改正で多くの山林を失った村民に追打ちをかけたのが、明治二十二年大林区《だいりんく》署が行った官民有山林境界調査であった。この調査で藩政《はんせい》期の竿次帳《さおつぎちょう》などの反別《たんべつ》に比べて民有地の面積が多すぎるとの理由で、残っていた共有地のほとんどが官有地に編入された。下屋久《しもやく》村（現、屋久島町）分だけで一〇〇町歩《ちょうぶ》を超えたという。官有林の取締りも厳しくなり、今までのように山へはいれなくなり、日常生活に不便をきたすようになった。二十三年戸長《こちょう》役場を単位に、民有山林引戻願がだされたが、一部が戻されただけで多くは却下された。二十六年永田《ながた》地区からだされた山林誤謬《ごびゅう》訂正願も、二十二年官有地に編入された土地だけが認められ、地租改正時のものは認められなかった。この間薩摩製糖組のキビ畑用としての原野は有償で払い下げられているので、島民への無償払下げだけが認められなかったことになる。

　明治三十二年、国有土地森林原野下戻《さげもどし》法が公布された。地租改正後、全国各地で官有地と民有地との境界についての紛争事件が発生していたので、解決のため下戻申請や行政訴訟を起こさせ決着をつけるためであった。屋久島ではさっそく同年、個人で、大字で、村を単位として下戻願がだされた。個人の出願はわずかな面積であったが、係官が来島調査の末、三十六年十月に不許可になった。

　明治三十七年、上屋久村と下屋久村は、不当処分の取消しと国有山林下戻請求の行政訴訟を起こした。原告は両村の各大字で、代表を各村長とし、訴訟代理人に弁護士を立て、被告は農商務大臣清浦奎吾《きようらけいご》とし、行政裁判所で審理されることになった。この行政訴訟は大正九年（一九二〇）六月原告の請求が却下されるまで、一六年五カ月のあいだ一八回の公判を重ねた。裁判の費用は膨大な額にのぼったが、勝訴の際に一定の割合で利用する権利を代理人にあたえていたので、全額を代理人が負担し、島民が負担することはなかった。

行政訴訟で勝訴した農商務省は、鹿児島大林区署に屋久島国有林施業案を作成させ、大正十年五月、屋久島国有林経営の大綱を発表した。一般に屋久島憲法と呼ばれる。四項からなり、要旨は次のようなものである。

一、屋久島国有林は、地元民の生業に留意し、将来産業が発展するような事業にするため、面積約四万二〇〇〇町歩のうち、前岳の約七〇〇〇町歩は特別地帯とし、地元住民の利益になるように経営する。

二、特別地帯は地元民のために委託林とし、住民の自宅用薪炭材の伐採を認め、漸次《ぜんじ》部分林を設定し、開墾地に適当な場所は希望者に貸しつける。

石塚国有林(大正14年)

三、奥山での伐採・運搬作業にはできるだけ地元民を採用する。同地域でトリモチの木の採取を認める。

四、地元民の便宜を考えて道路を整備する。

などである。これを前提として、三月には屋久島国有林施業計画が作成された。これも要約すると、国有林は純官行施業林と特別作業林、保護林その他の普通準施行地、保安林と部分林の施業制限地に三大別された。

事業のうち伐採と造林は、対象面積のうち毎年一〇〇分の一を目標とし、麓《ふもと》から山頂へ、谷から尾根に進めていくもので、具体的には宮之浦川流域を北事業区、安房川流域を東事業区、栗生川《くりおがわ》流域を南事業区の三区に分けられた。大正十二年、屋久島小林《しょうりん》区署も上屋久《かみやく》・下屋久二つの小林区署に分立し、小杉谷《こすぎたに》に事業所が開設され、官営伐採事業が開始された。当時は従業員も少なく、宮之浦事業所ではわずか一〇人程度であり、おもな事業は木炭の生産で、年間一二万俵を生産する程度であった。昭和十二年（一九三七）木材搬出にトロッコが採用され、従業員も六〇人程度にふえたが、戦争の拡大長期化によって資材・労働力が不足し、十七年以降事業は停滞、十九年には小杉谷事業所もいったん閉鎖された。

第二次世界大戦後、戦後復興のため材木の需要が高まり、事業は再開されたがまだ伐採は広葉樹林中心であった。昭和三十年代にはいり経済の高度成長が始まり、木材の需要が急速に拡大されると、三十二年国有林の経営法が改正され、これまで保護が加えられていた屋久杉は一般材と同じ扱いとなり、つぎつぎに伐採されて銘木市場に出荷されるようになった。

低質広葉樹（イスノキ・タブ・シイ）などの二種林は皆伐し、跡地に杉の人工林を育成する方針で、昭和三十八年、屋久島森林開発会社などに立木が処分され、これらの業者によって伐採と島外への持出しが大規模に進められた。三十二年当初の針葉樹林五五九ヘクタール、広葉樹林八五八九ヘクタール、混交林一万三一一〇ヘクタール、その他、計二万二五一四ヘクタールで蓄積量八八五万石《ごく》＝二億四六〇〇万立方メートルと推定されていた。伐採量は三十三年七万立方メートルから三十六年九万立方メートル、四十四年には二〇万立方メートルへと急進している。

森林資源が急激に伐採され乱伐が進むと、屋久杉保護の気運が生じてきた。屋久杉原始林が国特別天然記念物に指定されていたことから国立公園化が計画され、昭和三十九年、霧島《きりしま》屋久国立公園がスタートした。一方、小杉谷事業所は四十五年閉鎖されることになった。付近一帯の屋久杉天然林の伐採が終ったからである。伐採後に残された根株は「屋久杉の墓場」とも呼ばれ、自然保護の動きが活発となるなかで、ふたたび屋久杉に保護が加えられることになった。

平成五年（一九九三）十二月、世界遺産条約に基づき、屋久島が世界自然遺産に登録された。樹齢数千年の屋久杉などの森林植生、亜熱帯から冷温帯におよぶ植生の垂直分布があり、多くの固有植物や南限・北限植物が自生していることが選ばれた理由である。

2 鹿児島の自由民権運動

鹿児島県の自由民権《じゆうみんけん》運動は、西南戦争で多くの人材を失った関係もあって、全国の動きより少し遅れて出発する。明治十三年（一八八〇）三月、大阪で開かれた愛国社《あいこくしゃ》第四回大会が国会期成同盟《こっかいきせいどうめい》と改称し、国会開設の請願書を元老院《げんろういん》に提出した。これがきっかけとなって、翌年帰鹿した上村精之介《かみむらせいのすけ》は鹿児島に博愛社《はくあいしゃ》を、柏田盛文《かしわだもりふみ》は故郷の川内《せんだい》（現、薩摩川内市）に国会期成同盟を結成して、鹿児島で自由民権を唱える本格的な政治結社が発足した。両者はともに国会開設請願書を元老院に送ったという。

三州社と郷友会

博愛社の上村は演説会を開くなど活動を開始したが、鹿児島には同志が少なかったので、姶良《あいら》地方の有志と提携し、博愛社の本部を加治木《かじき》におき、各地に支部を設けた。社の活動は、全国の有志と一致団結し、治外法《ちがいほう》権《けん》の撤廃による条約改正《じょうやくかいせい》を急ぐことなどをめざして、盛んに政治演説会を開いた。

明治十四年七月、開拓長官黒田清隆《くろだきよたか》が北海道開拓使官有物《かんゆうぶつ》払下げを申請したことから、民権派の攻撃を受けた政府は、薩長《さっちょう》派の代表伊藤博文《いとうひろぶみ》らが、即時国会の開設を主張していた大隈重信《おおくましげのぶ》一派を罷免《ひめん》させ、国会開設の詔《みことのり》をだして民権派の矛先を弱めようとした。国会の開設は一〇年後のことであったが、中央では国会に備えて政党も結成されはじめた。

このころ鹿児島では、西南戦争に従軍して投獄されていた河野主一郎《こうのしゅいちろう》が特赦《とくしゃ》で帰郷すると、伊東祐高《いとうすけたか》・中原《なかはら》万次《まんじ》らが河野を社長として三州社《さんしゅうしゃ》を結成し、県下に勢力を扶殖していた。県内の結社には、野村政明《のむらまさあき》・野村忍介《おしすけ》らを主幹とする農事社《のうじしゃ》、川内・宮之城・加世田《かせだ》地方の自治社《じちしゃ》、公友会《こうゆうかい》などの小団体があったが、明確な主義・綱領などはなかった。十五年三月、熊本で九州改進党《かいしんとう》が結成された。鹿児島からも公友会・自治社・三州社などから同懇親会に六〇余人が参加した。四月、農事社・自治社・公友会の三団体で九州改進党鹿児島部が結成された。三州社は主義主張に同意できぬとして鹿児島部の結成には参加しなかった。九州改進党は大隈の改進党と名前は同じだが、直接の関係はなく、結成も九州が二日ほど早かった。

明治十四年十一月、東京で県下の授産と教育を目的とする郷友会《ごうゆうかい》が結成された。在京の県出身者たちは西南戦争後の人材育成こそ目下の急務であると考え、行動を起こしたのである。鹿児島で同志をつのり、県下に支部を設けて会員募集を始めたが、すでに県内は九州改進党と三州社の会員に占められ、郷友会の拡張には無理があった。しかし十五年六月、政府は集会条例を改正し、政治結社の支社設置と結社間の連合を禁止した。このため九州改進党鹿児島部が解散したので、かわりに郷友会の勢力が拡張され、やがて三州社との対立が生ずることになった。

郷友会は三州社に対して、公立鹿児島学校を設立して生徒の養成を始めた。学校の創立に尽力したのは市来《いちき》(のち野村)政明で、鹿児島学校創立のため慶応義塾を辞し明治十四年帰鹿、翌年九月開校にこぎつけると、その後は新聞事業に乗りだした。対抗上三州社でも三州義塾を経営して子弟の養成を始めた。郷友会は本来県下出身者の親睦と、県下の教育・授産が目的であって政治結社ではなかったが、三州社と対立が生じてくると、三州社を解散させるほうが得策だと考え、中央の権力を使った切崩し策がとられた。まず社長の河野主一郎を上京させ官職に就け鹿児島から去らせ、つぎに県庁職員・警察幹部の人事に介入したので、三州社系の者は左遷され郷友会の者が占めるようになった。やがて副社長の伊東祐高も上京して官職に就くと、社員のなかには郷友会へ加わる者もではじめ、両者の対立に中立の立場をとっていた九州改進党も、郷友会の優勢をみて同調するようになると、三州社は衰退の一途をたどった。

三州社の衰退と同時に郷友会も政治的色彩を失い、本来の目的である教育と授産事業に専念することになり、加治木に塩田《えんでん》を開拓しようとしたが失敗した。中央においても板垣《いたがき》の遭難からヨーロッパ遊学、福島事件など自由民権運動激化のなかで、明治十七年九月自由党が解党し、十二月大隈が改進党を去った。中央の動きにあわせるように、十八年九州改進党も解党して、鹿児島の政治運動も、第一回衆議院議員の選挙が行われるまで、一時中断することになった。

『鹿児島新聞』の創設

県下ではじめて本格的な新聞として登場するのは『鹿児島新聞』である。同新聞の創刊も自由民権運動と無関係ではない。農事社を起こした市来政明の呼びかけに、西南戦争薩軍従軍者の野村忍介らが応じて、三〇余人の株式組織で新聞社が設立された。明治十四年（一八八二）十一月十五日内務卿《ないむきょう》の許可を受けると、とりあえず社屋を築町《つきまち》一一番戸《こ》にあった新町《しんまち》戸長役場跡（現、産業会館の敷地）を借り受け、印刷機械も一式を県庁から借りて出発した。

資本金一万円、一株五円で二〇〇〇株、三三人の株主がいた。多くは旧私学校《しがっこう》党の士族実業家であった。役員は発起人中から互選とし、監督野村忍介、社長市来政明、編集長浅野宅治《あさのたくじ》、事務主任鎌田政紀《かまたまさのり》、印刷監督永《なが》田彦兵衛《たひこべえ》、常議員一〇人、実務は編集五人、印刷校正二人、庶務出納五人、探訪三人の計一五人で出発した。

まもなく記者として東京から、福沢諭吉《ふくざわゆきち》門下で愛媛県出身の元吉秀三郎《もとよしひでさぶろう》が論説委員に、同じく同県出身の矢野《やの》可宗《よしむね》が小説主任として加わった。

内務卿の許可を受けてから創刊号の発行まで三カ月近くの日時がたつが、遅れた理由としては印刷機械や用紙の運送に、三菱汽船会社との交渉に手違いがあったからだという。明治九年十二月四日の内務省通達によると、許可を受けて三〇日以内に発行できないか、休刊届出後五〇日以内に再発行しなかったものは、既得の発行権を失うとされていたので、とりあえず号外を発行して急場をしのいだらしい。号外第一号は同年十二月二十九日に発行し、翌年一月初旬に創刊号の発行を予告した。号外でも新聞である。二月十日の創刊まで数号の号外を発行したらしい。

のちに紀元節《きげんせつ》が重視されるようになると、創刊を十一日にしなかったことが悔まれるようになるが、十日に創刊号をだし、翌十一日は紀元節で休刊、十二日も日曜日で休刊、第二号は十三日に発行されているので、十五年当時の紀元節は休日ではあったが、特別注目される日ではなかったことになる。同新聞の創刊を『鹿児島県史』では明治十四年二月十一日とするが、十五年二月十日が正しい（芳即正《かんばしのりまさ》「鹿児島新聞創刊日誤伝の謎」『鹿児島史学』第一八号）。なお創刊号は東京大学明治新聞雑誌文庫に保存されている。

発刊当時の新聞は現在の約三分の二の大きさで、縦四四センチ、横六五センチ程度で四ページ、各ページ四段組、一段三二字詰め。内容は一面社説・県庁の広報記事・官公庁人事、二面裁判・外電・経済、三面雑報でいわゆる三面記事、四面雑報の続きと広告などであった。三面の雑報はおもに市内のニュースであったが、取材は記者が走り廻るのでなく、探訪人が午前中に仕入れた話をもとに、午後から記者の元吉が記事にして印刷にまわしていた。印刷機械の能力にも限界があるので、日曜日などの休刊日に数日先の新聞を刷りだめしていたという。世界はもちろん日本のニュースでさえ速報できる時代ではなかったし、鹿児島での突発的な事件には号外で対処することができたので、数日分の刷りだめも可能であった。発刊当初一三〇〇部刷って、売れたのは六〇〇部程度であったという。定価は一部二銭五厘、一カ月分五〇銭の前払い購読料であった。三カ月分・六カ月分の契約では相当の割引があった。地方の郵送分は一カ月二五銭が割増されたが、郵便局の設置はまだ県下の全村におよんでいなかったので、購読者は限られていた。

この後『鹿児島新聞』は政党紙をめざしていった。当時の鹿児島は、明治十五年五月に九州改進党鹿児島部が結成され、前項で述べたように郷友会と三州社が対立していた。社長野村政明は九州改進党に入党した。常議員会で反対もあったが反対派が社を去ったので、やがて九州改進党の機関紙みたいになった。同年八月十五日、県庁との摩擦から、三三日間の発行停止処分を受け、印刷機械も取り上げられ、社屋も立ちのくことになった。

二回目の休刊処分中に、寄付をあおいで基金を集め、政府に三五〇円の保証金もおさめることができた。明治十六年四月、残った金で加治木屋敷跡（現、岩崎ビルの敷地）を借りて、自前の社屋を建築することができた。といっても滑川《なめりがわ》小学校の古校舎を利用したものであったが、築町から生産町《せいさんちょう》時代の借家生活は終りを告げた。

明治十八年、郷友会幹事の有村国彦《ありむらくにひこ》（桜田門外《さくらだもんがい》の変《へん》で殉じた治左衛門《じざえもん》兄弟の末弟で、当時第五国立銀行頭取であった

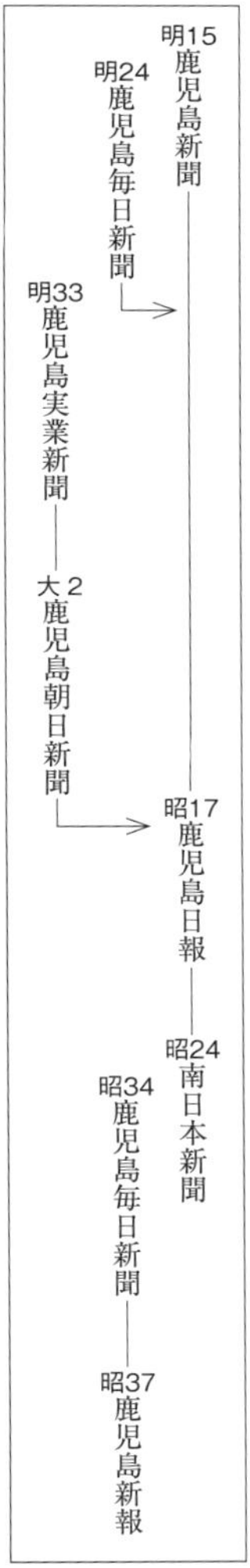

鹿児島の新聞系譜

ので、五銀《ごぎん》派とも呼ばれた）が新聞の買取りに乗りだし、反対の常議員もあったが賛成者が多く、郷友会への売却が決定した。しかし郷友会の方針が変わったので取りやめになった。その後二十二年、郷友会を主力としていた鹿児島同志会に四〇〇〇円で買収され、以後純然たる鹿児島同志会の機関紙─政党紙となった。

なお、ほかの鹿児島の新聞としては、明治十五年の『めざまし新聞』、十六年の『麑城新報《げいじょうしんぽう》』『鹿児島日報』などがあった。このうち『麑城新報』は、十五年十月に内務卿から許可があり、社地を中町《なかまち》に、社長和泉邦彦《いずみくにひこ》、編集長別府源一郎《べっぷげんいちろう》で出発しようとしたが、活字などが揃わず刊行不能となり、翌十六年、社長右田畩次郎《みぎたがいじろう》、編集長秋田昌勝《あきたまさかつ》の麑城社で申請し、十六年三月に許可になった。

平民代議士の誕生

明治二十二年（一八八九）二月十一日、大日本帝国憲法《だいにほんていこくけんぽう》が発布され、同時に衆議院議員選挙法が公布された。翌二十三年十一月の帝国議会の開催に向けて、中央でも地方でも旧民権論者の動きが活発になった。二十二年二月、熊本で九州有志大懇親会が開かれ、旧九州改進党を中心に新政党を結成する動きがあった。本県からも郷友会・三州社・旧九州改進党・中立派など六〇余人が参加し、八人が委員に選ばれ、九州同志会の発会に参加した。同志会は立憲政体《りっけんせいたい》実現のため、自由党・立憲改進党系の者が大同団結し、その他の進歩的な有志との連合をはかる目的で、本県からも六人の常議員が選ばれた。

本県同志会の団結は、熊本の改進党と紫溟会《しめいかい》の対立の影響を受けて二派に分裂し、東京から帰った折田兼至《おりたけんし》らの努力も功なく、改進党系の鹿児島同志会が成立し、『鹿児島新聞』を買収して機関紙とした。一方染川権輔《そめかわごんすけ》など、同志会の綱領にある〝改良進歩〟の文字に反対した一派は帝国同志会を結成して、旧改進党・郷友会・三州社ではない新政党であることを強調した。明治二十三年四月、鹿児島で九州同志会大懇親会が開かれた。七〇〇余人が出席した九州連合同志会には、折田など五人が常議員となった。

熊本県
伊佐郡
出水武本村
大口里村
出水郡
宮崎県
薩摩郡
姶良郡
隈之城東手村
薩摩郡
加治木村反土
伊集院
下谷口村
鹿児島郡
鹿児島郡
岩河村
日置郡
鹿児島市
囎唹郡
鹿児島市
山之口馬場町
鹿屋村中名
加世田村武田
川辺郡
揖宿郡
肝属郡
指宿村西方
種子島・屋久島……熊毛郡　郡役所は西之表石ノ峯
奄美諸島……大島郡　島庁は金久村
十島は川辺郡所轄のまま大島支庁管轄，明治30年に
大島郡に編入
川辺郡

市郡区域図(明治29年)

明治二十三年七月の第一回衆議院議員選挙では、樺山資美《かばやますけよし》・折田兼至・長谷場純孝《はせばすみたか》・宇都宮平一《うつのみやへいいち》・河島醇《かわしまあつし》・蒲生仙《かもうせん》・基俊良《もといしゅんりょう》など同志会は全員当選し、民党が議席を独占した。帝国議会の開院式を前に、九州同志会は板垣退助《たいすけ》の立憲自由党に合流した。ところが第二議会が招集された二十四年十二月、鹿児島同志会は分裂した。柏田盛文など一部の者が帝国同志会と連合して独立倶楽部を結成し、吏党に属して薩陽社《さつようしゃ》から発行される『鹿児島毎日新聞』を機関紙とし、民党の同志会と対立するようになった。全国的にも吏党・民党の激しい争いがあったが、独立倶楽部の成立は、本県出身の松方正義《まつかたまさよし》内閣を支援する動きとも考えられる。

第一次松方内閣の第二議会も、経費節減・民力休養を主張する民党と衝突して、明治二十四年十二月に解散し、翌年二月に第二回衆議院議員選挙が行われた。内相品川弥二郎《しながわやじろう》の選挙干渉はあまりにも名高い。本県でも川辺《かわなべ》・田布施《たぶせ》・牧園《まきぞの》などで暴力沙汰も発生した。吏党と民党の争いは全県下を二分し、各村々では親類同士が対立、離婚問題も発生、役場の吏員《りいん》から村会の議員、末は小童《こわらわ》にいたるまで対立に引き込まれ、小学校の訓導《くんどう》も反対派であることで罷免《ひめん》される騒ぎであった。二月の第二回選挙では、吏党四、民党二、中立一で、吏党の勝利に終った。

同明治二十四年六月、吏党の大成会《たいせいかい》は西郷従道《さいごうじゅうどう》を会長とする国民協会と改称した。二十五年夏、西郷・品川らは大挙して県下を遊説し、伊作《いざく》・知覧《ちらん》で演説会を開いた。独立倶楽部はこの機会を利用して党勢拡張をはかろうとしたため、民党も対抗して演説会を開き、たがいに妨害する騒ぎとなった。吏党側ではさらに松方内閣の樺山資之《すけゆき》海相が帰鹿して、独立倶楽部の拡張のため演説会を開いたので、両者の対立抗争はますます激化した。二十七年加納久宜《かのうひさよし》知事が就任したのはこの抗争直後のことで、県庁は吏党の本拠と化し、官公吏で民党支援の者はただちに免官されるありさまであった。

明治二十六年末の第五議会後、長谷場など本県代議士は自由党を脱党して立憲革新党《かくしんとう》にはいった。二十七年三月の選挙では民党四、吏党三の結果となった。二十七年九月の選挙も日清《にっしん》戦争中のことでもあり、平穏のうちに終り、革新党四、国民協会三で変わりはなかった。中央においても日清戦争は内閣と議会の対立を緩和させた。二十七年十月、第七臨時議会は大本営《だいほんえい》がおかれていた広島に招集され、臨時軍事費を満場一致で可決した。二十八年、第二次伊藤内閣は自由党と提携した。これに対して松方は旧立憲改進党系の進歩党《しんぽとう》との妥協をはかった。県内でも革新党を解党して進歩党に合流し、薩閥《さつばつ》進歩党連合をめざす動きがあった。しかし河島は参加せず、厚地《あつち》・柏田も国民協会を離党して無所属となり、進歩党に加わった長谷場・折田も、薩閥進歩党との提携に失敗して無所属となった。このような経過を踏んで、二十八年末ごろから両党合同の歩みよりがあり、三十年六月合同が成立し、県内を二分した吏党・民党の争いは終った。こうして、責任内閣の成立、自主外交、財政整理・民力の発達をはかることの三綱領を掲げる鹿児島政友会《せいゆうかい》が成立し、独立倶楽部系の『鹿児島毎日新聞』は廃刊となった。

衆議院議員時代の岩元信兵衛

明治三十一年五月の選挙では旧政党人は立候補せず、旧政党色は一掃された。中央では第三次伊藤内閣が自由党との提携に失敗すると、自由党と進歩党が合併して憲政党《けんせいとう》となり、隈板《わいはん》内閣が成立した。鹿児島政友会は憲政党鹿児島支部となったが、尾崎行雄文相の共和政体演説に端を発して憲政党が分裂し、旧自由党系が憲政本党《ほんとう》を結成すると、県出身の代議士で憲政本党に加わろうとする者もあったが、折田が指導して憲政党鹿児島支部も解散し、鹿児島政友会を復活して中立の立場をとった。三十三年九月、伊藤が憲政党と妥協して立憲政友会を組織すると、本県の代議士は全員参加し、鹿児島政友会はその支部となり、『鹿児島新聞』はその機関紙となり、一県一党時代が出現した。

明治三十五年七月の選挙は、大選挙区、単記・無記名投票に改正された選挙法で行われ、あらたに鹿児島市と大島選挙区が加わり、九人が選出された。市選挙区から岩元信兵衛《いわもとしんべえ》が実業家の代表として当選したが、士族《しぞく》でなかったことから初の平民《へいみん》代議士の誕生として話題を呼んだ。岩元は当選後政友会に入会したが、政友会でなかったのは和泉邦彦《いずみくにひこ》だけであった。

3 経済と文化の発展

鹿児島汽船の運行

鹿児島は東・南・西の三方を海に囲まれ、南には五〇〇キロにおよぶ海域に点在する島々を擁し、海上交通は人間の交流のみならず物流面においてもきわめて重要な役割を果たしていた。藩政時代には藩内各地に政商《せいしょう》がおり、一〇〇〇石・二〇〇〇石の船を多数もって海上交通を支配していた。明治になってからも大阪や奄美《あまみ》・沖縄航路は主としてこうした商人の和船が就航していたが、明治三年（一八七〇）ごろ鹿児島の商人がはじめて洋式帆船を導入し、さらにのちこれを汽船に改めたという。ついで、明治五年ごろ郵便汽船会社の汽船が鹿児島から沖縄に就航した。

西南戦争中、鹿児島港への船舶入港は禁止されていたが、戦後、海上交通はふたたび平常に戻った。西南戦争の軍需物資輸送の必要から三菱会社・共同運輸会社の汽船が寄港するようになったが、これらは明治十八年には合併して日本郵船会社となり、離島航路の運営にあたった。しかし、十七年に設立された大阪商船会社が大阪―鹿児島航路に汽船三隻で月三往復就航するようになり、うち一隻はさらに奄美大島・沖縄にまで航路を延ばした。これによって、この方面の海上交通の実権はしだいに同社に移っていった。

明治十八年には汽船一五四隻、西洋型帆船一〇三隻、日本形船四四五隻であった鹿児島港入港船舶は、二十二年には汽船四四四席、西洋型帆船は三九隻、和船は三四一二隻となった。

鹿児島港入港船舶

年　次	汽　　船		西洋型帆船		日本形船 50石以上	
	隻	トン	隻	トン	隻	石
明治18年	154	42,365	103	11,117	445	89,000
20年	140	39,716	45	5,342	5,465	137,164
22年	444	88,395	39	5,635	3,412	78,254

『鹿児島県史』第４巻による。

鹿児島港入港船舶数

年　次	汽船	西洋型帆船	和船50石以上
	隻	隻	隻
明治８年	154	103	445
10年	140	45	5,465
12年	444	39	3,412
14年	835	20	2,213
34年	2,140	92	114
44年	3,679	124	9

『鹿児島の歴史』による。

こうした物資輸送の増大に対応して、鹿児島港の整備も進んだ。明治十一年には「鹿児島港共同物揚場規則」が公布され、海岸の官有地に共同物揚場が設定された。十四年には海岸を共同物揚場と共同物置場に区分した。十六・十七年度には鹿児島港の波止場の修復も行われた。

鹿児島―八代《やつしろ》間の鉄道が開通するのは明治四十二年のことで、それ以前は物資輸送はもっぱら海運に頼らざるをえなかった。そのため海運業の発達は著しく、明治二十六年には麑港《げいこう》汽船株式会社、二十七年大島興業株式会社、二十八年三島《みしま》汽船株式会社があいついで設立された。三十年には資本金二五万円をもって鹿児島汽船株式会社が設立された。とくにこの鹿児島汽船は、阪神―沖縄航路に参入したため、以前から同航路に就航していた日本郵船・大阪商船と熾烈《しれつ》な競争となった。その結果、日本郵船は三十一年に撤退した。三十八年には鹿児島汽船株式会社を基礎に資本金一五〇万円の鹿児島郵船株式会社が設立され、やがて大阪商船・沖縄広運両社と琉球航路同盟を結んだ。四十一年には、大阪商船が大阪―鹿児島―名瀬―古仁屋《こにや》―徳之島―沖永良部《おきのえらぶ》―喜界島《きかいしま》にいたる航路を開設した。鹿児島汽船は、大島航路のほか九州西岸を北上する長崎航路をもち、相当頻繁に長崎との往復をしていたが、明治末年の鉄道開通により廃止された。

鹿児島湾内航路は、明治初年鹿児島と加治木―福山《ふくやま》とのあいだに小型汽船による航路があったが、明治十五年ごろにいたって個人経営の汽船がつぎつぎとこの航路に進出し激烈な競争を繰り返した。それら個人経営の汽船はやがて功成社《こうせいしゃ》を設立してその下で営業を続けることになった。功成社は二十二年ごろ麑港汽船会社となり、航路も福山から垂水《たるみず》・古江《ふるえ》方面にまで延長された。やがて三十年代になると三山《みやま》某の汽船が参入して競争となり、三十六年三山汽船は麑港汽船会社を買収して一時湾内航路を独占した。その後、ふたたび個人経営の汽船が続出し、四十一年合同して鹿児島湾内汽船株式会社を組織した。三山汽船は四十四年九州商船株式会社と合併し、以後、湾内航路はこの湾内汽船と九州商船が担当することとなった。

明治中期以降の鹿児島港入港船舶数をみると、汽船は明治十四年八三五隻であったものが三十四年には二一四〇隻、四十四年には三六七九隻と三〇年間で四・四倍になっているのに対し、和船は二二一三隻からわずかに九隻にと激減している。この背景としては、明治二十七、八年の日清戦争の結果、台湾が日本領となり、鹿児島港が台湾―沖縄航路の寄港地となったことが大きい。このような情勢の変化を踏まえて、鹿児島港の改修計画も進められ、明治三十三～三十五年度にかけて工費七六万三〇〇〇円余りで改修工事が行われた。このとき港内の浚渫《しゅんせつ》でえられた土砂によって大門口石灯籠通り《だいもんぐちいずろ》下など五カ所の海岸が埋め立てられ、海岸には倉庫および海岸道路がつくられた。この時期は、鹿児島港のもっともにぎわったときであった。

鹿児島商工会議所の発足

明治維新《いしん》とともに、旧来の貨幣制度や商習慣はつぎつぎに廃止されていった。新政府によって「太政官札《だじょうかんさつ》」が発行されたが、戦費の調達のため乱発されたことや、新政府の信用が十分確立していなかったことなどがあってインフレが進んだ。また、各藩も旧来の藩《はん》札《さつ》は依然として発行されていたし、偽金も各地で発行された。とくに、鹿児島における偽金の横行ははなはだしく、藩内に九万両も出回っていたという。大規模に展開されていた藩の専売制も廃止され「国産会社」「養蚕会社」「大島商社」などの特殊会社に移管された。これらの特殊会社は明治六年(一八七三)「生産会社」として統合され、樟脳《しょうのう》・硫黄《いおう》などの製造販売、陶器や茶の生産・移出、牛馬骨・干糟などの肥料の移入販売を行った。しかし、貸付金の焦げ付きに加えて明治十年の西南戦争の軍事費の徴発などにより経営不振となり、ついに明治十七年には閉鎖されてしまった。こうした、明治初期の経済混乱に対して、新政府は江戸時代以来の町会所《まちかいしょ》制度の伝統をいかそうと「商法会議所」の設立を奨励した。明治十一年の東京商法会議所をはじめとして各地の都市に商法会議所が発足した。

鹿児島では、明治十四年になってようやく県の勧業課が各地の商法会議所の調査を行い、同年末に関係資料を配付して商法会議所の設立を働きかけた。その結果、ようやく明治十五年三月、山田海三ほか一五人の発起により「鹿児島商法会議所」が設立され、栄町《さかえ》の旧下会所《しもけしょ》が仮事務所となった。県からは設立資金として金五〇〇円が下付され、不足分は議員の拠出によることとされた。しかし、商法会議所は法的根拠のない私設団体であり、政府もこれを重視するわけでもなかったので、その活動は活発ではなかった。また、明治十四年農商務省が創設されると、その指導により「商工会」の設立が進められるようになった。同年十一月の東京商工会をはじめとして、従来の商法会議所はつぎつぎと商工会に改変されていった。鹿児島で商法会議所がようやく設立されたころはすでに各地の商法会議所は商工会に改変されつつあったのである。

　鹿児島商法会議所は、理事本員として会頭一人、副会頭一人、書記、筆生、会計方がおかれ、理事委員として、内外国商業事務委員八人、運輸船舶事務委員四人、農工業事務委員六人がおかれた。互選により、会頭には山田海三が、副会頭には丹下伊左衛門《たんげいざえもん》が就任した。理事には、藤安仲之助《ふじやすなかのすけ》ら七人が選ばれた。商法会議所は、任意の団体であり、その運営基礎はきわめて薄弱であったが、その理想はきわめて高かった。まず、取り組んだのは、明治十六年県の許可をえて会議所内に商業学校を設立したことであった。さらに、会議所内に印刷所を設け、商業雑誌を発行しておおいに世論の喚起につとめた。この二つの事業は大きな期待とともに始められたが、資金が続かず失敗に終ってしまった。しかし、このとき設立された商業学校はやがて簡易商業学校となり、さらに市立商業学校へと発展し、現在の市立鹿児島商業高校へとその伝統は継承されている。

　明治二十二年、鹿児島市が誕生すると、それにあわせて鹿児島商法会議所はその組織を改め、鹿児島商工会議所として再出発することとなった。役員も改選され、新会頭には鹿児島興産株式会社社長の宮里正静《みやざとまさやす》が、副会頭には青木静左衛門《あおきせいざえもん》が選ばれた。会頭の宮里は、弘化《こうか》三年（一八四六）鹿児島に生まれ、明治二年上京して英学をおさめ、明治四年開拓使洋学教授に任ぜられ、六年には東京向島《むこうじま》に洋式染工場を設立、かたわら『染《せん》工《こう》全書』『化学対訳辞書』などを著わした。また、東京飯田町《いいだまち》に西洋薬種製造所を設立したが、七年末ふたたび官に出仕し農商務属、鹿児島県属、大島郡長などを歴任、二十一年退官後は中国・台湾の製糖業を巡視したのち帰鹿、鹿児島興産株式会社社長をはじめ、島津家《しまづけ》の鹿児島紡績所所長、鹿児島電気株式会社取締役、鹿児島実業新聞社社長などをかね、鹿児島実業界の重鎮であった。

さて、この商工会議所は、前の商法会議所同様、法に基づかない私的団体であった。明治二十三年「商業会議所条例」が制定されると、ようやく同法に基づく法人としての商業会議所が各地に設立されるようになった。鹿児島では明治二十六年になってようやく「鹿児島商業会議所」が設立された。その主唱者は宮里正静であった。彼は、設立趣意書に次のように記している。ここに、当時の鹿児島の商業界の雰囲気が端的にあらわれている。

今や天下の大勢を達観するに、他府県は諸般の改良に汲々として競ふて会議所を設立し、各自商業の発達を図り当業者一致団結協力奮起して諸般の弊害を打破し、以《も》って大《おおい》に業務を開拓せんと欲するの機に際会せり。依《よっ》て熟々惟ふに本県の商業は萎靡《いび》振はず、年を追ふて衰頽《すいたい》するの感あり、其の原因多々ありと雖《いえど》も、当業者一致協力の思想に乏しく、動《やや》もすれば従来の因襲に苟安《こうあん》して独歩するの気風あり。苟《いやしく》も実業家たるものは既往将来を顧慮して時勢の変遷を察せざる可《べか》らず。

看《み》よ維新以来僅か二十六年の間に於《おい》て如何《いか》なる変遷を来せしか、運輸交通の便も次第に開け、鉄道電信郵便等も年を追ふて頻繁に赴き、貿易上に於ても著しき進歩を顕《あら》はせり。斯様《かよう》に国運の力は発達し来るに従ひ、生産力も増加し、以前は山間僻陬《へきすう》の所も今は立派なる土地に進化す。故《ゆえ》に我《わ》が当業者も他府県と対《たい》峙《じ》し、将来一致の運動を為《な》し、益々其の準備を講ずるの時機に至れり。是《これ》に由《よ》って之《これ》を観れば本市商業有志者何んぞ遅疑する所あらんや。是れ満場有志諸君の賛成を得て、速《すみやか》に商業会議所を設立せんことを切望する所以也《ゆえんなり》。

明治二十六年三月、鹿児島商業会議所の設立が認可され、八月、会員選挙が行われた。当時の選挙権者は一六〇人で、初代会頭には宮里正静が選ばれた。宮里は、以後明治四十一年まで一五年間会頭の任にあったが、この期間は日清・日露の両戦役をへて、わが国産業界の発展期にあたり、鹿児島商業会議所もその基礎を固めることができた。その間に、会議所は「本県産米の品質及び俵装改良に関する意見開申」その他、砂糖樽の改良、鹿児島港の改良、樟脳専売所の設置など数多くの意見具申を行い、本県商工業界の基礎づくりと発展におおいに貢献した。

中学造士館から高等中学へ

鹿児島県の中等教育は他県より遅れて、明治二十七年（一八九四）の鹿児島県尋常《じんじょう》中学校の創立に始まるといわれるが、学校令に基づく中学として、またのちに一中→鶴丸《つるまる》高と続く意味では遅かったことになる。しかし尋常中学校以前に中等教育機関がなかったわけではなく、藩校造士館《はんこうぞうしかん》の名を藉りた中学が、初等中学から高等中学へ、ふたたび尋常中学造士館へと変遷し、第七高等学校造士館の創立によって消滅していった歴史がある。

明治八年創立の変則中学校は、本学校卒業生を収容するための学校であったらしいが詳細は不明で、九年準中学校と英語学校に分離した。名前どおりの英語学校に対して、準中学校では独仏語教育がなされたという。両校とも西南戦争のため閉鎖された。戦後の十一年七月、県立鹿児島中学が易居町《やすい》（現、鹿児島市役所別館辺り）に開校し、変則中学の生徒三〇〇余人も収容したという。

西南戦争後の自由民権運動は、三州社と郷友会の項で述べたように、三州社に対抗した郷友会が、人材育成を目的として鎮台《ちんだい》営所跡（現、黎明館《れいめいかん》敷地）に、明治十四年、公立鹿児島学校を開設した。建物は磯《いそ》の西洋館（現、異人館）を借りて移設し、椎原国幹《しいはらくにもと》が校長となった。郷友会は勢力拡張のため島津家とも結んでおり、造士館復活の一翼をも担うことにもなった。

かねてから造士館の復活を考えていた島津家は、明治十七年十一月、忠義《ただよし》の名で渡辺千秋《ちあき》県令へ造士館再建の願をだした。県令から文部省の認可が十二月四日に伝えられると、県立鹿児島中学校と公立鹿児島学校を合併して、旧本丸《ほんまる》跡に鹿児島県立中学造士館と名称を定め、十八年一月から発足することになり、島津珍彦《うずひこ》が館長となった。珍彦は久光《ひさみつ》の四男で重富《しげとみ》家を継ぎ、忠義没後は甥忠重《ただしげ》の後見人であった。

第七高等学校造士館全景

中学造士館の初等中学科三年は、明治十四年の中学校教則大綱に定める四年の修業年限にたりない変則校である。高等中学は二年。二月、生徒募集があり、応募した五一〇人は合併した両校の生徒と考えられるが、半数の二五〇人が入校を認められ、三月から授業が開始された。学校の運営費は、県庁に保管されていた鹿児島学校の基金四万円余が寄託され、島津家からは毎年九四〇〇円が寄付されることになった。

生徒は一期生に岩元禎《てい》・丹下《たんげ》丑《うし》之助《のすけ》ら六人、二期生には地震学者として有名になった今村明恒《いまむらあきつね》ら七人が卒業した。生徒への指導は厳しかったらしく、明治二十年に造士館騒動を引き起こしている。小林《こばやし》出身の赤木《あかぎ》道弘《みちひろ》は寄宿生であったが、朝食時の不行儀をとがめられ、舎監に「田舎ごろ」と呼ばれたことに反感をいだき、学校当局に抗議した。学校は外出禁止を命じ、騒ぎに同調した一五四人を放校処分とした。しかし六月には多くの者が復学を認められ、赤木も復学して卒業した。

明治十九年四月、森有礼《もりありのり》文部大臣によって学校令がだされた。中学校令では尋常中学校五年の設置は各県の対応にまかせ、高等中学二年は全国を五区に分け、五校を国が設置するものであった。十一月、五区の区分と設置場所が示され、学校名にナンバーがつけられた。第一東京、第三京都、第四金沢《かなざわ》とし、翌二十年四月、第二仙台《せんだい》、第五熊本に設置が決定された。中学造士館は高等中学校への昇格を望んだ。他県では十九年十一月に山口高等中学校が認可されていた。薩長《さっちょう》の対抗意識が根底になかったとはいえまい。運動の結果、前年の森文部大臣の学校視察も昇格に大きな力となったようだが、二十年十二月、勅令《ちょくれい》によって鹿児島県立中学造士館は高等中学校となり、文部省の管轄下におかれることになった。

高等中学造士館は明治二十一年九月開校、一年一級制に、本科二年、予科三年、補充科二年制で、当初は本科生はなかった。定員五〇〇人、のち三五〇人になった。卒業生はほかの高等中学や専門学校、陸海軍の諸学校に進んだが、とくに予科生は一高《いちこう》などほかの高等中学に進む者が多かった。

明治二十七年四月、中学校令による鹿児島尋常中学校の開校と、同年六月の高等学校令の公布は、結果として高等中学造士館を廃校に追い込むことになった。尋常中学校の開校によって高等中学校は本科だけとし、予科・補充科が廃止されることになった。つぎに高等学校令では五高《ごこう》までを認め、大学予科の三年制としたので、造士館は高等中学として廃校が決定し、県知事の管轄で尋常中学造士館として存続することになった。二十九年九月高等中学校廃校、本科生はほかの高等学校（熊本の五高が多かったようだが）へ転校した。予科生は三十年一月に発足した尋常中学造士館へ収容された。なお中学造士館は三十四年三月、第七高等学校造士館が設立され、校舎・敷地などが七高に寄付されると廃校が決定し、上級生は県立尋常中学校へ、三年生以下の下級生は同校分校に収容されたが、分校は三十九年、独立して県立第二鹿児島中学校となった。

四　日清・日露戦争と軍人王国鹿児島県

東郷平八郎銅像(鹿児島市)

1　日清戦争

伊東祐亨ら薩摩武人の活躍

明治二十七年（一八九四）七月から翌年四月まで約一〇カ月間にわたって戦われた日清《にっしん》戦争は、近代国家日本がはじめて経験した対外戦争であった。結果として、朝鮮を日本の植民地にした戦争であったが、当時の日本人は、清国の属国となっている朝鮮を助けて独立させるという大義名分《たいぎめいぶん》のもとで、反戦論もなく、国家をあげて戦争が遂行されたのである。

明治維新《いしん》以来、政界に、軍隊に多くの人材を送り込んだ鹿児島県は、西南《せいなん》戦争で多くの人材を失ったとはいえ、軍人王国はゆるぎなく、陸海軍の首脳部を握っていた。日清戦争はこれらの武官たちにとっても、彼らが学んだ西洋式の新戦術・武器を使っての、最初の実戦でもあった。この国家の命運をかけた日清戦争に参戦した、鹿児島県出身の軍人たちの行動をみることにしよう。

はじめに開戦までの動きをみると、壬午《じんご》事変・甲申《こうしん》事変などで朝鮮半島をめぐる日清間の対立は、天津《てんしん》条約で一応の和解が成立したが、朝鮮半島南部に東学党《とうがくとう》の乱（甲午《こうご》農民戦争）が起こると、朝鮮は鎮圧に清の軍隊派遣を要請した。清は天津条約によって出兵を日本に通告する。日本も出兵した。その後朝鮮の内政干渉をめぐる対立から、両軍が衝突する戦争へと発展した。

日本国内では明治二十三年に帝国議会が発足し、軍事予算について民党《みんとう》の攻撃が続き、一方、外交面では条《じょう》約改正《やくかいせい》が大詰を迎えていた。同二十五年に発足した第二次伊藤博文《いとうひろぶみ》内閣は、詔勅《しょうちょく》で民党の反対をおさえ、条約改正反対が予想されたので、二十七年六月二日の開院式で第六議会を解散させ、同日、朝鮮に第一混成旅団の派兵を閣議で決定した。七月十六日には日英通商航海条約に調印し、日清戦争への外交的布石をおえ、八月一日の宣戦布告をみるのである。

戦争は宣戦布告を待たず、七月二十五日の豊島《ほうとう》沖の海戦に始まる。海軍大佐東郷平八郎《とうごうへいはちろう》艦長（加治屋《かじや》町出身）の巡洋艦浪速《なにわ》など三隻の第一遊撃隊は、北洋艦隊の清船二隻と一時間余り交戦、その後清船に守られたイギリス籍の汽船を発見した。停船を命じ調べると、牙山《がざん》への清兵一〇〇〇余人を乗せていた。東郷は太沽《たいこ》への帰航を命じたが応じないので、攻撃を命じイギリス船を撃沈した。船長以下船員・兵士が救助されたことはいうまでもない。イギリスとの関係悪化を恐れた伊藤首相は激怒したが、戦時国際法に照らして、東郷艦長の行動は適法として、イギリスは日本に抗議しなかった。なお、この海戦に参加したほかの二隻、吉野《よしの》艦長河原要《かわはらよう》一《いち》大佐（加治屋町出身）、秋津洲《あきつしま》艦長上村彦之丞《かみむらひこのじょう》大佐（平之《ひらの》町出身）はともに鹿児島出身である。

連合艦隊司令長官伊東祐亨

陸戦でも七月二十九日、大島旅団が成歓《せいかん》で清兵と衝突し勝利をおさめている。伊藤内閣の海軍大臣は西郷《さいごう》従道《じゅうどう》（加治屋町出身）であり、陸軍大臣大山巌《おおやまいわお》（加治屋町出身）が九月に第二軍司令官として参戦すると、西郷が陸軍大臣を兼務した。陸海二軍を掌握したことになる。陸軍中将川上操六《かわかみそうろく》（吉野《よしの》町出身）は大本営《だいほんえい》の参謀として指揮をとった。彼は陸軍の兵制をフランス式からドイツ式に改めた人物でもある。その後第二期戦として北京《ペキン》攻撃が計画されると、直隷《ちょくれい》平野攻撃の参謀長として旅順《りょじゅん》に着任したが、講和成立のため帰国した。

このほか実戦に参加しなかった鹿児島出身者として、海軍軍令局長の樺山資紀《かばやますけのり》海軍中将（高見馬場《たかみばば》出身）、西京丸《さいきょうまる》で黄海《こうかい》海戦の戦場を視察した横須賀鎮守府《よこすかちんじゅふ》司令長官井上良馨《いのうえよしか》中将（高麗《こうらい》町出身）、佐世保《させぼ》鎮守府司令長官柴山矢八《しばやまやはち》少将（高見馬場出身）、海軍省参謀主事として西郷大臣を支えた山本権兵衛《やまもとごんべえ》大佐（加治屋町出身）らがいた。

連合艦隊司令長官の伊東祐亨《いとうゆうこう》中将（清水《しみず》町出身）は、九月十七日黄海で増援部隊を護送中の清国艦隊を発見、正午から夕方まで交戦、清艦五隻を撃沈・撃破した。いわゆる黄海海戦である。この戦いで北洋艦隊は戦意を失い、日本海軍が黄海の制海権を握ったので功績は大きい。連合艦隊参謀長の鮫島員規《さめしまかずのり》大佐（長田《ながた》町出身）は、松島艦（旗艦）に三〇センチの巨弾が命中し、一〇〇余人が戦死、大火災が発生して艦は戦列を離れたが、伊東を助けてよく戦った。のち威海衛《いかいえい》攻撃では少将として第一遊撃隊を指揮した。連合艦隊機関長の湯地定監《ゆちさだのり》大監（大佐相当。新屋敷《しんやしき》町出身）も伊東を助けた。松島艦の火災が火薬庫におよぶのを身をもって防ぎ、焼死した三人の水兵のなかに内之浦《うちのうら》町（現、肝付《きもつき》町）出身の増田弥兵衛《ますだやへえ》がいた。

海軍の黄海海戦と同じように、日本軍の勝利を決定づけた陸戦として、九月十五日の平壌《へいじょう》会戦がある。野《の》津《づ》道貫《みちつら》中将（高麗町出身）指揮の第五師団（広島）を主力として、四隊が平壌を包囲して一万数千の清軍と対戦し、雷雨のなかで戦意を欠く清軍を降伏《こうふく》・敗走させた。こののち野津は病気で辞任した山県《やまがた》のあとを受けて、第一軍司令官として活躍した。

陸軍大臣から第二軍の司令長官に転じた大山巌大将は、第一師団と第六師団の一部からなる混成第十二旅団を率いて、十月二十日に花園江《かえんこう》に上陸し、金州《きんしゅう》から旅順を攻略し、翌年山東《さんとう》半島に再上陸し、二月に威海衛を占領した。山沢静吾《やまざわせいご》中将（上之園《うえのその》町出身）は第四師団長として後期の戦闘に参加し、伊瀬知好成《いせちよしなり》大佐は歩兵第二連隊長として旅順攻略戦に参加して、黄金《こがね》小砲台を占領した。のち少将となり、戦死した大寺安純《おおでらやすずみ》少将にかわって第十一旅団長となった。大寺少将は歩兵第十一旅団長として旅順攻撃を指揮し、一月三十日の威海衛攻撃で、左翼部隊を指揮して摩天嶺《まてんれい》砲台を占領したが、敵弾にあたって戦死した。将校戦死の第一号である。黒木為楨《くろきためもと》中将（加治屋町出身）も第六師団（熊本）長として、威海衛攻撃で武功をおさめた。

黄海海戦に敗れた北洋艦隊は山東半島の威海衛に逃れた。日本軍は海陸ともに威海衛を攻撃するが、ここでも伊東の連合艦隊は大活躍する。二月四日水雷艇の夜襲に始まり、七日から一斉砲撃、十二日に艦隊司令官丁汝昌《ていじょしょう》は降伏し、翌日自殺した。遺体を伊東は丁重に送り返したが、これも美談とされた。

このほか屯田兵《とんでんへい》四大隊を率いて東京まで出征した永山武四郎《ながやまたけしろう》（上荒田《うえあらた》町出身）、澎湖《ほうこ》島を攻撃した比志島義輝《ひしじまよしてる》大佐など、鹿児島出身の軍人は多い。軍人ではないが、加治木町出身の藤崎秀《ふじさきすぐる》は、第一軍付陸軍通訳官として軍事探偵に従事したが、金州城内で捕えられ、ほかの二人とともに処刑された（『薩摩の武人たち』）。

永吉の旧鹿児島刑務所全景（昭和７年）

山下啓次郎と永吉刑務所

西南戦争に従軍した薩軍関係者のうち二七〇〇余人が処罰された。斬刑二二人以外は懲役《ちょうえき》刑であり、それも三年以下が多かった。当時、鹿児島県には懲役囚を収容できる監獄署もなく、多くの者が東京市谷《いちがや》をはじめ、全国一八県の監獄署に分散収容された。鹿児島県が第四課（警察）の付属機関として、鹿児島県監獄署を鹿児島市小川《おがわ》町滑川尻《なめかわじり》に開設したのは明治十一年（一八七八）二月のことであった。本署のほか大島と隈之城《くまのじょう》に支所がおかれ、のち種子島《たねがしま》にも設置された。

小川町の監獄署は規模が小さくて敷地も狭く、おまけに施設も老朽化してきた。刑を執行する署の性格上、市街地の中心に位置することは不適当だと考えられ、県は移転改築を計画し、移転地を鹿児島郡伊敷《いしき》村永吉《ながよし》（現、鹿児島市永吉一丁目鹿児島アリーナ）を予定し、明治三十二年、県費一万五〇〇〇円で水田五町一反（約五・一ヘクタール）を購入した。三十三年度に水田の盛土をおえ、翌三十四年度から五年間の継続事業として、新築工事が開始された。

鹿児島監獄署の設計は、当時司法省の営膳《えいぜん》課長であった山下啓次郎《やましたけいじろう》司法技師で、山下の設計料は四〇〇円であった。なお、山下は鹿児島市西田《にしだ》町（当時、鹿児島郡西田村）の出身であるので、同郷人が設計にあたったことになる。同時期に着工された監獄は鹿児島を含めて五署（五大監獄）であったが、そのうち千葉・奈良の両署は建物の配置や建築様式などが鹿児島とよく似ているので、山下か山下の属する司法省の営膳組織の手になるものであろう。監獄は初め県の管理運営下にあったが、明治三十三年に法律が改正されて、従来、県費で支出されていた監獄費が国庫から支出されることになり、同時に内務省から司法省に管理が移されることになった。

鹿児島監獄署の建築は石造を主とし、一部木造であった。表門・管理棟・倉庫などは石造二階建て、囚人用の雑居監・独居監・拘置《こうち》監・女監・病監など六棟は石造平屋建てであった。建物の配置は、放射方式（ペンシルベニヤ式）と呼ばれるもので、中央の看守所から五本の舎房が放射線状に配置され、舎房のさきに工場を配置して、囚人を監視するのに機能的な構造になっていた。建築様式は、表門や庁舎の外観がヨーロッパの古典主義の様式に類似しており、新古典主義のゴシック様式を基調としたものであった。改築移転のため撤去された今、面影は現地に残された正門だけにみることができる。

建築の施行にあたっては、水田の盛土段階から囚人が作業にあたっていた。石造の建築物のため、建築用の石材を切りだす採石場は、甲突《こうつき》川の上流約三キロの肥田《ひだ》・飯山《いいやま》・小野《おの》にあり、切りだされた石材は陸路のほか、甲突川を川船で現場まで運んできた。石材は鹿児島県に特有の溶結凝灰岩《ようけつぎょうかいがん》である。かつて天保《てんぽう》年間（一八三〇～四四）に肥後《ひご》の石工岩永三五郎《いわながさんごろう》が甲突川にかけた五石橋のうち、西田橋など数橋の石材の採石場の近くであった。明治三十六年から着手された建築工事であったが、翌年には日露戦争が起こり、莫大な戦費を必要としたので、工事はいったん中止された。戦後再開されたが、規模は縮小、工期も延期され、七年余の歳月をかけて四十一年三月に竣工《しゅんこう》した。

採石場で働く囚人たちは、赤い着物を着て頭には編笠《あみがさ》をかぶり、鎖でつながれていた。監獄直営の採石場を、付近の人びとは「チョウレッドンの山」と呼んでいたという。懲役どんの鹿児島訛《なま》りであろう。石材の切りだしや運搬には囚人の労力を利用できたが、建物の建設には本職の大工・左官・石工・木挽《こびき》などの職人が雇われた。囚人は手伝いなどの力役に従事したのであろう。

監獄から国道への通路として、正門前の甲突川に石橋がかけられた。鶴尾《つるお》橋と名づけられたこの橋は、四連アーチの眼鏡《めがね》橋であったが、平成二年（一九九〇）、新橋建設のため取り壊された。初代石橋の鶴尾橋は、明治三十四年、監獄署建設の関連事業として県が架設したものである。設計者は監獄署と同じ山下啓次郎といわれており、橋の建設でも石材の切りだしから建設まですべて囚人の労働によるものであった。そのため労力不足から監獄署の完成が予定より遅れたとまでいわれている。橋の建設も日露《にちろ》戦争のせいで、着工が三十八年に延びたらしく、翌三十九年三月に竣工した。

鹿児島監獄署は、大正十一年（一九二二）十月、監獄官制の改正で鹿児島刑務所と改称した。昭和六年（一九三二）七月、女囚は熊本刑務所佐賀支所に集められたので、入り口左手の女監区は廃止された。昭和四十三年、鹿児島市は永吉地区の都市計画に支障があるとして、鹿児島刑務所の移転を陳情したが、適当な移転先がなく話は立消えになった。四十六年、施設の老朽化が進んだことから、刑務所側が現地に全面改築する計画を鹿児島市に通告したことから、移転問題が再燃し、五十九年三月、ようやく始良《あいら》郡吉松《よしまつ》町（現、湧水《ゆうすい》町）へ移転することになった。移転が決まると、ゴシック式の石造建築物は建築学的にも貴重な存在であり、撤去を惜しむ声があったが、表門だけが残されることになった。

2 日露戦争

第六師団歩兵第四十五連隊の出征

鹿児島市永吉の谷あいに、鹿児島戦没者墓地がある。第二次世界大戦以前は陸軍墓地と呼ばれていたので、今でも陸軍墓地と呼ぶ人が多い。この墓地は近くの伊敷町にあった、第六師団歩兵第四十五連隊所属の兵士の戦没者墓地である。中央正面の慰霊《いれい》碑《ひ》の右側に、日露戦争の戦没者の石塔五九一基が整然とならんでいる。同墓地にはその後に起こった山東出兵・満州事変《まんしゅうじへん》・日中戦争・太平洋戦争までの、同部隊の戦没者の合葬墓もある。同墓地建設のきっかけとなったのは、日露戦争の多数の戦死者であった。

伊敷町にあった第六師団歩兵第四十五連隊は、明治二十九年（一八九六）に新設が決定され、十二月に熊本で連隊本部と第一大隊が編成され、翌三十年三月に鹿児島に移転した。初代連隊長は野島丹蔵《のじまたんぞう》中佐であった。

連隊本部は現在の玉江《たまえ》小学校付近にあり、県立短期大学の辺りに営門本部があった。練兵場《れんぺいじょう》は旧県立鹿児島西《にし》高校（平成二十四年閉校）付近であった。この第四十五連隊には鹿児島県出身の兵士が多く配属され、第二次世界大戦まで多くの戦争に参加し、武名高い連隊として全国に名をはせた。その郷土部隊の初参戦が日露戦争である。

　日露戦争の宣戦布告は明治三十七年二月十日であったが、第四十五連隊は第二軍に編成されたので、五月に動員令がくだされた。六月十二日に鹿児島港を出航し、十六日に金州湾に上陸した。奥保鞏《おくやすかた》大将指揮下の第二軍は、そのほかの連隊も遼東《りょうとう》半島大連《だいれん》の北方に上陸し、ロシア軍を追って北上、七月九日蓋平《がいへい》で対戦して初勝利をおさめた。

歩兵第四十五連隊本部全景（鹿児島市下伊敷１丁目）

　その後の戦績は、七月二十四日に大石橋《だいせききょう》に戦い翌日占領。八月二十六日から日露戦争最初の大規模な陸戦となった遼陽《りょうよう》会戦に参加した。遼陽は奉天《ほうてん》の南約一〇〇キロの地にある要地である。クロパトキン指揮する一六万人のロシア軍に対し、日本軍は黒木為楨大将（鹿児島出身）指揮の第一軍、奥大将指揮の第二軍（第四十五連隊参加）、野津道貫大将（鹿児島出身）指揮の第四軍が協力し、一二万人の軍勢で対決した。ロシア兵もよく戦い、日本軍は悪戦苦闘、黒木指揮の第一軍がロシア軍の背後を突いたので、主力が防戦につとめた隙《すき》を突いて、第二・第四軍が正面から猛攻を繰り返した。三十日、郷土部隊は首山堡《しゅざんほ》付近の堅固なロシア陣に壮烈な攻撃をかけ、九月一日に占領した。四日にようやくロシア軍を敗走させ遼陽を占領することができた。第四十五連隊ではこの戦いの戦死者がもっとも多かった。

冬を前にしたこの年最後の戦いが沙河《さか》の戦いである。ロシア軍の日本軍右翼（第一軍）への反撃で始まった戦いは、黒木の第一軍がよく支え、野津の第四軍はロシア軍の側面を突くため、三塊石山《さんかいせきざん》に大夜襲を敢行して敵を敗走させた。郷土部隊の第二軍は十二日に前浪子《ぜんろうし》街道付近を突破して、ロシア軍の反撃を粉砕《ふんさい》することに成功した。以後、両軍は冬を迎えて対峙《たいじ》したまま、翌年二月の再開を待つのである。

乃木希典《のぎまれすけ》大将指揮の第三軍が、児玉源太郎《こだまげんたろう》参謀の指揮をえて、ようやく明治三十八年一月に旅順の二〇三高地を陥落させると、残るのは奉天のクロパトキン指揮のロシア軍との対決だけである。この奉天会戦は日露両軍が最大の兵力を集中して戦った陸戦であった。ロシア軍三二万人、日本軍二五万人の兵力が投入された。日本軍は遼陽会戦を戦った第一軍・第四軍・第二軍の陣形をそのまま正面に、右翼に新編の鴨緑江《おうりょくこう》軍、左翼に旅順戦をおえた第三軍を配備した。二月二十七日、正面の三軍が砲撃を開始するとともに、左右の両軍を前進させ、三月一日から総攻撃が始まった。戦況はロシア軍が優勢であり、攻撃は容易に進展しなかった。三月七日、右翼のロシア軍は撤退を始めたが、左翼では反撃を受け、三月十日に奉天に突入したものの、ロシア軍の退路を断つことはできなかった。

奉天会戦にさきだって、日本軍は一部軍団の編成をかえた。郷土部隊の第四十五連隊は、第二軍から野津大将指揮の第四軍に編入された。はじめて鹿児島コンビがくまれたことになる。野津大将は初め第五師団・第十師団の第四軍の指揮官となり、第一軍と第二軍の中間を進み、遼陽会戦に参加した。奉天会戦を前に、広島の第五師団のかわりに熊本の第六師団が第四軍に加えられた。三月一日、正面軍の第四軍は進撃を開始した。正面には堅固な陣地が築かれ、一進一退が繰り返された。第四十五連隊はこの正面軍の左翼を担当することになり、攻撃前進につとめたが、七日に第三軍が左翼から攻撃をかけたので、ロシア軍が退却したのに助けられ、同日漢城《かんじょう》堡《ほ》を占領し、八日以後追撃戦にはいり、十日に奉天へ突入できたのである。

ロシア軍九万人余、日本軍七万人余の死傷者をだした奉天会戦後、日本軍は広がる戦線に補給面が追いつけず、あらたな作戦を計画せず、講和工作の進展に期待をかけることになった。郷土部隊の第四十五連隊は、その後も満州の警備を続け、三十九年三月に帰還した。

東郷平八郎と大山巌

日清戦争に続いて日露戦争でも鹿児島出身の軍人が大活躍する。なかでも海軍は首脳部を独占し、長州陸軍に対し薩摩海軍の名を高めるが、薩摩海軍の絶頂期が日露戦争であった。日露戦争時の海軍首脳部は次のようになる。海軍大臣山本権兵衛、次官斎藤実《さいとうまこと》、軍令部長伊東祐亨、同次長伊集院《いじゅういん》五郎、連合艦隊司令長官東郷平八郎、第二艦隊司令長官上村彦之丞、第三艦隊司令長官片岡七郎《かたおかしちろう》、横須賀鎮守府司令長官井上良馨、呉《くれ》鎮守府司令長官柴山矢八（のち有馬新一《ありましんいち》）、佐世保鎮守府司令長官鮫島員規、舞鶴《まいづる》鎮守府司令長官日高壮之丞《ひだかそうのじょう》、旅順鎮守府司令長官柴山矢八である。このうち岩手県出身の斎藤を除けばすべて鹿児島出身であり、斎藤も仁礼景範《にれかげのり》の女婿であるから、まさに薩摩一色といってよい。

右の人びとと戦争との関わりあいを述べるだけでも相当の紙数を必要とするが、日露戦争最大の海戦となった日本海海戦に勝利し、「アドミラル東郷」と称賛され、日本海軍の名を世界に高めた東郷平八郎からみることにしよう。舞鶴司令長官であった東郷は明治三十六年（一九〇三）十月十九日、日高壮之丞にかわって常備艦隊司令長官に任じられた。ロシアとの開戦を前に常備艦隊は改編され、第一艦隊司令長官東郷平八郎、第二艦隊司令長官上村彦之丞、第三艦隊司令長官片岡七郎となり、当初第一・第二艦隊で連合艦隊を編成し、第一艦隊司令長官が連合艦隊の司令官をかねた。

連合艦隊の緒戦は二月九日の駆逐艦《くちくかん》の夜襲に始まるが、日本海の制海権を保つためには、旅順のロシア太平洋艦隊とウラジオストックの艦隊を撃滅させる必要があった。第一艦隊が旅順艦隊を追ったが、敵将スタルク中将は旅順港外にでることはなかった。スタルクにかわったマカロフ中将は積極作戦をとるようになった。四月十三日、マカロフは港外で駆逐艦が撃沈されたのをみて出撃したが、日本軍の機雷にふれて撃沈、戦死した。その後日本軍も戦艦二隻を失い、八隻に被害を受けて戦況は思わしくなかった。そのため三回の湾口閉塞《へいそく》作戦が行われたが、効果はなかった。第二回の広瀬武夫《ひろせたけお》中佐の戦死は広く国民に知らされた。八月十日、ウラジオへ向かう一七隻の艦隊を黄海で発見すると、東郷は三隻で追撃した。一度引き離されたが、敵の戦艦が故障で速度が落ちたので追いつき、旗艦三笠《みかさ》の号砲が司令塔付近に命中、長官を吹きとばし、第二弾も艦長以下を倒した。倒れた舵手《だしゅ》の体が舵《かじ》を動かし、艦は左に大きく旋回し、後続の艦と衝突しロシア艦隊は大混乱となった。この海戦で大破された艦隊の大部分は旅順に帰ったが、戦闘を続けることは不可能であった。

上村彦之丞の第二艦隊はウラジオ艦隊を追った。実はウラジオ艦隊は日本海に神出鬼没で、輸送船を攻撃して日本軍を悩ませていた。なかでも六月十五日、近衛《このえ》後備隊を乗せた常陸丸《ひたちまる》が玄界灘《げんかいなだ》で撃沈されると、上村は無能であると非難された。八月十四日、第二艦隊出雲《いずも》など四隻は、ウラジオ艦隊三隻を蔚山《ウルサン》沖に発見した。激しい砲戦は四時間を超え、砲弾を撃ちつくしたので追撃できなかった。そのため二隻はウラジオ港に逃げ込んだが、再起不能の打撃を受けていた。撃沈された一隻の海中にただようロシア兵六二七人が救助され、これも武士道の華《はな》と世界に伝えられた。以後ウラジオ艦隊の砲撃を受けることはなかった。

日本海海戦は世界の海戦史上、完全な勝利をおさめた唯一の海戦としてあまりにも有名である。明治三十八年五月二十七日未明、哨戒《しょうかい》中の仮装巡洋艦信濃丸《しなのまる》が、予想どおり対馬《つしま》海峡航行中のバルチック艦隊を発見した。

▲東郷平八郎の「三笠艦橋の図」(東城鉦太郎筆)

►山田凱旋門(姶良市)

◄東郷平八郎(右)と大山巌

■日露戦争

明治38年，日露戦争で大国ロシアに勝利したことで，日本は一等国への仲間入りを果たしたとの自負を強め，国をあげての戦勝ムードにわいた。歴戦の兵士を迎え入れる凱旋門が建設され，しかしながら，戦死者は8万7000人を超え，兵士をだした村々を悲しみが襲ったのもまた一つの側面である。

「敵艦見ゆ」との報に接した東郷は、ただちに大本営に打電し出動した。東郷の率いる主力艦隊がバルチック艦隊を発見して、旗艦三笠のマストに「皇国の興廃この一戦にあり、各員一層奮励努力せよ」のZ旗がひるがえったのが午後一時五十五分、一〇分後に東郷は左に旋回を命じ、敵前回頭いわゆるT字戦法をとったのである。ロシア艦隊はいっせいに火ぶたを切った。二時十分三笠も第一弾を放ち、日没まで砲戦が続いた。翌二十八日朝、東郷がみたのは戦艦二隻を含むわずか五隻、司令官ネボカトフ少将は降伏した。戦艦八隻を含む三八隻のバルチック艦隊は、撃沈一九隻、捕獲七隻、ウラジオ港へ入港できたのはわずか三隻であった。日本の被害は水雷艇《すいらいてい》三隻にすぎなかった。旗艦三笠は大正十四年（一九二五）、記念艦として横須賀港に永久保存されることになった。

この海戦で老朽艦隊で編成された第三艦隊を率いた片岡七郎は、砲戦に加わることはなかったが、遠巻きをしてロシア艦隊を包囲し、敵艦の動きを東郷へ知らせて側面から助けた。東郷の陰に隠れてはなやかさはないが、井上以下各地の鎮守府司令官は内地の守りに備えており、艦長クラスでは三笠の伊地知彦次郎《いじちひこじろう》少将をはじめ、第二艦隊旗艦出雲の伊地知季珍《すえよし》少将、朝日の山田彦八《ひこはち》少将、後任の野元綱明《のもとつなあき》少将、今井兼昌《いまいかねまさ》・長井群吉《ながいぐんきち》・和田《わだ》賢助・高木助一《たかぎすけいち》・毛利一兵衛《もうりいちべえ》など枚挙にいとまがない。水兵たちもまた同様であった。

陸軍の動きについてみると、第一軍司令官となった黒木為楨大将は朝鮮半島に上陸、北上して五月一日に鴨緑江を越え、遼陽をめざして進軍し、敵将クロパトキンの前面に進出して「ゼネラル黒木」の名を世界中に広めた。川村景明《かわむらかげあき》大将は、初め独立第十師団を率いて、第一・第二軍の中間に上陸して北進した。やがて増援部隊を加えて第四軍となったが、野津道貫が第四軍の司令官になると、旅順陥落後は新編成の鴨緑江軍を率いて奉天会戦に参加した。

開戦時に陸軍の参謀総長であった大山巌大将は、六月二十日、全軍統轄のため、満州軍総司令部の総司令官となった。大山は戦場で直接指揮をとることはなかったが、負け戦《いくさ》になったら指揮する考えであったという。このほか、第二師団長の西寛二郎《にしかんじろう》中将は、遼陽会戦で一個師団二万人による弓張嶺《ゆみはりれい》へ夜襲をかけ成功した。第一師団長の鮫島重雄《しげお》中将は旅順攻撃に参加。第七師団長の大迫尚敏《おおさこなおとし》中将は第二軍参謀長となり、伊地知幸介《こうすけ》少将も第三軍参謀となるなど、日露戦争における鹿児島県出身者は、陸海軍とともに大活躍した。

コンノート殿下と鹿児島の迎賓館

城山《しろやま》の頂上付近にはいくつかの記念碑が建てられている。その一つにコンノート殿下来麑《らいげい》記念碑がある。イギリスのコンノート殿下の鹿児島訪問についてはあとで述べるが、当時としては記念碑にきざむほどの重大な事件であったのだろう。これまで鹿児島を公式に訪問した外国人は多い。幕末のフランス人モンブランは藩主忠義《ただよし》から丁重にもてなされた。明治以後、来訪した外国人も磯《いそ》の島津《しまづ》邸で接待されることが多かった。

明治二十四年(一八九一)、ロシア皇太子ニコライ＝アレクサンドロヴィッチ(のち皇帝ニコライ二世)は、シベリア鉄道起工式に参列するついでに、友好親善のために日本を訪れた。ニコライ皇子はウラジオストック港から長崎をへて、五月六日鹿児島港に入港した。旧藩主島津忠義は出迎えて磯邸に招いて饗応《きょうおう》し、家宝の古武具や珍しい品物をみせ、また島津家に伝来した犬追物《いぬおうもの》や士踊《さむらいおどり》を披露して歓待した。のち大津《おおつ》事件が起こると、忠義は神戸《こうべ》まででてニコライの傷を見舞い、帰国を見送った。

ロシア皇帝アレキサンドル三世は、同明治二十四年十一月忠義の厚情にむくいるため、白鷲《しろわし》の爵位と勲章を贈った。なお、ニコライ皇太子の来日に、西南戦争で戦死したはずの西郷隆盛《たかもり》が、城山を脱出してロシアに亡命し、皇太子に随行して来日するという噂《うわさ》がもっぱらであったが、西郷の死を現実のものとして受けとめていた鹿児島の人びとで、亡命説を信じる者は少なかった。ニコライ皇太子についで、ギリシアの第二皇子ジョージ殿下も鹿児島に来航した。

その後日本は、日清戦争・日露戦争を経験した。日清戦争では開戦直前に日英通商航海条約に調印し、日露戦争でも開戦必至のなかで日英同盟協約を結んで、イギリスは日本の対露戦に協力した。日露戦争の講和会議はアメリカのポーツマスで開かれ、アメリカの思惑《おもわく》もあって、日本の戦勝をロシアに認めさせることはできなかったが、極東における陸戦、海戦ともに日本が圧勝したことは誰の目にも明らかであった。

日露戦争の指導者に、陸軍では黒木為楨大将をはじめ、川村景明大将・野津道貫大将・西寛二郎中将など鹿児島出身の軍司令官の上に、満州軍総司令官の大山巌元帥《げんすい》がいた。海軍は山本権兵衛海軍大臣以下、鎮守府長官・連合艦隊司令長官など、要職はことごとく鹿児島出身者が占めていた。多くの武人を生んだ鹿児島とはどのようなところか、外国人があいついで鹿児島を訪問した。明治三十八年十月、イギリス艦隊六隻が入港、ついでアメリカの国務長官ブライアンが訪れ、古くは西郷・大久保、現在の大山・東郷・黒木を生み出した加治屋町を「英雄の町」と評した。十二月にはイギリス大使マクドナルド、翌三十九年にイギリス王室のコンノート殿下が来鹿した。

来鹿した殿下は、イギリス皇帝エドワード七世の弟コンノート殿下の長子アーサー＝オブ＝コンノートである。エドワード七世が明治天皇に、イギリス最高の勲章であるガーター勲章を贈ることになったので、その使節として来日した。殿下が鹿児島を訪問したのは、幕末から維新を主導し、日清・日露戦争の英雄を数多く生んだ鹿児島をみたかったからである。

殿下の随行員として、東郷平八郎・黒木為楨の両大将も郷里に帰ることになった。旧藩時代は上使などを接

島津家磯邸でのコンノート殿下一行

待する御春屋《おつきや》という迎賓館があったが、廃藩置県《はいはんちけん》後、県は専用の迎賓館をもたなかったので、前に述べたニコライ殿下のときと同じように、島津家の磯邸でコンノート殿下も接待することになった。磯邸は外国人だけでなく、日本の皇族や政府の要人たちが来鹿したときも接待に使われた。当時の宿帳に相当する貴賓の署名簿が、尚古集成館に現存する。磯邸は鹿児島の迎賓館としての役割を果たしていたのである。

ニコライ殿下を迎えたのは忠義であったが、コンノート殿下は若い当主の忠重《ただしげ》が接待役を引き受けることになった。三月三日鹿児島港にイギリスの軍艦ダイアデム号が入港した。一行はただちに上陸、千頭清臣《せんとうきよおみ》知事をはじめ関係者一同が桟橋《さんばし》に出迎えた。県庁までの沿道に歩兵二中隊、七高生・中学生・小学生・一般市民などがならび、日英の国旗をふって歓迎した。磯邸では盛装した市内名士の子女十数人が出迎え、琴の演奏で旅情を慰めた。夜は恒例の提灯《ちょうちん》行列が繰りだされ、磯邸では娘たちの手踊りや薩摩琵琶《びわ》も披露された。

翌四日、南洲《なんしゅう》墓地から照国《てるくに》神社をへて、加治屋町の西郷誕生地・大久保誕生地を訪れた。両誕生地は明治二十二年に建設され、関係者が個人の資格で楠《くす》の苗木を植樹し、そばに氏名をきざんだ石の小碑を建てていた。殿下もそれにならって楠の木を植えられた。太平洋戦争中数度の空襲に楠樹は痛めつけられたが、緑は芽を吹き返した。今も両誕生地に建設当時の楠が生いしげっているが、石の小碑は大久保邸跡の伊東祐亨元帥碑が確認できるだけで、あとは根本から折れたり抜き去られたりして、植樹した人の名前はわからなくなってしまった。もちろん殿下が植樹された楠樹を見分けることはできない。その日の夕方、殿下を乗せた軍艦は出航していった。

翌明治四十年十月、皇太子嘉仁《よしひと》親王（大正天皇）が来鹿された。前と同様に磯邸が迎賓館として使われた。県民をあげての奉迎行事が繰り広げられ、磯邸には当主の忠重を中心に、県知事・鹿児島市長・第四十五連隊の将校たちがそろい、奉祝行事でにぎわった。当時の行事に欠かせないものに、小学生による昼の旗行列、一般人や青壮年による夜の提灯行列があった。

五　勧業知事加納久宜の県政

加納久宜知事顕彰碑（鹿児島市）

1　農業の近代化

勧業知事加納久宜

第六代鹿児島県知事加納久宜《かのうひさよし》は、嘉永《かえい》元年（一八四八）筑後柳川《ちくごやながわ》藩主立花種善《たちばなたねよし》の弟種道《たねみち》の次男として、江戸《えど》に生まれた。八歳のとき安政《あんせい》の大地震で両親を失い、長兄種恭《たねやす》が養子入りしていた立花本家に引きとられた。その後慶応二年（一八六六）、立花家の親類筋にあたる上総《かずさ》（千葉県）一宮《いちのみや》藩加納家の養嗣子となり、一九歳で藩主となった。

明治二年（一八六九）の版籍奉還《はんせきほうかん》で知藩事《ちはんじ》になったが、同四年の廃藩置県《はいはんちけん》で解任された。六年文部省八等出仕として官界にはいったが、十一年辞職。十三年新潟学校校長、十四年熊谷《くまがや》裁判所判事から、翌年大審院《だいしんいん》検事に転じて法曹界にはいったが、二十七年一月二十九日、大迫貞清《おおさこさだきよ》知事のあとを継いで鹿児島県知事に就任した。以後、退官までの六年七カ月、遅れていた鹿児島県の近代化に取り組み、私財を投じてまで尽力し、勧業知事と呼ばれた。

品種改良と肥料の改善

鹿児島県の水田農耕は、明治以後も旧藩時代以来の農法が続けられ、生産された米も粗悪で、中央の市場では評価の低い朝鮮米と同じ待遇を受けていた。農業の近代化にはじめて着手したのは、県令から県知事として一〇年余も県政にたずさわった長野県生まれの渡辺千秋《わたなべちあき》である。渡辺は明治十九年（一八八六）、熊本県山鹿《やまが》郡から春木敬太郎《はるきけいたろう》・米加田伝《めかだでん》の二人を農業教授として招き、加世田《かせだ》地方へ派遣して、熊本県下の農法を広めようとした。翌年には試作地を川辺《かわなべ》・川内《せんだい》地方にも広げ、改良を進めた。このときの農法改良とは、馬耕による深耕、堆肥《たいひ》の施肥、改良品種の使用、植株を少なくして株間を短くすることなどである。これは旧農法の水田に比べると、はるかに高い反《たん》当り収入をえて好評であったが、全県下への普及はなかった。

次の大迫貞清知事の時代は帝国議会の発足後、民党・吏党《りとう》の争いが起こると、この対立抗争は地方へも波及して、鹿児島県会は県政不在の大混乱が生じていた。このような時期に就任した加納久宜知事は、まず県職員の人事を刷新し、勧業と教育に情熱をそそいだのである。

就任早々県下を一巡視察した加納知事は、農業の立ちおくれを痛感した。まず鹿児島県産米の改善である。鹿児島県産米の実態について、明治二十七年六月十六日に、鹿児島商工会議所が知事宛にだした「本県下産出の米質及俵装改良に関する意見書」(『鹿児島県農地改革史』)がある。加納もおおいに参考になったであろうから、その大要を述べると次のようになる。

まず過去五年間の産米の平均は年五五万石《ごく》余であるとし、その品位価格は他国米に比べるとはるかに粗悪で低価である。東京・大阪市場では朝鮮米と同じ扱いを受けている。その原因は乾燥が不十分なため虫がつき、俵装が粗雑であるから運搬中に漏米《ろうまい》がでて量目不足になること、調整が粗略であるから籾《もみ》・シラ・稗《ひえ》・砂などが混入していることをあげ、そのために商人から買いたたかれて、多大の経済的損失をこうむっていると論じ、その改良策として、一俵四斗入り、俵を改造し、生産者の名札をつけ、乾燥・調整については検査を実施することなどを申し入れている。

加納は鹿児島県産米の実情を知ると、着任後最初の明治二十七年県会で、たとえば米作を熊本・宮城・長野県などと比較すると、反当り収入が低い。鹿児島県は温暖な気候にめぐまれているので、これを利用して改良をはかるべきであるとし、その推進のために村農会・郡農会・県農会を組織することを主張した(『鹿児島県議会史』)。つまり農法の改良のために、従来の農業指導技師を各地の農会に派遣して、県の強力な指導のもとに、早急な技術革新をはかることを目的としたものである。

加納の農業改良の第一歩は、従来の品種を改めることであった。新品種として選ばれたのは「都号《みやこ》」である。種籾《たねもみ》を山口県から購入し、明治二十八年六斗、二十九年四五石四斗、三十年四一六石にふやすと、名称を「薩摩号」と改めて全県下へ配布させた。また各農会に水稲競作会をつくらせたが、これは同一面積同一条件の水田を耕作させて、収穫量・品質などを競わせるもので、農民のやる気を引きだそうとするものであった。

品種改良と同時に、耕作法の改善もなされた。苗代《なわしろ》法はある程度普及していたが、湿田《しつでん》では実植えも残っていた。苗代にしても一枚の田に雑然とばらまく程度であったので、三尺幅の苗床《なえとこ》をつくらせ、播種《はしゅ》管理させる指導が行われた。床をつくらなかった苗代は田下駄《たげた》で苗を踏み込み、床らしくする手荒なことも行われたという。さらに田植でも、深植・浅植・密植・疎植とまちまちであったのを、株数を少なくして一定の間隔で植える正条植《せいじょううえ》を奨励した。知事は鹿児島市荒田《あらた》町に、私費で正条植の模範田を設けて手本を示すとともに、農業指導技師に正条植の指導を義務づけた。

肥料は幕末ごろから骨粉《こっぷん》の使用が始まっていたが、一般の農家では余裕がなく、荒起こしのときにカシキを敷き込み、元肥《もとごえ》をほどこす程度であった。骨粉の使用にしても、田植のときに苗の根元につけて植える方法であった。この方法は昭和三十年(一九五五)ごろまで、田代《たしろ》町(現、錦江町《きんこうちょう》)の冷水田の田植に残っていた。加納はこのような肥料の使用法は誤りであるとし、水田の土壌全体の肥沃《ひよく》化こそ大事であると考えた。そこで加納は農業技術指導員に命じて堆肥舎《たいひしゃ》をつくらせ、堆肥の増産によって土壌の肥沃化をはかろうとしたのである。

加納知事が設計した堆肥舎の建築は思うように伸びなかったが、農家では牛馬舎の一隅を利用しての堆肥生産が行われるようになった。牛馬に踏ませた藁《わら》や籾がらを集め、落葉や緑草などと交互に積み、これに人糞尿などをかけて熟成させた。のちに毎年秋に行われた堆肥づくり品評会は、加納が組織した農事小組合が検査を担当した。この堆肥は麦の二毛作の肥料として使われたが、麦だけでなく次の稲作の肥料ともなった。土壌改良という加納の遠大な計画であった。

耕地整理と排水施設事業

鹿児島県の水田には迫田《さこだ》（シラス台地の浸蝕谷に開かれた狭い田地）や牟田田《むただ》（湿田）が多い。これは鹿児島県特有の地形や土質によるところが大きい。鹿児島県は平地に乏しく低い山が多く、おまけにシラス土壌である。このような山あいの地に開かれた水田は、多くは湿田であった。赤さび色の水が流れ、腰や胸まで没する湿田の水は身を切られるように冷たい。農民は苦労しながら、田下駄を使って耕作してきた。このような湿田では、品質の悪い、収量も普通米の半分以下の赤米《あかまい》が栽培され、生産性はきわめて低かった。このような湿田に排水工事をほどこし乾田化することは、水稲の生産性を高めるだけでなく、麦の裏作も可能にする。排水工事の指導も農業指導技師の仕事の一つであった。

排水工事の指導は加納知事以前から始められており、もっとも熱心な指導者として、熊本県出身の技師富田《とみた》甚平《じんぺい》をあげることができる。肝属《きもつき》地方の排水工事は全国的にみても早いほうであるが、富田の指導によるところが大きい。なかでも西串良《にしくしら》村の排水事業が有名である。明治二十二年（一八八九）、富田は内之浦《うちのうら》営林署へ材木の払下げに出張した帰途、西串良に宿所をとった。湿田の多いことに気づいた富田は、排水工事の必要なことを村人に説いた。人びとはこれを信じなかったが、宿所の竹下才蔵《たけしたさいぞう》は信じ、数反の自分の田に排水工事をほどこしたところ良田に変わった。そこで竹下は良田を売り、広い湿田を安く買い求めた。人びとは冷笑したが、排水工事で良田になり、数年後には収穫がふえるのを知ると、村人は共同で排水工事に着手した（『鹿児島県農地改革史』)。

明治二十八年、足も踏み込めぬような湿田では正条植もあったものではない、という技師たちの声を聞いた加納知事は、翌二十九年から、従来の指導に加えて、排水工事の推進という業務を技師たちに追加した。鹿児島県の排水工事は暗渠《あんきょ》排水が主体である。つまり湿地の中央部分に溝を掘り、三面を松板を使った箱型の板樋《いたひ》を埋め込み、一面を柴《しば》や竹でふさいで水を浸入させる工法である。暗渠の排水口は下流の溝川に設けられていた。このような排水工事は個人が一枚の田にできることではない。数百メートルにおよぶ暗渠工事は、一カ村または隣村の協力があってはじめて可能になる。技師たちにとっても村人にとっても大仕事であった。

このことについて富田甚平は「私の最も困難を感じたのは耕地整理であった。これは最も必要で有利な事業であるが、最初は骨が折れるので、加納知事の如き熱心者がなければ、到底今日の鹿児島の盛況を見ることはできなかったと思ふ」(『排水講話』明治三十六年)と述べ、事業の達成は加納知事の業績であったことを強調している。

富田は右のなかで耕地整理のことについてふれているが、加納知事時代の耕地整理は排水事業にともなう田区改正事業である。加納は耕地整理事業を強力に推進していったが、それでも知事を去った明治三十三年の県庁の統計では、事業の行われた水田の面積は二四九町歩余にすぎなかった。三十三年に国の耕地整理法が施行された。鹿児島県では同三十六年に排水および耕地整理奨励規則が定められて、全県的に耕地整理が普及するようになった。これより以前、同二十一年に菱刈《ひしかり》町(現、伊佐《いさ》市)の高島覚右衛門《たかしまかくえもん》が本県初の耕地整理を実施した。同三十二年に伊集院《いじゅういん》町下神殿《しもこどん》(現、日置《ひおき》市)でも行われているが、耕地整理法以後、本格的な耕地整理が排水事業と同時に進められていった。県下各地に残る耕地整理記念碑によって、事業は明治三十年代後半から大正年間（一九一二〜二六）にかけて行われたことがわかる（『鹿児島の土地改良記念碑』）。

耕地整理以前の水田は畦《あぜ》もまがりくねり、面積も小さくまちまちであった。境界論争も起こり、牛馬耕にも不向きであった。加納知事が強く指導させた正条植のためには、方形の水田が望ましい。正条植の普及は耕地整理を容易にし、五畝歩《せぶ》程度を規準とし、整然と区画された水田風景が出現するのである。

日露戦争や第一次世界大戦後の不況、それに続く恐慌のなかで、苦しい県予算をさいて事業が続けられたので、加納知事の意図がようやく実を結ぶことになった。

鹿児島県では現在、土地改良事業団体によって「二十一世紀への基本方向」にそって、農業の機械化のために、耕土改善事業や圃場《ほじょう》整備事業が行われている（平成二年〈一九九〇〉で目標の四五・一％達成）。耕地整理事業以来の大規模な水田区画整理事業である。耕耘機《こううんき》など機械化推進のため、一枚の水田の面積も広くなり、農道が縦横に走るようになった。このため耕地整理事業による区画の水田は姿を消すことになった。

農会と農民の不満

鹿児島県の農会は明治二十七年（一八九四）十二月の農会規則発布に始まる。これよりさき、同年一月に就任した加納久宜知事は、十一月県会の演説に「今回農会規則なるものを編成して、村農会・郡農会・県農会を創設し、排水の事、或は肥料の事、牛馬繁殖の事、俵装改良監督の事等、総《すべ》て農事百般の事項を管理せしむる也」（『鹿児島県議会史』）と述べて、農会の設立と事業内容を明らかにしている。

翌明治二十八年四月、同規則に従って、村農会一二二、郡農会一一、市農会一が発足した。県農会の設立は少し遅れ、同三十二年六月であった。農会の役割は先述の知事演説にみられるとおり、勧業のために、県下の農業全般を指導する機関となり、上からの改革を下達することにあった。

加納知事が勧業を説いても、農会のなかには消極的な者もあった。短時日のあいだに改良事業を徹底させるためには、村単位ではなく、もっと小さな組織の強化が望まれた。農事小組合の利用である。農事小組合は加納の着任前から任意団体として各地に結成されて、相互扶助的活動をしていた。明治二十九年、加納は市町村長の同意をえて、農会長の指導を受けとめる実践団体として、農事小組合の結成を義務づけて強化したのである。

時に日清《にっしん》戦争が終り、凱旋兵士が農村に帰ってきた。兵士たちの精悍《せいかん》さ、統制力、気力にあふれる青壮年を、農業開発に振り向けることによって、農業の転換をはかろうとした。加納は上からの農会に対して、下からの農事小組合と考えたが、農民にとっては農会の下達機関にすぎなかった。さらに日露戦争が始まった明治三十七年四月、県は訓令で農事改善の実行機関とするように要望した。名称も報效《ほうこう》農事小組合と改称して、組織の拡大と強化につとめ、活動を競わせるために優良組合を表彰するようになった。

農事小組合は、具体的には大字または方限《ほうぎり》を単位として結成させ、組長一人、相談役五人をおいた団体であるが、地区内の農家は必ず組合員にならねばならなかった。各小組合は市町村長または農会長の監督と指導のもとに、県の農政指導を受け入れることになった。

農業指導技師や農会の指導によって、鹿児島県の農業も徐々に改善されていったが、指導を受ける農民は保守的で、依然として旧来の農業を営む者もあった。県の営農指導に不満をいだく者はあったが、明らかに反対する者はなかった。しかし加納知事の石灰《せっかい》肥料禁止令に対しては農民の不満が高まった。鹿児島県の農業では、従来田植のときに骨粉を使用する程度で、水田に金肥《きんぴ》を使用することはなかった。ところが明治時代になって、水田に石灰をまく異常なブームが起こった。石灰といっても、後年使用されるようになった過燐酸《かりんさん》石灰ではなく、生石灰・消石灰・炭酸石灰などである。石灰には酸性土壌中和作用や有機物の分解作用などはあるが、肥料効果は少ない。塩基欠亡土壌ならカルシウムの施用効果がみられるが、乱用・多用すれば土地を不毛にする恐れがあった。

明治三十二年四月十二日、加納知事は庁内の反対を押しきって、石灰肥料禁止令を通達した。次のような趣旨である。石灰を使用して一時的に葉や茎がしげるのは、石灰そのものが肥料となるのではなく、石灰の作用で土壌中の有機物を分解させたためである。だから毎回使用すれば、土中の養分は失われ、生産力は衰え、収穫は皆無になる恐れがある。また稲の茎はもろくなり、雨風に倒れやすく、米粒は味と光沢を失い、籾がらはかたく、米粒はもろくなり、米搗《つき》のときに砕米がでて、農家の損失ははかりしれない、というものであった。

予想どおり、この禁止令は農民の不満を買った。小作農民のなかには減収予想を理由に、小作料の引下げを地主に迫る者もあった。このため地主が多かった士族たちから加納農政に対する不満と批判が起こった。加納はこれに対して、率先して地方を巡回し、講演でその真意を説いた。また農会を通じて堆肥製造の普及、青刈大豆の栽培、化学肥料の共同購入などを推進して、肥料農業への転換をはかるべく必死の努力をしたのである。

鹿児島県ではこの禁止令に対して不満や批判はみられたが、直接行動の事件にはならなかった。ところがとなりの宮崎県でも同じような石灰禁止令がだされると、明治三十二年八月、宮崎郡赤江《あかえ》村（現、宮崎市）の農民約一〇〇人が、むしろ旗・竹槍《たけやり》を手に大淀《おおよど》川べりに集結した。この農民一揆《いっき》は橘《たちばな》橋付近でかけつけた警察官に全員が逮捕されて終ったが、石灰禁止令が農民にあたえた動揺は大きかったのである。

農学校の創設

明治十九年（一八八六）にはじめて熊本県から農業技師を招いて米作改良に着手してから、しだいにその効果があらわれ、県は継続事業として県下各村へ配置していった。同二十二年には各郡役所へ農事教授人・試験担当人をおいたが、その結果が好評であったので、同二十四年以降は町村に配置して一段の普及をはかった。普通農事教授人の配置は、県の補助事業のなかでもっとも効果があるとして、県会も認めていた。配置を希望する村も増加したので、同二十六年からは一〇人ふやして農事教授人は三〇人となっていた。

加納知事は米・麦などの品種改良のほか、排水の改良、馬耕の伝習のため、明治二十九年からさらに一五人をふやし、同三十四年度までに県下を一巡させて指導させる計画を立てた。指導技師の多くは熊本県の山鹿・菊池方面の出身者であった。もっと多くの指導者をえるために、県内で指導者の育成が急務となっていた。

加納知事は、着任後最初の明治二十七年通常県会の予算案説明演説で、従来師範学校内にある農科を独立させて、農業専科の学校とし、農事改良の新思想を県下に普及したい、と述べている（『鹿児島県議会史』）。この農業専科講習所の設置は県会で相当の論議を呼んだようであるが、とりあえず同二十八年四月から鹿児島尋《じん》常《じょう》師範学校に付設された。定員四〇人、修業年限一年。同年に三六人の生徒が入学した。翌二十九年四月、新築中の校舎が鹿児島市荒田村に完成した。加納知事は国庫補助をえて、師範学校に付設されていた農事専科講習所を荒田に移して独立させ、鹿児島簡易農学校と称した。農学校には本科と別科がおかれた。本科は修業年限二年、一四歳以上の尋常小学校卒業生を入学させ、卒業後検定試験を受けさせて小学校教員の免状をあたえ、小学校で農事教育を普及させようとしたのである。別科は修業年限一年、年齢一八歳以上、学歴に制限はなかった。この別科設置の目的こそ、熊本県出身の農業指導技師にかえて、各村に配置する農業技師の養成であった。

農学校は明治三十一年四月、鹿児島県農学校と改称し、中学校に準ずる学校とされ、入学資格も高等小学校三年以上とし、修業年限も本科三年、別科一年とした。さらに同三十二年五月、農業学校規程甲種が適用された。同三十三年四月、鹿児島県農学校は肝属郡鹿屋《かのや》村祓川《はらいがわ》字藤城《ふじしろ》に移転するが、この移転については県立中学校の増設と深い関わりがある。鹿児島県の県立中学校は別項でもみるように、同二十七年四月に鹿児島県立尋常中学校（のちの一中）を鹿児島市山下町に設置したが、日清戦争後の教育振興の気運は、中学校の地方増設をうながした。加納知事は同二十八年の県会で尋常中学校の分校を設置する案を示し、第一分校（川内中）が高城《たき》郡東水引《ひがしみずひき》村宮内《みやうち》に、第二分校（加治木《かじき》中）が姶良《あいら》郡加治木村反土《たんど》に設置されることになった。

鹿屋農学校の農業実習

　中学校が地方に設置されると、県下各地域で県立中学校設置の陳情合戦が繰り広げられた。大隅《おおすみ》地方では志《し》布《ぶ》志・大崎・鹿屋の三村がとくに激しく対立していた。そのせいか、明治三十三年に開校したのは県立第四中学校（川辺中）一校だけで、同年四月、鹿屋には中学校のかわりに農学校が移転することになった。

　鹿屋に設置する第五中学校について、初め加納知事は地域の実情に応じた畜産学校とする予定であったが、県会はこれに反対し、既設の農学校を移転し、農科・畜産科をおくように主張した。県会の意向に従い、移転した農学校には修業年限三年の農科・獣医科と、二年の予科、一年の農業別科がおかれることになった。さらに翌明治三十四年三月には蚕業《さんぎょう》別科を設置、同年九月には県立鹿屋農学校と名称変更をした。予科を設けたのは県立中学校陳情にあわせたもので、予科二年終了後、ほかの県立中学第三学年に編入させようとしたものであったが、うまくいかなかったようで、同三十六年には廃止された。同三十九年、農業別科と蚕業別科は専科となり、高度の専門知識・技術を身につけた卒業生は、県や市町村の指導者として、あるいは近代農業の自営者として、鹿児島県農業のレベルを高める担い手となった。農業立県をめざした加納知事の夢は実現した。

笹森儀助と奄美大島の糖業

勧業知事と呼ばれた加納久宜は、明治二十七年(一八九四)一月着任すると県下各地を馬に乗ってよく視察した。奄美《あまみ》群島の島々も二回にわたって視察していたが、同年五月に『南島探験』を著わした笹森儀助《ささもりぎすけ》を招いて大島島司《とうじ》(支庁長)に任命し、改革にあたらせた。

笹森は弘化《こうか》二年(一八四五)津軽《つがる》(青森県)弘前在府町《ひろさきざいふ》に生まれた。明治三年弘前藩庁租税係に出仕してから、同十四年中津《なかつ》郡長を辞任するまで、青森県の役人であった。この間に士族授産事業として常磐野《ときわの》牧場に農牧社を設立し、社長として殖産興業につくした実績もあった。探究心が強く、同二十四年鹿児島まで日本各地を旅行し、士族授産事業を視察してまわった。同二十五年には探検船磐城《いわき》に便乗して千島《ちしま》列島を探検し、翌年二月『千島探験』を刊行した。同年五月琉球列島探検の旅にでて、帰途与論《よろん》島・沖永良部《おきのえらぶ》島・徳之《とくの》島・奄美大島に寄港して調査し、同二十七年五月に『南島探験』を刊行していた。笹森が大島島司に任命されたのは同年八月であるから、加納知事は『南島探験』を知り、笹森の手腕に期待したのであろう。

島司に就任した笹森は、大島諸島の巡回はもちろん沖縄諸島まで南島の特色を調査して、殖産興業を推進し、島民の生活向上をはかろうとするのであるが、結論として奄美大島の主産業は旧藩時代以来の製糖業であり、糖業の振興こそ島の繁栄を約束するものであると考えた。笹森が残した『鹿児島県大島郡の糖業』によると、糖業に携わる島民は借金苦のなかにあった。旧藩時代は砂糖生産に対する貢租も高かったが、役人の干渉も厳しく人びとの暮しは質素であった。しかし明治十三、四年ごろから産糖の自由取引が行われるようになると、前金を渡され生活はぜいたくになった。実際には、市場の相場を知らない島民は黒糖を安く買いたたかれ、逆に内地の商人から高い物資を売りつけられて、金は手許に残らない仕組みになっている、という状況であった。

地租改正による金納と貨幣経済への移行が大島の経済を混乱させた点も大きい。納金と生活費のため、次の産糖を担保にした借金で島民の負債は年ごとにふえ、明治二十三年には全島で一〇〇万円を超えていたという。負債をめぐる商人との紛争のため生産意欲をそがれ、産糖が減少する悪循環を繰り返していた。政府はさきに技術者を派遣して糖業の改良を指導させようとしていた。前任の島司はこれを利用した糖業の改革を志し、同二十五年、県知事に要請させて本省から派遣された技師を招いて糖業者大会を開き、改良法の実施を決定させた。改良法とは、個人での製糖をやめて組合組織をつくり、水力を動力とすることであった。その結果、糖業者の努力によって、莫大な負債もようやく減少しつつあった。

この改良後に赴任した笹森は、まず島民の負債を完全に解消することが先決であるとして、『大島郡負債消却方法草按《そうあん》』のなかで、勤労と節約によってえた金を貯蓄することを強調した。次の策として『大島郡負債償却方法卑見《ひけん》』によれば、生活用品は村の組合が内地から直接購入して分配する。村が砂糖を集め入札で売り渡す。高金利の借金をしない。むだを省いて節約する。砂糖の乱食を禁ずる。甘蔗《かんしょ》の栽培は各人に反別を割りあてる、などをあげている。

笹森儀助

大島経済の基幹産業である糖業の振興策として、笹森はまず甘蔗の作付面積を五割ほど広げ、砂糖の歩留《ぶどま》りをあげることで大幅な収入増になるとした。さらに販売にあたって信用をえるため、一樽《たる》中の品位を一定させ、製造された樽の目方を検査して、烙印《らくいん》のない樽での販売を禁じた。勧業員の指導のもとに改良は進められたが、厳しく指導したにもかかわらず、明治三十年産喜界島の糖価は下落した。翌年一月、笹森は喜界島を巡回して実情を調査したが、改良の主旨は徹底していなかった。石灰の不良品があり、各村の製糖小屋の設備は不完全であった。樽も生木が多く、検印を押してないものが多かった。ある商店では無検印糖樽六挺《ちょう》が発見されたので、村内をさがさせたところ、ほかに二三挺がみつかった。怒った笹森は規定の過金《とがきん》を申しつけた。

龍郷《たつごう》にある西郷隆盛《さいごうたかもり》の謫居《たっきょ》跡に、最初に記念碑を建てたのは島司の笹森であった。笹森は西郷遺跡に記念碑がないのは残念であると考え、広く大島郡内に募金を呼びかけ、明治二十九年八月東京に出張した折、勝海舟《かつかいしゅう》をたずねて碑文を依頼した。碑文には、

天の此人《この》に大任をくたさむとするや、先《ま》つ其《その》しん志をくるしめ其身を空乏するると、まことなる哉《かな》此言、唯た人西郷氏に於《おい》て之《これ》を見る、今年君の謫居せられし旧所に碑石を設くるの挙あり、島民我が一言を需《もと》む、我卒然としてこれを誌し以《もっ》てこれに応す、

明治二十九年晩夏　勝　安房《あわ》

と書かれている。碑は鹿児島県本土で作成され、三十一年龍郷に運ばれて建立《こんりゅう》され、盛大な記念式典が挙行された。六一歳の愛加那《あいかな》（西郷の奄美の妻）も胸にリボンをつけて列席した。たいへん複雑な感情であったという。笹森は別に手水鉢《ちょうずばち》を奉献した。横に建立までの経過を記した碑文があり、明治三十年十一月の日付である。

2　鹿児島の特産品をつくる

ミカンと茶

温暖な気候の鹿児島では、ミカンは古くから栽培されていた。なかでも桜島《さくらじま》小ミカンは豊臣《とよとみ》家や徳川《とくがわ》将軍家へ、薩摩藩《さつまはん》の特産品として毎年献上されていた。しかし一般の家庭では、川《かわ》畑《ばた》ミカン・赤ミカンなどを庭先に数本植えている程度で、自家消費の域をでなかった。

農業の改善を進める加納知事は柑橘《かんきつ》類にも注目し、明治二十八年（一八九五）、職員に鹿児島産の優秀なものを選ばせ、東京農林学校教授玉利喜造《たまりきぞう》の助言をえて、奨励品種を決定した。薩摩ミカン・本九年母《ほんくねんぼ》・キンカン・夏ダイダイなどを県の保護品種として奨励したが、特産品となりえず、しだいに温州《うんしゅう》ミカンに押されていった。

温州ミカンの発祥には異説もあるが、出水《いずみ》郡長島《ながしま》説が有力である。柑橘類の権威田中長三郎（元、宮崎高等農林学校教授）によると、「ウンシュウーミカンは徳川初期、中国から伝えられた早桔《そうきつ》・慢桔《まんきつ》・本地早《ほんちはや》などの種類のいずれかの実生《みしょう》から偶然に生じたもので」あり、ウンシューの古名の「大中島《おおなかしま》や中島《なかしま》」は長島の古名にちなむという。ウンシューを海外にはじめて紹介したのはシーボルトで、天保《てんぽう》元年（一八三〇）「ナガシマ」と命名した。ついでアメリカ人ハルは、明治九年多量の苗木を薩摩から輸入してフロリダ半島で栽培し、「サツマ」と命名した。現在でもヨーロッパでは、ウンシューミカンは「サツマ」の名で栽培・販売されている。日本でいつから温州ミカンと呼ぶようになったかは不明である。

薩摩で生まれた温州ミカンではあったが、その後関西地方で広く大規模に栽培されるようになった。これを逆移入して薩摩の特産品としての基礎をつくった人物がいる。垂水《たるみず》出身の町田一平《まちだいっぺい》は、東京農科大学を卒業すると、明治二十六年、大阪から優れた苗木二〇〇本を取りよせ、ミカン園を経営し、付近の住民にも普及をはかった。垂水ミカンの始まりである。同三十一年には鹿児島市の坂元《さかもと》に土地を買い、二〇〇〇本のミカン園を経営した。

民間人の努力もあったが、鹿児島県の柑橘栽培が園芸農産物として認められるようになったのは、加納知事が県の重要施策として取り上げるようになってからである。明治二十八年、西桜島柑橘組合の有志に補助金をあたえて、紀州・静岡の先進地を視察させたのは前例のないことであった。さらに加納知事は私財を投じて、鹿児島市下荒田《したあらた》に竹迫弥一郎《たけざこやいちろう》所有の畑地を借用して、鹿児島柑橘園と称する苗木園をつくり、育った苗木は無料で柑橘会員に配った。このため三十五、六年ごろから果樹園の設立が続出した。しかし栽培法の未熟さもあり、県の農業技手による講習会や苗木配布などによって、ようやく軌道に乗っていくのである。

一方、茶は旧藩時代から屋敷や畑地の周囲に植えられ、自家消費程度の生産であった。西南《せいなん》戦争後の明治十一年、日向延岡《ひゅうがのべおか》に紅茶製造伝習官吏が派遣されたことからわかるように、明治初期の茶業は、もっぱら紅茶・緑茶を外国へ輸出するための茶業振興から始まった。その後松方《まつかた》デフレ策では諸物価低迷、あわせて粗製茶であったことから、インド・中国茶に押されて輸出は伸び悩んだ。同十八年には茶業組合が結成され、良質茶の生産をめざすことにし、他府県へ移出する茶は厳重な検査をすることになった。さらに二十五年には緑茶伝習所を鹿児島市に設け、先進地静岡から技師を招き、焙炉《ほいろ》製茶法を伝習させた。

加納知事が着任したころの鹿児島県の茶業は、茶園もなく無肥料の栽培であった。それでも貿易市場では好評をえていた。理由としては、(1)無肥料で自然木の茶であっても、静岡地方の中程度の茶と同じような香味や色であること、⑵地味の悪い土地の茶でもその成長が早いこと、⑶試験の結果によっても茶樹の成長が早いこと、⑷地質や気候にめぐまれているので、他県産よりも早く貿易市場に出荷できること、などである。製茶法の改良は行われたが、栽培法の改良がなされていないことに気づいた加納知事は、在来種の根刈りを奨励するとともに、ここでもまた私費を投じて模範茶園の経営に着手した。

明治二十八年、曽於《そお》郡岩川《いわがわ》村に一町《ちょう》一反《たん》歩の土地を借り、区画整理をして、宮崎県から茶種を購入して模範茶園を開いた。遠隔地であったので管理は岩川村長に依頼したが、そのほかいっさいの費用は知事のポケットマネーであった。さらに県下数カ所に模範茶園を設置したので、茶園を経営する農家も多くなった。同三十一年には茶業技術員をおき、県下各地を巡回させて、茶園栽培の改良をはからせ、同時に各地の茶業組合に模範茶園を設置させたりした。

次の千頭清臣《せんとうきよおみ》知事も農事試験場に茶業部を設け、専任技術員による栽培・製造試験と、茶業講習会を開いて茶業の振興をはかった。このような努力の結果、横浜《よこはま》や神戸《こうべ》の貿易市場で鹿児島茶の名は高まり、輸出の一翼を担うようになった。

カツオ漁業と遭難

カツオ節《ぶし》の需要増とともにカツオ漁業は発展してきた。薩摩のカツオ節は七島《しちとう》産を祖とするが、十六世紀末から十七世紀初めにかけて、屋久《やく》島や口永良部《くちのえらぶ》島近海が餌《えさ》になるキビナゴ漁の好漁場であったことから、回遊するカツオ漁の好漁場ともなり、屋久島産のカツオ節が特産品の座を占めた。享保《きょうほう》内検の鰹《かつお》網二六帖《ちょう》のうち、現屋久町の浦々で半数以上の一八帖を所有していた。とれたカツオは屋久島の豊富な薪《まき》材を利用して、カツオ節に生産された。十七世紀半ばになると、加世田・坊《ぼう》などの漁船も屋久島近海に出漁し、釣れた魚は現地で売却したり、自分たちでカツオ節に加工したりした。

廃藩置県後、藩の規制がなくなると、職業の自由化もあって、海岸近くの農民で漁業に参加する者も多くなって、漁業人口がふえてカツオ漁船が増加してきた。県内のカツオ漁船の基地としては、内之浦・大泊《おおどまり》・岡《おか》児ケ水《ちょがみず》・水成川《みずなりがわ》・枕崎《まくらざき》・坊・泊《とまり》・久志《くし》・秋目《あきめ》・野間池《のまいけ》・片浦《かたうら》・小湊《こみなと》などであったが、漁場が屋久島の近海から沖合いに移ると、やがて枕崎・坊・泊などが大きくなっていった。それにつれて漁船も大型化していった。

帆船時代のカツオ漁では、基地に持ち帰るまでに鮮度を保つことができなかった。七島近海で漁獲した漁船は、風を利用して屋久島の栗生《くりお》港に入港する場合が多く、依然として屋久島で売却するか、カツオ節に製造したので、基地の漁港に持ち帰ることはなかった。ところが漁場が沖合いに移り、漁船が大型化する明治中期になると、船主のなかには小型の釜を持ち込み、船内でカツオ節製造を始める者もあった。しかし設備の不備から完全な処理ができず、品質の低下はまぬがれなかった。また基地に持ち帰った魚も鮮度が落ちており、同じく粗悪品となり、薩摩節の価格は低下していった。

県でもようやくカツオ節製法の改良の必要を痛感し、明治四十二、三年（一九〇九、一〇）に枕崎で製造講習会を開き、高知・静岡から技術者を招き、伝習生を募集して技術の習得にあたらせた。その後も製法の改良への努力は続けられ、ようやく薩摩節の名声を復活することができた。

さらにカツオ漁業の発展をうながしたのは、従来の帆船から、石油発動機を登載した動力漁船にかわったことである。鹿児島県の動力船の第一号は、坊泊鰹会社の舞鶴丸で、三五馬力、三重県の大橋造船所で建造された船であった。舞鶴丸は故障が続いてその後売却されたが、試験船としての功績は大きく、つぎつぎに帆船から動力船に切りかえられていった。とくに野間池港森《もり》家の笠沙丸《かささまる》や枕崎鰹会社の日英丸《にちえいまる》が好成績をあげたので、各港でも急速に動力船に改造し、明治末年ごろには帆船はまったく跡を断つにいたった。

漁船の動力化は漁場を急速に拡大させた。大正初年に宝島近海から大島近海へと延び、大正の末期には宮古《みやこ》島近海へ進出した。昭和の初期になると、台湾近海からフィリピン群島方面まで拡大していくのであるが、やがて功労者原耕《はらこう》の南洋漁場の探検となり、セレベス島・ボルネオ島・アンボン諸島近海の南洋漁場への開拓となるのである。

遠洋漁業に欠かせないものに氷がある。枕崎では大正十年（一九二一）に製氷会社を設立したので、多くの漁船が寄港するようになった。同十四年には従来船主が経営していたカツオ節製造を独立させ、漁業と製造業を分離させた。坊泊でも少し遅れて分離されたが、枕崎が高く売れたので、水揚げは自然と枕崎に集中するようになり、昭和六年（一九三一）の南薩鉄道の枕崎への延長で、枕崎の優位は決定的となった。

漁船に海難事故はつきものである。とくに帆船時代には通信設備もなく、事故は多発した。藩政《はんせい》時代の海難事故の記録も多いが、大きな事故はなかった。明治以後は船団の大型化にともなって事故も大規模になった。なかでも明治二十七年七月二十四日、日清戦争開戦後まもなく起きた海難事故は、「黒島《くろしま》流れ」と呼ばれ、今に語り伝えられている。

原耕銅像（枕崎市）

この日の暴風は陸上ではほとんど被害がなかったが、漁船の被害は大きく、枕崎港をでたカツオ漁業帆船三〇艘《そう》が黒島近海で難破し、溺死《できし》者三六〇人をだしたのをはじめ、小湊・西南方《にしみなみかた》村カツオ船七艘が黒島や甑島《こしきじま》近海で遭難、あわせて五〇九人が溺死した。その遺体の大部分が黒島に漂着したので、報せを受けた南方分署長伊《い》集院《じゅういん》警部は、黒島に出張し検視しようとしたが、腐爛《ふらん》のため識別できず、石油をかけて荼毘《だび》に付し、遺骨を遺族に分配して葬儀をすませたという（『枕崎市史』）。

この事故で多くの優れた漁夫と船を失い、カツオ漁業は大打撃を受けた。枕崎では約六〇艘のカツオ漁船のうち約半数が遭難し、以後ふたたびこの船数に達することはなかった。再起不能になった船主の打撃もさることながら、夫や親を失い路頭に迷う婦女子も多かった。とくに塩屋《しおや》・田畑両集落では九九人の遭難者をだしたので、その悲惨さは言葉につくせないものがあった。その惨状をみかねた大願寺《だいがんじ》の住職兼広教真《かねひろきょうしん》は、未亡人たちにカツオ節の行商を勧め、行商が始まったという。遭難はこのときだけでなく、大正六年にも黒島近海で死者・行方不明者七〇人をだした事故があった。

畜産の奨励

現在の鹿児島県の畜産は、黒毛和牛・黒豚・養鶏などが中心で、日本一を誇る畜産王国であるが、明治時代の畜産は馬が主役であった。旧藩時代から各地に藩の牧《まき》がおかれ、百引《もびき》郷の検地帳《けんちちょう》によると、一門二十数疋《ひき》を飼育するなど、牛よりも馬が圧倒的に多い地域もあった。明治以後も馬の生産は続き、同十九年県内の馬匹数は一二万頭余、年間七〇〇〇頭余を産出している。しかし当時の馬は小型で身幹が低く、四尺五、六寸（一三六〜一三九センチ）程度で、軍用馬としては不適格であった。このため産馬の保護奨励・改良策がほどこされたのである。

産馬の保護奨励策がとられたきっかけは、明治十八年（一八八五）に谷山《たにやま》郷福元《ふくもと》に軍馬局出張所が設置され、馬の買上げが始まったことによる。以来、種馬の需要が高まり、同年貸下げを受けたが病死したので、生産者の要望に応じて県庁は、十九年農商務省へ種馬の貸下げを請願し、三頭が貸与された。このあとも陸軍省や宮内省などから貸与を受け、十数頭の種馬を県下各地の産馬家の便に供した。

また優良馬の育成のために競馬が採用された。初め谷山塩屋の馬乗り場で駆乗《かけの》り競争をして競馬熱をあおったところで、県庁の許可をえて、明治十八年五月、山下町《やましたちょう》の旧練兵場《れんぺいじょう》跡において競馬を挙行した。競馬は成功し、競馬会の組織もできて、春秋二回催されることになったが、出馬したのは軍馬局の保有馬が大部分で、民間からの出馬は少なく、数年後には衰微した。

明治十八年にだされた種牛馬取締令によると、種牛馬の保有者は毎年県庁に届け出て検査を受け、年齢や身長などが合格しない牛馬の供用は禁止された。時に獣医の開業も免許試験制としたが、応募者が多く、県庁は獣医速成伝習所を設けるほどであった。

県内の巡視に愛用の白馬を乗りまわすほど馬好きであった加納久宜知事が、明治二十七年に着任すると、やや不振に陥っていた産馬事業の復活をはかった。まず種馬組合規則を発布し、その後も諸規則を制定したので、各方面において画期的進歩をみることになった。種馬組合規則によって、地域ごとに種馬所有者に組合をつくらせたのは、産馬の改良繁殖をはかり、弊習を一掃するためであった。さらに県有種馬四頭も県下の組合に貸与された。

産馬会による競馬が衰微したのを知った加納知事は、明治二十八年競馬会規則を改正して、乗馬競争・調手競争・駄馬競争の三種とし、乗馬・駄馬ともに体格審査をほどこし、優勝馬などへ賞金をあたえることにした。改革された競馬は、同年十一月天保山《てんぽざん》の陸軍用地を借用、二日間にわたって挙行された。以後春秋二回の開催で、ようやく民有馬の出馬が増加し、本来の目的を達成することになった。なお常設の競馬場が鴨池《かもいけ》に移ったのは、大正二年（一九一三）十月からである。

加納知事は産馬組合を結成させて、みずからも中央産馬組合の事務長に就任して産馬の改良に取り組むのであるが、次に手がけたことは、明治三十年五月に生産馬籍規則を制定して、馬の出生・売買・交換・死亡などを登記させることにした。この結果、生産馬は各産馬組合の馬籍に登録され、毎年一回県の検査を受けることになった。生産者にすれば従来に比べて事務が繁雑になり、不平の声が各地に起こった。彼らは産馬関係諸規則の廃止を請願したり、馬検査の日に一頭もださないなど抵抗したが、加納知事は説得につとめ、規則の遵守に全力をそそいだ。

日清戦争後の産馬熱は全国的なものであったが、政府も明治二十九年四月、奥羽《おうう》と九州の二カ所に種馬牧場を設置することを決定した。このことを知った加納知事は、産馬組合の代表を上京させて陳情させ、姶良郡牧《まき》園《ぞの》村中津川《なかつがわ》（現、霧島市）の原野を県有地として買収、供与し誘致に成功した。種馬牧場は四十年八月に廃止されたが、引き続いて鹿児島種馬所として存続し、本県産馬の改良に寄与した。

牛は農耕用に旧藩時代から多数飼育されていたが、役牛《えきぎゅう》の改良も産馬と同様に行われた。加納知事の熱の入れようは馬ほどではなかったが、明治三十三年に産牛組合が誕生したので、県費で乳牛・役牛の良種を購入し、組合にあずけて改良させようとしたが、実施は知事退任後になった。乳牛は鹿児島城下の知識兼雄《ちしきかねお》によって明治初年から飼育されていたが、県は十六年に長崎から良種を移入した。産牛の改良は役牛よりも乳牛に重点がおかれ、その生産・売買などの規則は産馬に準じて行われ、種牛の購入も三十四年以後数度にわたった。

養豚は古くから農村や漁村で、固有の黒毛の小豚を自家用として飼育していた。養豚業が盛んになるのは明治二十年代以降で、バークシャー種などが移入された。本県の養豚業が本格的に発展するのは日清戦争以後で、需要が増加して価格が騰貴したので、養豚業者がふえ、三十八年には県下養豚数四万三〇〇〇余頭に達した。おもな産地としては枕崎や志布志地方であった。その後生産過剰による価格の暴落もあったが、台湾などへの輸出に成功、その後も県はバークシャー種の種豚を各村に配付するなどして、「養豚王国」の基礎をつくった。

鶏は旧藩時代以来、自家用として各戸が放し飼いをする程度であったが、明治十年代に九斤鶏《くきんどり》という黒色の卵肉兼用種の飼育が流行した。その後二十三年ごろから、プラマ・レグホン・アンダルシャンなど一〇余種が輸入され、改良種が普及するようになった。加納知事は私費を投じて種卵を配付したり、プラマの飼育に関する小冊子を配付して普及させ、県農会でも家畜品評会を開いて奨励したので、鶏卵の生産は明治末年にようやく増加するようになった。

3　交通の整備と産業

鉄道開通

鹿児島へ鉄道を誘致する運動が起こったのは、明治二十年代になってからである。明治二十三年（一八九〇）十一月、国会が開かれた。これをきっかけに、視察団や東京見物のために多くの人びとが上京した。鹿児島から汽船で神戸に着く。東海道線は前年の二十二年七月一日に全通していたので、神戸から汽車に乗り、人びとはその便利さを知った。さらに二十一年六月に、九州鉄道株式会社が設立され、熊本県八代《やつしろ》まで鉄道が敷設されることを知ると、「鹿児島まで鉄道を延ばせ」の声があがるのは当然であった。

「鉄道を鹿児島まで」の世論が連日のように地元新聞に掲載され、鉄道熱をあおり、鹿児島の経済界も誘致へ動きはじめたが、鹿児島県知事渡辺千秋は道路の建設が優先するとして応じなかった。次の道路の拡張の項で述べるように、鹿児島県は主要幹線道路改良の第一期工事に着手しており、明治二十四年度に完成の予定であった。

明治二十五年の特別議会で、鉄道敷設法が公布されたが、一二年間で完成する第一期分の最優先候補線に、鹿児島線ははいっていなかった。県民は憤慨し、熊本・宮崎をへて鹿児島へ通じる二線のうち、ともかくも一線を第一期工事に編入する県民運動が起こったのである。同年十月二十五日、鹿児島市会は調査委員会の設置を議決し、委員に川村俊秀・安田《やすだ》為信《ためよし》・村上純《むらかみじゅん》・奥常次郎《おくつねじろう》・八木豊治《やぎとよじ》の五人が選ばれた。五人の委員はさっそく郡部の村々へ檄《げき》を飛ばし、第四帝国議会へ請願書を送った。一方、熊本県知事松平正直《まつだいらまさなお》の協力のもとに、鹿児島・熊本・宮崎の三県が団結して陳情運動に取り組むことになった。

鹿児島市の請願委員らは、請願のために市長の上村慶吉《かみむらけいきち》らを上京させることにしたが、県知事の大迫貞清は道路（第二期工事）予算をたてに、県費補助をあたえなかった。上村市長らは明治二十六年一月に上京、鹿児島出身の陸軍大臣大山巌《おおやまいわお》や参謀次長の川上操六《かわかみそうろく》へ直訴《じきそ》した。川上は鉄道誘致に理解があり、鉄道庁長官の井上《いのうえ》勝《まさる》を紹介、陳情はいれられ、井上は同年中に鹿児島線の測量を実施することを約束した。四月には鉄道技師久《ひさ》野知義《のともよし》以下十数人の測量隊が来鹿した。

鉄道をどこにとおすのか、測量隊は西薩《せいさつ》海岸線（のちの鹿児島本線）・中央線（大口《おおくち》経由）・東部線（肥薩《ひさつ》線）の三線を予想して測量を始めたため、沿線にあたる町村に猛烈な誘致合戦を引き起こすことになった。結局、肥薩線を決定したのは川上操六であった。日清戦争直前のことであり、海岸沿いでは艦砲射撃の恐れがある。大砲の届かないところをとおせ、との国防第一主義がとられ、八代・人吉《ひとよし》・吉松《よしまつ》・隼人《はやと》・鹿児島への東部線が決まった。

路線が決定すると、いつ着工するのか、できるだけ早く、第一期工事へ編入の陳情が続けられた。その結果

鹿児島本線(のち肥薩線)開通式前日の鹿児島駅

明治二十七年五月二十七日、日清戦争の直前に一期繰り上げが衆議院を通過した。この報せで陳情を続けてきた市役所が喜びにわいたことはいうまでもない。一期繰り上げには成功したが、日清戦争が始まったので着工は遅れた。二十九年に発表された肥薩線開削計画によると、八代―鹿児島間の総予算額は七二一万円で、三十一年着工、三十六年完成の予定であった。またもや陳情、第九帝国議会で着工と完成が一年ずつ繰り上げられた。九州鉄道会社線はこの年十一月、八代まで全通した。工事が八代側だけから着工されることが発表されると、鹿児島側からも着工することを陳情、その結果、人吉を境に肥薩両方から着工することになった。

明治三十二年三月、鹿児島鉄道作業局出張所が設けられ、同年八月十五日に最初のツルハシが打ち込まれた。八代口の着工は遅れて三十四年一月であった。鹿児島駅が浜《はま》町・春日《かすが》町・向江《むかえ》町に設置されることが決まると、同地にあった常盤遊郭《ときわゆうかく》街は新地沖之村《おきのむら》へ移され、鹿児島の玄関口が整備された。

鹿児島口からの工事は着々と進められ、明治三十四年六月に鹿児島―国分《こくぶ》(隼人)間が開通し、三十六年一月に横川《よこがわ》まで、同年九月に吉松まで開通して営業が始まった。しかし日露《にちろ》戦争のため中断、三十九年三月に再開されたが、鹿児島側の工事はほとんど終っていた。

明治四十一年五月には八代―人吉間が開通したが、人吉・吉松間は矢岳《やたけ》トンネルなど難工事をきわめ、急勾配《こうばい》にはループ線も採用された。門司《もじ》―鹿児島間の全線が開通したのは四十二年十一月であった。開通まで一〇年三カ月の歳月を要し、総工費は当初の二倍を超える一五八二万余円であった。

なお昭和二年（一九二七）に現在の鹿児島線が八代まで開通して鹿児島本線になると、旧鹿児島線は肥薩線と改称されて主役の座を譲った。

道路の拡充

産業を発達させるために、道路の整備は県の最重要課題であった。西南戦争のため鹿児島県の道路行政は遅れ、旧藩時代と大差はなかった。鹿児島県の道路行政は、明治十三年（一八八〇）一月、県内主要路線一六線の里程を定めたことに始まり、ついで十四年七月に県下道路の等級を定めた。鹿児島・伊集院・米之津《こめのつ》をへて熊本県境にいたる道路を国道三等とし、鹿児島—重富《しげとみ》—都城《みやこのじょう》—宮崎—延岡《のべおか》から大分県境（明治九年から十六年までの鹿児島県域には宮崎県が含まれていた）までを県道一等とし、県内九線を県道一〜三等とし、ほかは里道一〜三等に分類した。十八年には国道三等線は国道三七号線に、県道一等線は国道三八号線に改められた。

鹿児島県が道路整備に本格的に取り組みはじめたのは明治十九年からである。同年十一月二十七日の県会で、渡辺千秋知事は五カ年計画による道路開削案を示した。開削される道路は、現在の国道三号線と一〇号線のほか、加治木—横川—熊本県境線、鹿児島—谷山—知覧《ちらん》—枕崎線、宇宿《うすき》—伊作《いざく》—加世田線、福山《ふくやま》—岩川—志布志—串良《くしら》—鹿屋—垂水線の六線であった。見込まれる経費概算四三万円は、地方税・国庫補助・有志の寄付および労力奉仕などであった。開削される六路線の道程は一〇〇里《り》を超え、勾配は馬車が通行できるように、一間《けん》に二寸五分とした。道路幅は二間二尺（約四メートル五〇センチ）から四間以内とし、左右に排水溝や並木を設ける予定であった。

その後、県は国庫補助を交渉し、三分の一の国庫補助、残りの三分の二は地方税と寄付金（一三万四八〇〇余円を集めていた）により、総経費四六万一三〇〇余円の改修費予算案を、明治二十年三月の臨時県会に提出し

第一期道路改修計画（明治20年）

路　　　線	在来里程	改修里程	工　費
鹿児島—市来—阿久根—米之津—熊本県境	28里24町	26里20町	円 218,300
鹿児島—加治木—宮崎県境	16里44町	16里余	99,300
加治木—横川—熊本県境	15里余	14里余	39,500
鹿児島—谷山—知覧—枕崎	14里余	13里余	21,000
宇宿—伊作—加世田	9里余	8里24町	19,000
福山—岩川—志布志—串良—鹿屋—垂水	24里余	24里余	37,800

『鹿児島県史』第4巻による。

た。県会は異議なくこれを可決して、道路改修が進められることになった。

初年度は国道三七号線の鹿児島—川内《せんだい》間が着手されることになり、六月二十五日旧練兵場（現在のかごしま県民交流センターから家庭裁判所の辺り）で鹿児島県道路開削起工式が行われた。式後ただちに草牟田《そうむた》の鍬入《くわいれ》場へ一同が急行し、工夫一〇〇余人が作業をはじめ、一時間半ほどで幅八メートル、長さ一二〇メートルの道路をつくりあげた。七月八日には知事以下県庁職員・警察官などが退庁後に労働奉仕、その後も郷友会・教員・近村の人びと数百人が毎日労力を提供した。まさに県民をあげての道路開削であった。

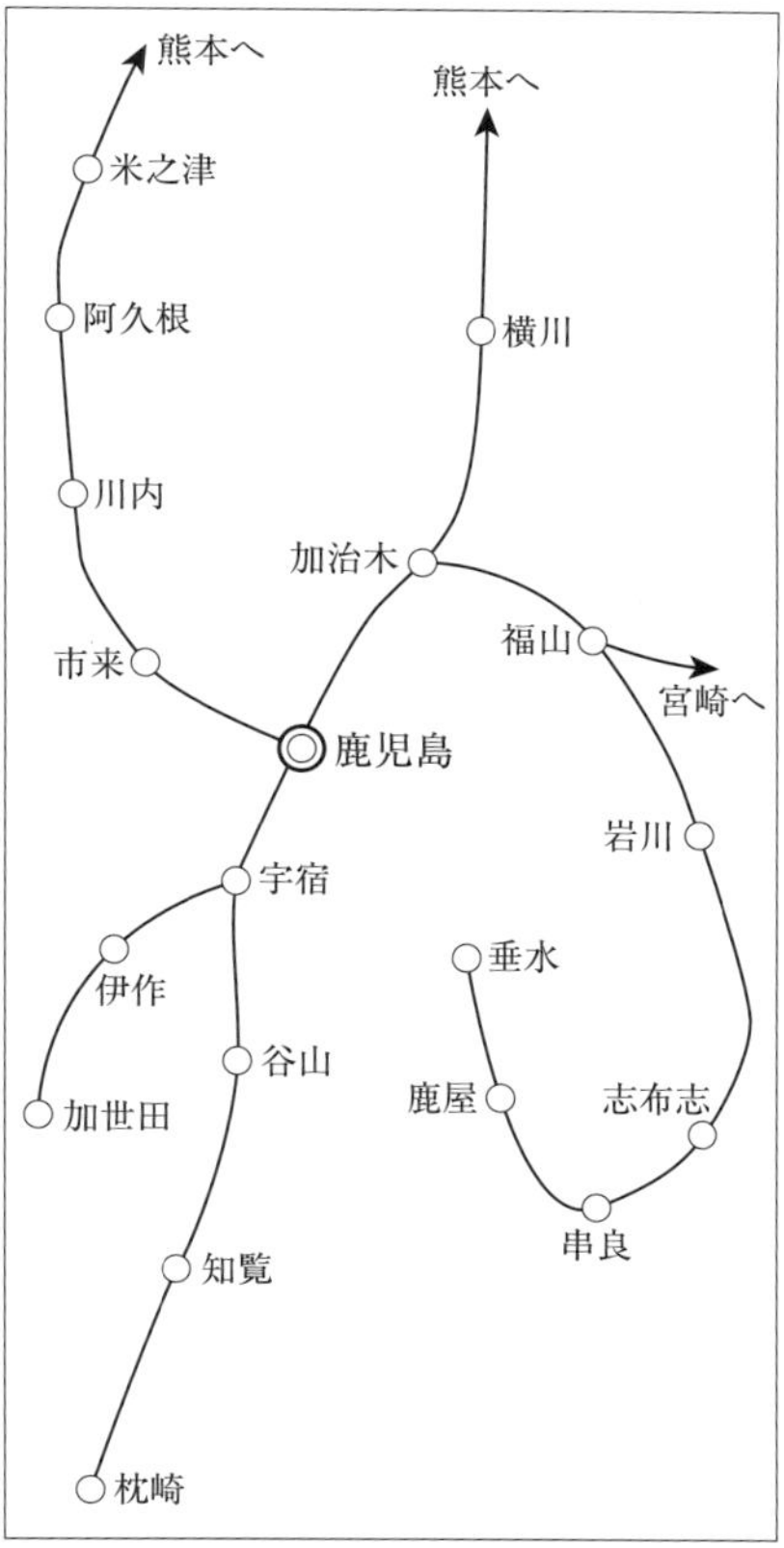

道路の拡充（明治20〜24年建設）

明治二十一年度は国道三七号線の残りと三八号線に着手、二十二年には三八号線も全通し、五年目の二十四年度には予定していた諸道の開削が終った。五年間に要した経費は予定よりも若干増加したが、四七万九〇〇〇余円で工事が終ったことは、金額にあらわれない人びとの労働奉仕があったからである。ともかく主要幹線道路が開通して近代的な道路となり、車馬の交通が便利になった。

道路といっても砂利《じゃり》をしいて土砂の流出を防ぐ程度で、轍《わだち》の跡が残る道路ではあったが、この改良で交通事情がどのように変わったであろうか。これを乗合馬車にみると、明治二十一年にわずか四台であった馬車は、二十七年には一一七台にふえ、中距離交通機関として急速に普及していった。鹿児島―谷山間で始まった馬車の定期便は、道路が延長されるにつれて営業路線も延び、各地に乗合馬車がふえていった。

道路の改良によって起きたもう一つの変化は、荷物を運ぶ荷馬車の普及である。従来は牛や馬の背で細々と運んでいたが、荷馬車では大量に運べるようになった。川内・伊集院方面から県庁所在地の鹿児島へ、さまざまな荷物がひっきりなしに荷馬車で運ばれてきた。鹿児島市街地にはいる前、または地方へ帰るとき、車夫たちは腹もちのよい新照院《しんしょういん》の餅菓子「春駒《はるこま》」を好んで食べた。持馬の一物《いちもつ》に似たこの菓子に、そのものずばりの「ウマンマラ」の名称をあたえたのは、この馬車引きたちであろう。

第一期工事が終ると、県庁では第二期工事を計画して実行に移した。一期工事にもれた主要な村々を連絡する道路で、一四路線が指定され、明治二十五年に起工し、二十九年までの五年間を費やし、三六万余円の出費と労働奉仕で完成した。第三期工事は三十年から三十九年の一〇年間で、八五万六〇〇〇余円をかけて二六路線が整備された。これらの道路は県費が支出されたことから、里道から県道に改められた。十九年七月までの県道は一八路線であったが、三十一年には二九路線が追加された。第三期工事で県当局は一九路線を提案したが、県会はあらたに七路線を追加した。追加された七路線も工事はなされたが、県道に認められたのは一路線だけであった。

こののちも県は第四期、第五期工事を計画実施して道路の整備につとめるのであるが、諸交通網の発達は、鉄道の普及や港湾施設の改善・海上交通の発達などと密接に関連するものであった。

宮之城製糸と大島紬

旧藩時代も養蚕《ようさん》は行われていたが、宅地の周囲に植えられた大樹の桑の葉を利用した小規模な養蚕であった。検地帳にみる「桑一本　籾一斤」はこの桑の木である。宮之城《みやのじょう》郷では領主島津図書《しまづずしょ》が近江《おうみ》国から技術者を招いて、手織機で白糸を生産させていたというが、広く普及するにはいたらなかった。

宮之城で養蚕が盛んになったのは西南戦争後のことである。西南戦争懲役人《ちょうえきにん》として東京の市谷《いちがや》監獄で服役した人たちが、群馬県の先進地を視察して、養蚕の近代化に着手した。ついで明治十四年（一八八二）、出獄を許された人びとによって、県内外で戦死した薩軍参加者の遺骨が南洲墓地に合葬された。遺骨収集に当った宮之城の平田孫一郎《ひらたまごいちろう》は、熊本県木山《きやま》の農家から桑苗を買いとり持ち帰った。また同じく宇都宮綱紀《うつのみやつなのり》らも熊本から苗木を取りよせ、畑に桑苗を植えて人びとを驚かせた。この桑苗は明治政府が配付した殖産興業《しょくさんこうぎょう》用の一部であった。

以後、政府の殖産興業策もあって、宮之城地方の蚕糸《さんし》業は急速に発展していった。明治十六年ごろ福島県から新式座繰《ざぐり》器械が導入されたのを手始めに、翌年には三カ所に座繰糸引所が設けられ、同十九年には郷校盈進《ごうこうえいしん》館《かん》跡に、五〇釜の座繰工場＝宮之城製糸所が建設された。翌年には生糸《きいと》一五四キロが輸出され、順調なすべりだしであった。建設者の平田孫一郎は、水力を動力に利用するため、同二十六年に工場を峯下《みねした》に移転させたが、同二十八年、建物・機械・従業員ともに、鹿児島県共同授産会社に譲与された。

鹿児島県は明治十八年、授産場に蚕糸講習所を設けて技手《ぎて》を養成したり、苗木場仕立方では良種の桑苗を仕立てて配付し、養蚕・製糸業の育成をはかった。あとを継いだ農事試験場も事業を継承し、蚕業が盛んになった三十九年には六〇万本を配付するほどであった。また蚕種の改良のため蚕種検査を強化した。蚕病検査事務所が四十三年に鹿児島市と宮之城村におかれたことから考えると、宮之城地方で養蚕が盛んであったことが理解できよう。

共同授産会社の宮之城工場は、大正八年（一九一九）薩摩製糸株式会社として独立したが、同十二年片倉《かたくら》製糸株式会社に経営を委託、同十五年に吸収合併された。その後昭和恐慌などの不景気もあったが、昭和七年（一九三二）には従業員三七一人、原料生繭《なままゆ》四八万七〇〇〇キロの県下一の製糸工場となった。同工場は戦後も稼動していたが、原料繭の入手難から昭和四十七年に製糸の幕を閉じ、メリヤス工場へかわった。

製糸業の発達と輸出の増加によって、宮之城地方には大正から昭和の初期にかけて、右の工場以外に小規模な製糸工場が続々と建設された。多くは数年後に閉鎖されたが、堀之内《ほりのうち》製糸工場など三工場は生き残った。なかでも昭和三年、宮之城町屋地《やち》に座繰八釜で出発した堀之内製糸工場は、十六年の蚕糸業統制令で他社を合併、二十三年新工場を建設、四十二年第二次加工撚糸《ねんし》工場を新設し、大島紬《おおしまつむぎ》の原料を生産して県下に販売するようになった。

奄美大島の基幹産業の一つである大島紬の生産は、日本人の着物離れのなかで大きな転機を迎えている。真《ま》綿《わた》を引き伸ばして紡いだ糸を織った大島紬の起源は不明とされるが、琉球《りゅうきゅう》の久米島《くめじま》紬に始まるとの説もある。旧藩時代の日本の農村では、役人以外は絹類の着用は禁じられていたので、紬生産が産業として成立するのは明治以後のことであろう。

大島紬は西南戦争後に大阪や鹿児島で商品として販売されていたが、数は少なかった。紬織業が盛んになったのは、黒糖価格の下落によって転業者がふえたことであり、その時期は明治二十五、六年ごろであったという。大量に生産された紬は、まったくの手作業で真綿から糸を紡ぎ、地機《じばた》で織った製品であったので、なかには粗悪品もあったのだろう。そのため大島紬全体の信用が下落し、商品価値が低下した。失地回復のため、三十四年九月に大島紬同業組合が結成され、製品の検査と織柄の改良がなされるようになった。

紬生産に締機《しめばた》が導入されたのは明治末年ごろからであった。日露戦争までは工場はなく、家庭で織られるだけの家内工業であった。日露戦争後の好況でぼつぼつ工場が出現するようになったが、手織に変わりはなかった。紬生産が飛躍的に増加するのは、第一次世界大戦中の好景気にわいた大正三年からである。工場もふえ、生産量も六倍を超えるようになると、ふたたび粗悪品が市場に出回り信用を落とした。処分と検査が強化され、ようやく信用も回復した。

大島紬独特の泥《どろ》染《ぞ》めの起源は明らかでない。伝承によると、一人の婦人が木皮《きかわ》染めの布を洗濯する前に泥水のなかに放置しておいた。しばらくして水洗いすると、みごとなねずみ色に変わっていた。以後、泥染めが普及し肌ざわりのよさから、鹿児島からきた役人が喜んで求めて帰ったという。

右の話から、一婦人が泥水に放置するような着衣は普段着であったろう。前述のように慶長《けいちょう》十四年(一六〇九)の島津氏の侵攻以後は薩摩藩の直轄《ちょっかつ》領となったので、庶民の紬着用は禁止されていた。とすれば、泥染めの技法は、庶民が自由に着衣を求めることができた琉球王国時代のことと考えたほうがよい。模様については明治初期は一色か飛白《かすり》程度にすぎなかったが、やがて藍《あい》または木皮を染料とし、地色を小豆《あずき》色にして、テーチ木とクチナシなどで染められた糸で織られるようになった。
日露戦争後、県費指導員により、染色や図案・柄合《がらあわ》せなどが改善され、独特の六角形の柄で知られる大島紬の全盛時代が訪れるが、そのかげには明治四十二年から昭和八年まで、七期二五年間にわたって、大島紬同業組合長をつとめた宮原精二《みやはらせいじ》の努力があったことを忘れてはならない。

4 教育界の動き

尋常中学校と鶴嶺女学校の創設

鹿児島県における本格的な中等教育の始まりは、明治二十七年（一八九四）に鹿児島尋常中学校が創設されてからである。二十五年度と二十六年度に通常県会で建設予算案は可決されていたが、加納久宜知事が着任してまもなく開校したことになる。鹿児島市山下町陸軍省所轄の旧練兵場跡（現、かごしま県民交流センター辺り）に、木造二階建てベンガラ塗りの校舎、定員四〇〇人で出発する。正門は国道三号線側にあり、薬師《やくし》町移転後は由来をきざんだ門柱が記念に残され、裏返しに立っている。

鹿児島県の中等教育機関としては、明治十一年に設立された県立鹿児島中学があったが、当時は鹿児島で学ぶよりも、維新《いしん》に功をとげ東京で官員となった先輩を頼り、東京に遊学する子弟が多かった（安田尚義《ひさよし》『鹿児島一中記』）という事情があって就学者は少なかった。また民党・吏党の政争のなかで、吏党側の手で公立鹿児島学校も創立された。十七年この二校を合併して鹿児島県立中学造士館《ぞうしかん》が設立され、二十年官立鹿児島高等中学造士館へ昇格したので、県立中学は消滅していた。

　加納県政の教育行政は、鹿児島尋常中学校を核として県内に中学校を増設していく方針であった。実際に明治三十年薩摩郡東水引村に第一分校、姶良郡加治木村に第二分校が設置され、翌三十一年それぞれ独立して、第二尋常中学校・第三尋常中学校と改めた。さらに三十三年川辺郡川辺村に第四尋常中学校がおかれ、三十四年鹿児島県立尋常中学造士館が廃止されると、下級生を集めて鹿児島県第一中学校分校（三十九年独立して鹿児島県立第二中学校）が設置された。

鶴嶺女学校の授業風景（明治29年）

　これらの学校名は明治三十四年九月、鹿児島県立鹿児島中学校・同川内中学校・同加治木中学校・同川辺中学校と改称され、鹿児島中学校は分校の独立後、同鹿児島第一中学校と改称された。四十三年志布志中学校が設置されたので、明治期の鹿児島県下の県立中学校は六校を数え、中学校で学ぶ者がふえて教育水準も向上していった。中学校の増加は国策にそったものでもあるが、日清・日露戦争の勝利によって、軍人への道を進む生徒もふえていった。
　男子の中等教育に対して、女子教育の中心となるのは、明治三十五年四月加治屋《かじや》町に開校した県立高等女学校（のち一高女）と、四十三年山下町の女子師範学校に併置された県立第二高等女学校である。県立高女以前の女学校としては、明治八年に設けられた正則《せいそく》女子講習所があるが、翌九年女子師範学校と改称された。私立女学校としては、二十二年采蘋《さいひん》女学校、二十三年成《せい》淑《しゅく》女学校、二十四年鹿児島女学校、二十五年山口女学校、二十七年鹿児島女子徒弟学校（のち女子興業）などあいついで設立されたが、いずれも私塾程度のものと考えられ、女子徒弟学校以外は消滅したようである。

最初の本格的な私立女学校としては、明治二十九年創立の鶴嶺《つるみね》女学校がある。前身は野守《のもり》塾である。『鶴嶺沿革史』によると、塾を経営していた野守峯子《みねこ》が、二十九年結婚して鹿児島を去ることになったので、困った塾生たちが協議して、平之《ひらの》町の千石馬場《せんごくばば》に面した土持肇《つちもちはじめ》宅を借り、規則を定め、島津《しまづ》サエ子を校長とし鶴嶺女学校と名づけた。この学校が鹿児島県知事に認可されたのは、翌三十年六月一日であった（二見剛史「鶴嶺女学校について」『鹿児島女子大学研究紀要』第五巻一号、一九八四年）。学校は本科と裁縫専科の二部制で発足し、二学級、修業年限は両科とも一年で、高等小学校卒業以上の学力を入学資格とした。授業の科目は修身・国語・習字・地歴・理科など一七科目になるが、裁縫中心の教育であったという（二見前掲論文）。

日本の女子教育は、文相森有礼《もりありのり》の学校令以来良妻賢母の養成が基本方針であったが、明治維新《いしん》の功労者を数多くだした鹿児島では、とくに薩摩古来の美風を尊重して、内剛外柔の婦人を養成することにあった。鶴嶺女学校の創立が日清戦争直後のことであり、時代の要請を受けて厳格な教育がなされると、士族《しぞく》出身者の花嫁学校となった。やがて東京でも話題にのぼるようになり、中央の知名士の学校訪問などもあり、鹿児島の女子学《がく》習院《しゅういん》的存在になっていった。

県からの補助金もあり、生徒数がふえてくると、平之町の校舎は手狭になってきた。島津治子《はるこ》校長（第三代）は、島津公爵《こうしゃく》家などに寄付金をあおぎ、明治四十二年三月、清水《しみず》町に新築移転した。その後四十五年に修業年限三年の実科高等女学校が併置されると、鶴嶺女学校の本科は廃止された。大正九年（一九二〇）校名が鶴嶺高等女学校と改められ、本科四年を主に、実科二年が併置され、県立一高女・二高女とともに鹿児島の女子教育の担当者となった。しかし実科や裁縫科を併置していたのが影響したのか、後進の鹿児島高等女学校や鹿児島実践高等女学校に押されて、昭和七年（一九三二）に島津校長が退職してからは入学者が激減して経営が悪化した。同十五年鹿児島市に移管され、私立高等女学校としての先駆的役割をおえた。第二次世界大戦後は鹿児島市立高等学校に吸収され、現在の玉竜《ぎょくりゅう》高等学校の前身の一つとなった。四九年間の卒業生は六三三九人を数えた。

郡部の初等教育と学舎の創設

鹿児島城下の郷校とは別に、諸郷にも郷校が設立され、出願の順に第一郷校以下番号が校名につけられて、鹿児島本学校の管轄下におかれていた。明治六年（一八七三）当時の第二十一郷校（川辺郷校）では、師員三人のほか、成績のよい生徒四人が選ばれて、助教に任命されて教育にあたっていた。試験科目は漢籍・習字・算術の三教科であった（「川辺村学校日誌」）。このような内容の郷校は川辺だけに限らず、ほかの郷校も似たりよったりであったと考えてよい。

明治五年に学制が頒布《はんぷ》されたが、鹿児島県では文部省案の小学校を開設することは不可能であった。とりあえず、郷校を小学校へ切りかえることになるが、一気に正則小学校とすることは教員の不足や施設の不備などで困難であったので、同八年六月、変則小学校規則を布達《ふたつ》し、県庁学務課の官員が出張して改革・改善を指導し、七月には正則施行を全県下に布達したが、実現はさきのことであった。

正則小学校には正則教員としての資格をもった教員が勤務することが条件である。そのため県では明治八年五月に県庁内に小学校授業講習所を設け、希望の青年に三〇日から五〇日間、小学校授業方法の講習を受講させたという。募集は県下の各郷から二人を推薦させ、一二三人が受講したが、うち一三人が脱落、一一〇人に五等準訓導から一〜四等準訓導補までの資格と卒業証書があたえられた。

川辺郷では正則講習所生として、郷校の生徒兼助教であった有馬《ありま》弥之進《やのしん》と木原《きはら》尚二《なおじ》の二人を選んで九月二十四日に出鹿させ、県の学務課に願書を提出させた。二人の入学が許されたのは十一月で、十五日に出頭命令がだされた。講習の開始は同月二十七日であり、卒業は成績によったらしく、五月までに全員が各地の郷校に帰った。有馬は二等準訓導補、木原は五等準訓導であった。講習所は翌明治九年二月に鹿児島師範学校と改称され、九月四日に開校した。五日の開校式には本校生と伝習生の席があるので、引き続き各郷から伝習生を募集したのであろう。川辺郷・知覧郷には各三人を志願させるよう達せられた。

まもなく明治十年二月に西南戦争が起こると、師員のほとんどが薩軍に従軍した。川辺郷校では有馬弥之進や郷校の師員二人も戦死した。郷校は一時休校し、戦後再開されたが正則開校はできなかった。同十二年新教育令がだされると、新しい川辺小学校として開校するのであるが、同年に兵庫県師範学校卒業の佐伯《さえき》右文《みぎふみ》、翌十三年に福岡県師範学校卒業の伊東《いとう》新吉《しんきち》・貝島《かいじま》重兵衛《じゅうべえ》・野田《のだ》金四郎《きんしろう》・安河内《やすかわち》光次郎《こうじろう》らが招かれて、ようやく近代的な教育がほどこされるようになった。

他県出身の小学校教員が招かれたのは川辺に限ったことではなく、県下では多くの他県出身者が招かれた。その一人に新潟県長岡《ながおか》出身の本富《ほんぶ》安四郎《やすしろう》がいる。長岡は戊辰《ぼしん》戦争の激戦地の一つである。慶応《けいおう》元年（一八六五）に生まれた本富は一六歳のとき長岡洋学校に入学、一九歳で母校坂之上《さかのうえ》小学校の教員となった。明治十九年二二歳で東京英語学校に入学、同二十二年三月卒業、同年十月宮之城村盈進《えいしん》高等尋常小学校教員として赴任《ふにん》、翌二十三年十一月、二六歳で盈進小学校長となり、同二十五年四月辞職して鹿児島を去った。本富の宮之城在住はわずか二年半にすぎないが、この間に見聞した鹿児島の風習をまとめて『薩摩見聞記』を刊行した。同書の教育の項に、明治中期日清戦争前の郡部の小学校教育の姿がある。

就学率は全国最低であり、男子の就学者は学齢児童の半数をわずかに超えているが、女子は八〜九％にすぎない。鹿児島市では就学児童の男女比が二対一であるが、郡部では女子が極端に少なく、三対一の村が最高で、なかには一人も女子がいない小学校もある、と述べている。

西南戦争後の教育の振興にはめざましいものがあり、小学校を各地の村落に建てて年少の児女を教育し、試験で競争させたり、展覧会を開いたりして、教育効果を高めていた。教師も教育会を結成し、教育講習会を開くなど研修につとめ、質の向上をめざした。研修にとくに熱心なのは師範学校であった。その研究と努力によって付属小学校だけでなく、郡部の小学校教育の質的向上も目を見張らせるものがあった。さらに競争心は各小学校の積立金にもあらわれ、総額は全国第三位、学校の敷地や付属地の面積は第二位であった。この豊かな財産を武器として、鹿児島県は全国を相手に一戦を交えてもよい、と教育立県の動きをみせた。

鹿児島城下や郡部でも、麓《ふもと》には学舎が建設されて、放課後の教育機関となったが、郡部の農村部でも学舎に相当する夜学舎があった。夜学舎は江戸時代の二才《にせ》組に起因するのであろうが、明治期には青年会となった。多くは大字《おおあざ》ごとに団結し、はじめは一定の会場ではなく輪番で宿を定めていたが、しだいに共有の建物を借りたり新設するようになった。夜学舎は本来は青年会の教育の場であったが、やがて小学生も出席するようになった。学校で学んだことの復習や教師格の年長者が教えたりしたが、自宅では復習の習慣もなく、父母の教育水準も低かったので、当時においてはそれなりの教育効果を高めることができた。

本富安四郎

明治時代以後の鹿児島にだけみられる教育施設として学舎がある。旧藩

鹿児島市内学舎一覧

学舎名	場　所	区　　域	創立年
共立学舎	池之上町	上方限	明治9
弘道学舎	池之上町	上方限	
弘友学舎	車　町	旧郷中なし	
興同学舎	長田町	冷水・城ヶ谷方限	明治14
研明舎	下荒田町	下荒田方限	〃 11
共研舎	上之園町	高麗町・上之園・上荒田方限	
二松学舎	加治屋町	下加治屋町方限	明治14
集成学舎	加治屋町	高見馬場方限	〃 11
会文舎	平之町	平馬場方限	〃 13
自疆学舎	薬師町	西田方限	〃 12
共和学舎	常盤町	旧郷中なし	
四方学舎	加治屋町	新新屋敷・古新屋敷・樋之口・本馬乗馬場郷中	
鶴尾学舎	草牟田町	草牟田方限	
共学舎	中　村	中村・郡元方限	
同親学舎	武　町	武・田上方限	
錦城学舎	易居町	旧郷中なし	

時代の郷中《ごじゅう》教育の後身にあたるわけであるが、郷中教育では幕末の数例を除けば独自の施設がないのに対して、学舎ではそれぞれ教育施設や設備をもっていた点に違いがある。

維新後も郷中教育は続けられていたようであるが、鹿児島藩は明治四年学制改革を行って、本学校《ほんがっこう》を中心とする小学校・郷校を設け、廃藩置県後もこの制度を踏襲し城下各地に郷校を設けていった。同五年学制が頒布されると、県はとりあえず郷校を変則小学校とし、設備や教師を整えてから正則小学校へ切りかえていった。しかし過渡期の小学校は教育内容も不備であったので、不備を補うために学舎教育が興こる要因があった。

明治九年の共立学舎を除き、ほかの学舎の設立は西南戦争後であるので、学舎と西南戦争との関係は深い。さらに学舎教育の原型ともいえる教育は私学校のなかにみいだすことができる。明治七年旧藩庁厩跡《うまやあと》に私学校が設立されると、城下各地に分校ができていった。この分校は独自の施設はなく、公立の郷校を利用するものであった。つまり郷校の正規の授業が午前中で終ると、午後は私学校生による指導がなされていた。郷中教育とも違う過渡的な教育がしばらく続いたことになる。やがて西南戦争が起こると指導者の多くは従軍し、戦死や投獄によって優れた指導者を失い、戦後は道義も頽廃《たいはい》してしまったという。

やがて投獄されていた人びとが出獄して帰ってくるようになると、学舎設立が計画されるようになった。それは公立の正則小学校に対して、補助的機能の変則学舎を地域に建て、正則小学校に就学する郷中の生徒とともに、学齢外の者も自由に学ぶことができるようにする（二松学舎《にまつがくしゃ》設立意見書）ことを目的とした。設立された学舎は、旧郷中を単位とするもの、数カ郷中が合併したもの、旧郷中はなく新しく設けられたものなどさまざまであった。設立後も統合・合併や改称などの変遷があったが、大正十四年（一九二五）には前ページ表のとおり一六学舎となった。維新の英傑たちを生んだ加治屋町には三学舎が集中した。

学舎の多くは地域ごとに入舎させ、郷中の対立意識も残っていた。そのなかにあって、西郷隆盛《さいごうたかもり》・大久保利通《おおくぼとしみち》らをだした下加治屋町郷中の二松学舎は、近隣の郷中出身者も受け入れていた。「二松学舎舎友名簿」には、吉井友実《よしいともざね》・篠原国幹《しのはらくにもと》・井上良馨《いのうえよしか》・黒田清隆《くろだきよたか》らのほかの郷中出身者が多数みられる。やがて彼らは加治屋町出身者とされ、同町内会は明治百年記念事業として誕生地碑を建てているが、多くは誤りである。

学舎に入舎した少年たちは、毎晩午後六時ごろから学舎に集まり、読書（和漢の歴史）や運動（相撲《すもう》・競走など）や座談などによって、風紀の矯正も行われた。やがて地域内の活動だけでなく、二松学舎では奨学生活動もなされた。このような経済活動は一地域の学舎単独ではできないことで、在京出身者の経済的援助におうところが大きい。きっかけとなったのは、明治二十二年三月に、西郷・大久保誕生地碑が旧家跡に建設されたことである。以後、東京と鹿児島で親睦会《しんぼくかい》が開かれるようになったが、給費生規則が定められたのは、二十五年正月に帰郷した西郷従道《じゅうどう》を迎えた親睦会の席であった。

最初の給費生になったのは伊東小熊《こぐま》（西郷らに陽明学《ようめいがく》を教えた伊東茂右衛門《もえもん》の第四子、のち諏訪《すわ》家を継ぐ）である。

明治二十九年三月高等中学造士館が廃校になったので、勉学を続けさせるために仙台《せんだい》二高に転学させ、年間九六円（月八円）の学費が給与された。その後の給費生には川久保仁之助《かわくぼにのすけ》や福崎節衛《ふくざきせつえ》などが続いた。これらの費用は西郷従道や大山巌など在京の先輩が全額を負担するのであるが、東京と鹿児島を結びつける強い絆《きずな》ともなった。

東京の先輩との結びつきは二松学舎だけに限らず、ほかの学舎にも広まっていった。高見《たかみ》学舎（大正十四年〈一九二五〉、研志舎と高見馬場復習所が合併して改名）では樺山資紀《かばやますけのり》や黒田清綱《きよつな》との連絡が密で、在京高見馬場懇親会は年二回開かれ、高見学舎関係者が上京すると、臨時の懇親会が開かれるなど、その経済的な援助によって学舎の組織も整備され、郷中教育の伝統を受け継いで学校教育の不備を補う学舎教育は、明治二十～三十年代に確立・発展していくのである。

その後、地域ごとの結束は時代の趨勢《すうせい》にあわなくなり、大同団結が求められ、協議のもとで明治四十二年学舎連合会が発足することになり、武徳殿《ぶとくでん》による武芸奨励、在京先輩の講演会、連合運動会が開催されるなど、学舎教育は最盛期を迎えた。これに水を差したのが、阪本釤之助《さかもとさんのすけ》知事の学舎無用論である。学舎連合会や関係者は反論したものの、受けた打撃は大きかった。その後も学舎再建の努力は続けられたが、衰退の一途をたどることになり、現在では四方《しほう》学舎・自彊《じきょう》学舎など活動が続けられているが、多くは幼稚園などに名前が受け継がれているにすぎない。

七高造士館と高等農林学校

明治三十四年（一九〇一）三月開設が決定された第七高等学校造士館は、第二次世界大戦後は造士館の名を削って、ほかの高等学校なみに第七高等学校と称したが、以前は正式名称に造士館を使用していた。造士館の名は島津重豪《しげひで》が安永《あんえい》二年（一七七三）に創設した藩校造士館に由来する。なお藩校造士館は明治以後の数度の学制改革によって廃止されていた。

造士館の再興は、旧藩主島津忠義《ただよし》の請願を受けた渡辺千秋県令が、明治十七年十二月、旧藩庁跡に県立中学造士館を開設し、翌年三月から授業を開始したことに始まる。この学校は新設ではなく、従前の県立鹿児島中学校と吏党の鹿児島学校を合併したものである。のち森有礼文部大臣の学校視察をきっかけに、高等中学へ昇格の声が起こり、運動の結果、二十一年四月から官立高等中学造士館となった。しかし二十七年勅令《ちょくれい》第七五号の第二条に、「高等学校は専門学科を教授する所とす、但帝国大学に入学する者の為め、予科を設くることを得」(『鹿児島県議会史』)とあり、文部省は、専門学部を設ける見込みがなければ存続を認めない方針であった。どこも似たような授業内容であったがほかの学校は残り、造士館だけが二十九年九月廃校となった。そのため本科の生徒はほかの高等学校へ転校し、予科の生徒は県立尋常中学校に収容された。

島津忠義の子忠重は官立高等中学造士館の再興を志し、金一六万二〇〇〇円と旧校舎・図書・器具器械などを寄付して、高等学校の設置を請願した。鹿児島県も明治三十二年県会で、年々中学校を卒業する生徒はますます多くなるのに、九州では熊本に一校しかないのでとても収容しきれない。政府は高等学校増設の予定で九州にも一校設立の見込みであるので、その一校は必ず鹿児島に設立されるようにしたい、との建議案が満場一致で可決された。この建議を受けて、本県選出の長谷場純孝《はせばすみたか》ら八〇余人の高等学校復旧の建議案が衆議院に提出され、全会一致で可決されている。なお建議案理由書によると、島津忠重の寄付であるから国費を要することと少なくて国家のためになること、台湾の領有以後、内地人移住者の子弟などは、気候がやや近い九州の南端が就学に便利であること、などをあげている。

明治三十四年九月二十六日から授業が開始された七高造士館には、全国から生徒が集まったが、地元に高等

鹿児島高等農林学校講堂

学校が開校されたことで、県内の中学校での教育も強化され、帝国大学へ進む鹿児島県人もふえ、鹿児島県の教育界へ大きく貢献することになった。

弊衣《へいい》破帽《はぼう》の七高生は、中学生だけでなく女学生のあこがれのまとともなった。なかには七高生を下宿させて、娘と交際させる親もあったという。県立高女では風紀の乱れを心配して、女生徒のいる家庭には七高生の下宿を許さず、男女学生たがいに運動会の参観を禁ずるほどであった。なかでも明治四十三年に開設された女師・二高女は、館《やかたの》馬場を挟んで上下の関係にあったので、七高の運動会や五高との野球試合のときは太鼓の音に悩まされ、窓を閉めてミシンを踏まされたという。中野イツの回想文によると、二高女の寮では、闇夜の静かな夜になると、はるか彼方から流れてくる「からたちの花」、寮の窓の下を哀調をおびたすばらしい美声で訴えるようにうたってすぎていく男性、闇のなかにかすかにひるがえるマント姿から七高生ということになっていたが、彼は夢多き十代の乙女たちの胸をいかに知ってか知らずか、朗々とうたいながら窓の下をとおりすぎていった（『甲南高校七十周年記念誌』）と述べており、七高生へのあこがれがよくわかる。

鹿児島高等農林学校は、明治三十六年岩手県盛岡《もりおか》に創立の第一高等農林学校についで、四十一年三月に第二高等農林学校として、勅令で鹿児島市上荒田村に設置されることになった。これよりさき、県会も学校創立献納費として、一〇万円の三カ年間継続支出を決めている。四十二年九月入学宣誓式が行われたが、初代校長には第一高等農林学校長の玉利喜造博士が迎えられた。玉利は安政三年（一八五六）鹿児島城下に生まれ、駒場《こまば》農学校を卒業と同時に同行助教授となり、その後アメリカに三年留学して東京高等農林学校教授となった。加納知事に招かれて柑橘類の栽培について指導したこともあった。

創設当時の鹿児島高等農林学校は農学・林学の二学科であったが、のちに養蚕学科・農芸化学科・獣医学科・農業電気学科などがつぎつぎに増設された。校外の付属施設としては、高隈《たかくま》演習林・佐多《さた》農林実習場・種子島牧場・唐湊《とそ》果樹園・指宿《いぶすき》植物試験場・桜島溶岩実験地・伊佐《いさ》総合実験場などがあった。種子島牧場では明治四十五年、アメリカのニューヨーク州からホルスタイン・プリーアン種の乳用牛を輸入し、研究用に飼育していた。

鹿児島高等農林学校の卒業生で鹿児島にとどまる者は、県庁その他の職場で指導的役割を果たし、県内の産業・文化の発展に寄与するところが大であった。

六　大正時代の鹿児島県

桜島爆発記念碑(鹿児島市)

1　桜島大爆発

桜島大噴火

その日はおだやかに明けようとしていた。気圧は概して高く、気温も冬にしては高く、風もほとんどなかった。

大正三年(一九一四)一月十二日朝八時ころ、桜島《さくらじま》の御岳《おたけ》の西腹から、一条の白煙が静かに上がり、やがて九時十分には南岳《みなみだけ》の頂上からも白煙が上がりはじめた。さらに一時間後、赤水《あかみず》集落の東方海抜三五〇ないし四〇〇メートルの山腹の谷間から、今度は黒煙が上がり、その底には赤い火がみえた。十一時ごろになると、麓《ふもと》の村に灰がふりはじめた。黒煙はもくもくと天にのぼり、灰だけでなく岩石も落下しはじめた。全山が轟々《ごうごう》と鳴りとどろき、あたかも無数の砲弾が一度に炸裂《さくれつ》したようなすさまじさであった。午後になると噴火はさらに激しさを増し、真夜中の午前一時ごろが最盛となった。翌十三日も鳴動《めいどう》はやまず、午後八時十四分ふたたび大噴火が起こった。山頂から盛んに溶岩《ようがん》が流出し、鳴動、閃光《せんこう》頻発し北岸では火災が発生した。十四日になると鳴動はややおさまったものの、噴煙はなお盛んに立ちのぼり、前日来流出を続けている溶岩が山麓《さんろく》にまで達し、周囲の海には軽石《かるいし》が一面に浮いていた。溶岩は十九日には沖合いの烏島《からすじま》を飲み込み、瀬戸《せと》村を埋め、一月三十日にはついに大隅《おおすみ》半島とのあいだの瀬戸の海峡を封鎖してしまった。灼熱《しゃくねつ》の溶岩は海中に流れて海水の温度をあげ、溶岩近くの海水は三五度ないし五〇度にも達した。

ところで、この大噴火にはいくつかの前兆があった。前年の十二月下旬から南岳山頂から水蒸気が盛んに上がるのが観測され、瀬戸・横山《よこやま》地区の井戸は涸《か》れ、反対に白浜《しらはま》方面では井戸水が増加していた。瀬戸では生簀《いけす》

▲岡崎山に野宿する桜島から避難した人びと(大正３年１月)

▼桜島爆発移住記念碑(鹿児島市)

▲爆発当時の桜島(山下兼秀筆)

■桜島大爆発

大正３年１月12日，桜島は山腹から溶岩を流出，海峡を埋め，大隅半島と陸続きになった。大爆発の煙は高さ１万ｍにおよび，その噴出物は遠く東北地方にまで達した。同時に発生した地震の余震も続き，桜島からの避難民，対岸に住まう人びとも不安な日々をすごした。爆発は島民の財産の多くを奪い，多くが移住を余儀なくされた。

に飼っていた海老《えび》や魚がみんな死んだ。手をいれると、そこだけ海水が熱くなっていた。島では一月にはいって地震が頻発《ひんぱつ》するようになった。大噴火の前日、鹿児島測候所は二二三八回もの地震を記録したが、震源については「目下調査中なるもけだし（鹿児島）市を去る五・六里の陸上にありて昨年の伊集院《いじゅういん》地震にも関係するものならん」とし、最終的には（鹿児島市）吉野《よしの》地方らしいと公表した。しかし、桜島の人びとは、しだいに高まる島の鳴動や地震、冬のさなかであるにもかかわらず蛇《へび》や蛙《かえる》がはいだしてくる、鶏《にわとり》が昼のさなかに鳴きだす、などの数々の異変に不安を感じ、島外への避難を始めていた。東桜島の黒神《くろかみ》からは主として女性や子どもたち約八〇〇人が対岸の牛根《うしね》に避難した。黒神の温泉宿の湯之上善兵衛《ゆのうえぜんべえ》は自分の船で牛根とのあいだを往復して避難を助けた（南日本新聞社『鹿児島百年』下）。しかし大多数の人びとは測候所の発表を信じていたので避難が遅れ、鹿児島測候所はのち長く恨まれることになった。このときの島の人びとの無念の思いは、今も東桜島小学校に残る「桜島爆発記念碑」に次のように記されている。

村長ハ数回測候所ニ判定ヲ求メシモ、桜島ニハ噴火ナシト答フ。故《ゆえ》ニ村長ハ残留ノ住民ニ、狼狽《ろうばい》シテ避難スルニ及バズト諭達《ゆたつ》セシガ、間モナク大爆発シテ、測候所ニ信頼セシ知識階級ノ人、却《かえっ》テ災禍ニ罹《かか》リ……

住民ハ理論ニ信頼セズ、異変ヲ認知スル時ハ未前ニ避難ノ用意尤《もっと》モ肝要トシ、

当時の鹿児島測候所長鹿角義助《かづのぎすけ》の手記によると「初期微動の短縮しつつあると回数の頻現により火山性地震なるを承知せしも、桜島火山異変の発起については、まだ科学的帰納を有せざりしが故に……今はすべからく軽々事変の警告を発して、後日の嘲笑《ちょうしょう》を買はんよりむしろ徐々その経過をまたん」と、慎重な対応をしていたのであった。

時の鹿児島県知事谷口留五郎《たにぐちとめごろう》はただちに内務大臣宛に電報を発した。

「一昨夜来地震頻繁ナリシガ、本日午前十時桜島大噴火セリ、被害目下《もっか》調査中ニテ不明、詳細ハ判明次第報告ス」。その後も逐一《ちくいち》電報で報告を続けていた。第五回の報告では、「桜島ノ大噴火ハ益々猛烈ヲ加ヘ頗《すこぶ》ル危険ノ状態ニアリ、鹿児島市ノ崩潰家屋ハ多カラザルモ、道路ニ亀裂ヲ生ジタル所アリ、又石壁倒潰ノ為メ死者九名負傷者十四名、市民ハ続々避難中ナリ、向後ノ成行ハ不明ナリ」。第七回の報告は十四日午前三時に発せられている。「桜島大噴火ハ、十三日午後八時二十分、各噴火口益々猛烈ナル火焔《かえん》ヲ噴出シ、全山殆《ほと》ンド火ノ山トナリ凄絶《せいぜつ》ヲ極メ、同時ニ残余ノ各大字《おおあざ》ハ全部火災ヲ起シ、全島殆ド全滅ノ状態ニアリ、鹿児島市ニ於テハ、昨日昼間二回ノ強震アリシモ格別ノ被害ナク、市民ハ全部避難セリ」。

一月末の第三一回報告によると、死者総数は三五、負傷者一一五、行方不明者二三、焼失家屋二一四八戸、倒壊一一三戸となっている。もちろんこれは甚大な被害ではあったが、噴火のすさまじさからすると、人的被害は比較的大きくはなかった。人びとの的確な判断と迅速《じんそく》な対応、それに周辺地域の人びとの積極的な救援活動の賜物《たまもの》であった。

当時たまたま鹿児島に帰省していた画家黒田清輝《くろだせいき》は、鹿児島の吉野の丘の上から対岸の桜島の溶岩流のすさまじさを七枚のスケッチに残した。火災と黒煙につつまれた桜島の姿、溶岩流の流入で猛烈に水蒸気をあげる鹿児島湾（錦江《きんこう》湾）のようすなどが、小さいながらもダイナミックな臨場感あふれる画面に凝縮《ぎょうしゅく》されている。

ところで、当の桜島の人びとはどうなったであろうか。桜島では、前日の十一

桜島大爆発の被害

地　名	死者	傷者	行方不明	全焼家屋	全倒家屋
	人	人	人	戸	戸
鹿児島市	13	99			39
鹿児島郡	16	15		3	18
東桜島村	1		23	677	
西桜島村	1	1		1,467	24
その他	4			1	32
合　計	35	115	23	2,148	113

『鹿児島の歴史』による。数字は筆者が修正を加えた。

日から地震が頻発し地鳴りも聞こえるなど異常現象が続くので、人びとはさきを争って漁船などに乗り、対岸の鹿児島市や大隅半島の牛根・海潟《かいがた》、あるいは重富《しげとみ》・加治木《かじき》方面へ避難していた。当時の新聞によると、「中にも東市来《ひがしいちき》方面に至る者夥《おびただ》しく、川内《せんだい》街道は徒歩・馬車・荷馬車・人車等思ひ思ひの方法に依《よ》りて逃行く態、言語道断の混雑なり、妙齢の男女が片足に足袋《たび》を穿《は》き、薬缶《やかん》と一枚の座布団《ざぶとん》を抱へて足を引き引き急ぐもあれば、小さき乳母車《うばぐるま》に家内の悉《ことごと》くを胴積みになし、若き夫と妻が助け合いつつ行くもあり」というまさに「さながら百鬼夜行《ひゃっきやこう》の如し、之が早暁《そうぎょう》より夜に入る迄一分時も絶ふること」がなかった（『大阪朝日新聞』大正三年一月十六日付）。鹿児島市内も城山《しろやま》などは「既に一杯の人にて、殊《こと》に老西郷《さいごう》の碑石付近は人を積累《つみかさ》ねたるが如き」ありさまであった（『大阪毎日新聞』同年一月十六日付）。また、黒神・瀬戸などの約七〇〇〇の避難民は対岸の大隅方面に逃れ、「鹿屋《かのや》町花岡《はなおか》村に三千人新城《しんじょう》・垂水《たるみず》両村に四千人……一日一人に就《つ》き握り飯二個に過ぎ」ず「依って被害村側より交渉の結果一人一日芋《いも》一升五合味噌《みそ》一銭宛を支給してもらう」ことになったという（『大阪朝日新聞』同年一月十九日付）。

桜島噴火被災者の移住

大正三年（一九一四）の桜島大噴火で、もっとも大きな災害をこうむったのは、桜島の東南部と桜島の東に位置する大隅半島の牛根・百引《もびき》・垂水などであった。この地域の住民は、他地方へ移住しなければならない状況であったので、鹿児島県では県内やとなりの宮崎県に吏員《りいん》を派遣して移住地の選定にあたった。さらに、遠く北海道、朝鮮半島、台湾にも吏員を派遣して調査をさせた。同時に罹災者《りさいしゃ》に移住地の希望を申しださせ、希望により移住させることとした。それまで農業をしたことがなく、開墾《かいこん》生活に困難を感じる者には任意の移住を許可した。その結果、指定移住地は種子島《たねがしま》、大隅半島、および隣接の宮崎県の霧島《きりしま》山麓など、計一〇カ所余にのぼり、指定地への移住者は一〇〇一戸・六二四五人、任意移住者は二〇六六戸・一万四五八七人に達した。

移住地の選定が終ると、谷口知事はただちに上京し、対象地の国有地の払い下げと移住費の補助、罹災地の教育費の貸与を政府に要請した。その結果、政府は官有地の払い下げを認めるとともに、移住費として六二万五八九三円の支給、災害地復旧費として一九〇万円の貸与を決めた。そこで、県は移住者に対しては、家族数または開墾面積に応じて移住費や罹災救助資金で農具・種苗《しゅびょう》費、家具費、小屋掛け費などを支給し、食料は年齢に土地の状況を勘案《かんあん》して一人平均一日六銭ないし八銭を現物または現金で支給した。貸与地は、宅地五畝《せ》歩《ぶ》（約五〇〇平方メートル）、耕地一町七反《たん》（約一万七〇〇〇平方メートル）以内とされた。土地はほとんどが樹林地であったため、開墾は困難をきわめ、作付けの時期にまにあわないことが多かった。そのうえ、たび重なる台風の被害も多く、収穫は予想をはるかに下回るありさまであった。そのため、食料費の支給を予定期間より延長しなければならなかった。朝鮮への移住者に対しては、旅費・農具費・家具費・食料費あわせて一戸平均一七一円三五銭五厘《りん》を支給し、一戸平均約一町八反（約一万八〇〇〇平方メートル）の土地の貸

指定地への移住者数

指定移住地		戸数	人口
		戸	人
肝属郡	北野（鹿屋市花岡町）	88	541
	名辺迫（大根占町桜原）	71	463
	内之牧（田代町）	92	575
	大中尾（佐多町）	244	1,539
	大野原（垂水市）	84	486
熊毛郡	中割（西之表市中割）	206	1,330
	国上（西之表市国上桜園）	99	567
	現和（西之表市現和）	43	289
宮崎	夷守（小林市）	52	328
	昌明寺（えびの市）	12	73
朝鮮半島		10	54
合　計		1,001	6,245

任意移住者戸数

移住先府県	戸数
	戸
鹿児島県内	1,659
宮崎県	400
東京府	3
大阪府	2
兵庫県	1
佐賀県	1
合　計	2,066

上・下表とも『鹿児島県史』による。

与をした。また、任意移住者のうち激甚《げきじん》罹災者には小屋掛け費・就業費・食料費および家具などを支給した。任意移住者の多くは県内であったが、なかには親戚《しんせき》などを頼って遠く大阪や東京に移住した者もあった。

土地の配分は、次の原則によって土地の実状を勘案して進められた。

一　宅地は一戸当り五畝歩以内。

二　耕地は一戸当り平均一町七反歩以内で、家族数に応じて定める。
⑴四人以下の家族は平均より約二割減、⑵五〜七人＝平均なみ、⑶八人以上＝平均の一割五分増し、⑷一一人以上＝平均の三割増し。

三　燃材料および採草地は一戸当り五反歩の割で定め、共同利用する。

そして、耕地は支給後五年以内に開墾し、完成一〇年後には所有権をあたえることとした。食料については、当初は米・麦・甘藷《かんしょ》などの現物支給であったが、のち、現金支給とし、熊毛《くまげ》郡内への移住者には大人一日七銭、子ども一日六銭、そのほかの地は大人一日八銭、子ども一日七銭を支給することとした。大正三年は、開墾したばかりであり、台風の被害もあって収穫は普通作の約二割しかなかったので、食料費の支給は四年の夏まで続けられた。ただし、宮崎県夷守《ひなもり》は製材業に従事して現金収入の道があったため規定の割合で三カ月間支給したのみで打ち切られた。

また、避難にあたって、人びとはほんの数日の避難ですむと思っていたし、家具類をもちだすことはほとんど不可能であったことから、衣類も着の身《み》着のままの状態であった。そこで、家具・衣類は購入資金として、家族三人以下は七円、七人までは一人増すごとに一円、八人以上は一人五〇銭を加算して現金で支給された。そのほか、油類、肥料代などもそれぞれ現金で支給された（鹿児島県『桜島大正大噴火誌』）。

桜島からの移住者第一陣が種子島の西之表《にしのおもて》港に着いたのは大正三年三月十三日であった。彼らの移住地として用意されていたのは、西之表市街から約一二キロ離れた中種子《なかたね》村（現、中種子町）に隣接する山間地中割《なかわり》地区であった。以後つぎつぎと移住者が入植し、結局二〇六戸・一三三〇人となった。移住八カ月後の大正三年十一月にはここに鴻峰《こうのみね》小学校が開校した。新設校の校章は桜島にちなんで桜のマークが使われた。当初二学級であったが、しだいに児童数もふえ、昭和三十二年（一九五七）には六学級二〇〇人余となった。その後、過疎《かそ》化の影響でしだいに児童数も減少し、平成十三年（二〇〇一）には、最後の児童が古田《ふるた》中学校に進学し、休校することとなった（橋村健一『桜島大噴火』、『南日本新聞』平成十三年一月十三日付）。

垂水市大野原は、高隈《たかくま》山麓の標高五四〇〜五五〇メートルの高原にある。ここが、明治初期には、一帯に桑畑が広がり養蚕《ようさん》が盛んに行われていたが、明治中期には廃村となってしまった。ここが、移住地に指定されたのは、ほかの地域より遅れて大正四年であった。ここが桜島に近いため、降灰が予想されたためであるが、桜島に近いことが移住者にとっては魅力となって多くの希望者があった。しかし、指定が遅れたこともあって、結局、桜島の白浜から二〇戸、その他から二戸のほかは、垂水村（現、垂水市）の本城《ほんじょう》・高城《たかじょう》・海潟・新御堂《しんみどう》から八四戸が移住した。垂水の海岸地帯は降灰被害が大きく、耕地がほとんど埋没してしまったためである。しかし、移住者はいずれも溶岩で埋没した地域からの移住ではなかったため、移住後まもなくもとの村へ帰る者も多かった。大野原に小学校が設立されたのは移住二カ月後であった。昭和十一年には高等科が設置され、住民はこれを記念して、校庭に記念碑を建立《こんりゅう》して喜んだ。電灯がつくようになったのは第二次世界大戦後の昭和二十四年のことであった（橋村前掲書）。近年は、畜産が導入され農業の機械化も進んで大規模な農家が多くなっている。

2　大正文化の花開く

鹿児島港開港

旧藩時代の鹿児島港は、城の正面の海岸に築地《つきじ》が築かれ、御用屋敷《ごようやしき》・御茶屋・作事方屋敷《さくじかた》などがおかれていた。また元禄《げんろく》年間（一六八八〜一七〇四）に築造された行屋堀《ぎょうやぼり》や名山堀《めいざん》は小舟の、上築地の鍋屋岸岐《なべやがんぎ》の堤内は大船の船溜《ふなだま》りとして利用されていた。幕末《ばくまつ》に天保《てんぽう》の改革に成功した調所広郷《ずしょひろさと》は、甲突《こうつき》川・稲荷《いなり》川の浚渫《しゅんせつ》と石橋架橋や新田開発などの土木工事に着手しているが、鹿児島港も鍋屋岸岐・石灯籠《いずろ》岸岐・三五郎波戸《さんごろうはと》・新《しん》波戸などの防波堤を築いて整備した。

明治五年（一八七二）から六年にかけて、港内の滑川《なめかわ》・新堀下流が埋め立てられ、小川《おがわ》町と生産《せいさん》町が拡張されると、それだけ港内が狭められた。その後港域は放置され、年々流入する土砂が堆積《たいせき》して、干潮時は小舟の通行も差しつかえるほどであった。

一方、鹿児島入港の汽船も明治二十四年八五三艘《そう》、同三十四年二一四〇艘、同四十四年には三六七九艘へと伸びており、鉄道の開通以前に鹿児島をでるときは汽船が利用されていた。東京にいくには神戸《こうべ》まで汽船を利用し、東海道線に乗りかえるのが一般的であった。阪神《はんしん》—沖縄航路の船も往復鹿児島港に寄港するようになっていた。また奄美《あまみ》大島の各島々や種子島・屋久《やく》島航路のほか、陸上交通が未発達なため湾内航路に就航する船も多く、船舶も大型化し頻繁に出入りするようになったので、旧来のままの鹿児島港は改築が必要になった。

第一期の鹿児島港改築工事は明治三十四年から三十八年まで、八五万円を投じて行われた。工事は従来の三五郎波戸・新波戸などの防波堤は改築せず、港内の水域を広めるため、明治五〜六年に埋め立てた滑川・新堀下流両岸部の小川町と生産町の一部を削りとってふたたび海に戻し、港内に堆積していた土砂を浚渫して、深さ二メートルから五・五メートルまで三種の水域とした。えた土砂は鹿児島駅付近の海面や行屋堀、大門口《だいもんぐち》付近の海面埋立てに使用された。陸上の設備としては、生産町・小川町・石灯籠通り下・大門口運河両側の四カ所に、一〇〇〇坪（約三三〇〇平方メートル）から二〇〇〇坪の物揚場《ものあげば》を新設して貨物の保管所とした。改築の結果、一五〇〇トン級の船も出入りできるようになり、利便性も増大した。

鹿児島港の改築をみて汽船会社の合同も進み、明治三十八年、鹿児島汽船株式会社を母体にした鹿児島郵船《ゆうせん》株式会社が設立され、湾内航路も個人経営などを合同した鹿児島湾内汽船株式会社と九州商船株式会社の船が就航することになった。倉庫業も同三十七年鹿児島倉庫合資会社、同四十一年鹿児島共同倉庫株式会社が設立

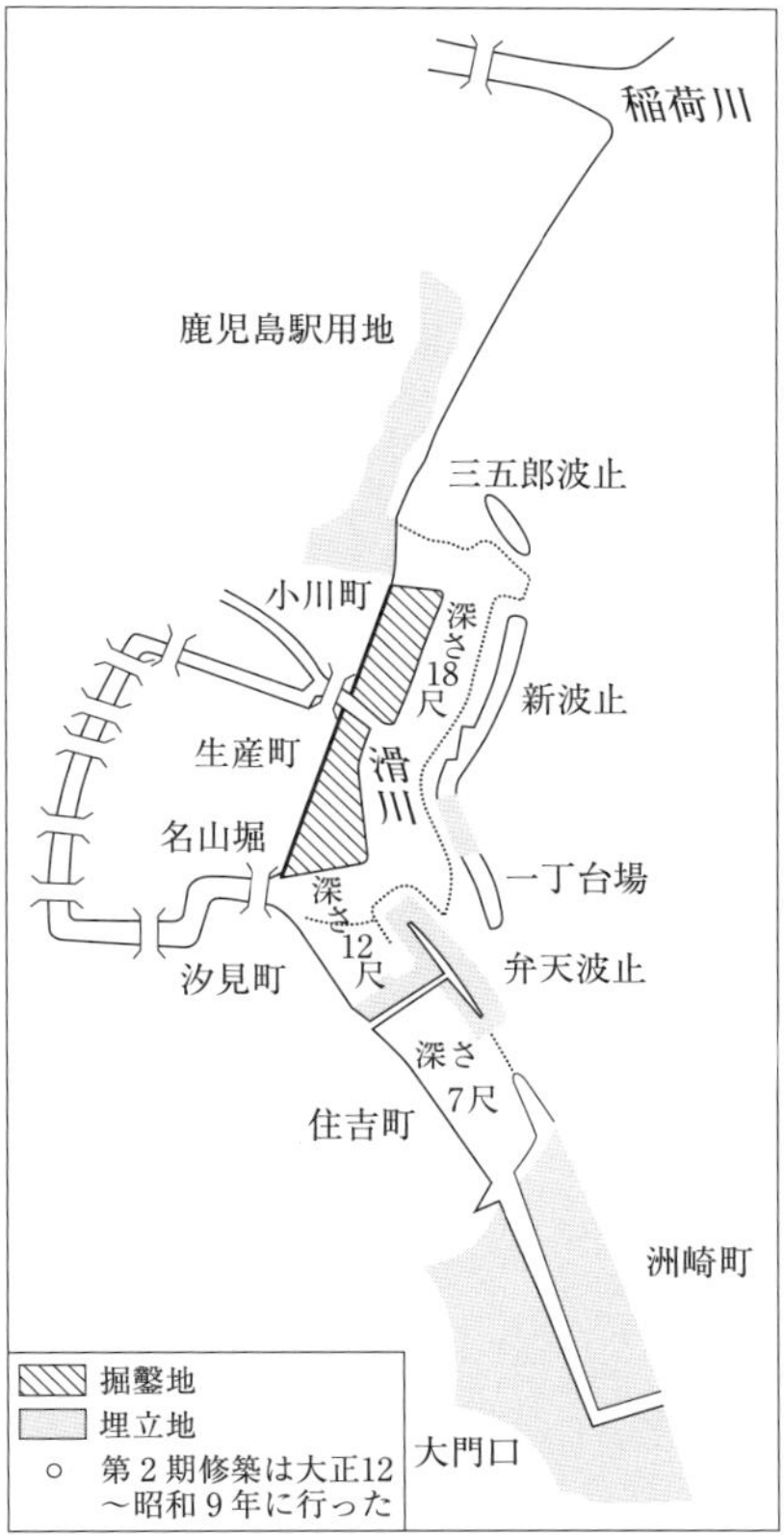

第1期鹿児島港修築図（工事明治33〜38年，『鹿児島のおいたち』による）

鹿児島港の移出輸入品

	明治36年	37年	38年	39年	40年
獣骨	万円 116	万円 88	万円 93	万円 110	万円 120
大豆	26	22	27	26	34
豆粕	0	0.7	0.9	1	1
外米	34	26	31	37	47
白砂糖	23	25	30	33	47
石油	27	26	28	28	57
薬品	13	14	15	16	70

『鹿児島のおいたち』による。

され、住吉町などの海岸に石造りの倉庫が建てられた。運送業としては同三十七年汐見《しおみ》町に合名会社池畑《いけはた》運送店、同四十二年内国通運鹿児島取扱所が設立され、業務を開始した。

関西地方への汽船は片道日数三日を要したが、各会社をあわせると月二四回の出航があり、便利であったので、旅行者も多く船を利用したことから、市内の旅館も港付近に多く建てられた。

鹿児島港の移出輸入品は、獣骨・大豆・豆粕《まめかす》・外米・白砂糖・石油・薬品などである。とくに肥料の原料となる牛馬骨は一〇〇万円を超えている。牛馬骨をくだいた骨粉《こっぷん》は、他県ではあまり使用されないが、南九州一帯の火山灰土壌には都合がよく、高温多雨な気候が荒い骨粉を分解させて、わりに効果を高めるため需要が増加していた。次に石油が多いのは、鹿児島市の中心部以外は電灯が普及せず、県下一円石油ランプが使用されていたからである。

鹿児島港は日露《にちろ》戦争後南九州一の商港となった。日本の大陸進出によって台湾・朝鮮・満州《まんしゅう》・中国との取引がふえ、明治四十四年の出入船舶二二五万トン、貨物四五六〇余円、岸壁で出稼ぎの日置仲仕《ひおきなかし》があふれていた。港は輸入港の性格が強かったが開港場ではないので、入港する船はいったん長崎港に立ちよって関税手続きをすませる必要があった。この不便を解消するため鹿児島港の開港運動が展開されることになる。

鹿児島港の開港運動は、明治三十二年から鹿児島商工会議所を先頭に、官民がつぎつぎに懇請《こんせい》していたが日露戦争や桜島大噴火などで中断していた。その後の請願運動に、原敬《はらたかし》内閣は大正八年（一九一九）七月、ようやく開港を認可した。しかし開港にともなう検疫《けんえき》予算三万円の予算計上がなされなかったので、同年の開港は不可能となった。このため鹿児島の豪商久米田新太郎《くめだしんたろう》が一年間の経費負担を申し出て、同年八月十三日から開港事務が開始された。長崎税関の鹿児島支署の設置によって念願の鹿児島港が開港されたのである。日本で三八番目、九州で一三番目の遅さであった。

開港の結果、船舶の出入りがふえたので、鹿児島港は大正十二年から昭和九年（一九三四）にかけて第二期の改修工事が行われ、面目を一新した。また穀物の輸入と同時に外地の鼠も潜入して港近辺に住み着くようになった。独特の臭《にお》いを放つ鼠は琉球《りゅうきゅう》鼠とか岸岐《がんぎ》鼠とか呼ばれ、のちにはドブ鼠とともに市内全域に生活圏を拡大し、人びとを困らせた。

鹿児島本線開通

明治末期から大正・昭和初期までに、県内の鉄道網はあらかた整備された。現在の鹿児島本線の八代《やつしろ》（熊本県）—鹿児島間の鉄道は、肥薩《ひさつ》線開通の項で述べたように、明治四十二年（一九〇九）十一月に開通した鹿児島線に対して誘致に敗れていた。川内《せんだい》・出水《いずみ》など西海岸地方ではその後も陳情《ちんじょう》が続けられていた。待望の西回り線の建設が決定したのは明治四十三年の帝国議会、鹿児島—川内間の五カ年計画であった。同年十月、逓信《ていしん》大臣兼鉄道院総裁後藤新平《ごとうしんぺい》が来鹿して、予定地を視察した。工事は順調に進み、鹿児島駅から城山《しろやま》トンネルをぬけて武《たけ》駅へ、武駅は武町の田んぼの真ん中に建ち、駅前の現広場付近は鮒《ふな》釣りができる広い池があった。城山トンネルから西田《にしだ》本通りまでは市内唯一の高架線、西田・鷹師《たかし》町辺りの洪水時の排水に対処したものだという。甲突川に木橋の高見《たかみ》橋ができたのが大正五年（一九一六）、武駅が市中心部に近くなった。

大正二年十月に鹿児島—東市来間が開通し、翌三年六月川内まで四九キロ余が開通した。川内—八代間の建設は同七年に一〇年計画が立てられ、川内川と球磨《くま》川の鉄橋建設から着手された。鉄道は十一年七月上川内《かみ》・草道《くさみち》・西方《にしかた》駅が開業、十二年十月米之津《こめのつ》駅まで延長、十五年県境を越えて水俣《みなまた》（熊本県）まで、難航した三太郎《さんたろう》峠のトンネル工事では犠牲者もでたが、昭和二年（一九二七）十月米之津—八代間が全通して全線の営業が始まった。新線は旧線より約一四キロ長かったが、平地が多いので勾配《こうばい》がゆるやかで、輸送力に優れていたから、川内経由が鹿児島本線となり、旧線は肥薩線と改められた。武駅は全線開通によって西鹿児島駅と改称され、鹿児島市の表玄関としての基礎が定まった。付属の国鉄鹿児島武工場は大正十年十一月に建設されたが、用地買収に八年余を費やし、工費五九万円余を要したという。なお鹿児島本線の門司《もじ》港—鹿児島間に急行列車が初登場したのは大正十二年四月であった。

川内線の計画に呼応して、私鉄南薩《なんさつ》鉄道株式会社が明治四十五年七月、資本金一〇〇万円で設立された。薩《さつ》摩《ま》半島の西海岸を縦走する計画で、大正二年五月伊集院—加世田《かせだ》間が起工され、三年五月開通した。機関車はドイツから輸入された舶来品《はくらいひん》であったが、客車は国鉄の払下げ車両であったといい、乗車賃は三等四〇銭であった。支線加世田—万世《ばんせい》間も五年十月開通、昭和三年九月加世田—枕崎《まくらざき》間に延長するため、資本金を二五〇万円に増資し、四年十二月起工、六年三月に開通した。南薩鉄道の開通は、日置《ひおき》瓦《がわら》、枕崎・加世田の農産物・水産物の輸送を助け、南薩発展の大動脈となった。

南薩鉄道から分岐して薩摩半島の中央部を横断する薩南中央鉄道は、資本金七五万円で大正十二年、阿多《あた》（現、南さつま市）—川辺《かわなべ》間に起工し、昭和二年六月開通、川辺—知覧《ちらん》間は五年十一月に開通した。同社は戦争中の十八年、南薩鉄道に吸収合併されたが、知覧の特攻《とっこう》基地など戦時中の軍需物資輸送に大きな役割を果たした。昭和四十年知覧線は廃止され、南薩鉄道も五十九年三月廃止されたが、国鉄に買収されることなく、県内

鹿児島駅（明治40年ごろ）

唯一の私鉄であった。

私鉄大隅《おおすみ》鉄道株式会社は、南薩鉄道より一年余おくれて、資本金一八万円で明治四十五年五月設立され、はじめは南隅軽便《なんぐうけいべん》鉄道と呼ばれていた。高須《たかす》—鹿屋《かのや》間が大正四年七月、鹿屋—高山《こうやま》間九年十二月、高山—串良《くしら》間十年八月、高須—古江《ふるえ》間が十二年十二月に開通した。その後昭和十年四月、国鉄に買収されて古江線となり、同年十月串良から志布志《しぶし》に延長された。

国鉄山野《やまの》線は栗野《くりの》—山野間が大正十年九月、山野—薩摩布計《ふけ》間が同年十二月に開通した。志布志線は都城《みやこのじょう》—末吉《すえよし》間が大正十二年一月、志布志まで延長されたのは十四年三月、昭和十年九月に夏井《なつい》まで延長された。宮之城《みやのじょう》線は大正十五年五月川内—宮之城間が開通、昭和十年六月に永野《ながの》まで延長された。この線は大正二年、川内—宮之城間を結ぶ川宮《せんぐう》鉄道が設立され、六年から工事にかかったが、第一次世界大戦下の資材値上がりで会社が解散していた。日豊《にっぽう》線都城—隼人《はやと》（肥薩線）間は両方から着手され、昭和四年四月西都城—財部《たからべ》間、同年十一月隼人—国分《こくぶ》間、七年十二月大川原—霧島神宮《きりしまじんぐう》間が開通して全線が整った。指宿《いぶすき》線は西鹿児島—五位野《ごいの》間が昭和五年十二月、九年十二月に指宿まで、十一年三月に山川《やまがわ》まで延長された。開通後は西鹿児島駅の乗降客が急にふえたという。

昭和十年中に省線《しょうせん》自動車も、加治木線（加治木—入来《いりき》間）、山川線（山川—枕崎間）、国分線（隼人—古江間）の三線が開通した。

明治から大正にかけてもっとも大きな変貌をとげたのは、おそらく陸上交通であろう。

電車・バス・円タク

陸上交通機関としてもっとも早く登場したのは、人力車《じんりきしゃ》であった。人力車は、明治三年（一八七〇）、和泉要《いずみよう》助《すけ》らが西洋の馬車にヒントをえて考案し、営業許可をとったのが始まりという。鹿児島にはすでに明治六年には導入された記録があり、十一年には一八五台が営業し、二十四年には一〇八五台にのぼっていた（『鹿児島県史』第四巻）。明治三十年ごろの運賃は「一人乗り十町四銭」、すなわち約一一〇〇メートルが四銭で、天候や坂道、あるいは道路事情などによって、規定の割増料金が加算される仕組みであった。しかしなかには「雲助《くもすけ》根性《こんじょう》」よろしく暴利をむさぼる車夫《しゃふ》もあり、県では、明治十四年人力車取締規則、同十八年には人力車稼《かぎょう》業取締細則を制定した。また、警察署は車夫に料金表を携行させるなどして取り締まっている。人力車の最盛期は大正初年で、一〇〇〇台を超す人力車が鹿児島を走っていた。

しかし、流行の人力車も、自転車の増加、市街電車の開通、さらには自動車の普及によって昭和にはいるころから急速に減少し、太平洋戦争の勃発によって姿を消してしまった。

自転車が日本に輸入されたのは人力車の始まりと同じ明治三年のことであったが、鹿児島では、明治三十五年に自転車取締規則が制定され、三十九年には九一台、四十年一七六台、四十一年には五六七台と急増した。

自動車は、明治三十四年に鹿児島—谷山《たにやま》間を六人乗りの乗合自動車が走っていたが、まだ馬力が弱く、中央が高いカーブを描いていた武之橋《たけのはし》をのぼりきれず、乗客がおりて後押しをしなければならないようなありさまで、また、一般市民には縁遠い贅沢品《ぜいたくひん》と思われたのか、まもなく営業不振となり、路線を鹿児島—川内間に変更したが、結局これも廃止された（『鹿児島市史Ⅱ』）。その後、大正八年（一九一九）には自動車取締令施行規則

山形屋前をいく鹿児島市街電車（昭和初期）

が制定されて、自動車の登録制度が発足し、登録台数二三台となり、その第一号は宮之城出身の林田熊一《はやしだくまいち》であった。自動車は自家用・貸し自動車・運輸業の三種あり、運輸料金は一里（約四キロ）二五銭見当であった。大正末年になると、道路の整備が進んだこともあり、第一次世界大戦の戦後好景気も手伝って自動車は「激増の一途、福岡よりわずかに遜色ある程度」といわれるほどに増加し、大正十四年には四〇〇台にのぼったという（『郷土紙にみるかごしま世相百年』）。そこで、警察は業者を指導して組合をつくらせ、料金の均一化をはかった。その結果、鹿児島自動車組合が発足し、「市内に均一車を運転し、料金は市内片道一円。これに二十数台をあて、その均一車の車体の前方に三角形の赤地に白文字の均一組合の印を掲げて他車と区別、希望者が手を挙げれば停まって応じる」こととした。いわゆる「円タク」の始まりである（『郷土紙にみるかごしま世相百年』）。しかし、昭和にはいって業者の競争が激化して、昭和十一年（一九三六）には市内一円五〇銭均一となったため、合併案が提案され、「合同タクシー会社」が設立されて林田熊一が社長となった。さらに昭和十五年にはメーター制が採用され、市内料金一五〇〇メートルまでを五〇銭とした。「円タク時代」はこうして早くも終焉《しゅうえん》を迎えた。

乗合馬車は明治二十一年には県内に四台しかなかったが、二十七年には一〇〇台、四十四年には七〇〇台を突破している。馬車は主として鹿児島市と郡部を結ぶ交通機関で、市内三カ所の停留所から川内・米之津方面、伊作《いざく》・揖宿《いぶすき》方面、重富《しげとみ》・蒲生《かもう》方面に発車していた。

鹿児島市内では、大正末から昭和初期に馬車が急速に減っていった。その主たる理由は乗合自動車および市街電車の普及であった。乗合自動車は、大正七年、県内の自動車王といわれた林田熊一がまず川内―宮之城間に、ついで川内―阿久根《あくね》間にバス路線を獲得し、同九年には鹿児島市に進出して「林田自動車商会」をつくった。また同年には末吉《すえよし》郵便物運送県乗合自動車組合が発足し、やがて三州《さんしゅう》自動車株式会社となった。また、昭和三年には鹿児島乗合自動車株式会社が設立され、市内乗合自動車（通称青バス）の営業を開始した。翌年には、鹿児島市営バスも営業を開始し、市内では青バスとの競争が激化した。

鹿児島の市街電車は、当時浪速《なにわ》銀行鹿児島支店長で鹿児島商業会議所会頭であった染川権輔《そめかわごんすけ》が中心になって明治四十四年設立された鹿児島電気軌道《きどう》株式会社によって、まず、市内下荒田《したあらた》町の武之橋から谷山《たにやま》村上福元《かみふくもと》まで敷設《ふせつ》され、大正元年十二月一日から営業を開始した。これで鹿児島は国内で市街電車の走る三八番目の都市となった。運賃は、全区間を六区に分け、一区が二銭であった。当初は停留所が街の中心から少し離れていたことや、乗車を贅沢視《ぜいたくし》する風潮があったりして乗客数は伸び悩んだが、大正三年七月には天文館《てんもんかん》通、十二月鹿児島駅まで路線も延び、さらに翌年十二月には武駅（現、鹿児島中央駅）、同七年草牟田《そうむた》、九年には伊敷《いしき》まで延長されて、大正十年以降は乗客数も飛躍的に増加し、市民の最大の交通機関となった。しかし第一次世界大戦後の不況によって会社の経営は苦しくなり、あわせて十五銀行の取付け騒ぎもあって会社は苦境に陥った。こうした動きを受けて、鹿児島市（白男川譲介《しらおがわじょうすけ》市長）は昭和三年、この事業の買収に成功して鹿児島市電気局が生まれた。昭和にはいって、バス路線の拡充などもあり、経営は必ずしもよくはなかったが、昭和四年には上《かん》町《まち》線が柳《やなぎ》町まで延長され、第二次世界大戦後さらに昭和三十四年までには西鹿児島駅（現、鹿児島中央駅）から鹿児島大学工学部前を経由して郡元《こおりもと》までの循環線が開通し、また、伊敷から下《しも》伊敷まで（昭和三十四年）、柳町

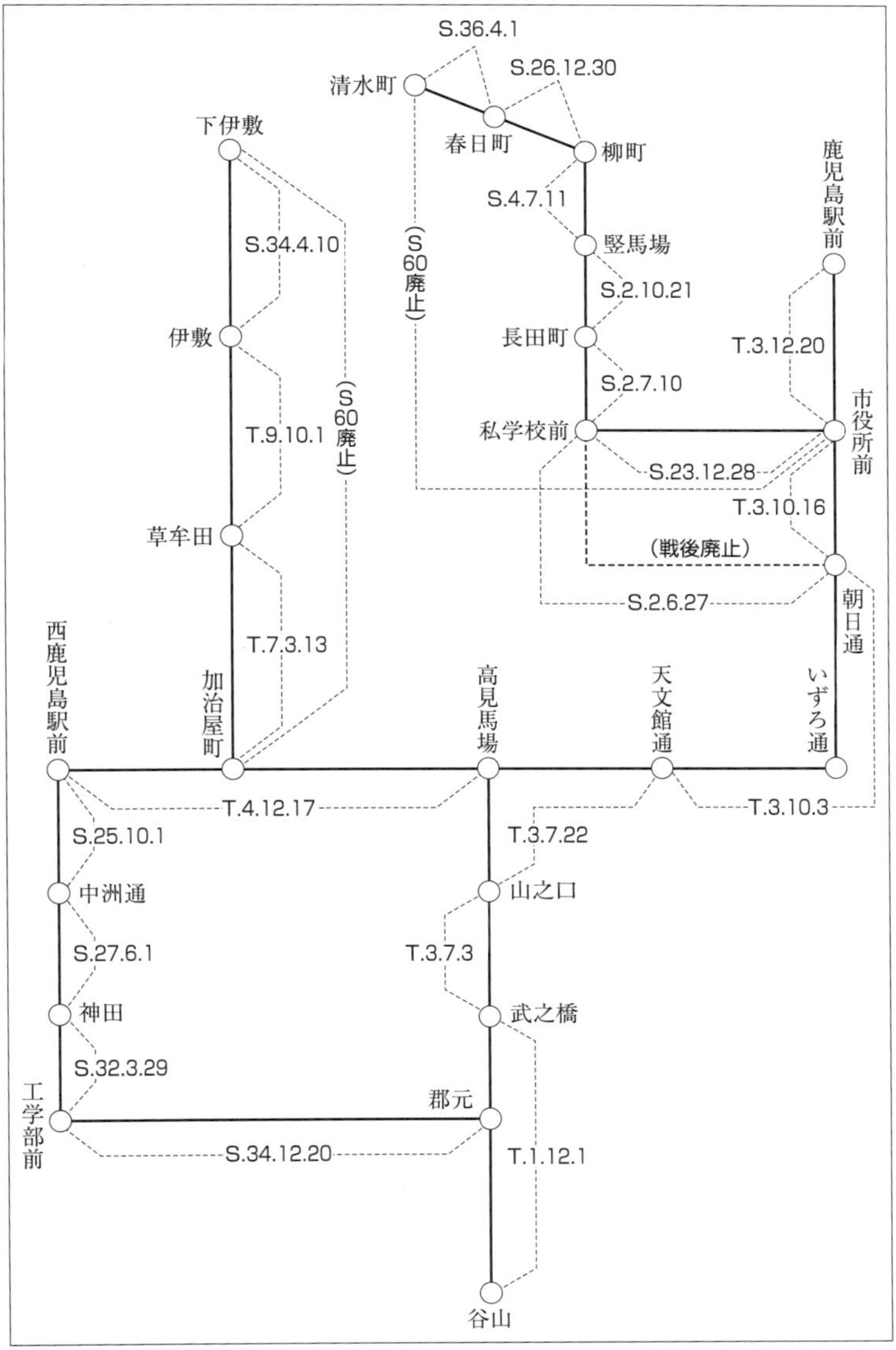

S.36.4.1
清水町
S.26.12.30
春日町
柳町
下伊敷
S.4.7.11
竪馬場
(S60廃止)
鹿児島駅前
S.34.4.10
S.2.10.21
伊敷
長田町
T.3.12.20
S.2.7.10
(S60廃止)
市役所前
T.9.10.1
私学校前
S.23.12.28
T.3.10.16
草牟田
(戦後廃止)
S.2.6.27
朝日通
T.7.3.13
西鹿児島駅前
加治屋町
高見馬場
天文館通
いずろ通
T.4.12.17
T.3.10.3
S.25.10.1
T.3.7.22
中洲通
山之口
S.27.6.1
T.3.7.3
神田
武之橋
S.32.3.29
工学部前
郡元
S.34.12.20
T.1.12.1
谷山

市街電車の敷設沿革

から清水町《しみず》まで（昭和三十六年）の路線延長が実現して、市民の足として活用された。しかし、その後自動車の急増によって経営は苦しくなり、ついに昭和六十年、伊敷・上町両線は廃止されてしまった。現在は、「市電」のよさもしだいにみなおされて利用客も徐々にふえつつある。

デパート・ファッション

一九一四年（大正三）ヨーロッパに始まった第一次世界大戦は、鹿児島にも未曽有の好景気をもたらした。この好景気を背景として、当時、西日本一といわれたデパートが誕生した。山形屋《やまかたや》デパートである。山形屋の創設者は、江戸時代に出羽《でわ》国山形出身の紅花《べにばな》仲買人（岩元《いわもと》）源衛門《げんえもん》で、藩主島津重豪《しまづしげひで》の商人招致政策を知って鹿児島入りして、城下で呉服太物《ごふくふともの》商を営み「山形屋」と称したのが始まりである。明治期の五代目岩元信兵衛《しんべえ》は弟善蔵《ぜんぞう》とともに「現金掛け値なし、正札《しょうふだ》売り」を実行し、さらに座売りを陳列式に改めて、古い商習慣を一掃し商売の近代化を進めた。山形屋デパートの発足は、こうした改革の流れのなかに位置づけられるものであった。建物は、ルネッサンス様式で地下一階、地上四階の鉄筋コンクリート造り、延べ床面積一三四六坪（約四四四二平方メートル）、高さ約六〇尺（約二〇メートル）で、県内でははじめての本格的鉄筋コンクリート造りの建物であり、九州一の規模であった。着工は桜島大噴火のあった大正三年の六月、竣工《しゅんこう》は大正五年で、十月六日に落成式が行われた。来賓《らいひん》は高岡直吉《たかおかなおきち》知事をはじめ、地元各界の有力者が顔をそろえ、知事は祝辞で「先年、米国に遊びシカゴでデパートをみた。それがとうとう鹿児島にも建設され、実に限りなき愉快と慶《よろこ》びに堪えぬ。山形屋を有する事は鹿児島の大なる誇りのひとつ」と述べた。式典には、大阪から招かれた芸者衆が花をそえたという。六日以後は毎夜イルミネーションが点灯され、その威容が夜空に浮かび上がった。夜にはいっては、劇場鹿児島座が貸し切られて余興大会が開かれた（『郷土紙にみるかごしま世相百年』）。

鹿児島の繁華街天文館のにぎわいも、大正年間（一九一二〜二六）に定着したようである。江戸時代には天文館の一帯は町人町と武家町との境界にあたり、中福良《なかふくら》と呼ばれていた。ここに島津重豪が「明時館《めいじかん》」という天文台を建設したので「天文館」の名で呼ばれるようになった。大正二年（一九一三）一月、ここに劇場鹿児島座が開館すると、一帯はにわかに活気づいてきた。鹿児島座は定員一三〇〇人で九州最大の規模であった。大正二年の元日に華々しく開館し、東京の嵐佳笑《あらしよしえ》と大阪の中村芝鶴《しかく》一座の合同公演が行われた。演目は「先代《せんだい》萩《はぎ》」や「壺坂霊験記《つぼさかれいげんき》」で、入場料は五等級に分かれ、特等は八〇銭、最低の四等級で一五銭であった（白米一升二二銭、大工の日当八〇銭の時代であるからさして高くはない）。東京や大阪の歌舞伎《かぶき》や新劇の地方巡業はほとんど鹿児島座で行われ、歌舞伎俳優の尾上梅《おのえばい》幸《こう》や松本幸四郎《まつもとこうしろう》、さらには新劇の松井須磨子《まついすまこ》も鹿児島座の舞台に立った。また、演劇ばかりでなく県下最大の集会場として桜島爆発記念日の音楽会や憲政擁護県民大会なども開催された。大正八年一月十二日爆発記念音楽会が終って三時間後、天文館裏手に発生した火事はおりからの北風にあおられて鹿児島座にも燃え移り、「麑城《げいじょう》の偉観たりし彼の一大劇場をかく一瞬時に失ひ」、『鹿児島新聞』の牧暁村《まきぎょうそん》をして「噫《ああ》、鹿児島座！　汝《なんじ》の姿また見るべき由なくも汝の舞台が与えた感銘と印象とは永《とこしえ》にわれ等の胸に残る。さらば、鹿児島座」と記させている（『郷土紙にみるかごしま世相百年』）。

山形屋デパートの落成式（大正５年10月６日）

この鹿児島座と相前後して活動写真館（映画館）もつぎつぎに開館した。明治末に開館したメリー館は県内初の活動写真常設館で、一・二階とも畳敷き、夜一回の興行であった。大正三年には経営者の交代により喜楽館《きらくかん》と改称した。大正末には市内では喜楽館のほか世界館・太陽館・帝国館があった。ここでは、日本物と西洋物がほぼ半々の割合で上映され、大正八年の入場者数は五四万六五〇〇人にのぼった。大正十三年の人気投票によると、外国映画では「オーバー・ザ・ヒル」「ノートルダムのせむし男」「ダニエル・ブーン」「千夜一夜物語」、日本映画では「カルメン」「忠臣《ちゅうしん》蔵《ぐら》」「籠《かご》の鳥」であった。観覧料は一等三〇銭、二等二〇銭であった。

大戦の好景気と、こうした娯楽施設の充実により、天文館は「市民歓楽の自由天地として開放され」、一〇〇〇日分の人が一日でとおるからというので「千日通り」の名がついたという。大正七、八年ごろからそば屋・料理屋・ビアホール・カフェが続出し、「人々は悉《ことごと》くここに吸い込まるかのやうに雪崩《なだれ》をうち道一杯に充満している」ありさまであった。しかし、こうした歓楽街で働く女性たちは、一晩に七〜八円も稼ぐ者もいたが、なかには「媚《こび》を売肉を鬻《ひさ》いで人生のドン底にのたうっている」哀れな娼婦《しょうふ》も少なくなかった(『郷土紙にみるかごしま世相百年』)。日のあたるところがあれば、必ず日陰になる部分もあるのが世の習いというべきか。

3 第一次世界大戦前後の鹿児島

宮中某重大事件と中央政界

帝国憲法下の皇室制度では、皇太子妃を選ぶ範囲は宮家《みやけ》か摂家《せっけ》の子女に限られ、極秘のうちに選ばれていたので、次の皇后の地位をめぐって紛争が起こる可能性をもっていた。大正天皇は明治三十三年(一九〇〇)九条節子《くじょうさだこ》(貞明《ていめい》皇后)と結婚したが、それ以前に伏見《ふしみ》宮禎子《みやさだこ》女王が東宮妃《とうぐうひ》に内定しており、健康上の理由で伏見宮から辞退を申し出る事件があった。

大正八年（一九一九）六月、皇太子裕仁《ひろひと》（昭和天皇）と久邇宮良子《くにのみやながこ》女王の婚約が宮内《くない》省から発表された。翌九年七月「御倦怠《けんたい》の折節には御態度に施緩を来し、御発言に障害起り、御明晰《めいせき》を欠く事偶々《たまたま》これあり」と、大正天皇の病状が公表され、皇室内の問題の決定にもあたれず、静養が明らかになると、皇太子の摂政《せっしょう》就任が要請された。時の原敬《はらたかし》首相や元老《げんろう》の山県有朋《やまがたありとも》は、摂政就任にさきだって皇太子の外遊を希望していた。

これ以前、裕仁親王の東宮妃としては、梨本《なしもと》宮方子《まさこ》女王も候補にあがっていたが、久邇宮邦彦《くによし》王の運動が功を奏して久邇宮良子女王が内定したのである。ところが石黒忠悳《いしぐろただのり》が宮内大臣波多野敬直《はたのたかなお》に提出した上申書《じょうしんしょ》で、良子女王の生母俔子《ちかこ》の実家である島津家に色覚障害の遺伝があることを指摘して、婚約の解消を求めたことから事態は紛糾《ふんきゅう》した。宮内省の依嘱《いしょく》を受けた医学者たちも、色覚障害が遺伝する可能性があるという報告書を提出した。ためにふたたび醜い争いが起こり、「宮中某重大事件《きゅうちゅうぼうじゅうだいじけん》」といわれて、宮中・政界の大問題となった。事件の背景に良子女王が島津氏と関係があったことから、薩長の派閥抗争にもなった。山県有朋（枢密院《すうみついん》議長）・松方正義《まつかたまさよし》（内大臣）・西園寺公望《さいおんじきんもち》の三元老は中村雄次郎《なかむらゆうじろう》宮内大臣と協議して、久邇宮家へ婚約を自発的に辞退するよう求めた。薩摩閥が宮中に勢力を伸ばすことを恐れた長州閥の巨頭山県は、神聖不可侵の皇統に傷がつくとして、内約取消しを強く主張した。かねて宮中に勢力を張ろうとしていた山県は、宮内大臣の波多野敬直をやめさせ、長州閥の中村雄次郎中将を後任に推したうえでの措置である。原首相は内約取消しに同意していたが、政府が宮中の紛争に巻き込まれることは避けようとした。衆議院も各派が政治の舞台への波及を防ぐため静観の態度をとった。

久邇宮家では皇太子と皇太子妃の教育掛である杉浦重剛《すぎうらしげたけ》を味方につけた。杉浦は、天皇がいったん口にした言葉は取り消せない。内約の取消しは天皇の威信を傷つけ人倫に背くとして、強く山県の動きに反対した。この対立が民間にもれると、頭山満《とうやまみつる》・北一輝《きたいっき》・大川周明《おおかわしゅうめい》らの右翼・国粋主義者からも賛同をえ、内約取消しに反対し、元老らの措置を不当とする叫びが起こり、山県の陰謀を攻撃する怪文書がまかれた。一部の右翼関係者のあいだには、婚約取消しの主唱者とみなされていた山県に激しい非難があびせられ、山県暗殺計画さえ立てられたという。権勢を独占し宮中にも勢力を伸ばそうとした山県に、宮中や世間の反対が集まっていたことがたくみに利用されたのである。

この問題は宮中をめぐる長州派と薩摩派の勢力争いとも絡まり、薩摩派はしきりに久邇宮家を支持し、大正九年から十年にかけて約半年間事態はかなり紛糾し、一時は婚約変更のため枢密院に諮問《しもん》する案もあったが、天皇に累《るい》をおよぼすことを恐れて、これは実行されなかった。

右翼団体は大正十年二月十一日の紀元節《きげんせつ》を期して、明治神宮に祈願して国民大会を開き、騒ぎを広げようとしたが、宮内省は前日に皇太子妃内定に変更がないことを発表して混乱を防ごうとした。その結果、山県らの運動は陰謀として退けられた。山県は事件の責任をとって一切の官職・栄典を辞退したいと申し出たが、天皇に慰留《いりゅう》されて翻意《ほんい》した。しかし山県の権威は失墜し、八〇余年の生涯にかつてない政治的敗北をきっした。中村は山県の責めをおう形で辞任し、薩摩派の牧野伸顕《まきののぶあき》（大久保利通《おおくぼとしみち》二男）が宮内相に就任した。

皇太子の洋行は、皇后の同意のないまま天皇の裁可で大正十年一月に決定した。右翼団体は、天皇が病気、国内の思想が動揺、朝鮮人の形勢が不穏などの理由をあげて外遊延期を主張し、明治神宮と氷川《ひかわ》神社で外遊延期の祈願式をあげたが、三月三日に御召艦《おめしかん》で渡欧の途に就き、イギリス・フランス・ベルギー・オランダ・イタリアを視察して、九月三日に帰国した。摂政に就任したのは十一月二十五日のことである。「宮中某重大事件」については国史大辞典によるところが多い。

紬、暴落す

第一次世界大戦は、日本の経済不況と財政危機を救ってくれた。戦場となったヨーロッパ諸国が、戦時中アジア市場から後退すると、綿布などの日本商品が列強にかわって急速に進出し、貿易は大幅な輸出超過となった。また世界的な船舶不足のため、海運業・造船業は空前の好況となり、日本は世界第三位の海運国になり、いわゆる船成金《ふななりきん》や鉄成金がぞくぞくと生まれた。日本中を湧《わ》かせた大戦好景気の波は鹿児島にも訪れ、竹成金の言葉も生まれた。(奄美《あまみ》)大島紬《おおしまつむぎ》業界もこの好景気の恩恵を受けた一つであった。大島紬にはこれまで何度かの浮き沈みがあった。明治二十四年(一八九一)ごろから需要が一般化し、三十年には日清《にっしん》戦争の勝利もあって、戦勝景気のなかで急速に広まっていった。機《はた》も地機《じばた》から高機《たかはた》への転換が進み、近代産業への歩みをみせていた。しかし三十一年ごろから本土の不景気で紬の値がさがり、しかも好況時代に粗悪品が出回って信用を落とし、業界は改善を迫られていた。そこで当時の島司《とうじ》(のち、大島支庁長)福山宏は、名瀬《なぜ》町の有力者と協議して、同三十三年に発布された重要物産組合法に基づき、翌三十四年九月、鹿児島県大島紬同業組合を創設して改善に乗りだした。

その結果、明治三十五年から紬の生産は急増し、六年間に七倍に伸びた。しかし業者のなかには製品検査を受けない者も多く、相変わらず粗悪品がめだっていた。四十一年、問屋から品質改善の申入れもあり、宮原精《みやはらせい》二《じ》大島紬同業組合長は強い措置を決意、不合格品には過怠金《かたいきん》を課し、目にあまる粗悪品は切ってすてた。宮原の英断で業界は反省、以後、粗悪品は姿を消すようになった。

大正三年(一九一四)七月、第一次世界大戦が始まる。翌四年三月に第一次蚕糸《さんし》業救済措置が実施され、帝国蚕糸会社も設立されていた。鹿児島でも同五年八月、新屋敷《しんやしき》町に鹿児島織物同業組合が設立される。業界の取り組む姿勢が整ったところで大戦景気もあり、そのころから次の紬ブームが起こった。（奄美）大島本島では北部を中心に工場がたち、民家からもオサの音がたえなかった。戦前は一反《たん》一〇円前後であった紬が、大正六年一八円、七年二三円、八年三七円と暴騰した。龍郷《たつごう》では一時一疋《いっぴき》（二反）二〇〇円以上で引きとられ、鹿児島市では六五〇円の小売り値もついた。生産量も戦前は全島で年間一万余反にすぎなかったが、これも五倍から一〇倍に増加した。最盛期の大正八年に大島だけで年額一〇〇〇万円におよんだという。

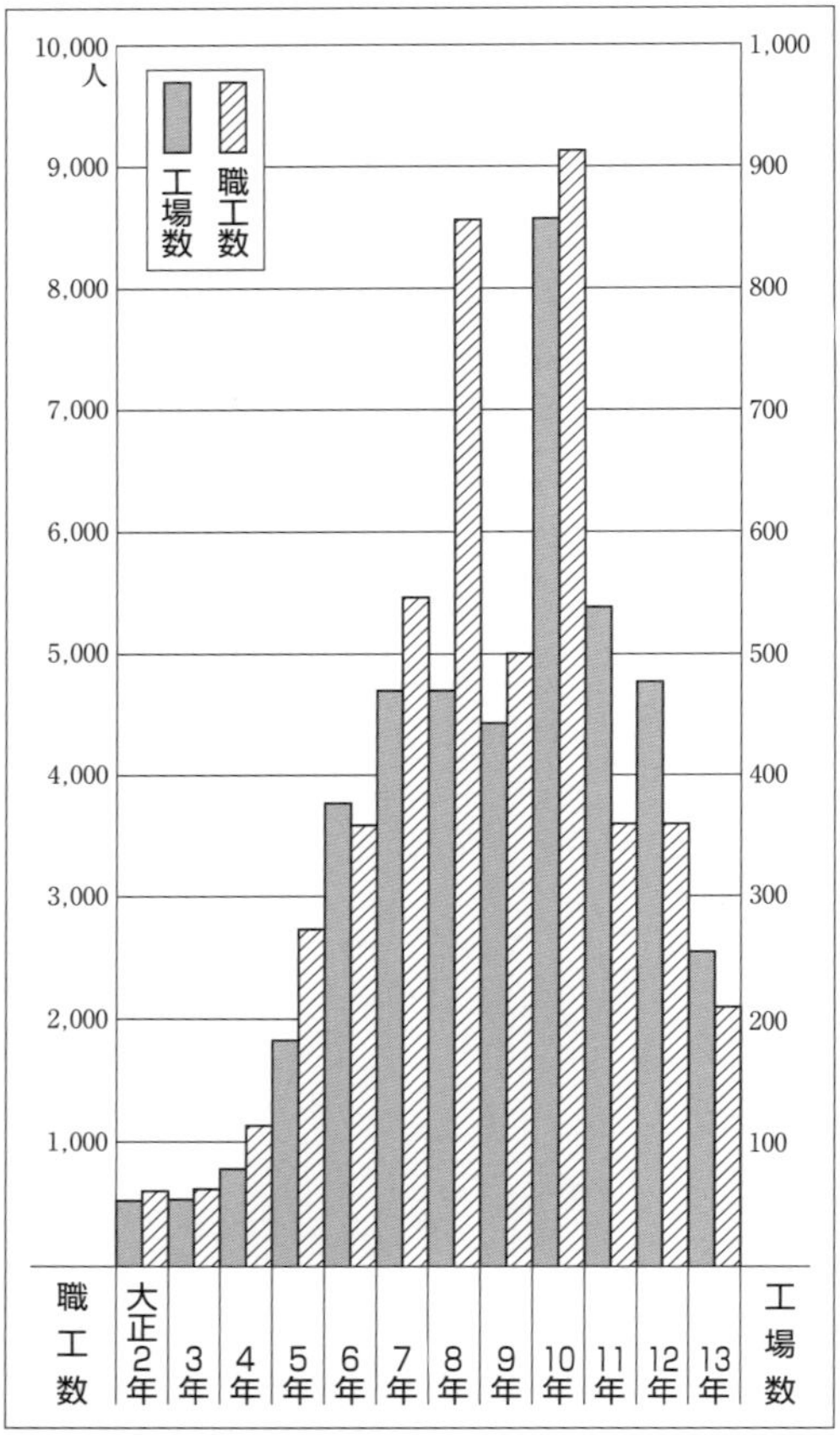

紬工業の変遷（『鹿児島のおいたち』による）

紬時代が始まると、鹿児島市でも生産が強化され、従来の工場は規模を拡大し、工場数も増加した。大正六年末、鹿児島市内の工場数二四三のうち、約七六％の一八五が紬工場であり、織工も最大の田尻《たじり》工場では九八人、横山《よこやま》工場でも八八人を数えた。八年まで工場・織工・生産量は伸び続けた。市内では樋之口《てのくち》町・新屋敷町・山之口《やまのくち》町などが中心であった。八年度の鹿児島織物組合の総生産額は約四五万反、売上げ一〇〇〇万円を超え、従事した織工も九〇〇〇人を数えた。

紬成金が出現した。成金のおろかな行いは、全国では、暗い玄関で札束に火をつけ靴《くつ》をさがさせた話、朝鮮で虎《とら》狩りをやらせた話などが有名であるが、鹿児島では竹成金の松本某が人力車で料亭に乗りつけたとき、俥《くるま》賃《ちん》に五円札を渡した。こんな大金をもらったことがなかった車夫《しゃふ》は、同僚に俥を引かせて色街《いろまち》に繰り込んだという記事が『鹿児島新聞』にある。不思議に紬成金の愚行は伝わっていない。

大正九年四月、大島では同業組合の新築落成祝いが行われた。昼は織子の仮装行列、夜は提灯《ちょうちん》行列でにぎわったが、翌十五日、大阪の銀行の取付け騒ぎで大暴落して、多くの紬業者が軒なみ倒産した。不況の兆しは前月の株価暴落にあらわれていたが、取引高が急速にさがりはじめたのである。鹿児島税務署の査定によると、三月まで一万五〇〇〇反であったものが、四月一万三〇〇〇反、五月には一万反をわっている。さらに前年まで一疋一〇〇円前後のものが、四月には二五円で引取り手もなかった。一時わが世の春を謳歌していた紬工場も廃業者が続出した。一疋の生産費は安く見積もっても四十四、五円はかかるのに、相場はわずか三十二、三円、一疋につき十数円の損が見込まれた。

鹿児島織物同業組合はこの苦境を打開するために、生産費をおさえる手段として工賃の引下げをはかったが、不況下では工員の生活難を招くだけである。五月六日西本願寺《にしほんがんじ》での組合総会では、工賃の引下げでなく組合全体が結束して生産をストップする、同盟休機が満場一致で採決された。その結果、鹿児島県内約一一〇〇工場、一万二〇〇〇台の機が生産を中止した。組合員は八五〇人、工場閉鎖一四六、解雇女工一九〇〇人、失業者は煙草《たばこ》専売局や鹿児島紡績へ転職していったが、多くは農村へ帰ったという。

この間組合は、県と連名で日銀熊本支店につなぎ資金の調達を依頼するが、融資は受けられず業者は投げ売りを実施、東京・大阪・福岡などに出張廉売《れんばい》が計画されたが、これは中止となった。五月、県は五五万円の融資に踏み切ったが紬業界を支えることはできず、夏までに倒産があいついだ。

倒産は紬業界だけにとどまらず、大正十二年、鹿児島紡績も設立後わずか六年にして大日本紡績鹿児島工場へ、薩摩製糸も創立三年目に片倉《かたくら》製糸に委託されるなど、業界の再編がなされ、失業した女工は京阪神への出稼ぎがふえた。

小作争議と農民

大正九年（一九二〇）、東京上野《うえの》で第一回メーデーが行われた。三年後の十二年五月一日、鹿児島市で労働者講演会が催された。街頭行進ではなく講演会ではあったが、鹿児島ではこれを第一回メーデーととらえている。主催は鹿児島社会問題研究会会長の井之口政雄《いのぐちまさお》、天文館の劇場中座《なかざ》で開かれた会には、県内外の社会主義者や水平社《すいへいしゃ》の同人が参加して、制服・私服の警官の警戒のなかで開かれた。井之口はメーデーの意義を強調、八時間労働・失業防止など五つのスローガンを掲げた。発言をめぐって警察と小さな対立はあったが、会は一応無事に終った。県下の革新運動にとって画期的な事柄であったが警察はみのがさず、七月、同志中島誠之助《なかじませいのすけ》が家宅捜索を受け、井之口も別の理由で検挙留置され、そのために県下のメーデーは一回で姿を消し、翌年開かれることはなかった。

社会運動の高まりのなかで大正六年に起こった八幡《やはた》製鉄所の賃上げゼネストは、「溶鉱炉《ようこうろ》の火は消えたり」として有名である。鹿児島でも前年秋、大島郡天城《あまぎ》村の鉱山松原《まつばら》鉱業所で争議が起こっていた。坑夫《こうふ》ら代表一二人がかねてから威圧的であった坑夫頭《がしら》渡辺《わたなべ》鶴《つる》次郎《じろう》の排斥《はいせき》と賃上げを、所長に要求した。所長が約束したにもかかわらず社側は回答せず、このため一五〇人の坑夫が事務所などを急襲して警察沙汰《ざた》を起こした。その後、九年三月、小川《おがわ》町の鉄工所で職工がストライキを起こし、賃上げと労働時間の短縮を要求したこともあった。

鹿児島の労働組合としては、大正四年谷山の錫山《すずやま》鉱山、同七年永野《ながの》鉱山と種子島製鉄所、同八年市内建具・靴屋徒弟職人により結成され、大正末期には第一次世界大戦後の社会不安やロシア革命に刺激されて急速に革命思想がみなぎり、一方、国家は警戒と弾圧に乗りだす歴史的背景のなかで、合同労働組合が結成された。

社会運動の高まりのなかで、農村でも小作《こさく》農民の団結がみられる。中央では大正十一年に賀川豊彦《かがわとよひこ》・杉山元《すぎやまもと》治郎《じろう》らにより、農民組合の全国組織である日本農民組合が結成され、小作人の地位向上を目標とし、小作料減免闘争が展開されていた。県下では姶良《あいら》郡清水《きよみず》・東襲山《ひがしそのやま》・国分《こくぶ》の各村に小作組合が結成された。同志社《どうししゃ》在学中に山川均《やまかわひとし》と親交のあった国分出身の浜田仁左衛門《はまだにざえもん》、浜田の薫陶《くんとう》を受けた富吉栄二《とみよしえいじ》らの指導によるものであった。同十三年十一月、国分村の後町《あとまち》劇場に集まった小作人二〇〇余人は姶良郡小作農連合会を発足させ、日本農民

労働争議と小作争議件数

年　度	労働争議	小作争議
	件	件
大正２年	1	
３年		
４年	1	
５年	2	
６年	1	
７年	2	
８年	2	1
９年	4	1
10年		2
11年	4	3
12年	3	2
13年	2	6
14年	1	3
昭和元年	2	1
２年	4	1
３年	1	7
４年	6	10
５年	3	10
６年	1	15
７年	2	18
８年	4	42
９年	1	141
10年	3	204
11年	5	133
12年	16	119
13年	3	113
14年		80
15年		78
16年		42
17年		36
18年		34
19年		27

『鹿児島の歴史』による。

組合への加盟を決議、小作料減免闘争が開始されることになった。

鹿児島県の地租改正《ちそかいせい》は、西南《せいなん》戦争のために全国におくれて明治十二年（一八七九）にほぼ終了したが、薩摩藩独特の知行《ちぎょう》制度によって、士族《しぞく》の所有高になっていた門百姓《かどびゃくしょう》の耕作地の所有権をめぐって、士族と農民のあいだに争いもあった。原則として耕作者の門百姓の所有は認められるが、農村の不況で門百姓は小作農に転落、多くは士族地主の保有地になっていた。小作料は旧藩以来の年貢率を引き継いで、五割をはるかに超えていた。

県下のこれまでの農民運動は、大正九年始良郡加治木町の小作人一〇〇余人が、地主たちに小作料減免を要求したのを皮切りに、翌十年鹿児島市永吉《ながよし》・原良《はらら》方面で、十一年東国分村や伊敷・谷山で、十三年肝属《きもつき》郡内之浦《うちのうら》で小作争議が起こっており、同年末の始良地方の一大争議を迎えたのである。

大正十三年の秋、二回の台風で農産物は被害を受けていた。清水村の小作人一〇〇余人は小作料を五割にするよう申し入れた。以前は七～八割であったという。地主は地主組合を結成して反撃にでた。要求をいれないばかりか、日農加盟の小作人は村の煙草耕作組合から除名するという対抗措置にでた。小作人代表は県庁の内務部長に善処を要望したが解決をみないので、煙草耕作組合除名無効の訴えを加治木区裁に起こしたので、小作争議をめぐる法廷闘争が展開されることになった。地元の弁護士一一人は小作人を擁護、四月の第一回公判で鹿児島地裁の伊藤裁判長は、地主・小作人双方へ和解を呼びかけた。

地主側の主張は、地主組合・小作組合ともに解散、将来の親善のため煙草耕作組合の除名は取り消す、小作料は大正十三年度は減額するが、次年度以降は従来どおりなどであった。小作人側は、農民組合の脱退と関係なく煙草耕作を認めよ。十三年度の小作料を減額すれば即納する、次年度からも五割とせよなどを主張した。

小作争議発生件数

年　次	件　数
昭和５年	件 1
６年	15
７年	18
８年	42
９年	141
10年	204
11年	133
12年	119
13年	113
14年	80
15年	78
16年	42
17年	36
18年	34
19年	27

『鹿児島県史』第５巻による。

労働組合と小作組合数

年　度	労　働		小　作	
	組合数	参加人員	組合数	参加人員
		人		人
大正13年	4			
14年	4		10	3,666
昭和元年	4	2,456	8	3,465
２年	4		8	2,383
３年	5		6	1,122
４年	5		6	1,388
５年	5		7	1,439
６年	6			
７年	9	3,043		
８年	11	3,303		
９年	9	1,055	5	907
10年	8	986	5	907
11年	7		8	578
12年	3	1,431	9	613
13年	3		7	416
14年				
15年				

『鹿児島の歴史』による。

四日後に交渉は決裂、三回目の交渉もまとまらず争議は翌年に持ち越された。

翌大正十四年十月、清水村の村会議員選挙で定員一八人に対して、地主一七人、小作人七人が立候補した。警察の激しい妨害や干渉のなかで、富吉など五人が小作人側から当選した。小作人側は小作料三割の減免を要求、地主側は拒否し、ふたたび法廷の場へ持ち込まれた。運動は隣村の東襲山・国分村へ波及、この年は小作料の不納がめだった。日農姶良支部が運動の先頭に立つと、地主側は切崩し策として小作人にいやがらせで対抗したので、各地で小競合《こぜりあい》が起こった。

大正十五年秋、地主側は団結して小作田の稲を差し押さえ、収穫と同時に競売にかけようとしたが、小作人は差押えの前に刈りとった稲を自宅に運んだ。騒ぎは近村に広がり、警察は非常体制で見張りや警備にあたらねばならなかった。同年、県下に小作調停法の適用が正式に決まると、日農加盟の小作人たちは、昭和二年（一九二七）に同法による争議の調停を申請した。その後一年余の調停工作によって次のように解決した。

(1)小作料は実地調査のうえ、公正なものを協定実施する。
(2)土地は取り上げず、現在のまま小作を続行させる。
(3)大正十四年以来の未納小作料は今後一三年間に分納する。

まもなく普通選挙が実施されると、半数以上の村議は小作人の代表となり、運動を指導した富吉は県議として、昭和の小作争議と農民運動を指導することになった。

大正十二年（一九二三）九月一日、関東大震災が発生し、関東地方の直接の打撃だけでなく、日本列島は震災恐慌《きょうこう》という不況に見舞われた。大震災より約半月前、

看護師のストライキ

鹿児島を震撼《しんかん》させた事件として、県立病院の看護師のストライキが起こっていた。

八月十三日朝、県立病院の看護師生徒七〇余人が蒸発した。彼女らは午前二時ごろ病院の寄宿舎をでて、天《てん》保山《ぽざん》に座り込んだのである。明け方になって連絡を受けた汲田元之《くみたもとゆき》病院長は、宇野規矩治《うのきくじ》副院長（内科部長）を説得のために早朝天保山に向かわせた。看護師生徒がいなければ病院は動かない。天保山の松林や石垣に座っていた彼女らは、宇野副院長の姿を認めると一瞬ざわついたが、交渉が始められた。彼女らの要求は、この春就任した宇都清之進《うとせいのしん》庶務課長の罷免《ひめん》であった。宇都はこの年大島警察署長を退職して四月から病院の庶務課長に就任していたが、患者も少なく閑《ひま》なのをみて、経費節減のために、これまで従事していた看護師生徒二年生のうち六人を解雇し、彼女らの反感を買ったのである。おりから患者が増加し人手不足になっていた。とくに看護師免許はあるが病院に籍がない付添看護師が不足していたので、宇都は看護師生徒五人ずつを交代で

付添看護師として勤務させる案を立て、県の許可もとっていた。

この付添看護師としての勤務案が示されると、生徒たちは「自分たちは看護師や助産師の免許をとるために学びながら働いている。付添看護師にきたのではない」と反発した。宇都の計画では、付添看護師料一日一円五〇銭のうち二〇銭を生徒たちにあたえ、残りの一円三〇銭は病院の収入とするものであった。騒ぎはこれをきっかけに、かねてから横暴な態度であった宇都に反発して罷免要求となったのである。

宇野副院長の説得は失敗し、三〇人の生徒が帰郷した。残り四〇余人は寄宿舎に残ったが、あくまでも庶務課長の罷免を要求して、説得には応じなかった。汲田院長は県に連絡、県衛生課養成の看護師四〇人の応援をえて急場をしのいだが、院長・師長も寝台車を押さねばならなかった。騒ぎを知った患者も看護師生徒に同情し、「課長辞任したらどうだ」と迫った者もあったという。

中川望《なかがわのぞむ》県知事は十四日朝、看護師生徒の怠業はまことに遺憾である、として関係者を集めて協議したが、真相を調査してからとの意見が強く、事態の解決にはいたらなかった。宇都は県の許可を盾に実行を強行しようとした。十五日、帰郷者が寄宿舎に帰り、宇都課長退任要求の意志が再確認された。その夜、院長は看護師生徒を集めて訓戒をし、宇都課長をやめさせぬことを述べたので、激高した彼女らはふたたび寄宿舎をでて、今度は磯《いそ》海岸まで歩き、タカセ屋というジャンボ（両棒）屋に座り込んだのである。宿直の丸山医員がかけつけたが、説得はまたもや失敗した。

十六日、師長も彼女たちに同調した。人手不足に困った医員一四人は協議して対策を検討し、院長に対して次のような決議書を手渡した。

⑴看護師生徒は全員を無条件で復帰させる。

(2)もし看護師生徒を処分するときは、病院側の責任者も辞職すること。
(3)病院の改革には、今後医員の代表者も加えた決議機関を設け、そこで検討すること。

現在の民主主義からみれば当然の要求である。当時の医師団でさえ看護師側に同情的であり、なおかつ病院経営に参加をさえ要求しているのである。汲田院長もこの医員の決議文と県会の動きに押されて、これまでの態度を変えざるをえなかった。県会の動きとは、事態を重視した山下太郎吉《やましたたろうきち》議長が市内在住の議員を緊急招集し、県当局側を追及したからである。一方、警察でも私服警官を病院内に送って調査、病院側の独善的な態度が明らかになった。

汲田病院長は決議文の(1)は認めなかったが、(2)についてては趣旨にそうようつとめると回答。十六日夜、宇都庶務課長に対して辞職を勧告した。宇都は翌日、除野康雄《よけのやすお》県警察部長と相談して辞職を決意、十八日院長に対して正式に辞表を提出した。帰省していた看護師たちも、宇都退職の連絡を受けて二十日までにぞくぞくと帰院、騒ぎはようやくおさまったのである。

騒ぎは一応看護師側の勝利に帰したかにみえたが、院長は全員の取調べを開始、「首謀者を追及したが要領がえられず、涙をふるって大量処分しなければならなかった」の談話にみるように、二十九日に正副師長をはじめ一六人の看護師に解雇の通知が手渡された。人権闘争ともいうべきこの事件で、当時は彼女らを救済する社会機関はなかったのである。

士族と平民の対立

近世初頭、薩摩藩の兵農分離策は、他藩に比べると不徹底なもので独特な分離策であった。つまり藩内に住んでいた武士を鹿児島城下に集住させることなく、武士身分として郷村《ごうそん》ごとに集住させ、または要地に配して外敵の侵入に備えたり、百姓支配にあたらせたりした。外《と》城《じょう》制度と呼ばれるものである。外城の武士は城下衆中《しゅうじゅう》に対して外城衆中（のち郷士《ごうし》）と呼ばれ、郷ごとに麓《ふもと》集落を形成して居住していた。一方、農民は門《かど》に編成され、地頭《じとう》の御仮屋《おかりや》を政庁とする麓武士団の支配下に組み込まれていた。

明治以後、四民平等《しみんびょうどう》になっても、武士は士族、農民は平民《へいみん》身分とされ、農村での身分差別は依然として続いていた。西南戦争に参加した士族が没落したとはいえ、農村部の政治や生活の実権は依然として生き残りの士族の手に握られていた。鹿児島市でさえも、第三章第2節「鹿児島の自由民権運動」でみてきたように、政治・文化活動の中心は長く士族の手に握られたままであって、平民代議士の誕生は特筆に値することであった。

農村部の人口は村によって若干の差異はあるが、およそ士族三割、平民七割程度である。そこでは役場職員や村会議員はもちろん、区長・副区長、学校の教師にいたるまで士族に占められていた。生活面においては会合の席に差がみられ、両者間の通婚さえ士族は拒否して体面を保とうとした。そのために起きた悲劇は各地に数多くあったらしいが、今に伝えられることは少ない。

子弟の学校教育もはじめは士族出身者の就学が多かった。明治期の中学生は八割以上が士族であり、加治木中学校の例で、士族と平民が半々になるのは大正七年（一九一八）のこととされる。鹿児島市でも中学校は士族の学校といわれたため、町人のための学校をつくろうとして、第三学区の区会は、町人子弟の中等教育機関を独自に設立することを決議して、明治二十七年（一八九四）十月に区立鹿児島簡易商業学校（鹿児島商業高校の前身）を創設したほどである。同三十一年の生徒三六五人中、士族はわずかに五人であった。

大正五年、大姶良村《おおあいら》（現、鹿屋《かのや》市大姶良町）で、士族・平民の対抗意識から殺人事件が発生した。前年十月二日に郡会議員の選挙が行われ、村内から麓士族の池田直太郎《いけだなおたろう》と、在で平民の中馬万助《ちゅうまんまんすけ》の二人が立候補したが、中馬が当選して池田が落選したことに遠因がある。村内一三〇〇戸中三〇〇戸の士族では当然の帰結であった。そのため士族側の反感を買い、村内の空気は二分された。五年五月、小学校の学芸会は両方の父兄が別々に開催するほどの対立であった。

殺傷事件を起こしたのは野元次郎助《のもとじろうすけ》、平民側の幹部である。野元は学芸会の帰りに友人宅で焼酎《しょうちゅう》を飲み、帰途県道で村長笠毛喜八《かさもきはち》の長男時美《ときよし》と出会った。時美は士族側の青年幹部で、福岡の歯科医学校に在学中、帰省中の出来事であった。喧嘩《けんか》はどちらからしかけたのかわからない。野元が気がついたとき、もっていたナイフで時美を刺し殺していた。野元は知人につきそわれて自首した。

裁判の席で野元は、士族団からの危害に備えて自衛のためにナイフは所持していたと主張、喧嘩のいきさつについて、時美とあったときやりすごすつもりであったが、相手が迫ってきたので下駄《げた》で殴った。もみあううちに倒され、のどをしめられたのでナイフを振りまわしたと自供している。弁護士の主張による正当防衛が認められて、鹿児島地裁は無罪であったが、控訴されると、長崎控訴院では懲役二年（求刑は無期）の判決であった。

別に時美の父親が起こした訴訟で、慰謝料一〇〇〇円の支払いが申し渡され、最高裁まで進んだが、野元の上告は棄却された。大牟田《おおむた》の刑務所で服役、七年余で仮釈放となり、出獄、帰郷したときに当時の金で九〇余円を持ち帰ったという。その間に妻は世を去り子どもたちは四散していた。以前に営んでいた焼酎醸造業も権利を返していたので、自転車で内之浦までブリ魚そのほかを仕入れ、高隈《たかくま》の山中にまで売り歩く行商で生活を支え、夜遅くまで藁《わら》を編むなど苦労して立ちなおり、晩年には資産家になったという。

右の事件は、選挙をめぐる士族と平民の争いが殺傷事件を引き起こした例である。新聞では「大正の世にこんなことが」と批判されたが、地方の農村部では士族・平民の意識は後世まで根強く残るのである。平民出身でのちに海軍大将となった日置《ひおき》郡日吉《ひよし》町出身の野村直邦《のむらなおくに》は、明治四十年、海軍兵学校を優秀な成績で卒業、将来を嘱望《しょくぼう》された人物であったが、郷里の幼なじみとの結婚を、士族でないことにこだわる相手の父親から断わられたという。

鹿屋地方では、大正六年に三〇歳の若さで平民出身の永田良吉《ながたりょうきち》（のち鹿屋市名誉市民）が大姶良村の村長となってから、士族と平民の敷居が消えていったとされるが、正確には第二次世界大戦後の民主化をまたねばならなかったといえよう。

七　昭和初期の鹿児島県

大日本国防婦人会の旗

1　金融恐慌と世界恐慌

第一次若槻礼次郎《わかつきれいじろう》内閣の片岡直温《かたおかなおはる》蔵相の不用意な発言がきっかけとなって、日本全国を襲った金融恐慌《きょうこう》の嵐は、鹿児島県だけを例外にはしなかった。というよりは、全国の地方都市のなかでは、大きな打撃を受けた一県であるといえよう。

銀行の休業

金融恐慌は昭和二年（一九二七）三月十五日、預金の取付け騒ぎのなかで、東京渡辺《わたなべ》銀行と同系列のあかじ銀行の休業に始まった。背景に震災手形の未整理問題があったことから、震災手形を不法に所持していた鈴木商店と取引のあった台湾銀行が四月十八日に休業し、同二十一日に皇室の預金もあった第十五銀行の休業へと波及したことから、全国の銀行は自衛のため、三月二十二・二十三日を一斉休業とした（二十四日は日曜日）。

明治十年（一八七七）、旧大名《だいみょう》や公家《くげ》などの華族《かぞく》によって設立された第十五国立《こくりつ》銀行を母体とする第十五銀行は、大正九年（一九二〇）、神戸《こうべ》川崎《かわさき》・丁酉《ていゆう》・浪速《なにわ》の三行を合併し、資本金一億円、預金三億二〇〇〇万円の大銀行となっていた。この合併で海運・造船業との取引を継承し、第一次世界大戦中の好況のあと、戦後不況のなかで貸付金がふえ、経営危機が訪れていたが、さらに関東大震災で打撃を受けていた。しかし同行は貸付金の整理を徹底せず、利益金も割高な配当を続け、日本銀行からの借入れが続いていた。このような経営内容が風評を生み、金融不安が発生するなかで取付け騒ぎにあい、営業資金の手配がないままに、二十一日から三週間の休業を発表するにいたった。

第十五銀行は、前身ともいえる第十五国立銀行の時代から、島津《しまづ》家の資本が投資されていたことで、鹿児島に支店がおかれ、県内に強固な基盤をもっていた。恐慌直前には鹿児島と川内《せんだい》に支店、県内に二〇の出張所を設け、預金額二〇〇〇万円余（県内二七・三%）、貸付金一〇〇〇万円余（同一五・五%）で、国庫業務の代理店も委嘱されていた。この名門の第十五銀行が突然休業を発表したので、県内の銀行界はもちろん、経済界が受けた衝撃はきわめて大きかった。即日ほかの銀行に預金者が訪れ、取付け騒ぎが起こった。県内の一日だけの預金支払額は約二〇〇〇万円に達した（『鹿児島銀行百年史』）。

鹿児島組合銀行では、中央の休業にあわせて、四月二十二・二十三日は一斉休業とし、二十五日以降の預金払出しは一日当り三〇〇円を限度とすることを申しあわせた。休業期間中に各銀行は再開に備えて営業資金の調達に努力するのであるが、第百四十七銀行（鹿児島銀行の前身）では、大阪支店で三〇〇万円、日銀熊本支店から九九万円を借用した。再開した二十五日には取付けの殺到もなく、支払い不能という最悪の事態を避けられた。

鹿児島県も、預金の引出しは必要最低限にとどめるよう、広告などによって防止につとめたので、一応鎮静化していたかにみえたが、六月九日、鹿児島勤倹銀行が三〇日間の休業を発表すると、ふたたび十一日から取付け騒ぎが起こり、十五日にようやく鎮静化した。

第十五銀行は、大株主の島津家や松方《まつかた》家などが私財をなげうって再興につとめたので、年末の十二月十五日に、ようやく第十五銀行整理案が公表され、翌年四月二十八日から再開された。しかし日銀の県内国庫業務も委嘱を取り消され、昔日の繁栄を取り返すことはできなかった。のち帝国銀行に吸収合併され、戦後は三井銀行に行名が変更された。

第十五銀行にかわって県内の主要銀行となっていくのは、鹿児島商業銀行と合併した第百四十七銀行である。

同行は昭和三年十二月に、日銀から国庫業務の委嘱を依頼されると、整理縮小される第十五銀行の出張所を譲渡購入し、県下に支店網を拡げていった。なお恐慌期間中に、県内で三五〇万円の銀行預金が引きだされ、郵便貯金が三三〇万円ふえているが、小口預金が郵便貯金に流れたのは全国的な傾向であった。

金融恐慌に続いて世界恐慌に見舞われた日本で、もっとも不況のしわよせを受けたのは農村であった。米・麦・甘藷《かんしょ》・繭《まゆ》・煙草《たばこ》などを主産物とする農業が、生産額の約五〇％を占めていた鹿児島県では、籾《もみ》一俵の米相場は、大正九年に四五円四〇銭だったものが、昭和四年六月には一九円九七銭に暴落（『鹿児島商工会議所七十年史』）するなど、農村は窮乏をきわめ、昭和十年になっても、大正八年の好況時に復することはなかった。繭価の暴落は本県特産の大島紬業界にもおよび、七二工場が倒産するほどであった。

不況の影響は教育界にもおよび、中学校でも志願者が減少し、郡部の中学校では定員を下回る学校もあった。女子中等教育機関である高等女学校へのしわよせはもっとひどかった。郡部の女学校では定員を半減させたりしたが、廃校に追い込まれた高等女学校や実科高等女学校は四校を数えた。

労働争議

昭和初期の不況のなかで、鹿児島でも労働争議がいくつか起こった。口火を切ったのは国鉄鹿児島機関庫の現業員約五〇人による労働組合の結成である。昭和二年（一九二七）三月十四日、全日本鉄道従業員組合機関庫鹿児島支部を結成したのである。三月十四日は奇しくも片岡蔵相が失言した日である。結成大会は午後七時から鹿児島市西本願寺《にしほんがんじ》大正会館で開かれ、山元春蔵《やまもとはるぞう》を議長として、労働者の団結を叫び、支部長や支部委員などを選出し、組合員は労農党《ろうのうとう》鹿児島県支部に入党した。

国鉄が大量の人員整理を発表したことで、誕生したばかりの組合は、「クビ切り」反対闘争を展開することになった。同二十七日、鹿児島駅構内の鉄道クラブに従業員を集め、「クビ切り」反対総決起大会が開かれた。

決議文が採択され、門鉄局長・運輸事務所長宛に送られた。闘争本部を労農党員赤木清人《あかぎきよと》宅におき、ビラを配ったり街頭演説で市民に訴えたが当局に無視され、さきに全日本鉄道従業員組合機関庫鹿児島支部を結成した委員ら一六人が解雇され、闘争は終った。

鹿児島の銘菓として今でも根強い人気があるボンタン飴の製造元である鹿児島製菓会社（現、セイカ食品）でも争議が起こった。俗にいう「ボンタン飴工場争議」である。争議は金融恐慌で休業中の第十五銀行が再開されていない十一月二十四日に起こった。ボンタン飴工場の男女従業員二〇〇余人が、同日夜、武町《たけ》の日本水電跡に集まり、賃上げと職場改善要求などを話しあったことに始まる。集会は翌日会社の知るところとなり、リーダーの白浜重行《しらはましげゆき》は役員室に呼ばれ、詰問されたが白浜が応じなかったため、即日辞職勧告がだされた。しかし勧告は逆に従業員たちの結束を固めるきっかけとなり、二十六日早朝、二〇〇余人の従業員は工場を占拠して立てこもった。

会社側は警察に連絡した。鹿児島署は初め三人の警官を派遣して工場の明渡しを迫ったが効果がなかったので、さらに十数人を増員して工場内に踏み込ませた。乱闘はなかったが、白浜ら二一人が検挙された。しかし首謀者不明のまま、同夜全員が帰宅を許された。二十七日になると、従業員一同は吉野《よしの》青年弁論大会に名を藉りて、吉野小学校講堂で集会を開き、十数人が壇上に上がって会社側の不誠実さを非難するアジ演説を行った。

一方、会社側も態度を硬化させ、争議を続行する従業員は全員解雇する、ただし会社に協力する意志のある者は改めて考える、という高姿勢をとった。二十八日にようやく会社側と従業員代表男女一三人との団体交渉が開かれることになったが、会社側は一歩も譲らなかったので交渉は決裂した。交渉委員らは争議団をつれて、労農党鹿児島支部の応援を求めて支部に立てこもった。会社では親元への家庭訪問をして切崩しをはかったが、早期の効果はあがらなかった。

五日目の三十日、給料日でもあった。従業員たちは給料を受け取るために会社へでかけた。万一に備えて二十数人の警官を待機させていたが、混乱もなく給料は支払われた。労農党支部に帰った数十人の給料袋には、解雇通知書が同封されていた。数日後街頭でビラをまいた争議団の数人が、出版法違反の容疑で逮捕《たいほ》された。長期化した争議は圧力と切崩しのなかで団結が弱まり、脱落者がではじめた。八九人の解雇が発表されたこともあった。その後も争議は続いたが、十二月七日、白浜ら一五人が解雇されたことで争議は終った。

翌昭和三年五月二日、大日本紡績鹿児島工場で争議が起こった。うち続く不況のなかで、会社が給料の引下げを発表したのがきっかけとなった。従業員約一三〇〇人のうち男女二五〇人が、作業服のまま下荒田《したあらた》町の空屋に集まり、給料引下げ反対などの要求書をつくって気勢をあげ、田代重光《たしろしげみつ》がリーダーとなって会社側と交渉したが、要求はいれられなかった。

争議団は空屋で集会を続けていたが、付近の住民から報せを受けた鹿児島署は、会社と連絡をとり、「クビ切り」反対・賃下げ反対の集会だと知った。ただちに数十人の警官を空屋に踏み込ませ、田代ら数人を検挙し、残りの男女従業員に集会の解散を命じ、解散に応じなければ全員を検挙すると伝えた。争議団は意表を突かれ、涙を呑んで解散した。こうして大日本紡績鹿児島工場の争議は、官憲の弾圧によって即日しずめられたのである。

昭和六年六月には遊郭《ゆうかく》街沖之《おきの》村の娼妓《しょうぎ》たちのストライキも起こっている。同月、県の娼妓取締規則が改正され、自由外泊が認められたことに端を発するストライキである。ストライキにはいったのは常盤楼《ときわろう》一九人の娼妓たちで、リーダーの小菊を中心に結束し、楼主への待遇改善を訴えて、十八日から客をとることを拒否し、あわせて仲居へ対する排撃も加えられた。籠城は十九日まで続いた。楼主は妥協して要求をいれ、仲居四人の解雇を発表したが、今度は仲居側が反発して全員が去った。当時としてはストライキが成功した珍しい例である。

2　思想と教育の統制

キリスト教受難と大島高女の廃校

奄美《あまみ》は人口比でいえばカトリック信者が、日本一多い島である。長崎県のように近世の隠れキリシタンがいたわけではない。明治二十四年（一八九一）のフェリエ神父の来島がキリスト教とのはじめての出会いであった。わが国でドミニコ会の布教処女地は川内《せんだい》市（現、薩摩川内市）京泊《きょうどまり》（慶長《けいちょう》八年〈一六〇三〉天主堂《てんしゅどう》）である。長崎にいたフェリエは、明治二十四年川内の故地《こち》をたずねてキリシタンの影を追ったが、隠れキリシタンの痕跡があろうはずもなく、新しい布教の可能性を求めて奄美大島に渡った。滞在一週間で洗礼を受けた島民は五〇〇家族・二〇〇〇人にのぼった。当時カトリック教では貧困救済活動を世界で展開していたが、奄美はその成功例となった。では何故、島民はキリスト教に救いを求めたのであろうか。藩政《はんせい》時代の黒糖搾取による村落共同体の崩壊が進み、明治十八、十九年の大台風禍、本土の砂糖商人への負債苦にあえいでいたのである。明治三十九年名瀬《なぜ》町に教会ができ、信者の数もふえ、大正十三年（一九二四）聖心会《せいしんかい》の私立大島高等女学校が創立された。

しかし一九二二年ワシントン軍縮会議と一九三〇年ロンドン会議により日本の戦艦保有率が欧米に比して低

くおさえられたことから奄美のカトリックは受難の道を歩まされることとなった。奄美群島がその地理的位置から帝国海軍には「不沈戦艦」とみなされ、要塞《ようさい》化がはかられたのである。これは国際条約違反であったため、その実情を隠蔽《いんぺい》しなければならなかった。問題は、日系のカナダ人宣教師米川基《よねかわはじめ》と大島高女の存在であった。

昭和十年（一九三五）の熊本憲兵隊《けんぺいたい》「鹿児島県奄美大島ヲ中心トスル『カトリック』教ノ沿革概況並非行」と題した当時の㊙文書（外務省外交史料館蔵）によれば、大正十一年三月ピオ＝ゲネットはじめ大正十三年七月までに計一二人のアメリカ系の宣教師が来島、同年までに教会が一一カ所にふえている。この文書は、各宣教師と信者の「非行」を詳細に報告したもので、昭和五年ごろから迫害が強化され、同九年には宣教師全員が島外へ追放されている。大正十三年から昭和七年までカナダ人のピオ＝ゲネットが主任司祭《しさい》であった大笠利《おおがさり》教会は同十二年に放火され、全焼している。

昭和二年の昭和天皇の奄美大島行幸《ぎょうこう》も弾圧に拍車をかけたとみられる。翌三年天皇が園遊会で鹿児島県知事に「奄美大島はその後どうか？」との下問《かもん》があったことがきっかけとなり、奄美では国のために断酒しようという運動が起こった。禁酒興国運動である。各島に禁酒青年会・娘会が結成され、昭和六年までは各地で決起集会が開かれたようである。

大正十二年、女学校を設立した米川基神父校長には攻撃が集中した。憲兵隊報告には、生徒の母親を身ごもらせたということから、高女創立式で教育勅語《きょういくちょくご》を捧読しなかった、高千穂《たかちほ》神社例祭での参拝を拒むよう生徒を扇動した、翌十三年、大島要塞司令部の秘密地図を入手した、同十五年、大正天皇崩御《ほうぎょ》に際し学校は遥拝式《ようはいしき》をあげなかった、などがある。他の神父も昭和三年、軍事施設の写真を撮影、山東《さんとう》出兵の武運長久の祈願をしなかった、同四年、要塞地帯の土地購入、高女では国歌吹奏・皇城遥拝をしなかったなど、迫害の勢いは高まるばかりであった。昭和八年、大島高女が廃校のやむなきにいたった。「教育勅語ヲ同校童貞室（女中部屋）ノ靴及雑品ヲ格納スル押入ノ中ニ保管シアリト発覚問題化シ遂ニ同校廃校ヲ見ルニ至レリ」と憲兵報告書は記している。

翌昭和九年、鹿児島市に代校として聖名《せいめい》高等女学校が設立されるが、丸山茂《まるやましげる》校長に対しても「丸山ハ就任以来巧言術策ヲ弄シ酒食ヲ以《もっ》テ各関係要路……懐柔ニ努メ其ノ行動国際諜者ノ容体濃厚ナルモノアリ」と記している。鹿児島市の同校への迫害は太平洋戦争中にピークを迎えている。戦後、同校は純心《じゅんしん》高等学校として再出発し、昭和二十四年にはザビエル鹿児島渡来四〇〇年を記念してラ・サール学園高等学校が生まれた。

終戦まで奄美の信者は村八分的弾圧を受けたが、棄教者はいなかった。昭和五十九年、大笠利教会の焼打ち事件以来ゆくえがわからなかったアンジェラスの鐘（フランス製）が戻ってきた。信者の手により宮崎から浦《うら》和《わ》に疎開《そかい》していたのである。同年大晦日《おおみそか》のＮＨＫ「ゆく年くる年」でこの鐘の音が全国に響き渡ったとき、奄美の信者たちは信仰の自由を確信することができたにちがいない。現在の奄美の各村落（シマ）に特徴的な景観は、たとえば名瀬市有良《あった》（現、奄美市）のようにシマの中心に神社と教会が肩をならべている姿である。祠《ほこら》のなかに弁財天《べんざいてん》がまつられていたり、学校のなかにかつての奉安殿《ほうあんでん》が取り残されていたりするが、辺境の離島ゆえの日本近代の荒波が波動を大きくして奄美を襲ったことを現在でもしのぶことができる。

中学校・女学校の増加

前述のように、明治末年までの県立中学校は六校にすぎなかったが、大正年間（一九一二〜二六）になると、大正五年（一九一六）大島中学校、九年出水《いずみ》中学校、十一年大口《おおくち》中学校・指宿《いぶすき》中学校、十二年鹿屋《かのや》中学校、十三年伊集院《いじゅういん》中学校・一中種子島《たねがしま》分校など七校が設立され、旧制県立中学校一三校がでそろった。鹿児島市郡だけは二校がおかれたが、ほかの一一郡については一郡一中学校主義が完成したことになる。なお七年には私立福山《ふくやま》中学校が設置されて注目を集めた。

中学校の増加は県下の中等教育の拡がりを意味しているが、入学志願者の増加につれて中学校の入学試験がむずかしくなり、小学校の入試準備教育も強化され、志願者を集めて特別授業も行われるようになった。

本県の男子中等教育の普及は、九州各県に比べて悪いほうではなく、大正十三年の統計によると、中学校数・学級延べ数・生徒定員数など、福岡県についで第二位であり、実業学校は七県中六位であるので、本県は中等普通教育に熱心であった（『鹿児島県教育史』）。

大正十四年八月、全国の中学校の軍事教練の教官として、陸軍将校が配属されるようになり、軍事教練はいちだんと強化されるようになった。やがて陸海軍諸学校への入学志願者も増加するようになり、県立二中では昭和八年（一九三三）、軍人志願者だけを集めた軍人組一クラスがつくられた。その結果、十一年度の陸海軍諸

公立中学校・高等女学校の分布（昭和元年４月現在,『鹿児島県教育史』による）

中学校と志願者・入学者の増加

学校名＼年度		明治32年		明治37年		明治42年		大正３年		大正10年		大正15年	
		人	倍	人	倍	人	倍	人	倍	人	倍	人	倍
一　中	志			406	3.9	394	[illegible]	501	3.0	414	2.3	428	1.9
	入			104		117		166		180		228	
二　中	志			336	3.4	470	[illegible]	360	2.6	536	2.8	635	2.6
	入			100		165		136		189		241	
川内中	志			229	2.7	288	2.1	297	1.8	301	1.8	319	1.8
	入			85		138		166		170		177	
加治木中	志			216	2.4	313	2.4	264	2.0	307	1.8	278	1.5
	入			90		131		129		169		180	
川辺中	志			151	1.8	185	2.0	142	1.4	177	1.0	171	1.4
	入			83		93		99		169		126	
志布志中	志					311	3.2	351	2.5	287	2.0	149	1.3
	入					96		139		140		118	
大島中	志									233	1.9	352	2.3
	入									121		150	
出水中	志									155	1.5	175	1.8
	入									104		97	
指宿中	志											113	1.2
	入											91	
大口中	志											130	1.4
	入											93	
鹿屋中	志											113	1.3
	入											90	
伊集院中	志											177	1.9
	入											95	
種子島中	志											99	1.8
	入											54	
私立福山中	志									440	3.5	158	1.4
	入									126		116	
合　計	志	1,370	4.5	1,338	2.9	1,961	2.7	1,915	2.3	2,850	2.1	3,297	1.8
	入	307		462		740		835		1,368		1,856	

『鹿児島県教育史』による。数字は筆者が修正を加えた。

学校の入学者は三〇人を数え、三七人の東京府立四中についで全国第二位となった（『甲南高校創立五十周年記念誌』）。

昭和にはいると、金融恐慌に引き続いて昭和恐慌が起こり、生産力の低い農業県であった鹿児島県は、深刻な打撃を受け、教育界にも大きな影響をあたえた。この経済不況のなかで入学志願者が激減するが、とくに農村部の中学校での志願者減ははなはだしく、昭和六年度についてみると、一中・二中・川内中学以外は、ほとんどの中学が募集人員ぎりぎりで、大口・種子島の二中学校では定員に達しなかった。全県的な志願者減のなかで、どこの中学校でも生徒勧誘のための家庭訪問が行われたが、それは満州事変《まんしゅうじへん》によって戦争景気が起こり、日本が恐慌《きょうこう》を脱出するまで続いた。

明治末年までに県立高等女学校が設置されていたのは、鹿児島市の一高女・二高女の二校であったことは前に述べた。明治四十三年に高等女学校令が改正され、実科高等女学校の設置が認められるようになると、明治末年から大正初年にかけて、加治木《かじき》・川内・国分《こくぶ》・出水・加世田《かせだ》・川辺《かわなべ》地方に、つぎつぎに郡立・村立の実科高女が設置され、女子中等教育が普及していった。

高等女学校も中学校と同じように、県は一郡一校の方針で郡立女学校を設置していったが、大正十二年に郡制が廃止されると、出水・川辺（加世田）・伊佐《いさ》（大口）・始良《あいら》（国分）・肝属《きもつき》（高山《こうやま》）の各郡立女学校が県立に移管され、県立高女は八校となった。なお就業年限は一高女と二高女だけが五年で、郡部の女学校は四年であった。

昭和恐慌の影響による志願者の減少は、中学校より女学校がもっと深刻であった。志願者減は昭和三年にもみられるが、同五年では鹿児島市の一高女・二高女も激減し、かろうじて定員を上回っているのは川内・国分・出水だけで、ほかの女学校は定員に達していない。そのため加世田高女は定員を約四割減らし、大口・末吉・指宿の各女学校では半減して五〇人としたが、ほぼ同数の志願者しかなかった。このあとも定員を半減したのは伊作《いざく》高女があり、同五年、実科高女から高等女学校に移管した奄美高女は、二五〇人の定員を翌年は一〇〇人に減じている。宮之城《みやのじょう》町立宮之城高女は同八年に廃校となった。

実科高女でもなんとか維持できたのは、川辺・知覧《ちらん》・垂水《たるみず》の三校で、頴娃《えい》・喜入《きいれ》・小根占《こねじめ》の三校は廃校になり、鹿屋は高女に移管したので、新しく設立された西之表《にしのおもて》と串木野を加えて、五校の実科高女が存続した。

中学校に軍事教練が採用され、軍国主義教育が行われるようになると、本来は良妻賢母の育成を目的としていた女学校でも、分列行進が始まり、銃後の守りを担う皇国婦人としての教育が始まるようになった。

霧島丸遭難

昭和二年（一九二七）三月九日、県立商船水産学校（鹿児島大学水産学部の前身）の練習船霧島《きりしま》丸《まる》が、千葉県犬吠崎《いぬぼうさき》付近で暴風雨のため遭難し、乗組員五三人とともに忽然《こつぜん》と姿を消す事件が起こった。

霧島丸遭難石碑（鹿児島市）

県立商船水産学校は、明治四十一年（一九〇八）県立商船学校として鹿児島市山下《やました》町に設立されたが、二年後に下荒田町に移され、校名も県立商船水産学校と改められた。その後昭和七年、県立商船学校、同十四年、国立鹿児島商船学校となり、戦後の二十一年、鹿児島水産専門学校と校名が変わった。

霧島丸は大正十一年（一九二二）に三重県の鳥島《とりしま》造船所で建造された一〇〇〇トンの木造船で、四本マストの木造帆船に補助機関を備えていた。旧名を柳星丸《りゅうせいまる》といい、南米航路に従事していたが、二年後に鹿児島商船水産学校の練習船となった。遭難したときは、博多《はかた》湾西戸崎《にしとざき》から海軍用の石炭一〇五〇トンを積み込み、三月七日に伊豆下田《しもだ》港を出航し、日本の信託統治下にあった旧ドイツ領南洋諸島のヤルート島に向かっていた。白浜重雄《しげお》船長以下二三人の船員と実習生三〇人が乗り組み、遠洋航海も七回目で、ベテランの船員たちであった。

　霧島丸から、午前八時現在、推定位置と風波が強く航行が困難であるので犬吠崎へ引き返すことを知らせる電報が、正戸為太郎《まさとためたろう》校長に届いたのは三月九日の午前九時であった。ただちに緊急職員会議が開かれ、避難港をさがしたが適当な港がない。とりあえず、萩《はぎ》ノ浜《はま》に避難するように返電を打ったが、これに対する応答はなかった。まもなく銚子《ちょうし》連合通信部から連絡がはいった。付近を航行中のカナダ船エンプレス号と小樽丸《おたるまる》・第十二小樽丸が霧島丸のSOSをキャッチして現場付近に急行したが、現場付近は一五メートル以上の暴風雨で近づけない、との電文であった。銚子無線局からの第二信では、霧島丸は正午、北緯三五度二〇分、東経一四二度一〇分の地点で航行不能となり、救助を求めてきたので、付近を航行中の汽船が救助に向かったが、暴風雨のため波が高くて近づけないので、横須賀鎮守府《よこすかちんじゅふ》へ救助を依頼した。霧島丸からその後無線の応答はない、との連絡であった。

　救助の依頼を受けた横須賀鎮守府では、駆逐艦「秋風」一隻が、霞ヶ浦《かすみがうら》航空隊からは水上機が出動しようとしたが、現場付近は風速三〇メートルを超える風雨となったので、出動は中止された。捜査が再開されたのは三日後で、現地に飛んだ伊東信造教諭と千早甲子郎《ちはやこうしろう》教諭も加わった。しかし遭難現場付近からは、乗組員の遺体はおろか、船体の破片、遺留品など、なに一つみつからず、三月十九日に捜査は打ち切られた。

　この遭難は全国的な同情を呼び、義捐金《ぎえんきん》がよせられた。翌年一月には二万円を超えたという。十月の臨時県会では、新任の松本学《まつもとまなぶ》知事が追加予算案説明演説の冒頭に、霧島丸の遭難で多数の熟練船員と将来有為の青年を失ったことは痛嘆にたえないことであると述べ、皇室から七〇〇円の救恤金《きゅうじゅつきん》が下賜《かし》され、慰霊祭の席で遺族に分配したことを伝えている。十年五月、校庭の一隅に遭難石碑が建立され、白浜船長以下遭難者の氏名が刻み込まれた。また同校の稲葉《いなば》喬《たかし》教諭が「霧島哀悼《あいとう》歌」を作詩し、二高女の戸塚政一教諭が作曲した歌は、哀しいメロディであったが、同校関係者だけでなく、広く一般に口ずさまれた。

星塚敬愛園の設立

らい菌がアルマウェル＝ハンセンによって発見されたのは、一八七三年（明治六）のことである。以後一般にハンセン病と呼ばれるようになった。日本では関東地方を中心に私立病院でらい患者の治療が始められていたが、内務省が第一回らい実数調査に着手したのが明治三十三年であったので、治療はもとより調査も長いあいだ放置されていたことになる。この調査結果に基づいて、同四十年法律第十一号で、「らい予防に関する件」が公布された。それによると、貧困孤独のらい患者で自分で療養できない者は、府県が療養所を設立して隔離し、そのほかの患者は各自厳重に消毒を行い、他人への感染を防ぐという法律であった。同法が四十二年に実施されると、全国に五つの連合県立療養所が設立されたが、九州では熊本に七県連合立の、九州らい療養所が設けられた。

多くの患者が住んでいた鹿児島県は、明治四十二年五月に通達をだして、県民のらい予防についての注意をうながすと同時に、法令施行の手続きを定めた。

国立の療養所が設立されたのは、昭和五年（一九三〇）の長島愛生園《ながしまあいせいえん》がはじめてである。翌六年政府は「らい予防」を改正して救護費を無料とし、本籍・氏名の申告なしで入所可能、本人が希望する場合はすべて入所を認めることにした。同七年、国立療養所栗生楽泉園《くりうらくせんえん》が草津《くさつ》に設立され、三番目の国立療養所として、星塚敬《ほしづかけい》愛園《あいえん》（病床数三〇〇床）が肝属郡大姶良村《おおあいら》（現、鹿屋市大姶良町）に十年五月に設立され、十一年には星塚敬愛園看護員養成所が西志布志村《にししぶし》（現、志布志市有明町《ありあけ》）に設立され、らい患者の療養体制が緒に就いた。同十三年、無らい県運動が盛んとなり、このころから入所患者数がふえた。なお県内二番目の国立療養所和光園《わこうえん》が設立されたのは、太平洋戦争中、十七年のことである。

入所した患者の生活はどうであったろうか。戦前までは患者の生活する病棟は、医師や看護師の詰める病院棟とはまったく別の建物で、収容された患者は、入所するときまず風呂にいれられ、衣服をはじめ所持品はすべて検査・保管され、かわりに格子縞《こうしじま》の着物や下着が支給され、病室に案内された。病院での看護師の配置は極端に少なかったので、重症患者の世話はすべて軽症患者にまかされて、相互扶助という形態をとらざるをえなかった。軽症患者の看護の仕事はまさに過酷なものであった。当直にあたった一人は、朝五時に起きて湯をわかし、便器を始末し、医療器具の消毒をする。もう一人は朝食を配り、後片付けや病棟内の掃除をすませると、病院で薬をもらい患者に配って歩いた。ほかに買物・洗濯・手術の手伝いなどもあり、そのため病状を悪化させた患者もあったという。

昭和二十二年、日本でも治らい薬プロミンの治療が開始され、翌年にはプロミンの治らい効果が上がった。同二十二年星塚敬愛園では、従来患者にまかされていた看護を、看護師が担当する試みがなされはじめた。詰所をでて、病棟で盲人患者に本を読んでやるなど、患者と接することから始まった。さらに二十二年四月、一病棟に詰所を設け、二人の看護師がベッドサイド・ケアを試みるようになった。全国はじめてのことである。つぎに中村フミ師長は反対を押し切って、不自由患者の入浴介助を実行した。

昭和二十三年、病棟の看護師詰所を三病棟に広げ、それぞれに専属の看護師を二〜三人おいて、看護師の手で全病棟の患者の介護を始めようとした。二十五年には詰所を六カ所にふやし、夜間は当直制で病棟をまわるようにしたが、異状のある患者に対応する程度で、依然として患者付添いの助けを借りなければ病棟の運営はできなかった。当時の患者数九七六人、看護師三六人、患者付添い各病棟五〜七人であった。

やがて看護師による投薬も始まったが、食事・排泄・入浴、ほかの病気の治療、環境の改善など、解決しなければならない問題が多く、看護師の増員が必要になった。昭和二十六年、敬愛園の看護師名で、「他の病気の患者と同じように、看護師の手で一日も早く、三交替で必要な看護が出来るよう実態を調査され、適切な職員の増員をお願いしたい」（『らい看護から』）との請願書が提出された。請願書は衆議院本会議で採択され、同年厚生省の金子光《かねこみつ》看護課長が実態視察のため敬愛園を訪れた。看護師をはじめ関係者は、患者が患者を介護していることの不合理さを述べ、職員の手による看護の必要性を訴えた。

結核病棟では感染が恐れられて、付添いの患者の希望者が少ないこともあって、看護師による三交代の看護案が看護師から提案された。看護師総会が何度も開かれた。施設設備の不備や看護師不足など多くの問題点が指摘されたが、良心的な看護師の二人が希望し、昭和二十七年十一月から夜間勤務が始まった。しだいに参加者がふえ、全員による夜勤体制が整えられ、患者に喜ばれた。翌年四月には結核病棟が改築され、設備も整えられて三交代制も軌道に乗るようになった。

結核病棟が三交代を実施してちょうど一年後、内科病棟も同じ体制にしたいとの要望が看護師からだされた。病院側では看護師の負担がふえることはわかっていたが、鹿児島大学病院で研修を受けるなど準備を整えて、昭和二十九年精神科病棟を除いて三交代制が実施された。

職員看護の確立には、昭和二十八年のらい予防法改正闘争も大きく影響した。各療養所では患者がハンスト・作業放棄などで抗議したが、星塚敬愛園でも約一カ月間、病棟付添い患者の作業放棄があった。そのため看護師の仕事がふえたので、看護学校の生徒を動員しても人員不足となり、県内の国立病院や療養所に一九人の応援をえて、ようやく乗りきることができた。二十九年四月、厚生省は治療棟の看護を職員に切りかえるように指示したが、敬愛園を除いて多くの施設はすぐに職員看護を実施できなかった。星塚敬愛園の職員による看護体制の確立は、従事していた看護師たちの人道的愛と情熱によって、先駆的役割を果たしたのであった。

なお、平成七年（一九九五）九月三十日当時の、同園の入所者は五三五人である。らい予防法は翌八年廃止となった。

3　戦時体制へ

鹿児島大演習

昭和十年（一九三五）十一月十日から十二日まで三日間、鹿児島・宮崎両県にかけて陸軍特別大演習が行われた。なにしろ戦前のこと、今上《きんじょう》（昭和）天皇を迎えての鹿児島でははじめての大演習である。約一年間をかけて、県知事早川三郎《はやかわさぶろう》をはじめ県民をあげての準備が進められた。

陸軍特別大演習に参加した部隊は、赤・青の二軍に分かれて相対する形がとられた。赤軍は第六師団（鹿児島市伊敷《いしき》の第四十五連隊を含む）が主力で、そのほかの特別部隊を師団長香椎浩平《かしいこうへい》中将が指揮した。青軍は第十二師団・混成第百一旅団とそのほかの特別部隊を、軍司令官林銑十郎《はやしせんじゅうろう》大将が指揮した。

十一月九日午後一時、演習が開始されると、大演習統監部の作戦に従って、赤・青の両軍は十日に国分付近に主力を集め、午後二時すぎ大元帥陛下《だいげんすい》（昭和天皇）のみまもるなかで、激しい模擬戦争が展開され、午後三時四十分ごろまで続けられた。天皇が臨場されたのはこの間約二〇分間である。午後八時ごろ再開されると、赤軍は夜間を利用して翌日までに宮崎県高城《たかじょう》付近に移動し、青軍もこれを追って都城《みやこのじょう》平地（大本営《だいほんえい》は都城中学校）に布陣した。十一日の演習では、天皇は午前中都城の青軍を、午後は高城の赤軍を統監した。翌十二日、両軍最後の演習が終ったのは午前十時三十分であった。

大本営となった鹿児島県立第一高等女学校

鹿児島での大本営（天皇の行在所《あんざいしょ》）となったのは、鉄筋コンクリート造りに新築されたばかりの、鹿児島県立第一高等女学校（現、県立鹿児島中央高等学校）の校舎であった。玄関の庇《ひさし》は二階からのお立台としても使われた。このときから柿本寺《かきもとじ》通りの一部が「御幸《みゆき》通り」と呼ばれるようになった。なお、天皇使用の椅子《いす》や有田焼《ありたやき》の食器類は一高女に保存され、鶴丸《つるまる》高校へ引き継がれている。

天皇奉迎《ほうげい》にともなう行事としては、大演習と宮崎県下の行幸日程をおえて鹿児島に帰られた十五日夜、県市合同の提灯《ちょうちん》行列が催され、翌十六日には旗行列が催された。一高女の教室七室には、献上品《けんじょうひん》（薩摩焼・錫《すず》製品・屋久杉細工など）・特産物・児童生徒の書画手芸などの作品、および学術研究の成果がならべられていた。十七日の午前中は、鹿児島高等農林学校や第七高等学校造士館で、学術研究やスポーツなどを天覧し、午後は伊敷練兵場で、在郷軍人・学校生徒（女学生を含む）・青年団員・消防隊員など二万八〇〇〇人の分列行進があり、「君が代」は当然だが、特別に奉迎歌がつくられて、全員による合唱もあった。

なお陸軍大演習にさきだって、十一月九日に鹿児島湾で海軍特別大演習が行われる予定であったが、八日に鹿児島港に入港した天皇が軽い風邪で体調をくずしたので、海軍の大演習は中止となった。

この間天皇は霧島《きりしま》神宮参拝や諸施設の視察などの行事に参加され、十八日帰路に就いた。お召艦《めしかん》の軍艦比叡《ひえい》は古江《ふるえ》港に着き、吾平《あいら》山陵に参拝された。翌日志布志湾で海底動植物を採集させ、檳榔《びろう》島でも採集して横須賀へ向かった。

昭和十年といえば、四年前の同六年には柳条湖《りゅうじょうこ》事件をきっかけに満州事変が起こり、日本軍による大陸侵攻が始まっていた。同七年には満州国を建国、国際連盟はリットン調査団を派遣し、日本軍の行動が自衛権の発動ではなかったとする調査報告書が公表された。日本は報告書を無視し、八年になると熱河《ねっか》作戦を開始した。同年二月二十四日、国際連盟総会は日本軍の満州撤退勧告案を四二対一で可決した。三月二十七日、日本は国際連盟脱退を通告し、国際的孤立化の道を進んでいた。九年には満州国は帝政《ていせい》が施行された。このような国際情勢のなかでの大演習であった。

陸軍特別大演習の予告を鹿児島県が受けたのは昭和九年十二月である。翌年かわったばかり（一月十五日就任）の早川知事以下の県官は、宮内省・陸軍省・海軍省・内務省などとのあいだに、大演習や行幸に関して打合せに没頭した。この交渉結果をもとに、同年七月六日から九日まで臨時県会が開かれ、警察関係費二三万五〇〇〇余円、疫病衛生関係費九五〇〇余円、土木費六万三〇〇〇余円、大演習および行幸諸費（献上品や児童生徒の作品を含む）一八万五〇〇〇余円、その他を含めて総計四八万三二〇〇余円が上程されて、原案どおり可決された。

事務局は六月から設けられ、陸軍特別大演習事務取扱規則を定め、事務処理のため担当者が選ばれ、総務・兵務・工務・警察の四部と二三の係を定め、任命された職員は九三八人におよんだ。

大日本国防婦人会

日本では戸主《こしゅ》や青年による地域的結合は、惣《そう》や若者組として中世末ごろからみられたが、婦人の組織は考えられないことであった。鹿児島県で地域の婦人会が組織されはじめたのは明治末年になってからである。各町村の郷土誌類は婦人会が結成された動機についてはふれていないが、時機的にみると、愛国婦人会《あいこくふじんかい》の創立とその活動、とくに日露戦争における慰問《いもん》袋の作成や兵士の送迎に、刺戟されたものであると考えられる。

愛国婦人会は明治三十三年（一九〇〇）、北清《ほくしん》事変に慰問使として従軍した奥村五百子《おくむらいおこ》が提唱して成立したものである。奥村は戦場の体験をもとに、強い軍隊を育てるためには、出征兵士・傷病兵の慰問、戦死者の遺族の援護などに女性が立ち上がるために、婦人団体を設立すべきであると説き、陸海軍の後援をえて、三十四年二月、発起人会が開かれ、公爵《こうしゃく》岩倉具定《いわくらともさだ》夫人久子《ひさこ》を会長として愛国婦人会が創立された。のち皇族の女性が総裁に就くなど、皇族・華族《かぞく》を含む上流婦人を会員とするもので、身分秩序を尊重した会の性格上、大衆的な婦人組織となることはなかった。

愛国婦人会鹿児島支部が成立したのは、明治三十六年五月のことである。しばらくして県下の町村にも支部がおかれるようになるが、愛国婦人会は個人の会員制であったから、全国の婦人をすべて会員とするものではなかった。大正五年（一九一六）加世田村の会員は一三三人にすぎなかった。支部の活動は中央と同じく軍人に対する支援であったが、大正デモクラシーの影響を受けて社会事業にも乗りだすようになると、県支部では季節的託児所を各地に開設したが、昭和九年（一九三四）には谷山《たにやま》町本塩屋《もとしおや》に常設の谷山託児所を開所した。

県下の農村部に婦人会が組織されたのは、明治三十三年八月の加世田麓《ふもと》婦人会が早いほうである。加世田小学校区の婦人会であり、愛国婦人会よりも早い結成であった。三十六年結成の川辺《かわなべ》村婦人会は日露《にちろ》戦争中のことであり、愛国婦人会の影響も考えられるが、結成のいきさつは明らかでない。県下各地で婦人会の結成が急速に進んだのは、日露戦争による大量の出征兵士と戦病死者をだしたことによるのであろう。戦後しばらくして戦死者の遺族の傷もいえたころ、四十二年ごろから小学校の校区や部落を単位とした婦人会が生まれるようになった。

川辺村では両添《りょうぞえ》をはじめとして明治四十二年に五部落、翌年に五部落が結成されると、町連合婦人会も結成された。会長・副会長などの幹部は、町長や小学校長であり、幹部会で決議された活動方針は、軍人援護活動、一戸一円を拠出して基金をつくる、料理講習会を開く、研修旅行を実施するなどであり、研修旅行は鹿児島市の施設・名所を見学する二泊三日の旅に、一七〇余人が参加して盛会であった。

加世田村の津貫《つぬき》婦人会は、明治四十二年津貫小学校区の母の会として出発した。小学校の校区を単位とする婦人会の結成には、小学校長が働きかけた例がある。肝属郡の高山《こうやま》村や吾平《あいら》村では、小学校長が熱心に呼びかけて四十四年に結成された。長く婦人会長は歴代の小学校長がかねていた。このような町村や小学校区・部落を単位とする婦人会に新しい動きが起こるのは、中央で大日本国防婦人会《だいにほんこくぼう》が結成されてからである。

大日本国防婦人会は、昭和七年満州事変の出征兵士入営の歓送を機に、自発的な軍事援護活動の呼びかけに応じた大阪国防婦人会に始まったが、同年十月、軍部を背景とした全国規模の国防婦人会が結成され、家庭婦人を国防国家体制づくりに全面的に協力させる婦人団体となった。昭和十二年日中《にっちゅう》戦争が開始されると、その活動はいっそう活発となった。

昭和十二年三月、大日本国防婦人会鹿児島県支部が発足したが、県支部より前、十年二月川辺町分会、三月に加世田町分会が結成されている。分会は軍部の指導のもとに運営され、のちに部落単位の婦人会が結成されると、加世田町連合婦人会へと発展した。連合婦人会では町長が会長となり、小学校長や青年学校長などが幹部に名を連ねていた。町長婦人が会長となるのは十二年以後のことである。愛国婦人会の赤だすきに対して、国防婦人会は白いかっぽう着と大日本国防婦人会の白い襷章で活動した。出征軍人の歓送迎はもとより、廃品回収による収益で毛布献納運動を起こすなど、銃後の後援活動を精力的に展開しながら、伝統的日本婦人の道徳を鼓吹して、家庭婦人を戦争に協力させる組織となった。

川内市国防婦人会紀元二千六百年奉祝記念（昭和15年11月）

昭和五年に、家庭教育の振興や生活改善を目的に結成された大日本連合婦人会は、町村を単位とした全国的組織をもった日本最初の婦人団体といわれている。理事長が島津治子《はるこ》であり、農村婦人の精神教化運動にも重点をおいたので、県下の婦人会もその組織下にあったと思われるが、連合婦人会の姿と活動のようすは顕著でない。あるいは女子連合青年団との協力が密接であったので、ある程度の棲み分けがあったのかもしれない。日中戦争開始後は、愛国婦人会・大日本国防婦人会と軍事援護活動を競ったというが、それは中央のトップレベルでのことで、県下の末端組織が三者に分かれて競争したわけではなかろう。部落もしくは町村の組織はトップの三者に関係なく、婦人会として地域に根づいていた。

太平洋戦争が始まって昭和十七年二月、政府の主導のもとに、愛国婦人会・大日本連合婦人会・大日本国防婦人会の三者が統合され、大日本婦人会が結成され、同年五月に大政翼賛《たいせいよくさん》会《かい》の傘下にはいった。同年三月には大日本婦人会県支部が、ついで市町村支部が結成され、二〇歳以下の未婚者を除く全婦人を網羅し、戦時下の婦人を強制的に総力戦にかりたてる組織となった。活動は軍事援護事業を重点にしながら、必勝を期して貯蓄奨励、非常時体制にあう標準服や食生活の研究など、銃後の守り全般にわたっての運動であった。戦争末期になると、竹槍訓練など国防の担い手となり、会員は国民義勇隊の一員に組み込まれていった。

満州を拓く

昭和六年（一九三一）九月十八日夜、奉天《ほうてん》（瀋陽《しんよう》）東北の柳条湖付近で南《みなみ》満州鉄道の線路が爆破された。爆破は近くの北大営《きただいえい》（東北辺防軍の兵営）にいた張学良《ちょうがくりょう》の軍隊によるものとして、関東軍《かんとう》はただちに行動を開始して奉天城を攻撃した。関東軍司令官本庄《ほんじょう》繁《しげる》中将は石原莞爾《いしはらかんじ》参謀の進言を受け、関東軍に出撃を命ずるとともに、朝鮮軍に来援を要請した。中国軍は主力を欠いていたので、十九日にはほぼ満鉄全線が制圧された。第二次若槻礼二郎《わかつきれいじろう》内閣は事件の不拡大方針を発表したが、朝鮮軍司令官の林銑十郎は独断で部隊を越境させた。軍部は関東軍と朝鮮軍の行動を追認し、内地からの派兵も決定された。

満州出兵の出動命令が郷土部隊の第四十五連隊へ達せられたのは、昭和七年十二月七日であった。第二次山《さん》東《とう》出兵以来である。都城の第二十三連隊とともに第三十六旅団《りょだん》として行動することになった。第四十五連隊司令部ではさっそく出発準備にはいった。先発隊は十三日に出発し、本隊は十五日六時半、進軍ラッパを合図に伊敷《いしき》の兵営をでて、伊敷街道・千石馬場《せんごくばば》をへて、照国《てるくに》神社で武運長久の参拝をした。完全武装に身を固めた将校たち、剣付銃を肩にした兵隊の列を見送る人びとは、日の丸の小旗をふった。神社で小休止のあと、行軍《こうぐん》は館《やかたの》馬場から南洲《なんしゅう》神社へ、鹿児島港第二桟橋《さんばし》へと続いた。陸軍省の輸送船正寿丸《しょうじゅまる》は、高田《たかだ》旅団長・迎専八《むかえせんぱち》連隊長以下二大隊（約二〇〇〇人）の将兵《しょうへい》を乗せて出航した。

満州事変は戦線を拡大し、昭和七年一月には錦州を占領した。八年二月から熱河攻撃が開始されるが、第四十五連隊はこの作戦に動員されたのであった。部隊は釜山《ふざん》に上陸し、いったん奉天に集結したあと、熱河へ向かった。一月二十三日、通僚《つうりょう》を出発して赤峰《せきほう》へと行軍が続けられた。雪を踏んでの行軍である。赤峰に着いたとき凍傷で六人が倒れた。

万里《ばんり》の長城《ちょうじょう》がみえてきた三月三十一日、中国軍のトーチカから砲撃が始まり、戦闘が開始された。突撃の命令で一気に長城に迫ったが敵の守りは固く、砲兵隊の掩護《えんご》射撃によって反撃が衰えた夕方、総攻撃をかけてようやく敵陣を占領した。この日の戦いで旅団では一〇人が戦死した。万里の長城一帯の戦いののち、第四十五連隊は河北《かほく》に転戦、遷安《せんあん》城を攻撃した。第六師団は翌昭和八年九月八日に帰国命令がだされたので、郷土部隊は十月十三日、軍用船うど丸で鹿児島港に帰ってきた。戦没者八五人は護国《ごこく》神社にまつられたが、永吉《ながよし》町の戦没者墓地にもほうむられた。

満州事変後、関東軍は三月一日に満州国を建国させ、清朝《しんちょう》最後の皇帝（宣統帝《せんとうてい》）溥儀《ふぎ》を執政《しっせい》とし、長春《ちょうしゅん》を新《しん》京《きょう》と改称して首都とした。この間リットン調査団による調査と、それに基づいた国際連盟総会で、満州国から日本軍の撤退を勧告する決議案が四二対一で可決されると、日本は国際連盟脱退を通告して、ワシントン体制を離脱した。昭和九年三月には満州国を帝政とし、日《にち》・漢《かん》・満《まん》・鮮《せん》・蒙《もう》の五族協和による王道楽土《おうどうらくど》の建設をめざした。

満州帝国を建設したとはいえ、広大な領土を関東軍だけで経営維持することは困難であった。ここに軍民一体となった満蒙開拓が始まるのである。満州帝国の経営は、防衛担当の関東軍と経済的には南満州鉄道会社が中心となった。あらたに満鉄警備作業員の募集が行われると、在郷軍人のなかで渡満を希望する者が多く、満鉄野外作業隊鹿児島部隊が結成され、四カ中隊に編成されて海を渡った。この部隊は北海道の屯田兵《とんでんへい》をまねたもので、匪賊《ひぞく》の襲撃に備えて小銃も渡されており、同時に新天地を開拓する役割があたえられていた。しかし満州の大地は固く、開拓は容易ではなく、やがて隊を離れる者が続出した。

　渡航費を補助し、土地をあたえ、一年間の食事代を支給する内容の満州特別移民《いみん》制度が実施されると、満州に新天地の夢をかける農村青少年がふえてきた。このようななかで満蒙開拓青少年義勇軍《ぎゆうぐん》が組織されると、政府は昭和十三年三月、第一回目の団員に二〇〇人を募集した。鹿児島県への割当は二〇人であったので、他県に比べるとはるかに多い。厳重な身体検査と身上調査のうえで一九人が採用された。一同は茨城県の内原《うちはら》訓練所で二カ月間の基礎訓練を受け、五月五日に満州へ渡った。現地では掘立て小屋に住み、一人一〇ヘクタールの土地をあたえられて、血みどろになっての開拓であった。

　鹿児島県からの満州農業移民は昭和九年の第三次移民から本格化するが、それまでに四〇人が渡満していた。さらに鹿児島県では満州に鹿児島村を建設するため、十二年三月に先遣隊四人を渡満させ、翌十三年三月に、九二五人の鹿児島県満州開発少年義勇軍を送り込んだ。少年義勇軍は一六〜一九歳の少年たちであった。出発にさきだって照国神社へ参拝し、武運長久を祈った。一行は牡丹江《ぼたんこう》省沙蘭鎮訓練所で一年半の基礎教育を受け、開拓作業に従事した。なお十九年までに送り込まれた鹿児島県出身の義勇軍は、約二三〇〇人を数えた。

4　食料の増産をめざして

野井倉開田

野井倉《のいくら》は曽於《そお》郡有明《ありあけ》町（現、志布志《しぶし》市有明町）の南東部にある火山灰台地（シラス台地）で、志布志湾に向かってゆるやかに傾斜しており、東に安楽《あんらく》川、西に菱田《ひしだ》川が流れているが、両河川とも台地を浸蝕した川で、簡単に野井倉台地の灌漑《かんがい》に利用することはできなかった。

野井倉甚兵衛翁通水式（昭和24年６月）

野井倉開田《かいでん》の歴史は古い。旧藩時代にも実施されたが、沖積低地や浸蝕谷に八〇町歩《ちょうぶ》余が開田されただけで、台地面は畑地・荒撫地・森林の状態が続いていた。その後も小規模の開田としては明治二十五年（一八九二）、月野《つきの》の久保田常右衛門《くぼだつねえもん》ほか数人の者が着手し、菱田川の水利権をえて、同三十三年上流の牛ケ崎《うしがさき》字高時《たかとき》に柴堰《しばぜき》をつくり開田したが、牛ケ迫《うしがさこ》・黒葛に約三町歩の水田を開いたにとどまった。次の着手は大正五年（一九一六）十一月、柴堰を石積堰堤《えんてい》に改造し、野井倉原一〇〇〇町歩の水田化計画であったが、測量技術が幼稚なため、測量に誤差を生じ、わずか七町五反《たん》余歩が開田されたにすぎなかった。

このころ菱田川の西に広がる蓬原《ふつはら》台地の開田が実現されようとしていた。野井倉とともに著名な蓬原開田は、台地開田の先輩でもあった。初め日向《ひゅうが》発起人と呼ばれる隈元宗正《くまもとむねまさ》らは、明治二十五年、用水路工事に着手したが、測量・設計に錯誤があり失敗した。ついで京都発起人と呼ばれる大沢善助《おおさわぜんすけ》らの資本参加により、同二十八年から三十一年までのあいだに、幹線用水路が開削され一二〇町歩余が開田された。さらに残りの四二〇町歩ほどに拡大するため、同四十五年、地元の農民は耕地整理組合を設立して事業を進めた。大正十一年、開田は完了した。この開田の成功には、地元農家の代表である耕地整理組合長として、資金の調達や水利権の獲得などに東奔西走した馬場藤吉《ばばとうきち》の努力におうところが大きかった。

蓬原開田の成功は、菱田川東部の野井倉開田へのよい刺激となった。大正元年、野井倉甚兵衛《じんべえ》ほか数人の者が、当初計画の一〇〇〇町歩開拓の実現を期し、基本調査を県に要請した。これが本格的な野井倉開田の始りである。同十年、農林省は地元の要望を受けて現地を調査したが、導水路の開削などに莫大な工事費がかかるため、工事の実施は無理であると結論した。しかし野井倉甚兵衛など地元の農民はこれに屈せず、昭和五年(一九三〇)に開田を目的とする耕地整理組合を結成した。同年十一月、菱田川の水利権をえ、同十二年、大規模国営開墾を申請し、食料増産が叫ばれるなかで同十六年、農地開発営団の発足と同時に工事施行に決定し、多年の懸案が解決されることになった。

工事の概要は、菱田川の上流から取水し、九〇%隧道《ずいどう》の導水路で水を引き、五二〇町歩を開田し、一〇〇町歩を畑地に拓《ひら》く計画であった。水路の頭首工《とうしゅこう》・導水路・幹線排水路・幹線道路などは国費で、開田・開畑・支線農道・支線排水路などは、耕地整理組合が補助金をえて行うことになっていた。

太平洋戦争が勃発した直後の昭和十七年一月、工事は着手されたが、戦時中のため極端な労力不足に見舞われた。県下の青壮年団や学徒が動員されて、開田や区画整理事業に従事して作業が続けられた。

昭和十九年四月、野井倉原に海軍の小型機基地の飛行場が建設されることになり、二八〇町歩が飛行場用地となり、事業は一時苦境に陥った。しかし終戦とともに食料増産のため、政府は緊急開拓地として全額国庫負担で継続することになった。同二十二年九月、農地開発営団が閉鎖され、この事業は農林省の直轄事業となり、有利に展開するかにみえたが、同年十一月、進駐軍総司令部ならびに経済安定本部の調査の結果、工事に莫大な資材と費用を要すとの理由で中止の勧告を受けた。そのため工事続行の陳情が続けられ、二十三年度中に工事を完成させるとの条件をつけて、ようやく続行の許可をえた。

昭和二十四年六月通水式を挙行、一一町五反歩に水稲を植え、秋に初穂をえた。さらに二十七年十月取水口堰堤の建設に着手、翌年七月竣工すると、計画水量五トン送水が可能になった。昭和三十年度には二七三町歩余に植えつけ、同年十一月八日に開田竣工式が盛大に挙行された。記念碑には、作家椋鳩十《むくはとじゅう》の句「農夫は土のめぐみにひたり　陽は金に」が、堀井鶴畔《ほりいかくはん》の筆できざまれており、同じ場所に、開田に生涯をささげた野井倉甚兵衛翁頌徳碑《しょうとく》が建てられている。

開田が完成すると、八〇〇戸が入植し、一戸当り田六反二畝《せ》、畑一反二畝が配分され、耕作権が認められた。現在、野井倉土地改良区により維持管理されており、昭和五十四年から県営ため池等整備事業が実施され、水門および隧道が改修された。

笠野原水道工事　笠野原《かさのはら》は大隅《おおすみ》半島中央部にある本県最大のシラス台地で、東西一二キロ・南北一六キロ、面積六〇〇〇町歩余の畑作地帯である。行政上は鹿屋《かのや》市・串良《くしら》町（現、鹿屋市）・高山《こうやま》町（現、肝付《きもつき》町）の三市町に属する。

台地開発の歴史は古く、周辺部の低地は水田化が進んでいたが、台地の中央部は極端な水不足のため開発は遅れていた。薩摩藩《さつまはん》は広大な台地を開発するため、各地からの移住を奨励してきた。台地でもっとも古い集落は笠野原で、宝永《ほうえい》元年（一七〇四）東市来町苗代川《ひがしいちきなえしろ》（現、日置市《ひおき》）から移住した三五戸が開発し、陶業や農業に従事したという。ついで天明《てんめい》四年（一七八四）に甑島《こしきじま》から郷士《ごうし》四八戸が移住開発し、ほかに鹿屋郷士の共有地から出発した永尾《ながお》もあった。天明以後になると、垂水堀《たるみずぼり》（天明年間〈一七八一〜八九〉）、矢柄堀《やがら》（化政《かせい》年間〈一八〇四〜三〇〉）、鎌田堀《かまたぼり》（嘉永《かえい》年間〈一八四八〜五四〉）など開発者にちなんだ名の堀がつく集落が多くみられ、幕末《ばくまつ》には二五集落に増加していた。台地の井戸は深さ八二メートルにおよぶものもあり、多くは牛を使って汲み上げていた。畑では甘藷《かんしょ》・粟《あわ》・菜種子《なたね》などを栽培していた。

台地の開発は水との闘いでもあった。藩政《はんせい》時代末期から、台地に水を引く計画は数回立てられたが、いずれも実現しなかった。第一次世界大戦後、食料の自給自足の必要性が主張され、鹿児島県は台地開発のため、大正十年（一九二一）土地利用研究所（元、農試鹿屋分場）を設け、農業経営法を改善し、笠野原開拓を研究した。同地の農家もこれに刺戟され、同十三年に笠野原耕地整理組合が結成された。一方、笠野原水道組合も結成され、翌十四年から高隈《たかくま》山系を水源とする水道工事が始まった。工事は昭和二年（一九二七）五月に完成し、人びとは深井戸の苦労から解放された。

上水道の完成を待って区画整理事業が始まり、縦横に農道がとおり、同時に開墾にも着手した。さらに昭和四年二月、農林大臣から開墾助成指令を受け、約一〇〇〇町歩の山林原野を開墾するため、笠野原移住招致組合を設けて移住民数百戸を募集し、開墾地移住奨励金の交付を受けて移住者の定着をはかり、開墾事業を促進させた。こうして昭和九年八月に、五二〇〇余町歩の開墾と耕地整理が終った。耕地は一区画三町歩の広さで碁盤《ごばん》の目《め》のようにならび、馬車やトラックの往来が楽になった。事業の総経費八一万五〇〇〇円余であった。

戦後一応の食料増産が達成されると、国民の栄養改善の見地から、畜産物の生産拡大が求められるようになった。それを実現するために、広い畑地での飼料作物栽培が必要となってきた。一方、農林省では国土総合開発法に基づく南九州特定地域総合開発計画の一環として、昭和二十六年から笠野原地区における畑地灌漑事業について、本格的な調査を行ってきた。その結果この事業は国営畑地灌漑事業の第一号として実施されることになった。

昭和三十一年、現地に農林省笠野原調査事務所が設置され、事業の推進が開始された。三十三年には県営および団体営畑地灌漑計画推進のため、県笠野原畑地灌漑事務局が設けられた。国営事業も計画書が農林省で認められると、現地に農林省笠野原農業水利事業所が設置され、ようやく事業が本格的に進められることになった。しかし事業の推進はけっして容易ではなかった。水源としての高隈ダムの建設による水没地区の住民は、最初の調査当時からこの事業に反対し続けてきた。また受益地区の一部の農民も、負担金をめぐって猛烈な反対を繰り返した。

昭和三十七年には水没農家に対する補償問題も解決し、高隈川の上流に高さ四七メートル・長さ一三六メートルの直線垂重力式ダムが四十二年に完成した。ダムの有効貯水量一一六三万立方メートル、周囲一〇キロ余の人造湖が生まれ、大隅湖《おおすみ》と命名された。畑地灌漑の受益面積四八〇〇ヘクタール、受益農家数五三〇〇戸におよぶ国営事業は順調に進められた。通水後は従来の甘藷・雑穀農業から、野菜・果樹・酪農などを取り入れた近代農業へと転換した。

灌漑用水のために建設された大隅湖は、昭和四十七年に行われた鹿児島県太陽国体でボートレース会場となったこともあって、整備が進み、ボートの練習場となった。また釣りやレジャー施設も整えられ、四季を通じて彩る湖岸の花や、近くに自然林にもめぐまれ、自然と共生できるレジャーの場となった。

水稲早期栽培

水稲の早期栽培は奄美大島・熊毛《くまげ》地方では戦前からかなり普及していた。同地方が早くから早期栽培を始めたのは一つには温暖な気候のせいもあるが、毎年開花期から収穫期に襲来する台風の被害を避けるためと、普通作水稲に発生するウンカ（三化螟虫《さんかめいちゅう》）による被害を避けるためであった。

昭和九年（一九三四）は大旱魃に見舞われた。被害状況を視察した県農林技師大竹山森右衛門《おおたけやまもりえもん》は、土地・気候にあった農作業方式改善の必要を感じ、農事試験場熊毛分場設立を要望し、みずから場長として赴任した。大竹山はウンカの発生状況を調べ、虫の越冬を防ぐため収穫後の株切励行、品種試験、播種《はしゅ》時期などの研究に取り組んでいたが、十年度のウンカ被害八割をみて、早期栽培が効果的であるとの確信を強めた。そこで同じような自然条件の大島《おおしま》支庁長の長谷村秀綱《はせむらひでつな》と話しあい、大島・熊毛郡内に早期栽培を実施させることに決定した。

水稲の早期栽培とは、三月中旬に種籾《たねもみ》を播種し、五月中旬に移植して、九月上旬に収穫をおえる方法（現在は七月中旬収穫）で、虫害・旱害・台風の三被害を避ける利点があった。しかし農村の伝統と習慣を変えるのは容易でなく、四月〜六月は養蚕の多忙期とも重なっていたのでさらに困難であった。昭和十一年から二年間、各地区で実施した試作田の成績は良好であった。十三年から全面的に実施することになったが、品種は愛媛《えひめ》早稲《わせ》や陸羽《りくう》など、東北地方で栽培している成育期間の短いものであった。この結果、虫・旱・風の三害をまぬがれて、栽培法の改善もあって、反当り収入は従前の三倍近くまで増収されるようになった。

早期栽培が県本土で本格的に奨励されるようになったのは、昭和二十九年以来のことであった。栽培の技術はすでに確立されていたので、二十八年、試験田の成果を農民に公表し、翌二十九年から普及奨励につとめたのである。そのため県本土でも栽培面積はしだいにふえ、三十七年には九〇〇〇ヘクタールを超えるようになったが、その後は頭打ちの状態になった。それは若年労働者の県外流出により、農村に青壮年労働力が不足してきたこと、早期水稲に特有の病害が発生し蔓延の傾向をみせはじめたこと、年により早い時期に台風が発生したことなどもあるが、灌漑用水路の利用をめぐる共同体内の意見の不一致が大きく影響して、依然として普通作段階にとどまった農村が多い。

県本土で早期栽培を取り入れた地区には、湿田や半湿田と秋落田《あきおちでん》などが多かった。早期栽培は普通栽培の場合ほど地力の影響を受けないので、低地力水田の多い本県にとっては、生産増をもたらす有効な栽培法であった。また一般田での早期水稲一作では田地が遊ぶことになり、裏作の換金作物を工夫することで高度利用をはかることが望ましいが、たとえ機械化したにしても、農業人口の減少によって労働力不足の問題を残すことになった。

本県では水稲早期栽培の導入と同時に、水稲の二期作についての関心もにわかに高まってきた。しかし県の方針としては、地力の消耗、用水とほかの作物との関係、ウンカ多発の危険性、台風の被害などを考慮して、積極的に推進することはなかった。その後、県農業試験場における試験・研究が進み、水稲二期作の技術が確立されるようになったので、昭和三十四年から本格的な普及奨励が行われ、急速な普及をみるにいたった。水稲二期作は、裏作にほかの作物を作付けできない湿田に、二毛作を可能にさせたことで、水田の利用

水稲早期栽培面積の変遷

年　次	本土	熊毛郡	大島郡	県合計
	ha	ha	ha	ha
昭和28年	34	2,576	4,090	6,700
29年	220	2,576	4,090	6,886
30年	195	2,576	4,090	6,861
31年	736	2,576	4,090	7,402
32年	2,201	2,673	4,144	9,018
33年	3,115	2,911	3,973	9,999
34年	5,560	2,813	3,831	12,204
35年	7,146	2,764	4,155	14,065
36年	8,660	2,874	3,693	15,227
37年	9,119	2,819	3,830	15,768
38年	8,680	2,847	3,027	14,554

『鹿児島県史』第5巻による。

を増進させた点では効果があった。

熊毛地方ではすでに昭和十三年ごろから、水稲の早期栽培と並行して陸稲の早期栽培も行われていたが、普通栽培の水稲に対するウンカの発生源になる可能性があるとして、県は普及をおさえてきた。県本土においては食料増産のために、三十年から肝属郡や曽於《そお》郡南部地方の畑作地帯で、陸稲早期栽培の気運が盛り上がってきた。きっかけは二十九年に数回にわたる台風の被害があり、甘藷以外の畑作物は全滅したことである。被害を受けた農民が陸稲の早期栽培に取り組み実施したところ、三十年には生育も良好で収穫が多かったことから、栽培面積は急速にふえ、翌年には三八〇〇ヘクタールに達した。そのため県も積極的に奨励したので、陸稲の栽培面積の九三%までを早期陸稲が占めるようになった。しかし食料事情の好転とともに良質米が好まれ、陸稲米は敬遠されたことや、水稲の増産がはかられたことなどのため、県下の陸稲栽培はやがて衰微していった。

八　太平洋戦争始まる

歩兵第四十五連隊正面

1　進む軍事基地化

飛行場の建設と軍需産業

鹿児島県に陸海軍の飛行場がはじめて建設されたのは昭和十一年（一九三六）のことである。同年十一月四日に鹿屋《かのや》飛行場の竣工《しゅんこう》式が行われ、鹿屋海軍航空隊がわが国初の陸上攻撃隊として発足し、陸上攻撃機と艦上戦闘機とが配備された。翌十二年日中《にっちゅう》戦争が起こると、木更津《きさらづ》航空隊とともに第一連合航空隊を結成して台北《たいほく》に進出し、東シナ海を飛んで飛揚《ひよう》爆撃を行った。その後の太平洋戦争でも、県本土の南端にあって施設も整っていたので、県内後続の飛行場の中核となった。つぎに、日中戦争が起こった直後の昭和十二年八月に出水《いずみ》海軍飛行場が着工され、十八年四月に出水海軍航空隊が発足して、おもに海軍の練習基地として使用されていた。太平洋戦争が始まるまでに開設されていた飛行場と航空隊は、この鹿屋と出水の海軍航空隊だけであった。

これに対して、陸軍では知覧《ちらん》町木佐貫原《きさぬきばる》（現、南九州市）に第六師団所属の飛行場を建設することを決定し、昭和十五年から着手した。建設は突貫工事で進められ、近隣町村の青壮年団や中等学校生徒の勤労奉仕作業もあって、年末にはほぼ完成した。同年十二月二十四日、太刀洗《たちあらい》陸軍飛行学校知覧分教所と命名された。翌年一月には八〇人の少年航空練習兵が到着して訓練が開始された。戦争末期にはグラマンを迎えての空中戦も展開され、沖縄戦が始まると、二十年四月二十八日の八〇機をはじめとし、つぎつぎに特攻機が飛び立っていった。

海軍も太平洋戦争が始まると、鹿屋・出水のほかに航空隊を増設していった。昭和十八年四月一日、鹿児島市の鴨池《かもいけ》飛行場に鹿児島海軍航空隊が設置された。陸上競技場は土曜の午後と日曜日を除いた日は、航空隊の練習場として使用されるようになり、五月一日からは鴨池野球場も航空隊の練習場にあてられるようになった。

鹿児島空港は初め鴨池海岸に、市営の水陸両用の飛行場として計画され、昭和七年に着工された。その後十二年に海軍に引き継がれ、完成したのは十六年であった。予科練習生の練習では舟艇をつけた練習機が飛び立った。俗に「下駄《げた》ばき飛行機」と呼ばれていた。奇襲攻撃作戦の演習では、錦江《きんこう》湾を真珠《しんじゅ》湾に比定しての練習も行われていた。

その後も飛行場の建設はあいつぎ、昭和十八年七月、海軍飛行場が串良《くしら》町（現、鹿屋市）と溝辺《みぞべ》町十三塚原《じゅうさんつかばる》（現、霧島《きりしま》市）に建設され、陸軍飛行場は頴娃《えい》町青戸《あおと》（現、南九州市）と万世《ばんせい》町（現、南さつま市）に着工された。十九年夏までに串良・溝辺・万世の三飛行場はおおむね完成し、やがて特攻基地となったが、青戸飛行場は未完のまま終戦を迎えた。航空隊も十九年四月一日に垂水《たるみず》海軍航空隊、同日串良海軍航空隊、八月十五日に国分《こくぶ》海軍航空隊が発足した。県内の航空基地としては、このほかに喜界島《きかいじま》海軍飛行場と種子島《たねがしま》陸海軍飛行場があった。戦争末期までに拡張強化された航空機基地では、少年兵による訓練が続けられていたが、旧式機（二枚翼の俗称「赤トンボ」）や急造された飛行機と代用燃料による劣悪な条件下での訓練であり、やがてアメリカ空軍の空襲が始まると、都市とともに空爆の目標とされ、基地としての機能を失っていった。

航空機不足のなかで、本県でも航空機の生産が行われるようになった。鹿児島市出身の田辺健吉《たなべけんきち》を社長とする田辺航空工業株式会社が設立された。この会社は初め南林寺《なんりんじ》町で、会社名も田辺鉄工所という町工場であったが、昭和十六年に郡元《こおりもと》の海軍予科練跡に移転して、航空機の部品製造に着手したり、翼の浮船や胴体の修理などを行っていた。やがて飛行機の胴体製作も行うようになると、十七年八月、谷山《たにやま》町（現、鹿児島市）上福《かみふく》元《もと》の水田一万余坪を求めて工場敷地とし、翌十八年から資本金一二〇万円の田辺航空工業株式会社として発足した。この会社ではエンジン部門を除いた一切の航空機部品をつくり、軍の組立工場に納入していた。従業員五〇〇〇人を数え、当時県下最大の工場であった。戦争末期、男子が徴兵や徴用で徴発されるようになると、中学生や女学校生が動員され就業していた。工場は二十年八月六日の空襲でほぼ灰燼《かいじん》に帰した。

本土防衛決戦部隊

太平洋戦争の戦況が悪化するなかで本土防衛戦に備えて、政府は昭和十九年(一九四四)九月、男子満一八歳以上を兵役に編入し、海岸に近い市町村では在郷軍人を中心に防衛隊を発足させていた。二十年一月、大本営《だいほんえい》は正式に本土決戦を決定し、二月から三月にかけて準備にかかった。アメリカ軍の上陸地点はどこか、これまでの戦争経過からみて、南九州の砂浜の可能性が高い。県内では志布志《しぶし》湾と吹上《ふきあげ》浜が有力地点とされ、迎撃《げいげき》体制づくりが進められた。この予想は戦後判明したアメリカの作戦と、時期などの相違はあったが、ほぼ一致していた。

アメリカ軍は上陸にさきだって、数日前から空爆と艦砲射撃《かんぽうしゃげき》で守備陣を破壊し、物量にものをいわせて、大量の上陸用舟艇を使って戦兵と武器を送り込み、火焔放射器《かえんほうしゃき》による焦土作戦で一挙に占領をはかろうと計画していた。これに対して日本の参謀本部は、水ぎわ作戦、つまり上陸時の戦闘体制が整わないすきを突いて、全力をあげて戦う以外に勝つ方法はないと考えていた。このため宮崎県と鹿児島県は本土決戦の最前線とされ、六月までのあいだに多数の陸軍部隊が配置されることになった。

四月中旬、第一次配備として、薩摩《さつま》半島の防衛にあたるため伊集院《いじゅういん》に第四十軍がおかれ、加治木《かじき》の第七十七師団《しだん》と川辺《かわなべ》の第百四十六師団を統轄した。大隅《おおすみ》半島では財部《たからべ》の第五十七軍が、松山の第八十六師団と種子島の独立混成第百九旅団《りょだん》を統轄していた。やや遅れて第二百六師団が伊作《いざく》(現、日置《ひおき》市)に、独立戦車第六旅団

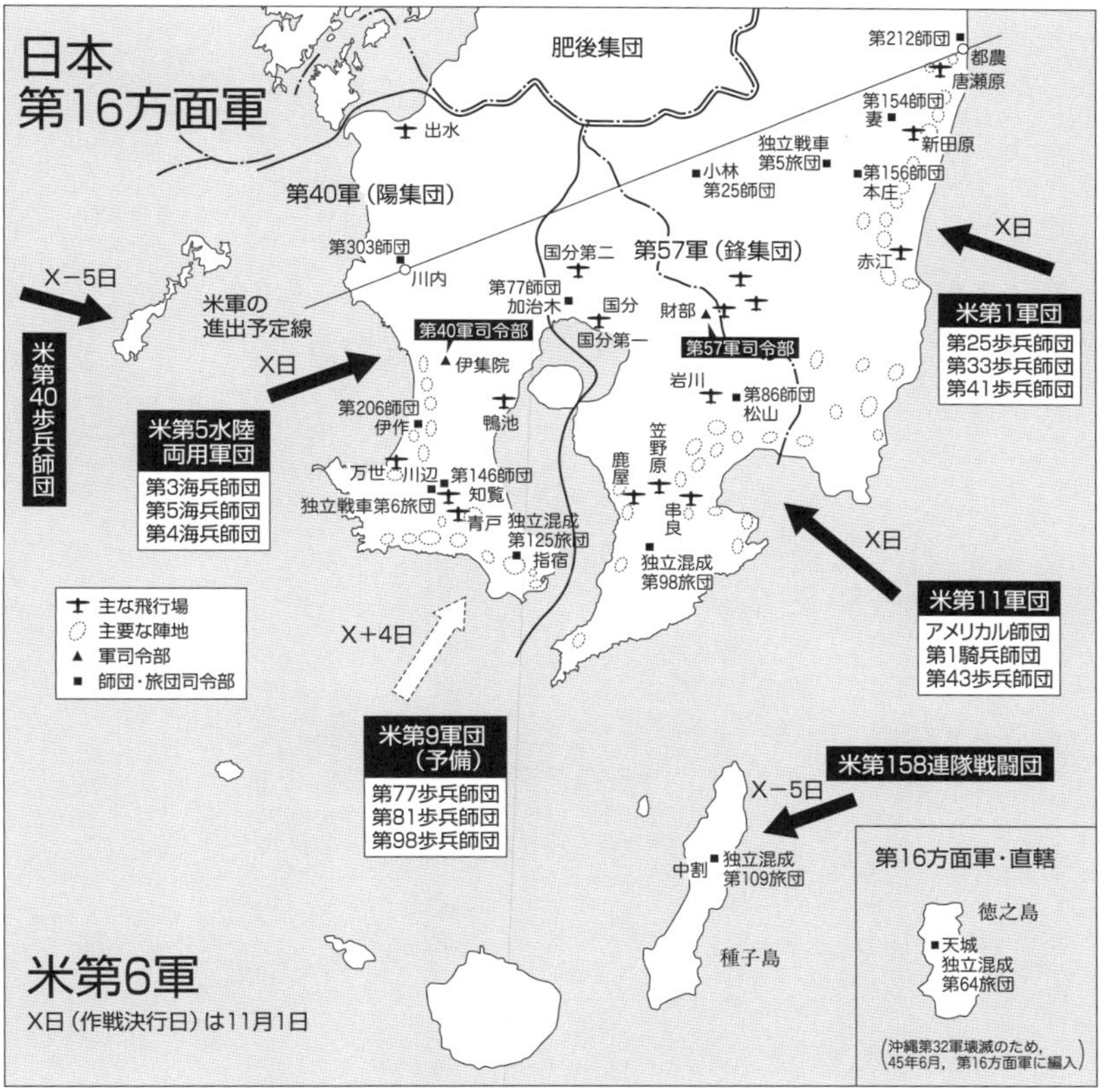

オリンピック作戦図（南日本新聞社編『記憶の証人』による）

が霧島《きりしま》に配置されていたが、沖縄戦の戦況が決定的になると、南九州へ来攻の可能性は高まり、軍部は予定を繰り上げて、川内《せんだい》・指《いぶ》宿《すき》・高山《こうやま》に増援部隊を配置した。奄美大島《あまみおおしま》にはすでに前年六月に配備されていたので、県下の重要地点にはこれらの師団や旅団司令部がおかれて、海岸部の防備体制は強化されていた。

鹿児島県本土に配置されていた七師団五旅団の兵力は正確には不明であるが、『鹿児島県史』では一師団約二万人、一旅団約一万人とみればおよそ一五万人と推定しており、戦争末期には陸海空軍をあわせて約二〇万人の兵員がいたと述べている。本土防衛の最先端を担わされた兵士の主力は、第一次が北海道・東北出身者で関西・中国地方がこれにつぎ、第二次の主力阿蘇《あそ》軍団は名前のとおり熊本で編成されたもので、本県出身者も含まれていたが年少兵も多かった。第三次に配置された兵団にいたっては、これまで徴兵をまぬがれてきた老兵・虚弱兵が多く、指揮にあたる小隊長も即席で教育された年若い少尉が多かった。陸軍の一般兵士のなかに少年兵こそまじっていなかったが、これ以上徴兵不可能な日本で、一師団二万人を確保するのは至難の業であったといわねばなるまい。事実、川辺町(現、南九州市)の護南《ごなん》師団は、全員が一堂に会して点呼をとったわけではないが、陣所に散在する兵員は一万人を数えればよいほうであった。さらに配備替えになったあとの補充兵は朝鮮半島出身者であった。

防衛軍の兵舎は、初め学校や各部落の夜学舎(公民館)などの建物を利用していたが、やがて山間部に散在して、横穴壕《ごう》や丸太造りの兵舎が建てられていった。兵隊として銃砲の射撃訓練はほとんどなく、もっぱら横穴壕陣地の構築作業や、持久戦に備えての食料・弾薬の運搬・格納などの作業であった。やがて沖縄降伏後、アメリカ空軍の空襲が激化すると、物資の輸送もとどこおりがちとなった。シラス山地に掘られた横穴壕陣地は、内部の崩落を防ぐために、杉の丸太や厚板を使って、鉱道にみられるような補強工作がなされた。兵舎や壕舎建設のために乱雑に伐採されたあとの山に、甘藷《かんしょ》が植えられた。従事したのは学徒動員の中学生・女学生や、牛蒡剣《ごぼうけん》もなく丸腰に竹製の弁当籠《かご》をくくりつけた、朝鮮半島出身の兵士たちであった。

陸軍はアメリカ軍の来攻を待つ作戦をとったが、海軍は海上特別攻撃隊による特殊戦法を準備していた。県下の出撃基地は正確にはわからないが、第五特別攻撃隊の基地は、志布志・内之浦《うちのうら》・佐多《さた》・山川《やまがわ》・知覧《ちらん》・坊津《ぼうのつ》・笠沙《かささ》・川内などにあった。奄美群島には第八特別攻撃隊があって、瀬戸内町《せとうち》呑之浦《のみのうら》など数カ所に基地が設けられていた。

県下に配備された特攻艇《とっこうてい》は、真珠湾攻撃に用いられた蛟竜《こうりゅう》一二隻、翼を備えた小型豆潜水艦の海竜二四隻、魚雷《ぎょらい》に人間を乗せるように改造した回天《かいてん》四六隻、ベニヤ板張りのモーターボートに二五〇キロの炸薬《さくやく》を艇首につめた震洋《しんよう》七二五隻であった。奄美群島でも震洋が五一〇隻と圧倒的に多かった。これらの発進地は、島陰や谷間・洞穴など秘密の地が選ばれ、敵の目をあざむきながら、近くの住民にも多くを知らせなかった。この特別攻撃隊の兵員は明らかでないが、搭乗員・整備兵・通信兵などをあわせると、一つの基地に二〇〇〜三〇〇人は配置されていたと考えられている。

本土防衛の主戦場として、県下には多数の兵力や住民の労力が投下され、広大な横穴壕陣地が形成され、完成をみないままに終戦を迎えることになった。県下の横穴壕は戦後に再利用されることもなく、山中深くシダや灌木《かんぼく》に覆われて訪れる人もない。

鹿児島大空襲

太平洋戦争末期、アメリカ軍による本土上陸や艦砲射撃などはなかったが、空からの攻撃によって日本は手痛い被害をこうむった。航空機の発達は、当然のことながら防空を国防の先頭に立たせることになった。

防空にあたる戦闘員たちは、高射砲で応じ、同じく空へでて敵機を迎え撃ち、空中戦で撃墜《げきつい》することが当時の防空であった。非戦闘員に対しては灯火管制《とうかかんせい》規則が定められ、屋内灯の消灯や遮光《しゃこう》が強制された。空襲が始まると、焼夷弾《しょういだん》や爆弾投下による火災に対して、消火・防火・待避訓練などが加わった。

防火地帯をつくるために、住家の密集地域では建物を疎開させ、防火水槽を備えさせた。学童から大人まで防空頭巾《ずきん》は必需品となり、南国になかったモンペ服をなかば強制的に女性に着用させた。焼夷弾の処理のため天井板ははずされ、たたき棒やバケツの手渡しリレーによる消火訓練が各地で繰り返された。成年男子の大部分は徴兵や徴用で応召し、残っていた保安要員のごく一部を除き、地域には老人と女・子どもだけが残った。銃後の守りは女性の肩に重くのしかかり、国防も重要な仕事になった。

予想されたアメリカ空軍の空襲が始まったのは、太平洋戦争が始まってわずか四カ月後、昭和十七年（一九四二）四月十八日、アメリカ軍航空母艦から飛び立ったB25による東京空襲であった。本県ではその二年半後、十九年十月十日に奄美群島の名瀬《なぜ》港や、瀬戸内町勝浦《かつうら》、徳之島浅間《とくのしまあさま》の艦船や飛行場などが空襲を受けたのがはじめてである。その後しばらく襲撃はなかったが、翌二十年一月から三月にかけて、沖永良部《おきのえらぶ》島や喜界《きかい》島が被害を受けた。

県本土の軍事施設である飛行場がいっせいに空襲を受けたのは、昭和二十年三月十八日以後のことである。これは鹿児島県に限ったことではなく、九州・中国・四国方面の軍事施設の多くが攻撃を受けたのであった。奄美群島から種子島をへて、鹿屋・串良・国分・鹿児島・知覧・出水などの各陸海軍飛行場や造船所・港湾などが襲撃され、とくに航空機の受けた損害は大きかった。

やがて高度一万メートル、航続距離一万キロにおよぶB29が開発された。日本への航続距離内に発進基地が確保されるようになると、数十機の編隊飛行による絨緞《じゅうたん》爆撃が毎日のように続けられた。一機で約九トンの爆弾を搭載《とうさい》できるB29である。高度一万メートルは高射砲弾も届かず、零《ゼロ》式戦闘機も近づけなかった。上空から落下する爆弾は、頭上にガラガラとなり、音だけでも地上を圧した。空中に小さくみえる爆弾は、やがて頭上からおおいかぶさり、思わず目鼻口を手で覆い、うつぶせに腹ばった。轟音《ごうおん》とともに炸裂《さくれつ》した爆弾は地をゆさぶり至近弾かと思われたが、二キロも離れた司令部付近に落ちていた。

鹿児島市への空襲は前後八回におよんだ。初回の三月十八日は、鴨池の飛行場など一部の軍事基地を狙ったものであったが、四月八日からは市街地のあちこちが爆撃され、一般市民を戦災に巻き込んだ。路肩のたこつぼ壕や各家庭の空地に掘られた防空壕は、焼夷弾によって炎上する火勢に負けて役に立たず、シラス崖の横穴防空壕に逃げ込んだ者が多かった。それも新上橋《しんかんばし》近くの城山防空壕入り口に二五〇キロ爆弾が落ちて、数十人が生き埋めとなった。

六月十七日午後十一時すぎ、百数十機の大編隊が来襲し、鹿児島市内に一三万個（推定）の焼夷弾を投下した。わずか一時間ばかりのあいだに各所で真赤な炎をあげ、市街地は炎の海と化していった。火煙は遠く郡部からもみることができた。市の中心街にあった木造の公共建築物をはじめ民家もすべて焼失して、焼け残った鉄筋コンクリートづくりの建物は数えるほどしかなかった。西鹿児島駅から鹿児島湾がみわたせるようになった。こののち八月六日まで空襲があったが、この間の死者三三〇〇人余、建物全半焼二万余戸、全戸数の約九〇％におよんだ。

空襲を受けたのは、このほか枕崎《まくらざき》・湯之元《ゆのもと》・串木野《くしきの》・川内・阿久根《あくね》・加治木・垂水・鹿屋、離島では名瀬・古仁屋《こにや》などの市町村で、いずれも大きな被害を受けた。

焼野原になった鹿児島市街

軍神横山少佐と牛島満陸軍大将

薩摩は「武の国」といわれ、兵士は勇敢で死をいとわず、向かうところ敵なしと恐れられていた。戊辰《ぼしん》戦争でいっそう声価が高まった。明治四年（一八七二）、廃藩置県《はいはんちけん》に備えて御親兵《ごしんぺい》として上京した鹿児島城下常備兵は、任期をおえて故郷に帰った者も多かったが、東京に残って職業軍人の道を選び、近衛兵《このえへい》や各地鎮台《ちんだい》の将校となり、近代日本の陸海軍の基礎を固めるのに大きな役割を果たした者がいた。

長州《ちょうしゅう》陸軍に対して薩摩海軍ともいわれた。大村益次郎《おおむらますじろう》、山県有朋《やまがたありとも》、桂太郎《かつらたろう》、寺内正毅《てらうちまさたけ》と続く長州閥《ばつ》に対しての言葉である。といっても陸軍に鹿児島出身者がいなかったわけではない。大山巌《おおやまいわお》・川上操六《かわかみそうろく》・野津道貫《のづみちつら》・黒木為楨《くろきためもと》・山沢静吾《やまざわせいご》・伊瀬知好成《いぜちよしなり》・大寺安純《おおでらやすずみ》など陸軍軍人もあげるとすれば枚挙にいとまがない。しかし、薩摩海軍閥の系譜は簡単に作成することはできない。それほど優れた人物が多かったわけで、意図的に薩閥を形成したのではない。西郷従道《さいごうじゅうどう》に始まり鹿児島出身の海軍大臣が続いたこと、日本近代海軍の創始者山本権兵《やまもとごんべ》衛《え》など海軍省中枢部に出身者が多かったこと、東郷平八郎《とうごうへいはちろう》をはじめとして艦隊司令長官や鎮守府《ちんじゅふ》長官などが多かったので、自然に薩摩海軍のイメージができあがったのであろう。

明治時代をリードした薩摩海軍の伝統は、日露《にちろ》戦争を境にかげりがみえてきた。陸士・海兵からそれぞれの大学校を卒業した全国の俊秀たちが台頭してくるのである。薩摩の出身者たちも挑戦したが、残念ながら先輩たちの栄光を継ぐことはできなかった。くだって太平洋戦争中、戦場で壮烈な戦死をとげ、県民に大きな感動をあたえた陸海軍将校のなかに、沖縄戦の指揮をとった鹿児島出身最後の陸軍大将牛島満《うしじまみつる》と、緒戦の真珠湾攻撃で散った横山正治《よこやままさはる》海軍少佐の二人がいる。ともに薩摩武人の最後の輝きをみせたのであった。

牛島満は明治二十年七月三十一日、牛島実満《さねみつ》陸軍中尉の第五子として生まれたが、誕生半年前に父を失っていた。母の竹子は三男一女をつれて、郷里鹿児島に帰り、春日《かすが》町から加治屋《かじや》町へ転居した。牛島少年は町内の高見《たかみ》学舎にかよい、伝統的な方法で心身を鍛錬した。明治三十四年四月、鹿児島一中の一年生から、熊本地方幼年学校の第五期生として入学した。中央幼年学校をへて陸軍士官学校へ、近衛歩兵第四連隊の旗手をおえて陸軍大学校へと順調に進んだ。

牛島の戦歴はシベリア出兵に始まる。戦地では交通参謀であったが、半年後に帰国した。その後善通寺《ぜんつうじ》歩兵第四十三連隊の第一大隊長であったが、大正十三年（一九二四）現役の将校が中等学校へ配属将校として配置されると同時に、母校の鹿児島一中へ赴任した。一中では天保銭《てんぽうせん》（陸大出身者がつける記章の俗称）の配属将校として自慢した。一中で牛島は積極的に生徒のなかにはいって後輩を指導した。昭和三年（一九二八）都城《みやこのじょう》の歩兵第二十三連隊教育主任へ転出、四年十二月下関要塞《しものせきようさい》参謀に転出、六年八月陸軍戸山《とやま》学校教育部長へ、七年陸軍大臣の高級副官となる。二・二六事件後、第一師団歩兵第一連隊長へ、十一年五月満州《まんしゅう》へ出征した。

昭和十二年、少将に進級、歩兵第三十六旅団長（鹿児島第四十五連隊と都城第二十三連隊）として着任、日中戦争が起こると北支《ほくし》に出征した。十七年陸軍士官学校長、十九年三月、奄美から宮古島《みやこじま》にいたる南西諸島方面の警備のため第三十二軍がおかれた。八月病床の渡辺正夫《わたなべまさお》中将にかわって第三十二軍司令官に着任した。参謀長は長勇《ちょういさむ》中将、アメリカ軍の沖縄上陸後は少ない兵員で首里《しゅり》の攻防戦を戦い、山岳地帯に追いつめられ、六月二十三日朝自決して、摩文仁《まぶに》の露と消えた。鹿児島が生んだ最後の陸軍大将であった。

横山正治少佐

太平洋戦争開戦時に戦死して軍神とあおがれたのが横山正治海軍少佐である。横山は昭和十六年十二月八日、ハワイ真珠湾特別攻撃隊に特殊潜航艇で出撃し、脱出できずに戦死した九人のうちの一人であった。なにしろ開戦日での戦死、それだけでも周知度は抜群であったが、翌年三月、陸軍中尉から二階級特進して少佐となり、軍神に列せられると深い感動を県民にあたえ、横山少佐をたたえる歌が作詞・作曲されて、県下の青少年に愛唱された。

横山は大正八年、鹿児島市下荒田《したあらた》町に生まれ、八幡《やはた》小学校、県立二中をへて海軍兵学校（第六十七期）に進んだ。昭和十四年七月、海軍兵学校卒業。十六年春、甲標的搭乗員となった。甲標的とは海軍内の用語で、部外には特殊潜航艇と公表された。艦隊決戦にさきんじて洋上攻撃を行う小型艇の発想は、昭和八年ごろに起こり、以後、実験や改良を重ね、十五年には呉《くれ》海軍工廠《こうしょう》で量産されるようになっていた。全長二三・九メートル、直径一・八五メートル、四六トン、水中速力一九ノット、魚雷二本を装備していた。

ハワイ作戦は飛行機による爆撃が主要作戦であり、それなりの戦果があったのだが、当初、特殊潜航艇の参加は予定になかった。しかし特潜最初の搭乗員だった岩佐直治《いわさなおじ》大尉が、泊地《はくち》攻撃も可能だとして参加を希望、山本五十六《いそろく》長官は初め襲撃後の収容が困難だとして却下したが、岩佐の熱心さに押されて、収容計画を認めて参加させることにした。その点同じ特攻とはいえ、最初から体当り自爆を目的とする戦争末期の特攻とは趣きを異にしていた。

十二月七日未明、ハワイ・オアフ島沖の潜水艦から、横山は同乗の上田定二等兵曹とともに「イ16」を発進させ、五艇の先頭を切って真珠湾内潜入に成功した。その後の行動や彼らが発射した魚雷による戦果は明らかでない。午後六時すぎ襲撃成功の無線放送があり、同七時すぎに連絡は途絶した。自爆したか、撃沈されたのであろう。

昭和十七年四月、作家の獅子文六《ししぶんろく》は鹿児島を訪れ資料を収集し、『朝日新聞』に横山をモデルにした小説『海軍』を岩田豊雄《いわたとよお》の実名で連載した。翌十八年には映画化され全国で上映された。戦後の三十八年にも同じ題名で再映画化された。

2　戦時中の県民生活

国民義勇隊

太平洋戦争はいよいよ不利になって、本土決戦が必至になると、政府は国民全体を戦場に動員するために、昭和二十年（一九四五）三月二十五日、国民義勇隊《ぎゆうたい》法を公布した。全国民が結束して一体的組織をつくり、皇国を護持するのが目的である。国民義勇隊は本土が戦場化した場合には、防空・陣地構築など軍隊への補助活動はもちろんであるが、最悪の場合は特攻隊または遊撃隊となって戦うことも予想されていた。国民義勇隊には、徴兵・徴用をはずされて、地域や職場で最低の保安要員となっていた者も参加することになった。本土決戦、最悪の場合は〝一億総玉砕《ぎょくさい》〟を標語としていた。

本土決戦をひかえて、鹿児島県の海岸へアメリカ軍の上陸が予想され、本土防衛決戦部隊が県下全域に駐屯し、陣地を構築していたことは前に述べた。県下各地で、決死の覚悟で上陸を阻止する気概は燃え上がり、空襲が始まったこともあって、国民義勇隊の編成は急速に進んだ。国民義勇隊は大政翼賛会《たいせいよくさんかい》を延長・発展させたものであって、まず市町村ごとに隊が編成された。編成は四月十六日に発足した西之表《にしのおもて》町（現、西之表市）の国民義勇隊にはじまり、六月初めまでに県下の市町村にほぼ達成された。

鹿児島市では、本県出身の大迫通貞《おおさこみちさだ》中将が鹿児島連隊区司令官に任命されたので、そのもとで意気が上がり、世話役の努力によって、有志による鹿児島義勇隊先鋒隊《せんぽうたい》が、五月十九日に南洲《なんしゅう》神社に集まり、玉串《たまぐし》をささげ宣誓文を読み上げて、結成式が挙行された。国防のためには警防団の活動と提携を強める必要があるとして、有志の若手が警防団の団長・副団長の首脳部に就任するほどの熱のいれようであった。

当時の岩切重雄《いわきりしげお》市長も鹿児島市義勇隊の編成には全力を傾けた一人である。隊長は市町村長と決まっていたので、当然、岩切市長が隊長となったが、副隊長の一人は軍関係者、一人は市民代表とのことで、陸軍少将押川公実《おしかわきみざね》と鹿児島市助役勝目清《かつめきよし》がつき、六月一日、市の公会堂（現、中央公民館）で鹿児島市義勇隊の結成式が行われた。掲げられた綱領は次のようなものであった。

一、必勝不動の信念に徹せん。

二、職任完遂戦力増強に邁進《まいしん》せん。

三、時来らば肉弾以て難に赴かん。

続いて六月三日に鹿児島県義勇隊本部が発足し、本部長に柘植文雄《つげふみお》知事、顧問に連隊区司令官大迫通貞中将が就任した。前にも述べたように、国民義勇隊は大政翼賛会の究極の団体となったので、これまで運動を支えてきた傘下団体は存在意義がなくなり、五月三十日に翼賛壮年団が、六月十三日に翼賛会が解散、この間に産業報国会・農業報国会・青少年団などもあいついで解散して、国民義勇隊に合流した。

六月二十三日、義勇兵役法が公布され、国民義勇戦闘隊統率令も同時に公布された。全国民男女を問わず兵役に服することになった。男子は一五歳から六〇歳まで、女子は一七歳から四〇歳まで兵役に服する。地域や職域に結成されている国民義勇隊は、戦闘隊編成令によって応召の義務があり、女子も戦闘員になることなどが義務づけられた。隊員は髪を切って遺髪とし、竹槍を武器として訓練に励んだが、本土決戦を待たずに、日本は八月十五日に、ポツダム宣言を受諾した無条件降伏の敗戦を迎えた。

◄陸軍特別大演習
（昭和10年11月10〜12日）

対馬丸慰霊碑（鹿児島郡十島村悪石島）►

◄出撃前の特攻隊員（昭和20年，万世飛行場）

■戦時中の鹿児島県

明治22年に西郷隆盛の賊名が除かれたのを契機に，日本陸軍の拡充が促進され，鹿児島にも郷土部隊としての歩兵第四十五連隊が設けられた。日本海海戦の東郷平八郎元帥が英雄化される一方，南九州３県で昭和天皇をお迎えしての陸軍特別大演習が催された。

昭和19年のサイパン陥落後，沖縄本土からの疎開が開始されたが，昭和19年８月22日夜，学童疎開船対馬丸《つしままる》は，悪石《あくせき》島近海で魚雷攻撃をうけて沈没し，乗客1600余人（うち学童700人）中，1370余人（うち学童641人）が犠牲となった。敗色が濃くなると，神風《かみかぜ》特攻隊が沖縄方面に出撃し，鹿屋飛行場からは908人，知覧飛行場からは439人が飛び立った。

全国民を本土決戦に巻き込もうとした国民義勇隊、その発想を生んだ大政翼賛会は、第二次近衛文麿《このえふみまろ》内閣の昭和十七年十月に発足した。ドイツのナチス一党独裁にならって、日中戦争を遂行するため国民の一致協力をえんがため、首相（発足時は近衛文麿）を総裁とする新体制運動の推進団体であった。傘下団体には、国民義勇隊の発足で解散した大日本翼賛壮年団をはじめとする多くの団体があり、国民を戦争にかりたてるのに大きな役割を果たした。組織は首相のもとに道府県支部がおかれ、知事が支部長となった。さらに下部組織としての市町村支部でも、市町村長が支部長となった。末端組織として、町内会・部落会・隣組などの組織が強化され、常会は上意下達の会議となった。

傘下団体のうち、昭和十七年一月に結成された大日本翼賛壮年団は、二一歳以上の青壮年からなり、団員の自発的意志による同志組織として、各地域・各職場において新体制運動を推進する目的で結成された。まず市町村支部が、ついで県支部が成立した。県支部の組織には大隊・中隊・小隊の軍隊組織が取り入れられ、銃後の国民生活保護のため多方面にわたる活動を展開した。

傘下団体のうち、労働組合が解散して大日本産業報国会、農民組合も解散して農業報国会が結成された。これらの会は全国組織が結成されると、ただちに県支部が結成されるのは翼賛会と同じである。ほかに商業報国会・大日本婦人会・大日本青少年団などが同じような組織となり、戦時中の国民生活の維持や国民精神の高揚につとめた。

学徒動員　労働力の不足を補うために、学校の生徒を生産活動に役立てようとする動きは早くからあった。昭和十六年（一九四一）七月には、県下学徒増産報国隊が出動を開始していた。また学徒ではないが、学業に就かない女子青年による勤労報国隊、いわゆる女子挺身隊《ていしんたい》の第一陣が、同年九月には北九州の軍需工場に出動していた。

太平洋戦争が始まり昭和十八年になると、県下の男子生徒は報国隊として北九州その他の軍需工場に出動、女子学徒も勤労動員されることが決定した。十九年二月から、県下各女学校の挺身隊は軍需工場への出動を始めた。

人間だけでなく、諸施設も軍需工場への転換がなされた。昭和十九年四月に鹿児島集成《しゅうせい》工学校が工場となり、五月には鹿児島市歴史館が広島陸軍被服廠支所《ひふくしょう》鹿児島出張所となった。八月には県立第一高等女学校と第二高等女学校で、校舎の一部が広島陸軍被服廠の学校工場となった。二高女では、初め五年生が谷山の田辺航空会社で働いていたが、学校工場ができたので、五年生と四年生は学校工場の工員として動員されることになった。工場にミシンはなく、各家庭からもちよったものが使用されていた。翌二十年、学校工場は戦火を避けるため、栗野《くりの》・横川《よこがわ》・市比野《いちひの》などに分散疎開《そかい》することになったので、工員となった四年生・五年生も各地に散った。三月の卒業式は四年生が繰り上げ卒業となったので、五年生と一緒に挙行されたが、四年生だけは卒業後も終戦の日まで動員が続けられた。疎開先では小学校の一部を工場とし、寺に宿泊しての動員であった。しだいに材料もとぎれがちになり、食料事情も悪く、時に農家の田植などの農作業に加勢して、空腹をいやすこともあった。

昭和十九年一月、鹿児島県女子勤労動員協議会は、重大なる国家の要請に応えるため、中等学校の新卒者で挺身隊を結成し、一年間、軍需工場に出動させることになった。鹿児島・鹿屋・川内三市の者は各市内の工場へ、郡部の新卒者は県外へ出動することになった。壮行式が県会議事堂前で行われた。白鉢巻《しろはちまき》に制服・モンぺに身をつつみ、手荷物をもった彼女たちは、訓示のあと照国《てるくに》神社で祈願祭をすると、行進して鹿児島駅から夜行列車に乗り目的地に向かった。

昭和二十年二月、鹿児島市内の各中学校の生徒が愛知県半田《はんだ》市の軍需工場に動員された。県立第二中学校の生徒は、四・五年生の大半が教師に引率されて、二月九日、雪の夜に列車で出発した。半田市の動員先の仕事は飛行機の組立て作業で、当時でも優秀な偵察機《ていさつき》「彩雲《さいうん》」を組み立てる仕事であった。大事な飛行機のこと、はじめは見習いの作業かと思っていると、係の工員から電気ドリルとハンマーを渡され、二、三の指示があっていきなり本物の作業をあたえられた。エンジンと胴体のあいだの防火盤に部品を取りつける仕事であったので、動員の素人でもまにあったのであろう。

職場では京都府立三中の生徒や北朝鮮から動員された人びとと一緒であったが、真面目に作業するのは動員生だけで、工員たちは監視の目をくぐって要領よくサボる者が多かった。貧しい食料事情のなかで育ち盛りの少年たちには苦しい日々が続いた。寮の食事のほかに街の食堂の雑炊《ぞうすい》も楽しみの一つであった。この年四年生は繰り上げ卒業となり、卒業式は二学年同時に寮の食堂に集まり、学校から代表の教師が持参した一枚の卒業証書を総代に渡して、簡単な講話だけで式が終り、翌日からは工場通いが続いた。

県立鹿児島一中の生徒を引率した西村一意《にしむらかずおき》教諭が、のち、おりにふれて、後輩の鶴丸《つるまる》高校の生徒たちに、動員中のある一中生の姿を紹介した話がある。「休憩時間になると、生徒たちは持場をはなれて思い思いに休んでいた。なかには自宅から送ってきた煎豆《いりまめ》をポケットからだして、ポツポツと嚙《か》んでいるものもいる。一人の生徒がポケットから小さな本をだして頁を開きはじめた。英語の単語辞書であった。きびしい戦局のなか、空襲があれば明日の生命も保証されないにもかかわらず、休み時間を利用して英単語に取り組んでいる姿をみて、感動に胸をうたれた」と西村教諭はいう。

動員は上級生だけでなく下級生にもおよんできた。昭和十九年夏、市内の中学三年生は鹿屋航空隊の土木作業に、秋には小倉《こくら》の軍需工場へ一カ月いき、二十年四月佐世保《させぼ》にいくことになった。宿舎では一中・二中・市立中学から三〇〇人あまりが雑魚寝《ざこね》することになった。山を切り拓いて工場の敷地をつくる土方作業であった。昼間の作業で疲れた体を、夜はシラミや南京虫《なんきんむし》が悩ませた。終戦で帰りの汽車にも苦労した。

昭和二十年、川辺町（現、南九州市）に護南《ごなん》師団司令部がおかれたので、川辺中学校の新一年生は四月下旬に授業が打ち切られ、司令部の陣地づくりに動員された。地下陣地用の壕《ほり》を掘ったり、食料・材木などの運搬がおもな仕事であった。中学によっては授業が五月まで続けられた学校もあったが、空襲もあり、やがて食料増産のため農作業に動員されるようになった。戦後しばらくして渡された汗の代償、貯金通帳の十数円は、悪性インフレのなかでほとんど役に立たなかった。

学童疎開

軍事施設を標的にしていた空襲が無差別爆撃となり、一般市民の住宅や生命がおびやかされるようになると、安全を求めて人びとは地方へ移動するようになった。大都市から小都市へ、さらに農山村へと、東京・京阪神・北九州方面からの疎開者たちは、縁故者を頼ってより安全な地方へ移っていった。すでに昭和十八年（一九四三）末に「都市疎開実施要項」が発表されていた。個人的な疎開は都市の食料難を緩和することにも役立った。同年十一月、鹿児島市疎開勧奨協力会が結成され、地方の町村と連絡をとりあって、疎開先の住宅探しも始まった。

学童疎開は縁故を頼っての疎開とは少し意味や目的が違っていた。とくに疎開先のあてのない大都市の学童（三年〜六年）は、本土防衛戦をひかえて、将来の人的資源確保のために、強制的に移住させられ、慣れない土地で不便な生活を強いられたのである。

鹿児島県の学童疎開は、大都市の疎開とは少し違っていた。沖縄本土からの疎開船第一陣八三〇〇人（老人・子ども）が鹿児島港に無事入港したのは、昭和十九年八月二十三日であった。しかし学童たちは鹿児島県を通り越し、となりの宮崎県に疎開先を求めた。なお、これ以前に沖縄をでた疎開船対馬丸《つしままる》（六七五四トン）は、八月二十二日悪石《あくせき》島近海でアメリカ軍潜水艦の攻撃を受けて沈没した。乗客一六〇〇余人（学童七〇〇人）中、生存者は二二七人（一般一六八人、学童五九人）という悲劇もあった。

集団疎開先一覧

学校名	受入校区	児童数
立山国民学校	山野校区	68人
安納国民学校	羽月西校区	164
下西国民学校	山野校区	53
榕城国民学校	大口校区 大口東校区 牛尾校区	860
上西国民学校	平出水校区	155
現和国民学校	羽月校区	295
国上国民学校	曽木校区 針持校区	380

鹿児島県内での本格的な学童疎開は、アメリカ軍の沖縄戦が始まり、次の上陸が必至と考えられた種子島・甑島《こしきじま》など離島の学童疎開であった。種子島の学童たちは、四月に「学童集団疎開強化要項」がでたこともあって、西之表から三二〇〇余人が疎開したが、一部は縁故先を頼ったので、大口《おおくち》方面への集団疎開者は二〇〇〇人たらずとなった。疎開先と受入校区・児童数は表のとおりである。

集団疎開する学童にとっては、親元を離れてのはじめての生活である。受入れ側の大人たちも気を使い、集団生活になじむまで、各家庭が数人ずつの児童を引きとって、しばらく面倒をみることを申しあわせた。大口国民学校では歓迎の学芸会を開き、校庭に農園をつくって食料不足を補おうとした。戦争は終ったが、種子島へ帰ることもできず、児童の大口滞在は九月末にまでおよんだ。

辛い疎開生活であったが、五カ月におよぶ滞在中、深い友情も生まれた。戦後文通が続いて友情が深められ、結婚にまで発展した友情もあった。個人の交友はやがて大口市と西之表市のあいだに、昭和三十七年姉妹都市の盟約を結ばせた。一般に疎開児童に対して田舎の目は冷たく、貧しい食事と辛い労働、いやがらせやいじめがあったといわれるなかで、個人的な交流が続くのはよく聞くことであるが、姉妹都市にまで発展した両者の交友は、戦争の陰に咲いた一つの美談といえよう。

姉妹都市盟約宣言

戦時、西之表市学童が大口市に疎開するにあたり、大口市長は挙げて深き友愛の情をもって迎え入れ、心からの厚遇に、西之表市民は感激措《お》く能《あた》わざるものがあり、これを機縁として両市民間の友情たゆることなく今日にいたっている。この点にかんがみ、両市は姉妹兄弟の心をもって相携え相図り、両市民の友情を益々深め、福祉の増進をはかることを念願し、ここに姉妹都市の盟約を結ぶことを宣言する。

昭和三十七年十一月十日

昭和二十年九月二十六日、文部省から疎開児童復帰の指示があり、離島の児童たちは親元へ帰り、苦しい疎開生活は終った。一般の疎開者は大都市に帰る職場や家もなく、そのまま田舎に定住した者もあったが、都市の復興が始まると、大部分の者が疎開先を引きあげていった。

九　戦後復興

富吉栄二記念碑（霧島市）

1 戦後の民主化

アメリカ軍進駐下の県政

昭和二十年(一九四五)八月十五日正午、天皇の録音盤放送で、ポツダム宣言受諾《じゅだく》による無条件降伏が国民に告げられて、戦争は終った。ラジオの声は雑音で聞こえなかったが、空にアメリカ軍の飛行機はなく、兵隊の動きも違い、人びとは戦争が終ったことを肌で知った。その日のうちに流言蜚語《りゅうげんひご》が飛びかった。「鬼畜《きちく》のようなアメリカ兵が上陸して、婦女子を凌辱《りょうじょく》して虐殺《ぎゃくさつ》する」というものだった。街の人びとはリヤカーを引き、地方の知人宅へ避難した。知人はさらに山中へ避難所をさがしたという。一夜明けてデマであったことを知って、人びとは家路に就いた。

八月三十日、連合国軍最高司令官マッカーサーが神奈川県厚木《あつぎ》飛行場に到着し、九月二日には東京湾上のアメリカ軍艦ミズーリ号上で、日本降伏文書の調印式が行われた。九月三日、シーリング大佐一行のアメリカ軍九州先遣隊が鹿屋《かのや》に進駐し、翌四日にはアメリカ軍海兵隊が高須《たかす》海岸に上陸して鹿屋に進駐した。同五日、城山《しろやま》の防空壕舎《ぼうくうごうしゃ》から県庁は県立一高女の校舎へ移転した。十月五日、連合国軍調査団が鹿児島市に進駐し、翌六日占領軍軍政事務所が鹿児島市役所庁舎に開設された。十七日にはアメリカ軍海兵隊が鹿児島市に進駐し、後続部隊とともに県立二中の校舎にはいった。鹿児島市役所内におかれた占領軍軍政部は、昭和二十三年十月まで鹿児島軍政部と称したが、その後は鹿児島民事部と称して二十四年十一月まで駐在し、以後は福岡市の九州民事部に仕事は移された。

鹿児島軍政部の役割は、進駐軍の出先機関として、鹿児島県の行財政全般にわたり施策の浸透をはかるものていた。

であったから、県知事をはじめ公共団体の長に対しても、形式は勧告であっても、きわめて強い規制力をもったものであり、食料供出・徴税強化・公衆衛生の徹底・新教育制度の普及などについて、大きな発言力をもっていた。

ＧＨＱが十月四日にだした、政治・信教ならびに民権の自由制限撤廃の覚書によって、本県特高《とっこう》警察の全員が追放された。十月三十一日には軍国主義教員の即時追放を指令し、全教職員の適格審査を命じた。さらに昭和二十一年一月四日には、軍国主義者の公職追放と超国家主義団体の解散を指令した。現職者および公職に就く予定者の適否を審査する機関として、二十二年二月二十四日に鹿児島県公職適否審査委員会が設置され、県市町村議会議員などの四月選挙に向けての審査も始まった。まず現職者について各職域ごとに審査が行われた。公職にある者は、資格審査表に必要な事項を記入して提出する。審査の結果、多くの者が公職から追放されたが、軍政部は本人の申告を見破る手段として投書を歓迎したので、盛んに投書があった。投書で思わぬ被害を受けた人もあった。

県の戦後処理の一つに、外地からの引揚《ひきあげ》者や復員《ふくいん》軍人の受入れがあった。鹿児島港の港湾施設は空襲で破壊され、大型船舶は寄港できなかったので、引揚船は加治木《かじき》港に寄港した。そのため外地引揚加治木事務所が設置され、やがて県庁の焼け跡に鹿児島事務所が設置されると、加治木事務所は統合されて、鹿児島で復員事務・引揚者事務を統括できるようになった。

昭和二十二年四月に地方自治法が公布された。これまで内務省《ないむしょう》のもとに中央集権化されていた地方官僚機構は、五月の内務省解体とともに地方吏員に切りかえられた。警察も中央集権的な国家警察制度が全面的に改正され、市および人口五〇〇〇人以上の市街地をもつ町村に自治体警察をおき、それ以外の町村の警察行政を担当するため、国家警察鹿児島県本部が発足した。

昭和二十五年十一月、地方自治法によって県庁および地方事務所の設置条例が施行された。ただちに次の一支庁一〇地方事務所が設置され、より住民に密着した行政が行われるようになった（かっこ内は現在の所在地）。

熊毛《くまげ》支庁（西之表《にしのおもて》市）

鹿児島地方事務所（鹿児島市）　揖宿《いぶすき》地方事務所（指宿市）　川辺《かわなべ》地方事務所（南さつま市）　日置《ひおき》地方事務所（日置市）　薩摩《さつま》地方事務所（薩摩川内《せんだい》市）　出水《いずみ》地方事務所（出水市）　伊佐《いさ》地方事務所（伊佐市）　姶良《あいら》地方事務所（姶良市）　曽於《そお》地方事務所（曽於市）　肝属《きもつき》地方事務所（鹿屋市）

なお、所管はそれぞれの郡内であるが、鹿児島地方事務所は鹿児島郡および大島郡十島《としま》村のうち、黒《くろ》島・竹《たけ》島・硫黄《いおう》島三島を管轄した。

昭和二十五年六月、朝鮮動乱が勃発すると、新聞・放送などマスコミ関係をはじめとして、全産業部門にわたってレッドパージの旋風が巻き起こった。ために共産党の勢力はそがれ、逆に職業軍人などの追放解除がなされ、アメリカの日本占領政策に転換がみられるようになった。二十七年、講和条約の発効とともに日本の独立が認められ、形式的にはアメリカの占領が終った。

富吉栄二と社会党

富吉栄二《とみよしえいじ》は明治三十二年（一八九九）、姶良郡清水《きよみず》村（現、霧島《きりしま》市）に生まれた。私立精華《せいか》学校（国分実業高校の前身）から研数学館《けんすうがっかん》高等科に進み、卒業後は母校精華学校の教師となった。富吉は国分《こくぶ》在住の社会主義者浜田仁左衛門《はまだにざえもん》の影響を受け、農民運動に挺身するため教壇を去った。出生地清水村の郡田《くりた》と霧島《きりしま》の松永《まつなが》地区は、早くから小作農民の自立意識が高かったが、第一次世界大戦後の労働運動・民本《みんぽん》主義運動などの社会運動のたかまりのなかで、この地区の農民を組織し、大正十一年（一九二二）県内ではじめての小作組合（組合員数五〇〇人）を結成した。小作料の減額・煙草《たばこ》賠償金値上げが運動の柱となった。十三年、姶良《あいら》郡小作農組合連合会を結成すると、日本農民組合に加入し、翌年、鹿児島連合会と改称して主事となり、のち会長となった。その間、主として姶良郡方面の小作争議を指導し、農民層をバックに清水村の村会議員に当選した。

昭和十年（一九三五）、姶良郡から県会議員に当選すると、翌十一年、無産政党と呼ばれた社会大衆党から衆議院議員に立候補して、第二区で三位初当選し、県下ではじめての革新系国会議員となった。同十二年の第二〇回衆議院議員選挙では二区でトップ当選した。第二一回選挙は衆議院議員の任期が一年延長され、十七年四月に実施された。いわゆる翼賛《よくさん》選挙であった。政府は翼賛政治体制協議会を結成し、推薦候補者を選定した。本県でも一二人の定員に一二人が推薦され、全員が当選した。当然のことながら富吉は推薦されなかった。

第二次世界大戦後、衆議院議員選挙法が改正され、県内一区の大選挙区、三名連記制が採用され、はじめて女性に参政権があたえられ、選挙権の年齢も二〇歳に引き下げられた。この選挙法で実施された昭和二十一年四月の選挙で、当選者一一人中、日本社会党から出馬した富吉栄二は、上林山栄吉《かんばやしやまえいきち》に続いて第二位で当選した。翌二十二年また衆議院議員選挙法が改正され、戦前の中選挙区・単記制が復活した。同年の選挙では、富吉は二区でトップ当選した。この選挙で鹿児島一区でも村尾薩男《むらおさつお》が初当選し、日本社会党が県内で二議席となった。全国的には日本社会党が一四三、日本自由党一三一、民主党一二六の当選者で、日本社会党が第一党となった。組閣は日本社会党の委員長片山哲《かたやまてつ》が首相となり、民主党の芦田均《あしだひとし》・国民協同党の三木武夫《みきたけお》らと連立内閣をくみ、日本ではじめての社会主義政権が誕生した。富吉は片山内閣の商工《しょうこう》政務次官、ついで芦田内閣の逓信《ていしん》大臣に就任したが、芦田内閣も短命であった。

昭和二十四年の総選挙では民主自由党が二六四人で圧勝し、社会党は四八人に激減した。富吉も二区で落選した。この間社会党は、二十六年のサンフランシスコ平和条約と安全保障条約の採決をめぐって、両条約に反対する左派と、平和条約だけに賛成する右派とに分裂していた。富吉は二十七年の選挙では右派社会党で当選、二十八年にも右派社会党で当選したが、二十九年九月二十六日、党勢拡張のため北海道に向かう途中、青函連絡船《せいかん》の洞爺丸《とうやまる》が転覆し、死亡した旅客一〇一一人のなかに富吉もいた。時に五五歳であった。

富吉が姶良地方に打ち込んだ革新のくさびは、戦後、保守王国の本県の政界をゆるがし、社会党の国会議員が各選挙区で当選するようになった。昭和二十二年に一区で村尾が当選したことは前に述べた。二十四年には全滅した。二十七年一区に左派社会党の赤路友蔵《あかじともぞう》、二区に右派社会党の富吉栄二が復活し、二十八年の総選挙も同じであった。三十年の総選挙では一区に左派社会党の赤路、二区は富吉のあとを継いだ小牧次生《こまきつぎお》が右派社会党で当選し、三十三年には保守合同と革新合同のなかで、一区赤路、二区小牧が日本社会党で当選した。三十五年の総選挙は一区では二人が落選したが、二区に村山喜一《むらやまきいち》、三区に有馬輝武《ありまてるたけ》が当選し、三十八年の総選挙で一区川崎寛治《かわさきかんじ》・赤路友蔵、二区に村山喜一、三区に有馬輝武が当選し、奄美《あまみ》特別区をいれて本県選出一一人の国会議員中、革新系議員が四人を占めることになった。全国的には社会党がふるわないなかで、本県は社会党の勢力が伸びた。

革新市政の誕生

昭和三十四年（一九五九）四月の選挙で、県都鹿児島市に、革新派に推されて無所属の平瀬実武《ひらせさねたけ》が当選したが、これは画期的なことであった。もともと鹿児島県は保守系の政治家が多く、鹿児島市も例外ではなかった。保守王国に革新のくさびを打ち込んだのは、昭和十一年鹿児島県第二区から立候補して衆議院議員に当選した富吉栄二である。富吉は戦後二十一年の衆議院議員選挙に日本社会党から立候補して当選しているが、鹿児島市を含む一区では革新への目覚めは遅く、ようやく二十七年の衆議院議員選挙に日本社会党の赤路友蔵が当選した。

鹿児島市民が徐々に革新系を支持するようになるのは、市議会議員の選挙にもみられる。戦後初の市議選は昭和二十二年四月に行われた。はじめて女性参政権が認められたため女性議員も誕生したが、大部分は保守系無所属であった。二十六年の選挙から政党に所属する者がではじめたが、自由党・社会党ともに一人ずつであった。三十年の選挙では社会党五人、残り三五人は無所属であったが、同年末の保守・革新政党合同の影響を受けて、自民党二九、社会党七、無所属四となり、地方議会の政党化が始まった。三十四年の選挙で当選した議員の会派は、自民党一五、新生クラブ一一、社会党九、共産党一であった。

末吉利雄(左)と平瀬実武

戦後革新勢力が増加したことは、戦後の民主化により近代的労働運動が本格的に起こってきたことによるところが大きい。戦前の鹿児島県では産業の後進性や当局側の厳しい監督弾圧によって、昭和初期の不況期を除けば労働争議さえなかった。戦後、産業報国会が解散され、総司令部から労働組合運動の助長に関する指令がだされた。悪性インフレのもとで国民生活は危機にさらされていた。各地で労働組合がぞくぞくと結成され、待遇改善などを要求して、集団交渉やストライキ闘争を展開した。昭和二十年十二月に労働組合法が成立すると組織化はいっそう助長され、全国的な組織として労働組合総同盟と産別会議の二系統に統合された。鹿児島県でも先頭を切ったのは国鉄関係者であり、郵便局・電話局・中学教員・市交通部などの官公庁関係労組の結成が続いた。やがて日通支店従組・南日本新聞社従組などの結成もみた。

勝目《かつめ》清《きよし》市長退任の後を受けて、革新系の推す平瀬実武と、保守系が推す三ツ井卯三男《みついうさお》が立候補した。平瀬は鹿児島市の生まれ、大正十五年（一九二六）東京帝国大学農学部を卒業後、郷里に帰り騎射場《きしゃ》の竹迫《たけざこ》温泉の経営者になっていた（番台で読書をしたという）が、昭和八年、鹿児島市会議員に当選し、第二十二代副議長をつとめ、十四年、鹿児島市から県会議員に立候補して当選した。昭和十八年から公選最後の串木野《くしきの》町長となり、戦後しばらく政界から離れていたが、三十年串木野市長に当選しているので、地方の行政経験は豊富であった。

平瀬市長在任中の仕事としては、紫原《むらさきばる》宅地造成、鹿児島南港埋立て、市立病院改築、下水道工事など、革新市長らしい市民生活に直接結びつくような新しい施策をつぎつぎに実施した。錦江湾《きんこうわん》漁業の不振を挽回するため、素焼のタコツボ投入によるタコの増殖を実施した。しばらくのあいだ鹿児島近海でとれるタコは平瀬ダコとも呼ばれた。観光行政にも力をそそぎ、桜島《さくらじま》に照明をあてる実験をしたが、桜島はあまりに雄大すぎて、光源が弱くて失敗した。

イタリアのナポリ市との写真の交換は前勝目市長時代に行われていたが、鹿児島市がナポリ市と姉妹盟約を結んだのは昭和三十五年五月三日、平瀬市長であった。同十四日、駐日イタリア大使一行を鹿児島に招き盟約式が盛大に行われた。十一月、鹿児島市から平瀬市長を団長とするナポリ訪問親善使節団が派遣され、交換会があった。盟約を記念して、西鹿児島駅（現、鹿児島中央駅）前の昭和通りがナポリ通りと命名され、国際親善に一役買うことになった。姉妹都市盟約が結ばれると、鹿児島市は国際観光都市の性格が強くなったので、市民のすべてが美しく明るい町づくりをするために、市民憲章が定められた。全国一〇番目であった。

昭和三十八年、平瀬市長は二期目に挑戦したが、前回と同じ保守系の候補者三ツ井卯三男に敗れて一期で市長を去った。四十二年四月から谷山《たにやま》市と合併した鹿児島市が誕生した。新鹿児島市の市長の座をめぐって、自由民主党推薦の前市長三ツ井卯三男と社会党推薦の末吉利雄《すえよしとしお》とのあいだで争われたが、末吉利雄が当選してふたたび革新系市長を迎えることになった。

末吉は鹿児島県立工業学校を卒業後、日本専売公社（現、JT）にはいり、昭和二十六年から県議会議員を四期つとめ、三十五年以来、日本社会党の鹿児島県本部委員長として、本県政界革新陣営の指導者であった。末吉にあたえられた課題は谷山市と合併後の南九州における近代的中核都市づくりであった。

2 二分された鹿児島県

北緯三〇度以南の行政権分離

「北緯三〇度」以南の南西諸島が日本から行政分離されたのは、昭和二十一年（一九四六）一月二十九日付のGHQ覚書による。この覚書は二月二日、ラジオ放送されたため、「二・二宣言」と呼ばれる。これ以降、トカラ・奄美はアメリカ軍の軍政下におかれた。トカラが日本に復帰するのは六年後の昭和二十七年二月十日、奄美は約八年後の二十八年十二月二十五日であった。

「北緯三〇度」以南の南西諸島とは、トカラ列島、奄美群島、沖縄諸島、先島《さきしま》諸島（宮古《みやこ》、八重山《やえやま》）をさす。沖縄の本土復帰は、昭和四十七年五月十五日、奄美に遅れること約一九年であった。沖縄諸島では激しい地上戦が展開されたが、昭和二十年六月中旬には牛島満《うしじまみつる》隊長下の守備隊の組織的抵抗は終息した（七月二日、アメリカ軍作戦終了を宣言）。沖縄は本土攻撃の最前線基地となり、この間に、アメリカ軍は極東における沖縄の戦略的重要性を認識するようになったとされる（杉原洋「『北緯三〇度』とは何だったか」『奄美戦後史』）。

南西諸島の部隊が降伏調印したのは、日本より五日遅れの九月七日のことであった。徳之島《とくのしま》にあった奄美守備隊長（高田利貞《たかだとしさだ》陸軍少将）がアメリカ軍のカンドン大佐と降伏文書を調印したのは、同月二十一日である。このとき高田少将は二時間半におよぶ交渉の末、「北部琉球《りゅうきゅう》」を「奄美群島」と書きかえさせ武装解除に応じた。この日から、トカラ列島もアメリカ軍政下にはいることになる。すなわちこれまで日本政府や鹿児島県が有し、施行してきた政治権能および活動は、アメリカ軍政府の統轄監督のもとで、大島《おおしま》支庁長の行政権内におくことが定められた（「北部南西諸島命令」第二号）。

そもそも十島《じっとう》村は、明治四十一年（一九〇八）四月、大島郡に島嶼《とうしょ》町村制が施行されたときに発足したが、「二・二宣言」により、上三島からなる十島村と下七島からなる十島村に分断された。

鹿児島県下の上三島では、知事の要請を受けた有志により「鹿児島郡三島《みしま》村」として発足することを決議、二月二十一日に設立内容と役場を鹿児島市内におくことを発表した（初代村長安永幸内《やすながこうない》）。ただし三島村と正式に名乗ったのは、下七島の本土復帰後の昭和二十七年二月十日からである。

軍政下の下七島に対して、昭和二十二年二月三日、知事より各警察署長に対し、「密航船」取締りが令達された。密航船とは、アメリカ軍またはアメリカ軍政官の許可証をもつ船と公海で操業する漁船以外の、「北緯二七度二〇分より北緯三〇度線にいたる水域に出入する船舶」とされた。十島には警察官が駐在していなかったので、各青年団に取締りがまかされた。これでは、奄美と本土間の闇商人を取り締まれるはずもなく、三〇

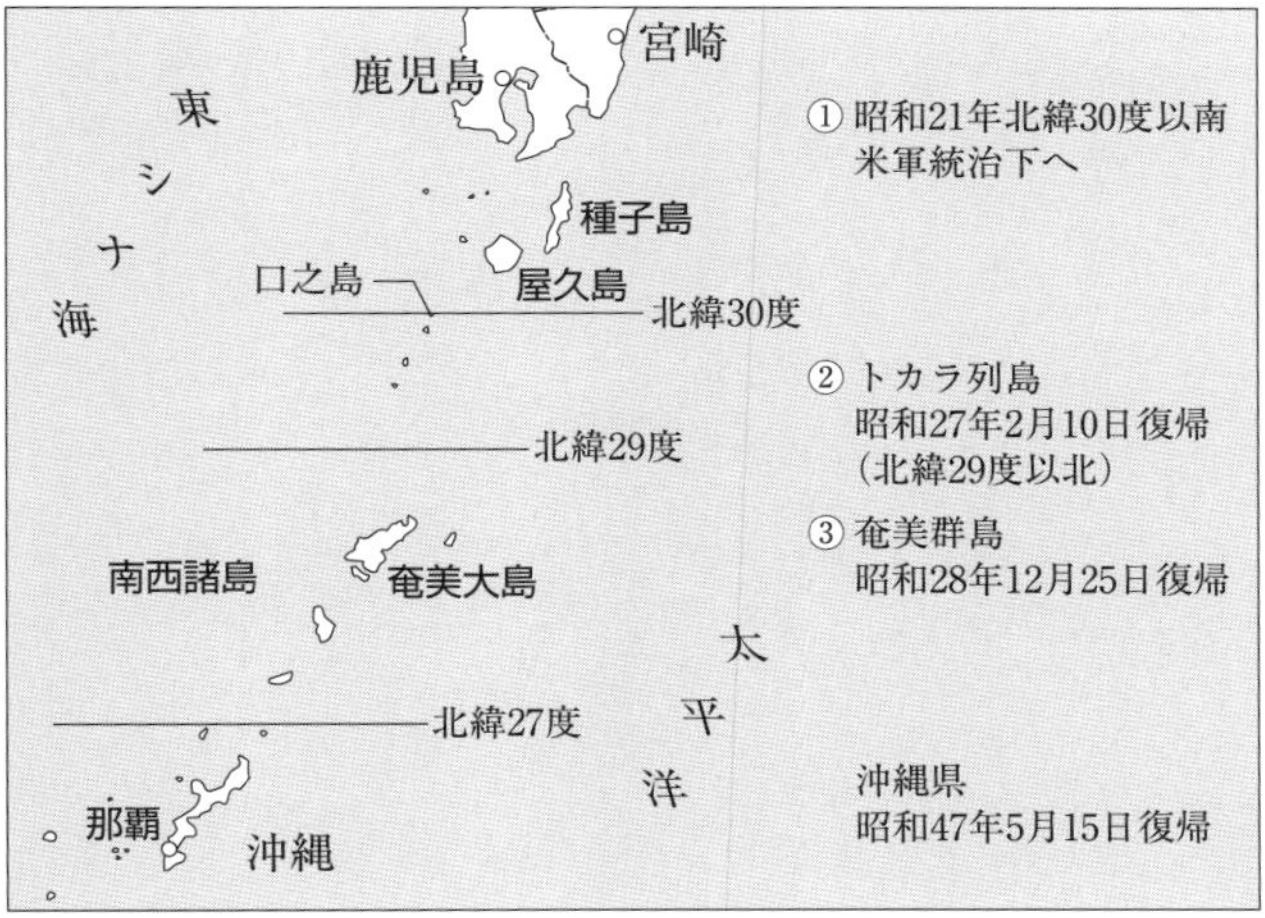

行政分断図

度線上の口之島《くちのしま》は密貿易の拠点となった。一方、巡視船や警備船に発見され、鹿児島から名瀬《なぜ》に送り返され軍事裁判を受ける者もあいついだ。

昭和二十一年七月、十島村の初代村長には文園彰《ふみぞのあきら》が選ばれた。しかし翌年九月、アメリカ軍政府は文園にかわる村長の選挙を指令した。文園村長に絶対服従にもとるなんらかの行為があったのであろう。昭和二十三年六月の統一選挙では大山国彦《おおやまくにひこ》が村長に当選した。

十島村の日本復帰運動は、昭和二十六年二月十四日の奄美大島日本復帰協議会（復協）の結成に始まる。十島村民は奄美群島住民と一体となり、運動を展開した。しかし昭和二十六年七月に伝えられた対日講和条約草案の内容を十島村民は複雑な思いで受けとめなければならなかった。その理由は、「北緯二九度以南の琉球諸島（奄美と沖縄）、小笠原《おがさわら》諸島、その他の南方の島は米国の信託統治下におくというアメリカ合衆国の国際連合に対する提案に、日本は同意しなければならない」とあったからである。

北緯二九度以北の十島村は日本に返還されることが約束されているが、今度は奄美との結びつきが分断されることになる。そもそも復帰運動が奄美や沖縄で高揚しており、アメリカは、その民族的大運動の勢いを殺ごうとしたものと考えられる。

こうして昭和二十六年十二月五日、「北緯二九度以北の琉球

（南西）諸島は、……日本と定義される地域の中に包含される」という覚書がGHQから日本政府に公布された。『鹿児島県史年表』には、「一九五二年二月十日、大島郡十島《としま》村と大島郡三島《みしま》村発足」としている。十二月五日の覚書の内容は、翌年二月一日の政令十三号（ポツダム政令）の公布によって正式に実現したことになる。

復帰後の十島村は、昭和二十八年七月成立の離島振興法に基づき振興がはかられた。その後の村政の課題は、島の公共事業への資金をいかに多く国や県から引きだすかに向かわざるをえなかった。予算獲得の交渉などのため、昭和三十一年四月、これまで中之島《なかのしま》にあった役場が鹿児島市に移された。

予算の大半は、各島港湾の整備と村営船舶の近代化・大型化にあてられた。まず昭和三十二年の口之島・西之浜《にしのはま》漁港の修築から同五十七年の小宝島《こだからじま》港改修まで各島で整備がなされ、村営船は、同二十八年定期船八島丸《やしままる》（木造七〇トン）就航、同二十九年十島丸《としままる》（一六二・九トン）就航、同三十三年第2十島丸（二五三・三七トン）、同四十六年第3十島丸（四九六・七四トン）、同六十年としま（一〇九〇トン）就航と続いた。

港を起点にして各島の生活も改善された。一九七〇年代末、全島に九電の火力発電所ができたことも大きかった。一九八〇年代には電話もほぼ全戸に普及した。しかし、高度成長期に過疎《かそ》化が一挙に進み、昭和四十五年七月二十八日には臥蛇島《がじゃじま》最後の住民六世帯・一九人全員が離島して無人島となった。

奄美群島の日本復帰

北緯二九度以南の奄美群島の日本復帰は、昭和二十八年（一九五三）十二月二十五日、トカラに遅れること一〇カ月余のことであった。

さきに昭和二十年九月二十一日、奄美守備隊長高田利貞少将が、「北部琉球」を「奄美群島」と書きかえさせて降伏したと述べたが、その目的は、奄美群島は鹿児島県に属し琉球の一部ではないことをアメリカ軍に理解させることにあった（「奄美群島返還経緯」外務省アジア局第五課、昭和二十九年）。

■復興から開発振興へ

太平洋戦争終結後も，トカラ列島・奄美群島の独立は遅れ，トカラ列島は昭和27年，奄美群島は昭和28年を待っての日本復帰となった。復興へのスタートが遅れた群島に対し，国や県は奄美群島復興特別措置法を設置するなどして復興をめざした。しかしながら，離島のジェット機就航は，昭和55年の徳之島空港滑走路延長を待たねばならなかったなど，その溝は容易には埋まらないものであった。

◄本土復帰への喜びにわく奄美群島民（昭和28年８月）

徳之島空港►

▼国家石油備蓄基地の第３次立地可能性調査地に決まった志布志湾臨海部

昭和二十一年の「二・二宣言」以来、奄美の日本復帰の動きは、同二十二年八月、郡内二一カ町村の復帰嘆願の決議に始まった。この動きに対して北部琉球軍政長官フレッド＝M・ラブリー少佐は、それを報道した『奄美タイムス』を厳しく叱責している。曰《いわ》く「北部南西諸島が日本に返るというデマを飛ばした者があったため、大島の人民が不安を感じている……北部南西諸島が日本に返るというような一部の人びとの意見は、全く迷惑であり、それは根拠無き希望的考えか、または無意味な私見のいずれかであろう」とのメッセージを『沖縄新民報』は十一月五日に報道した（『鹿児島県史』第六巻上）。

このラブリー軍政長官の姿勢は、五年間におよぶ奄美における軍政を象徴するものであった。アメリカ軍は占領初期の昭和二十一年六月四日、「言論、集会、宗教、組合の自由」を保障する「命令五号（自由令）」をだしていたが、一年半後の同二十二年九月十一日に撤回している（杉原前掲論文）。そのきっかけが市町村長会による復帰要望の決議であった。

その後、昭和二十四年四月、本土奄美連合会から島内に対して署名運動の呼びかけもあったが、復帰の動きが表面化したのは同二十六年からであった。その最大の理由は、昭和二十五年十一月二十四日に対日講和に対する七原則が発表されたことにあった。その第三原則に、琉球や小笠原諸島をアメリカの信託統治下におくことがあったからである。

昭和二十六年二月十四日、名瀬市役所において、社会民主党ほか各団体二九の代表が参加して、奄美大島日本復帰協議会（復協）が結成され（議長は社民党の泉芳朗《いずみほうろう》）、協議会の名のもとに宣言文と趣意書を発表した。

宣言文は、「おもうにわが郷土奄美大島の日本復帰は、民族的に、歴史的に、はたまた文化的にみて、当然実現さるべきものであり、終戦この方二十余万全住民のひとしく望んでいる悲願であります。われわれは、対日講和条約を目前にひかえ、われわれの悲願である日本復帰を、全住民の血の叫びとして、今や何等《なんら》かの形で、全世界幷《なら》びに各種国際的機関にむかって意志表示すべき好機に立たされております……」とある。また趣意書では対日講和の下打合せに来日したアメリカ特使ダレスに本土在住の奄美出身十数万の同胞が復帰願望の意志を表示したことに呼応すべきであることを述べ、この復帰願望は「決して反米思想に立つものではなく、……祖国日本と共にアメリカに協力し、以って世界平和に寄与貢献しようとする国際的親米思想にさえつながるものであり」としていた。

復帰協議会は、三月二十六日、第二回群島議会に「日本復帰に対する議会の意志要望書」を提出、議会も満場一致で日本復帰を決議、三月三十日、決議文を採択した。

この間、復協では、二月十九日から署名運動に取り組み、四月二十五日には全郡一三万九三四八人、一四歳以上の住民の九九・八％の署名が集まった。

しかし、九月八日（日本時間九日早暁）調印されたサンフランシスコ講和条約は群島民の期待を裏切るものであった。同条約第三条は北緯二九度以南の奄美、沖縄諸島および小笠原諸島のアメリカによる信託統治を認めていたからである。第三条には、「日本は……合衆国を唯一の施政権者とする信託統治の下におくこととする国際連合に対する合衆国のいかなる提案にも同意する」とあった。

断食《だんじき》祈願、天皇宛の要請電報、密航陳情などあらゆる手段を駆使しての復帰運動は、大同団結した民族運動であったが、講和条約後の復協は運動方針をめぐって分裂する。

九月中に招集された緊急会議の争点は、「信託統治絶対反対、日本復帰貫徹」の二大スローガンを「日本復帰促進」に一本化するか、否かであった。信託統治の場合、返還には国連の複数の国々の合意が必要となる。

冷戦構造下の国際環境のなかで、もし信託統治になると、占領は五〇年あるいは一〇〇年といった長期間にわたるかもしれない。したがって復帰運動も信託統治反対で盛り上がっていた。翌二十七年十月、この対立の打開案が東京で復帰運動を支えていた金井正夫《かないまさお》から示された。

杉原洋論文（前掲）を要約すれば、「金井の提案は、第三条で奄美・沖縄の信託統治が決まったわけではない。米国が国連に提案しなければよいことである。日米安保《あんぽ》条約による米軍の基地使用権を十分に保証すれば、米国が信託統治の国連提案をする必要はなくなり、早期の奄美復帰が可能になる、というものであった」（筆者要約）。

たしかに、金井がいうように講和条約第三条の撤廃は全調印国の同意がなければ実現できない。また、万一、アメリカが国連提案して信託統治下におかれた場合、それを撤回するのも全会一致でなければならない。結局、昭和二十八年一月十六日、復協は三条撤廃なしには日本復帰はありえない、との主張を退けた。

こうして復帰運動は安保条約に基づく日米関係の強化という日本政府の方針に協力する形で展開することになった。この方針は昭和二十五年から同二十七年にかけて沖縄での基地建設ラッシュとなってあらわれた。この二年間に奄美から沖縄へ五万人余の人が移住している（奄美人口の四人に一人）。沖縄で基地建設に就いた奄美の人の労働条件は最低のものであったため、同二十七年六月「日本道路会社争議」が起きている（杉原前掲論文）。

昭和二十七年一月二十二日、アメリカ上院においてダレス国務長官は、復帰嘆願書を受けて、琉球・小笠原の信託統治問題について、住民は日本への復帰を望んでいる。条約が発効してから、双方満足のいくように最善の方法を研究すべきであると答弁した。この考えは、昭和二十八年八月八日の奄美を日本復帰させるという

「ダレス声明」となって具体化した。ダレス特使は朝鮮訪問の帰途、東京において吉田茂《よしだしげる》首相・岡崎勝男《おかざきかつお》外務大臣との会談後、この声明が発表された（前掲「奄美群島返還経緯」）。

奄美ではすぐにも返還かという期待が高まったが、期日は明示されていなかった。八月末に外務省が東京のアメリカ大使館に問い合わせたところ十一月一日と考え、準備を進めているという答えであった。しかし、実際は十二月二十五日になり、この間、琉球民政府との経済関係（給料支払いなど）がとどこおり、奄美群島民は昭和初期の「蘇鉄《そてつ》地獄（極度の食料不足から蘇鉄からとるでんぷんで飢えをしのぐ）」といわれたような経済的苦境に立たされることになった。またダレス声明直前には、沖永良部島《おきのえらぶじま》と与論島《よろんとう》が奄美から分割されるという憶測も飛びかい、混乱をきわめた復帰のプロセスであった。

平成三年（一九九一）公開された奄美返還の外交文書を検討すれば、ダレス声明の前、昭和二十八年前半には、奄美返還のアメリカの方針はすでにかたまっていたとみられる。なぜ返還が遅れたかといえば、アメリカは日本の防衛力強化をみながら、返還を遅らせて圧力をかけていたと考えられる。再軍備をしぶっていた日本への圧力であろう。奄美は日米間の思惑の違い、外交交渉の犠牲になったといってよい。

3　変わる農村

農地改革

明治の地租改正《ちそかいせい》についで、戦後に行われた農地改革《のうちかいかく》は、農地の保有形態だけでなく、日本の農業構造そのものを根底からくつがえすものとなった。

改革以前の農村を全国的にみると、小作人の占める割合が高かった。農村は江戸《えど》時代の中期ごろから寄生地《きせいじ》主《ぬし》と小作人との分化が始まっていたが、明治以後資本主義の発達の過程で、インフレとデフレの波が寄生地主制を成長させ、一部自作農を残存させながら、小作農がふえていった。政府は日中《にっちゅう》戦争遂行のための食料生産を確実にするため、小作人保護の政策も実施していたが、長期化する戦争は農村から若い労働力を徴兵・徴用で奪い去り、老人・女・子どもだけで生産を続けることはむずかしかった。さらに米の供出制度により現物小作料の大部分は手許に残らず、地主制度は内部崩壊を始めていた。

鹿児島県の農村では、旧藩時代の門割《かどわり》体制が長く残存したためか、自作農または自小作農家が多く、純粋な寄生地主は比較的少なかった。さらに本県の地主の特徴は、旧藩時代に起源をもつ、麓《ふもと》集落を中心とする旧士《し》族《ぞく》による封建的《ほうけんてき》色彩の強い地主的所有が一般的であった。したがって農地改革は、在地の小地主群に田地を解放させるという特色があった。

農地改革について日本政府の取組みは、終戦直後の食料危機が深まるなかで、地主収入の不当性が着目され、改革の必要性が説かれていた。政府は昭和十三年（一九三八）に制定した農地調整法を改正して、二十年十一月の帝国議会に提出したが、議案には反対が多く成立しそうになかった。連合国軍総司令部は地主制を日本軍国主義の温床と考えていたので、同年十二月九日、いわゆる農地解放指令といわれた「農地改革についての覚書」を政府に渡し、指示どおりの農地改革案を提出することを要求した。

指令を厳しく受けとめた政府は、ただちに法案の一部を修正し、同十八日に公布した。第一次農地改正調整法である。要点は、(1)不在地主・在村地主の保有地を五町《ちょう》歩《ぶ》まで認める。(2)現物小作料を金納とする。(3)地主・自作・小作の各層から同数の代表者を選んで農地委員会を設ける、というものであった。政府はただちに実行に移そうとし、市町村でも着手しようとしていたが、対日理事会が反対し、世論も反対であったので、小作料の金納化だけが実施された。

対日理事会ではソ連の国有地案とイギリスの私有地案とで論争が続いたが、総司令部はイギリス案にそった勧告をあたえた。吉田茂内閣はこの勧告を受け入れて、自作農創設特別措置法を公布・施行した。第二次農地改革法案の中核をなすものであった。おもな内容は、⑴在村地主の保有地は一町歩（北海道三町歩）とし、不在地主の保有地はすべて解放する。⑵土地は国家が買収して小作人に売り渡す、ことであった。農地委員会も半数が小作人となり、農地解放を進めるうえで地主側の動きに制約をあたえた。

農地改革では農地の買収売渡しが確実迅速に処理される必要があった。その基礎資料として調査に基づく土地台帳が求められたが、農地委員会は調査の時間がなく、従来の土地台帳と申告書によらざるをえなかった。早くも昭和二十二年三月三十一日に第一回の買収を実施することが指示されると、同年内に第四回までの農地買収が漸次実施された。さきにみた第二次農地改革法案による小作地の保有地は、在村地主一町歩、自小作三町歩の規定であったが、実際には中央農地委員会から解放面積が各府県別に割りあてられ、順次に町村に割りあてられた。本県の場合、当時総司令部が要求した小作地の八〇％を解放するためには、約三万三〇〇〇町歩が見込まれた。逆算すると、在村地主の小作地の保有はわずか七反《たん》歩余になり、自作地と小作地の保有限度も二町歩にとどまった。

買収作業は第一回で予定の約四分の一を達成し、十月の第四回までに七〇％を超えた。その後も買収は続けられ、昭和二十五年の終了直後には、財産税物納地を加えると、予定面積を上回る四万九〇〇〇町歩余になっていた。進行する悪性インフレのなかで、売渡事務は停滞していたが、農林省の強い要望を受けて、市町村農地委員会は努力を重ね、二十三年には約八〇%、二十五年には九九%に達した。小作地解放の結果、従来、本県の耕地の三五%余であった小作地は、九%余に減少し、地主戸数も減少した。そのため不在地主を一掃したことにも大きな意味があるが、在村の封建的色彩の強かった地主対小作人の関係を一掃することにもなった。

講和条約の発効によってポツダム政令は効力を失い、農地調整法ならびに自作農創設特別措置法も効力を失ったので、同法による農地改革は終った。かわりに三法の内容をまとめた農地法が制定され、占領軍の指令による農地改革の諸原則は、独立後も継続されることになった。しかし小作地の解放が独立した自作農を生み出したのではなく、三反歩以下の零細兼業農家が増加したにとどまり、農業立県にはほど遠いものがあった。朝鮮動乱以来、工業労働力が求められると、本県は労働力の供給県となり、農業の近代化は立ち遅れ、県民所得は依然として低かった。

戦後の開拓　終戦後、空爆によって荒廃した国土に海外からの引揚者や復員軍人を迎え、産業界の生産復興も遅く、失業人口は増大した。政府は失業者の帰農と食料増産のために、緊急開拓事業実施要領を決定した。各県は政府の方針に基づいて開拓事業に取り組むのであるが、鹿児島県でもさっそく着手し、開拓地には手近に利用できる旧軍用地や飛行場跡地などの国有地、若干の民有地が選ばれた。当時国営事業としては、農林省の直轄開墾地として、野井倉《のいくら》・屋久島《やくしま》・霧島の三地区があった。

戦後の開拓事業は連合国軍総司令部の指令に基づき、公共事業中の最優先事業として取り上げられたが、計画の不備や入植者に農業未経験者が多かったので、実施には多くの困難があった。開拓用地として当初は軍用地があてられたが、開拓事業用地の主体は民有の未墾地にあったので、土地の取得にも問題があった。しかし農地改革の自作農創設特別措置法が制定され、未墾地の山林原野も国家が買収して開墾者に売り渡す方式が採用されるようになると、かなり容易になった。

昭和二十二年（一九四七）には緊急開拓事業実施要領が修正されて、緊急の二字が消え、本格的な開拓事業に切りかえられていった。入植戸数・増反面積などが縮小され、入植資格も再審査され、成績不良者は開拓地を追放されるなど、開拓入植者の質も強化されていった。二十四年、経済安定九原則に基づいて、国家の超均衡財政策がとられると、開拓事業に対する財政支出は大きく削減され、開拓事業の縮小・引締めがなされた。

朝鮮動乱の勃発を機に、鉱工業の生産が回復して労働力が求められるようになると、失業人口を開拓により帰農させる政策はしだいに重要性を失い、食料増産政策も、効率の悪い開拓事業よりも米麦の増産を中心とする土地改良事業に重点がおかれるようになってきた。そのため開拓事業への補助金は減少していった。それまで県はブルドーザーや水道事業への補助を行ってきたが、もともと生産性の低い土地であるうえに、繰り返される台風災害のために開拓農家の営農は一般的に不安定であり、やがて入植者の離村が始まった。

開拓農業の不振に対して、県は開拓パイロット事業を実施して、事業実施地区に基幹作物を決め、増反とあわせて開拓農業の振興により自立営農をめざすものであった。その後も開拓地の核になる農家育成のため、種々の営農資金や補助金をあたえる助成策をとったが、営業不振のため離農者があいついだ。

肝属郡田代《たしろ》町の稲尾岳《いなおだけ》麓の山岳地帯に、昭和二十一年七月、大島郡与論島出身者開拓団五四戸（一六五人）が入植した。与論島は周囲約二二キロの小島で、耕地面積も狭く農耕には不向きであった。戦時中の国策で、満蒙《まんもう》開拓団の募集に応募した与論開拓団は、十九年、満州《まんしゅう》国錦州《きんしゅう》省盤山《ばんざん》県に入植した。与論島からは一四五戸・六三四人が渡満し、開拓に励んだ。まもなく男は兵役にかりだされ、敗戦の混乱のなかで、婦女子に五〇余人の自決者もでたし、孤児を残したこともあった。

昭和二十一年六月、内地《ないち》に引きあげてきたが、故郷の与論も帰れる状況ではなく、新しい入植地探しが始まった。示された候補地に田代町（現、錦江町）稲尾岳麓があり、薪や水が豊かなこの地に決定した。入植地は標高約五〇〇メートルの雑木林、バラック小屋に寝泊りしながら、総出で木を切り、耕地をふやしていった。開墾地には与論でなく、満州の盤山県にちなんで盤山開拓地と名づけられた。盤山集落の人びとは、厳しい開拓作業を乗りこえ、初め普通作で食料増産をめざしたが、やがて山間の高冷地に適した茶の栽培に活路をみいだした。ヤブキタ種を取り入れ、香り高い「田代銘茶」に育て上げた。全国の茶品評会での評価は高い。

栗野岳高原《くりのだけこうげん》開拓農場に入植した一人に、のちに栗野町長をつとめた薬師寺忠澄《やくしじただすみ》がいる。薬師寺は大正八年（一九一九）大分県に生まれ、第七高等学校造士館《ぞうしかん》から東京帝国大学農学部へ進んだ。卒業後、陸軍航空隊に入隊したが、一年後に終戦となり、除隊後は北海道に渡って酪農家へ住み込み修業した。途中いったん郷里に帰ったが適当な開拓地がなく、ふたたび北海道へ渡り、生活のため久著呂《くちょろ》中学校の教壇に立った。のち知人の世話で埼玉県の農学校の職員となったが、開拓農業への夢はたちがたく、七高生として三年間をすごした鹿児島を訪れた。

鹿児島では磯《いそ》の月泉院《げっせんいん》の世話になり、吉野寺山《よしのてらやま》への入植計画を立てたが、県は寺山の払下げに難色を示した。ようやく栗野岳牧馬育成所跡への入植を許され、薬師寺の開拓生活が始まった。飲料水の確保と牛乳運搬の車道に苦労したが、多くの開拓地がかかえていた問題点であったのだろう。

大浦干拓と南薩畑潅

吹上浜《ふきあげはま》の南端に湾入する大浦湾《おおうら》は、ゆるやかな傾斜で北へ伸び、干潮時には遠くの沖まで干潟《ひがた》となり、絶好の干拓候補地とみられていた。すでに江戸時代から、湾岸の各所で小規模ながら数次の干拓開田がなされていた。明治以後も大浦湾をそっくり干拓しようとする計画が数回あり、県も許可し、農商務省も専門技術員を派遣したりしたが、なかなか実現しなかった。

　昭和十二年（一九三七）に日中戦争が起こると、農業面では食料増産による国内自給体制を確立するため、十四年に戦時食料増産計画が立てられ、次年度から水田造成・暗渠《あんきょ》排水・客土など、耕地の拡張・改良事業が行われるようになった。さらに十六年、農地開発法が制定され、農地開発営団を設立して、大規模な農地の造成や改良が行われるようになった。当時、県下には、野井倉開田・伊佐郡十曽池《じっそいけ》・熊毛郡熊野《くまの》干拓・出水郡出水干拓など、数カ所の干拓開田事業の申請がだされていた。笠沙《かささ》町長の唐仁《とうじん》原等《ばらひとし》は、この機に乗じ念願の大浦湾干拓を実現させようとして、懸命に県や国に働きかけた。努力はむくいられ、昭和十七年度から緊急開拓事業の一環として、農地開発営団によって干拓作業が進められることになった。

大浦干拓

　昭和十七年十二月晦日、大浦干拓事業所が開設され、翌年から笠沙町葉たばこ収納所の事務室を借用して干拓事務を開始した。十八年五月、池辺清蔵《いけべせいぞう》が所長に就任、実直・誠意そのものの人で、地元民の熱意を受けて、生命をかけて干拓事業に取り組んだ人である。工事契約は新川組《しんかわぐみ》とのあいだになされた。町内の近くの山で石材の採取も始まり、町民が労務に就いた。十九年には石工頭《いしくがしら》中本清造《なかもとせいぞう》が着任、まず大浦川延長用の堤防床胴木入れ二〇〇メートルの作業が終った。
　戦局がしだいに深刻化するなかで、セメントなどの資材が不足しはじめ、召集・徴用によって労働力も不足がちとなった。近くの万世《ばんせい》飛行場が空襲にあい、帰るついでに機銃掃射を受けることもあり、人夫の出役は困難とみて工事の中止を求める声もでた。唐仁原町長は工事の続行は労働力の確保にあると考え、町内に出役を説いてまわった。各集落ごとの協力隊が編成され、国民学校六年生以上の労力奉仕もあり、工事の基礎作業は空襲の合間で進められていった。

戦後は昭和二十年九月から工事が再開された。復員軍人・引揚者などで労力は確保できそうだが、食料事情は逼迫し、数度の台風災害に悩まされながらも、二十二年七月、潮止工事が完成した。同年九月、農地開発営団が閉鎖されたので、農林省の直轄事業として継続施行されることになった。塩抜きと客土を行い、三十一年には入植や近在農家の増反がなされ、三十三年に建設工事が終了した。湾奥の第一工区工事である。

第二工区は昭和二十五年度に着工、三十七年潮止工事を実施し、四十年には付帯工事を含むすべての工事が完成し、入植・増反が実施された。第一・二工区とも工事は完了したが、やっかいな問題が生じていた。二十六年四月、笠沙町から大浦村が独立して、三十六年には大浦町となったことである。両町域に囲まれた大浦湾干拓地の境界線をどのように定めるのか、両町の主張は大きく食い違った。しばらく冷却期間をおき、県議会議員や学識経験者の調停によって、境界線は政治的に決まった。広い干拓地をジグザグに走る境界線は、干拓をめぐって両町に分裂した痛みを示しているようにみえる。なお大浦干拓三三〇ヘクタール、造成二七四ヘクタール、入植一〇〇戸、増反戸数二四七戸であった。

枕崎《まくらざき》・知覧《ちらん》・頴娃《えい》・開聞《かいもん》・山川《やまがわ》・指宿《いぶすき》の二市四町（現在は、枕崎・南九州・指宿の三市）にまたがる南薩台地で、農業用水の利用を開発する声が上がったのは、昭和三十九年のことであった。農林省直轄の調査が終り、四十三年度から国営事業としての工事計画が示された。二市四町の畑地六六六〇ヘクタールに、馬渡《まわたり》・高取《たかとり》・集《あつまり》三河川の水をいったん池田湖《いけだ》に集め、池田湖から導水した水を灌漑用水にするとともに、圃場《ほじょう》整備を行い、

鹿児島県下の干拓事業

区　分	地区名	着工年度	干拓面積	造成面積	入植戸数	増反戸数
国営干拓	大浦潟	昭和17年	ha 330	ha 274	戸 100	戸 247
	出水	22年	364	277	0	272
代行干拓	国分(第一工区 第二工区)	20年	73	59	0	102
	谷山(第一工区 第二工区)	25年	158	128	0	865
	熊野	27年	55	43	0	131
補助干拓	垂水	27年	28	23	—	232
	越路	33年	27	21	0	100
	小湊	34年	91	78	0	275
干拓付帯事業	出水					

『鹿児島県史』第５巻による。

近代的な農業への脱皮をはかろうとする土地改良事業である。

国営事業は三河川から池田湖までの導水路工事と、池田湖から畑地へ送水するための揚水場・送水路・調整池を設け、調整池から農地への幹線配水路を建設することであった。国営事業と併行して、県営事業としては畑地灌漑事業計画が決定された。区画整理事業・幹線農道事業・農地保全（排水路）事業などを含み、総称して南薩地区畑地帯総合土地改良事業という。

二市四町の総事業費は一六六億円余、うち国営事業七二億円余、県営事業九三億円余、団体営事業一億三〇〇〇万円余である。国営・県営とも受益者の三分の二以上の同意が必要であったが、国営では八五％、県営事業は七三％の同意をえて、昭和四十八年度から区画整理事業に着手した。畑地灌漑事業は五十三年度から実施され、五十四年度には送水路事業も終り、同年度で国営事業も終了した。

奄振法による奄美の開発

悲願の日本復帰は果たしたものの、群島民の生活はどん底といってよかった。まず分離時代の米軍票（B円）が十二月二十五日から七日間で日本円へ切りかえられた（B円一＝日本円三の比率）。問題は最大の基幹産業であった大島紬《つむぎ》業が衰微していたことである。復帰後数年間の農家の収入は、道路工事やパルプ材伐採などの労賃や、黒糖や米づくりによるわずかなものであった。しかし、昭和三十五年（一九六〇）ごろから生活安定の兆しがみえはじめた。それは国の特別措置法に基づく復興事業の成果であった。

奄美群島の復興は、昭和二十九年六月公布された「奄美群島復興特別措置法」にそって進められた。その第一条に明示された目的とは、奄美群島の特殊事情にかんがみ、その急速な復興をはかるとともに住民の生活の安定に資するために、特別措置としての総合的な復興計画を策定し、これに基づく事業を実施することであった。この法律制定は、その後長く続くことになる高率補助金行政を決定づけることになる。すなわち一〇年後の昭和三十九年三月の「奄美群島振興特別措置法」、さらに同四十九年三月の「奄美群島振興開発特別措置法」、同五十九年三月改正の「奄美群島振興開発特別措置法」と続いた。昭和三十九年以降今日まで続く特別措置法を「奄振法《あましんほう》」と呼び、この法律に基づく事業を「奄振事業」と通称している。要するに、奄美群島だけを対象とする地域特例法に基づいた国の特別な補助事業である。その特徴は、公共事業の高率補助にあった。たとえば、港湾漁港整備の国庫補助率は奄美九〇％、本土四〇〜六六・七％、県営畑総（畑地帯総合農地整備）事業では奄美三分の二、県本土二分の一であった（杉原洋「開発と地域の自立」石川捷治・平井一臣編『地域から問う国家・社会・世界』）。

昭和二十九年度からの一〇年間の復興事業は奄振事業に先立つものである。復興計画の基本方針は、群島民の生活水準を戦前（昭和九〜十一年）の本土なみに引き上げようとするものであった。事業は当初五カ年計画であったが昭和三十二年に一〇カ年計画に改められた。改定にともない、奄美群島復興信用保証協会が同信用基金に改組され、あらたに産業資金の融通がはかられた。復興は公共土木事業を中心に進められ生活水準の引上げもほぼ目標を達成することができた。ちなみに復興優遇策として奄美地域にだけ、黒糖焼酎を乙類なみの低い酒税で製造することが認められた。しかし、昭和三十年代は本土経済の発展が著しかったため、本土と群島民との所得格差は埋められなかった（全国平均の四七・五％）。そこに登場したのが奄振法に基づく奄振事業である。

昭和三十九年度を初年度とする振興五カ年計画は、主要産業の育成振興をはかり、住民の生活水準を鹿児島県本土の水準に近づけることが目標とされた。

高率の国庫補助に基づく公共土木事業はまず交通基盤の整備から実施された。道路・橋梁・港湾・空港の新設改修である。群島の県道の三割一七四キロは復帰当時自動車の通れない悪路であったが、復興事業の一〇年間に八四キロを新設し、一八七キロを改良していたが、振興事業により整備がさらに進められた。

つぎに港湾で大型船が接岸できるのは、昭和三十八年になって名瀬港（三〇〇〇トン級）、徳之島亀徳港《とくのしまかめとく》（一〇〇〇トン級）、古仁屋港《こにや》（一〇〇〇トン級）の三港であった。一〇〇〇トン級が接岸できるようになったのは和泊港《わどまり》（昭和四十五年）、徳之島平土野港《へとの》（昭和五十四年）、与論茶花港《ちゃはな》（昭和五十四年）であった。

空港は戦争中、喜界島《きかい》と徳之島に軍用飛行場があったが、昭和三十四年喜界島飛行場が整備され、大島本島の奄美空港（昭和三十九年）、徳之島（昭和三十七年、昭和五十五年ジェット化）、沖永良部（昭和四十四年）、与論（昭和五十一年）、喜界空港（昭和四十三年）と開港された。

土地改良、干拓事業なども進められ、群島の農業生産額は昭和二十九年の二八億円が同四十年には七五億円に達した。糖業では、昭和四十年には作付面積で四六％、生産額で四七％の伸びをみせている。これは昭和三十四年、国が国内甘味資源自給力強化総合対策を打ち出したためである。一つには国内糖が外国産輸入糖に対抗するため、サトウキビの買入れ価格を政府が高く保証したことがある。昭和三十四年から各島に大型の分蜜製糖工場も設置され、産額が昭和四十年度には分蜜糖八八万一〇〇〇トンとふえた。

大島紬の生産反数は、復帰当時戦前の一二・二％の三万三〇〇〇反であったが、昭和四十年には一五万二〇〇〇反（戦前の五八・八％）までもちなおした（平成二十三年は一万反以下に激減）。

そのほか、畜産（和牛・豚）、林業（チップ生産・木炭・しいたけ）、水産業（かつお節・瀬物・真珠《しんじゅ》養殖）など諸分野での振興がはかられた。

昭和三十九年度から平成十五年度まで四〇年間に実施された奄振事業が、奄美の狭義の社会的共通資本の整備に果たした役割は絶大であったといえる。

その事業費は、「振興計画」の一〇年に四三八億円（国費二二一億円）、「振興開発計画」の一〇年には三一七一億円（国費二二六四億円）に増加している。復興事業の一〇年間も含めて日本復帰から平成十年までの四五年間に一兆四四〇〇億円（国費九二四三億円）に達している。

「奄振」がめざした本土との所得格差是正についてみると、もっとも格差が縮小した昭和五十四年でも国の水準の六九・二％、平成八年が六五・一％であった（県民所得との比較でも九一・〇％〈昭和五十四年〉、八七・五％〈平成八年〉）。

人口についてみると、復帰直後に沖縄からの引揚げで一時的に増加したが、奄振事業の四〇年間の人口流出は激しかった。一五～六四歳の生産年齢人口は三一％減少、総人口では三分の一が島外に流出した。これにともない、高齢化が進み、平成七年、六五歳以上の高齢化率は二二・九％となった（全国平均一四・五％）。

奄振に基づく振興開発の功罪として、高率補助金に依存する財政構造の定着、公共土木事業への過度の依存によりかえって産業の自立的な発展が阻害されたこと、さらに奄美固有の生態系や環境破壊が進んだことなどが指摘されている（杉原前掲論文）。

アマミノクロウサギの生存裁判が提訴されたのも生態系への脅威を警告するものであろう。奄美のもつ第二の社会的資本、島唄《しまうた》のもつ教育機能、頼母子講《たのもしこう》の相互扶助金融システム、第三の社会資本としての自然生態系の保護などの認識が高まりつつある。

4 産業の復興

戦災復興計画

鹿児島県に巨大な軍需《ぐんじゅ》工場はなかったが、鹿児島大空襲の項でもふれたように、各地に飛行場があり、本土決戦に備えての師団《しだん》や旅団《りょだん》が野営していたので、鹿児島市をはじめ地方の町村にいたるまで、全県下にアメリカ軍の空襲による被害を受けた。空襲の多くは艦載《かんさい》機による小型爆弾や焼夷弾《しょういだん》投下と、機銃掃射であったが、戦前の木造住宅は燃えやすく、焦土と化したところが多かった。

空襲の被害が県下各地におよんだころ戦争が終った。廃墟《はいきょ》のなかでバラック建ても立ちはじめたが、新しい街づくりも進められることになった。戦災復興には膨大な事業費を必要とするので、単独の市町村でできるものではない。国をあげて取り組むことになった。昭和二十年（一九四五）十一月、内閣総理大臣直属の機関として戦災復興院《ふっこういん》が設置され、復興計画の作成と実施を推進することになった。土地の区画整理を実施するために、戦前に制定され一部実施されていた都市計画法を改訂して、二十一年九月、特別都市計画法が制定された。

近代的な都市計画は、明治二十一年（一八八八）東京市区改正条例が公布されたことに始まる。この法令は改正のたびに地方都市へ、さらに市以外の町村へも適用を拡大されていった。鹿児島県では中川望《なかがわのぞむ》知事時代の大正十二年（一九二三）に、全国二四の都市とともに鹿児島市が都市計画法適用都市となった。都市計画地方委員会はまず鹿児島市の街路計画や都市計画公園などを可決し、昭和八年に法が改正されると、翌九年からは地方の町村を指定していった。しかし区画整理事業を大々的に行ったのは、指宿・川内《せんだい》・鹿屋《かのや》だけで、多くは戦災復興計画によって再出発することになった。

昭和二十一年五月、特別都市計画法が制定され、鹿児島・川内市、串木野・阿久根《あくね》・加治木《かじき》・枕崎・山川・垂水《たるみず》・東市来《ひがしいちき》・西之表《にしのおもて》町の二市八町に適用され、のちに鹿屋市が追加されたが、鹿屋市と東市来町は同法に基づく復興を実施しなかったので、実施されたのは二市七町であった。特別都市計画法が適用された市町村では、復興計画を立てる区画整理委員会、保償審査会などの機関が設けられ、市街地は用途によって商業地域・工業地域・住宅地域に大別された。街路計画は各地とも従来の国道・県道・港湾・国鉄の駅などを基盤として、市内主要地域とのあいだが結ばれた。将来の発展を予想しての主要な街路が整備されると、次に生活道路もおされ、新しい規模の区画整理が実施された。区画整理のなかで公園や墓地なども整理統合されていった。

市街地の九割以上に戦災を受けた鹿児島市の復興を実施したのは、最後の公選から初代の民選市長となった勝目清市長である。勝目は壮大な街路構想で臨んだ。焼け跡にバラック建てが立ちはじめていたが、本格的な家屋が建築される前に、形だけでも道路をとおすために計画は急いで立てられた。道路予定地は買収でなく換地によった。平均四分の一が減ったうえに、先祖伝来の住みなれた地から、とくに中央区から周辺の地へ換地された者は反対が多かった。換地を急いだ結果、鹿児島市の区画整理は名古屋市などの三市とともに、日本で最初に認められた。中央区の整理は早く終ったが、市内全域の実施には時間がかかった。

完成するのは遅くてもよいと考えた勝目は、急いで形だけの街路をとおした。メインは鹿児島駅から西鹿児島駅までの道路を、従来の幅一八メートルを二倍の三六メートルとし、最大五〇メートルとした。広場の少ない鹿児島市では、高見馬場《たかみばば》電停から天文館《てんもんかん》付近にかけて、祭りやデモに利用されるようになった。道路の側溝には材料の豊富な石材を利用し、街路樹を配し、道路中央に砂利をしいただけの道路であった。コンクリート舗装は昭和二十五年ごろからなされはじめた。鹿児島市役所裏の通りをみた一市民が、「勝目さあは、人も通らん、ペンペン草が生えてる、バカ広い道を作って」と批判した。当時は人も車も交通量が少なかった。

区画整理事業のなかであらたに公園用地が確保された。戦前からの城山《しろやま》・祇園洲《ぎおんのす》・天保山《てんぽざん》公園などに加えて、甲突川《こうつきがわ》両岸に平均幅二五メートルの緑地公園が設けられ、ほかに運動公園・児童公園などが増設された。西鹿児島駅前と新屋敷《しんやしき》町の広場や各地の小広場は、広場本来の目的からはずれてしまったが、道路が放射状に交錯することから、交通の緩和に役立てられるようになった。区画整理中にけがの功名となったのが、新制中学校敷地の確保である。多くの都市では用地確保に苦労したようであるが、鹿児島市では換地策のため、都合よく敷地を準備することができた。

復興計画は昭和二十五年度で終る予定であったが、実際には三十四年度まで延びた。しかしその後も区画整理は続けられ、終るのに三六年の歳月を費やした。鹿児島市は、四十年十二月四日、高見橋下流の甲突川左岸緑地公園に「戦災復興二十周年記念碑」を建てた。さらに五十七年、山之口安秀《やまのくちやすひで》市長は「戦災復興記念碑」を追加し、表に碑文を、裏に実施工区（草牟田《そうむた》・城西《じょうせい》・武《たけ》・中洲《なかす》・鴨池《かもいけ》・上荒田《うえあらた》・中郡《なかごおり》・宇宿《うすき》・下荒田《したあらた》・城南《じょうなん》・中央・上《かん》町《まち》の一二工区）を地図にきざんだ銅板のレリーフがはめこまれている。表の碑文には、鹿児島市は、太平洋戦争末期における昭和二十年三月十八日以来、八回の空襲により、実に市街地の九十三パーセントを焼失し、焦土の中で終戦を迎えた。

それから三十六年余、現在の市街地は、縦横にのびる明るい街路、緑あふれる広場、紺碧《こんぺき》の空に林立するビル群、そして五十余万の人口を擁する南日本最大の雄都として発展してきている。

この繁栄の原動力となったものは、画期的な戦災復興事業であり、その難事業をよく完遂し得たのは、灰燼《かいじん》の中から復興の意欲に燃えて立ち上った全市民の一致協力と、関係者のなみなみならぬ努力とにほかならない。

ここに、永年にわたる歴史的な本事業の収束を記念し、鹿児島市が将来ますます発展するよう祈って、この碑を建てる。

昭和五十七年三月

ときざまれている。

まつもと荘事件と売春防止法

明治維新《いしん》以来、廃娼《はいしょう》運動は八〇余年にわたって続けられてきたが、ようやく昭和三十一年（一九五六）に売春防止法が制定され、翌年四月から施行された。日本の公娼《こうしょう》制度の廃止は、昭和二十一年一月二十四日、連合国軍総司令部の指令によって決定されていた。しかし業者の巻き返しや赤線《あかせん》・青線《あおせん》などによる売春行為が行われて、実施は一〇年以上も引き延ばされていた。その実施に一役演じたのが、鹿児島市で起こったまつもと荘《そう》事件である。

鹿児島市の遊郭《ゆうかく》街は初め大門口《だいもんぐち》付近にあり、料理屋の名目ではあったが、実は女郎屋《じょろうや》であったことから市民にきらわれ、明治九年（一八七六）に大門口の料理屋は廃止され、あとに牛肉屋や鰻屋《うなぎや》ができて繁昌した。その後、現在の鹿児島駅近くの海岸べりに遊郭があったが、鉄道（肥薩《ひさつ》線）の開通によって鹿児島駅の設置場所になったことから、鹿児島市の玄関口にふさわしくないとして、新屋敷に移され沖之村《おきのむら》遊郭街となっていた。

連合国軍総司令部の指令がだされた昭和二十一年、鹿児島では一部の女性が解放されていた。三月九日、進駐《しんちゅう》軍のバリー軍政官が沖之村遊郭街の女性たちに、公娼制度廃止の指令を伝えた。進駐軍の威力が絶大なころである。一三の楼主《ろうしゅ》たちは指令に従って、一八三人の全娼妓《しょうぎ》の前借金を帳消しにした。その総額は九八万円にもなっていたという。娼妓たちのうち約半分の八九人は楼をでて自由の身となった。あとの九四人は楼主の恩義にむくいるため、雇女として楼に残った。沖之村遊郭街は表向き旅館と料理屋になったが、貸席業が復活し、赤線地帯として公認されていた。赤線地帯として売春が残ったのは、あいまいさを残した政府の態度にもあった。政府は指令を受けて公娼を廃止する方針であったが、十一月の次官会議では、社会上やむをえない必要悪として、特殊飲食店の名のもとに、貸席業の存続が決定されたのである。いわゆる赤線区域として生き残った。総司令部が日本政府のとった策を許したのは、アメリカ軍の兵士が大量の売春婦を必要としていたからである。

戦後の廃墟から立ち上がり、朝鮮動乱後の好景気に支えられて、徐々に好景気の波が地方都市の鹿児島にもおよびはじめた昭和二十九年、鹿児島市鴨池町の旅館まつもと荘で、女子高校生やデパートの店員らを含む十数人が売春行為をしていたことが発覚した。旅館の経営者は鹿児島市の土建業者の妻（当時三四歳）名義であった。警察の調べによると、土建業者と妻の二人は、旅館業とは別に、夫の経営している建設会社の社員募集の名目で、未成年を含む約一〇人の娘たちを集め、旅館での宴席などにだして接客行為をさせていた。さらにこれらの娘たちを通じて、女子高校生やデパートの店員らに、アルバイトと称して売春行為を強制していたのであった。

事が発覚すると、二人は児童福祉法違反と醜行《しゅうこう》勧誘容疑で鹿児島地方検察庁に送検された。売春の相手方は土建業者のほか、県土木部の幹部、町村長、市内の知名士などであった。そのため指導的立場にある人たちのいかがわしい行為として、市民の批判をあびた。その後の追及で、事件は県土木部の汚職事件にまで発展し、土木部と土建業者との癒着《ゆちゃく》も明らかにされた。

一方、女性の政治意識も高まり、国会に送り込まれた神近市子《かみちかいちこ》・藤原道子《ふじわらみちこ》・戸叶里子《とかのさとこ》・市川房枝《いちかわふさえ》・宮城《みやぎ》タマヨらが廃娼運動に取り組んでいた。そこに起こったのが、まつもと荘事件である。調査に来鹿した神近市子・市川房枝らの女性国会議員によって、国会で「人権を無視した犯罪」と厳しく追及され、売春禁止法の制定を望む声が高まった。この間、赤線の人身売買を攻撃したレポートや、『朝日新聞』の特集記事も貢献するところが大きかった。また全国三〇団体からなる売春禁止法制定促進委員会の結成も、側面から運動を支えることになった。長いあいだの廃娼運動の歴史のなかで、まつもと荘事件は世論を高める起爆剤となり、昭和三十一年六月、画期的な売春防止法として成立した。

売春防止法は、主として売春業を処罰する刑事処分と、女性保護行政の確立とを二本の柱としている。しかし、同法は「ザル法案」と呼ばれ、単純売春を禁止せず、「ひも」の処罰規定もなく、特定者との契約も防止の対象とならず、ソープランドなど法の目をくぐっての売春は今日でも行われている。

集団就職列車

昭和三十一年(一九五六)三月三十日午前八時三十八分、鹿児島駅から蒸気機関車に引かれた六両編成の列車が動きだした。乗客の大部分は学生服の少年やセーラー服の少女たち三五〇人で、途中乗車をあわせると六〇一人になった。このときから四十九年の最終便まで毎年編成され、計一四万人以上を名古屋・大阪・東京方面へ運んだ集団就職臨時列車、鹿児島県ではじめて、全国でもはじめてという試みの集団就職臨時列車がこの日出発したのであった。これまでは上り急行「きりしま」などで若者たちが鹿児島を離れていたが、専用列車を生み出した背景には、戦後の日本経済の成長があった。

昭和二十五年六月勃発した朝鮮動乱に、日本は国連軍の基地となり、戦略物資の多くが日本で調達され、特《とく》需《じゅ》景気にわいて戦後経済は立ちなおった。成長を続ける日本経済に、三十一年には神武《じんむ》景気の言葉も生まれた。好景気は続き三十五年には国民所得倍増計画も閣議決定された。太平洋ベルト地帯に石油コンビナート・製鉄・造船・火力発電などの工業を集中させ、道路・鉄道・港湾などの産業基盤を整備して、資源のない日本の工業立国をはかろうとするものであった。

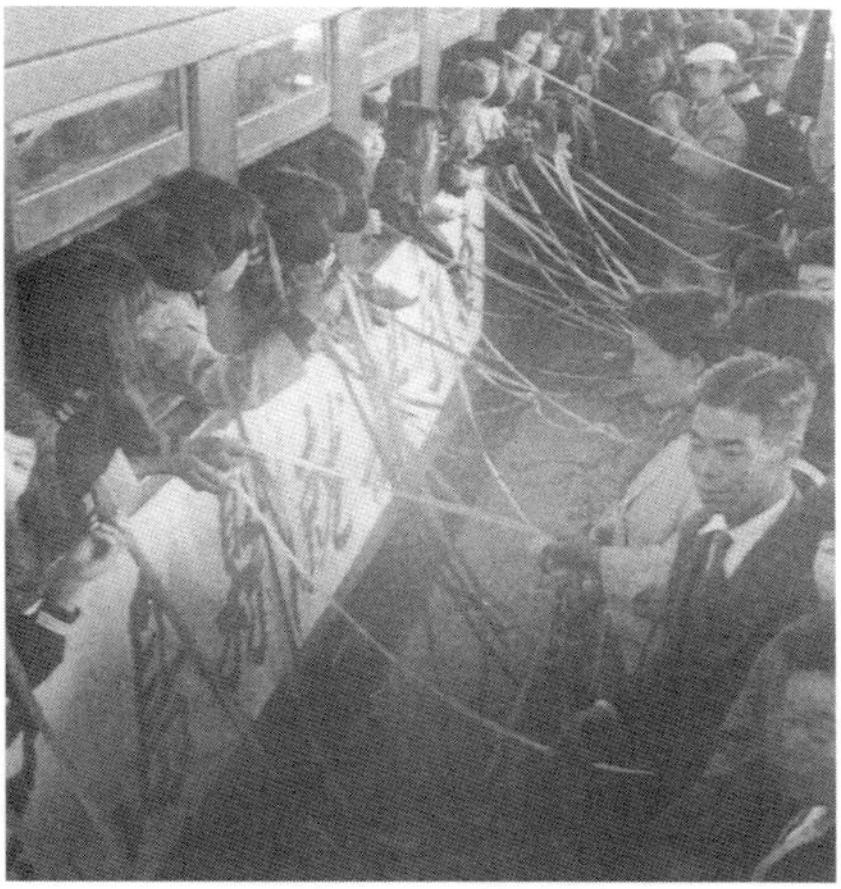
集団就職臨時列車第１号の出発（昭和31年）

太平洋ベルト地帯の工業労働力として求められたのが中卒者であった。若年労働者の大半は女子で、名古屋・大阪の紡績工女、男子は機械工・店員見習など就職先は多様であった。鹿児島県は農業県とはいえ、農地改革後の自作農家戸数は、昭和二十六年専業・兼業あわせて二四万三〇〇〇余戸、農家人口一二九万余人、五反未満の農家が六〇%を超えていた。江戸時代の門《かど》割《わり》制度下の経営規模より狭かった。農業人口を減らせ、三十五年の県経済振興計画に、「本県農業の体質改善のためには、農家戸数、農業人口の積極的減少をはかる」方針が立てられていた。県下農業経営の適正化をはかるために、職業紹介活動の強化、県外労働市場の開拓、海外移民の促進などが掲げられた。

県外への出稼ぎによるわずかな送金は、貧しい農家の現金収入を支え、口減らしにもなった。中卒者の多くが高校進学の夢を断たれて集団就職列車に乗った。職業安定所は就職者の輸送を日本交通公社の手に委ねた。これまでまちまちであった臨時列車の運行や諸雑費など、労働省の指導もあって交通公社が担当して、全国同一規模で行われるようになった。

集団就職の波は学校教育へも影響をあたえた。国の産業教育振興法が制定されると、県教育委員会には産業教育課が新設され、職業に就くために必要な知識・技能を習得させる教育が始まった。学校現場では中学三年生になると、高校をめざす進学生と就職コースに分かれていた。そのころ県内中卒者の進学率は五〇%をわっていた。高校へ進学する者も、就職率のよい工業系・商業系に進み、農村地区では普通科が敬遠されていた。大学進学にも理科系偏重が続いた。

昭和三十年代の高度成長期の求人攻勢は、三十九年をピークにして集団就職者は減りはじめた。三十三年には進学率が就職率を追い越し、その後も上昇を続け、三十六年に五〇%、四十六年に八〇%を超えた。「金の卵」と呼ばれた中卒者の職場は限られ、多くの職種が高卒以上を要求したこともあって、進学率は上昇し続け、現在(平成二十二年)は九八・七%に達している(全国平均九八・四四%)。

各学校には就職担当者がいた。求人側の出張者は職安だけでなく、学校を訪問して次の卒業生を確保しようとした。学校の担当者も夏休みを利用して職場訪問にでかけ、卒業生を激励したり後輩の採用を頼み込んだりした。やがて集団就職者の姿が、最初の職場から消えはじめた。最下級の単純肉体労働者として迎えられた彼らは、高卒者が事務職で入社すると、中卒者のコンプレックスが芽生えて転職する者が多くなった。

深い専門知識を必要としない単純労働では三〜四年もするとベテランの域に達するが、そのころが離職の転機であった。企業側でも賃金の安い次の労働力を必要としていたので、使いすてられた労働力を引き止めることはなかった。中卒の集団就職者たちが、安定と高収入を求めて転職しようとしても、より労働条件の劣悪な職場が待っていることは明らかであった。それを避けるために、男子は自衛隊に応募することができたが、女子は高給だけを求めてバーなどの水商売に変わる者がでた。ひところ名古屋の繁華街柳ヶ瀬《やながせ》では、鹿児島県出身の紡績女子従業員から転じたホステスたちが話題を呼んだ。

県外に就職した若者の多くは郷里に帰ってこなかった。鹿児島県の人口は五十五年の二〇四万人をピークに、毎年ほぼ二万人が減少して一七〇万人台に落ち込んだ（平成二十六年十一月の推計人口は一六六万九〇五三人）。農村は農産物の売行不振に加えて、過疎《かそ》・高齢化・後継者難を迎えることになった。都市への人口集中化は地方都市でも同じ傾向をみせ、農村の人口はさらに減少した。生産年齢人口（一五～六〇歳）が極端に少なくなった農村では、集団就職列車は昔語りになってしまった。

5　戦後の社会と文化

学制改革

日本の教育制度の基礎は、明治十九年（一八八六）、当時の文部大臣森有礼《もりありのり》が定めた学校令《がっこうれい》にある。その後社会の情勢変化に応じて数回の改正があったが、大改革がなされたのは戦後のことであった。

連合国軍総司令部が発令した五大改革の指令の一つに教育の自由化があった。学校では修身《しゅうしん》・日本歴史・地理の授業が一時禁止され、アメリカの教育使節団の勧告により、昭和二十二年（一九四七）二月、従来の教育《きょういく》勅語《ちょくご》にかわる新しい教育理念として教育基本法が制定され、義務教育が六年から九年に延長された。同時に制定された学校教育法により、四月から六・三・三・四の新学制が発足した。

新しい教育制度にどのように移行すればよいのか、はじめの六は国民学校を小学校に戻せばよかった。次の三・三は、旧制中等学校を後半の三として高等学校へ昇格させ、前半の三には高等科をあて新制中学校とした。昭和十六年、ナチスドイツの体制にならって尋常《じんじょう》小学校を国民学校初等科、希望者だけが進学していた高等小学校を国民学校高等科と変え、二年間の義務教育としていた。当時の小学校卒業生は、旧制の中学校・高等女学校や工業・商業・農業などの中等学校進学者以外は、高等科まで二年間の義務教育が延長されていたのである。新制度ではこの高等科の施設や職員を利用し、生徒の就学年限を一年延長し、全員が就学する男女共学・義務年限三年の中学校を創設することになった。新一年生を迎えると、高等科生が二・三年生に編入された。国民学校の初等科と高等科は多くの場合、同一敷地内にあったので、初め新制中学校は小学校と同居共用の学校が多かった。ただし小学校卒業生の進学率が高い都市部では高等科が少なかったので、戦災を受けた都市部では、旧制中等学校や教育施設などの間借り校舎で出発した学校もあった。県下の新制中学校は、本校二二三校、分校七〇校で発足した。

旧制中等学校を昇格させた新制の高等学校は、男女共学の原則に従って、中学校と高等女学校を合併させて修学年限を三年とした。二年ほど併設中学校がおかれていた。昭和初期までに中学校・女学校が増加したことは前に述べた。さらに戦争中にかけて、実科高女から高等女学校へ昇格したり、町村立から県立に移管がふえていた。昭和二十二年四月、旧制中等学校四・五年生は新制高校一・二年生となり、旧制中等学校卒業生の希望者は三年生に編入された。旧制中等学校二・三年生は新制中学校への編入はなく、旧制中等学校の併設中学校生として、卒業すると希望によって新制高校へと進んだ。二十五年四月、新しい中学卒業生を迎えて、鹿児島県では男女共学の新制高校が定着したが、全国的には男女別学を貫きとおした普通科の高校も多かった。

各市町村には、昭和十年の青年学校法で設置された青年学校があった。新制度に組み入れるために、全日制高校に対して週四日または夜間部の定時制高校を発足させた。多くは全日制に併置されたが、単独校も三八校あり、全日制とあわせて八四校を数えた。しかしその後の社会情勢の変化により、しだいに定時制高校は全日制へ切りかえられたり、廃止統合されたりして大部分が姿を消した。

新制高校は初め自治体（市町村）に一校とされていたので、鹿児島市にあった県立高校は、鹿児島工業・二高女・一高女・二中・一中を合併して鹿児島高等学校と称し、順に第一部から五部までの部制であったが、卒業生を一回だしたあと、三部と五部、二部と四部が合併して鶴丸《つるまる》高校と甲南《こうなん》高校になった。一部は男子校の工業高校として出発した。

高等教育機関としては、戦時中の昭和十八年に県立医学専門学校が開校し、師範学校は県立から官立に移管され、十九年には鹿児島高等農林学校を鹿児島農林専門学校、鹿児島商業高等学校を鹿児島経済専門学校、青年学校教員養成所を青年師範学校と改称していた。

国立鹿児島大学は昭和二十四年、第七高等学校を文理学部、鹿児島師範学校・青年師範学校を教育学部、鹿児島農林専門学校を農学部、鹿児島商船学校跡に創立された鹿児島水産専門学校を水産学部に改組して、当初四学部で発足した。初めキャンパスはそれぞれの学校があった山下《やました》町・下伊敷《しもいしき》町・上荒田町・下荒田町に分散していたが、二十七年文理学部の大火をきっかけに、文理学部と教育学部は上荒田町の農学部敷地に移転した。

一方、昭和二十二年に四年制の県立医科大学が発足していたが、教育制度改変の波のなかで、県立の医学専門学校と工業専門学校を合併して医学部と工学部の鹿児島県立大学が発足した。その後二十七年の大火で医学部の附属病院（旧県立病院）が全焼したのを機に国立《こくりつ》へ移管され、鹿児島大学の医学部と工学部になった。工学部は下伊敷から上荒田に移転し、医学部は文理学部が上荒田に移転した跡地、旧七高跡に移転した。私立では鹿児島経済専門学校が二十三年鹿児島商科短期大学となり、三十五年には四年制の鹿児島経済大学となった。

昭和二十二年四月、県立第一高等女学校の専攻科が独立して女子専門学校となった。翌二十五年四月、鹿児島県立大学短期大学部となっていたが、県立大学の国立移管後、短期大学部は伊敷に残って、三十三年から英文科・家政科・商経科からなる鹿児島県立短期大学と改称し、女子教育の一端を担うことになった。家政科卒業生の生活改善普及員は、戦後の農村婦人を指導して、竈《かまど》の改善など農村の近代化に大きな役割を果たした。

ロケット基地の建設

宇宙開発のために人工衛星による観測は貴重なデータを提供してくれる。人工衛星を打ち上げるためにはロケットが必要である。日本では軍事用のロケットを転用する方法がないので、実験は初歩からの着手であった。日本のロケットといえば、東京大学生産技術研究所で糸《いと》川英夫《かわひでお》教授が、昭和三十年（一九五五）にペンシル・ロケットの発射実験に成功したことに始まる。長さ二三センチの小さな固体燃料ロケットであったが、その後の開発のための貴重なデータを残してくれた。東大は以後、秋田県道川《みちかわ》で宇宙観測を続けていたが、ロケットの性能が向上し、北朝鮮・シベリアに落下する恐れがでてきた。

昭和三十七年六月、太平洋に面した内之浦町《うちのうら》（現、肝付町《きもつき》）の長坪《ながつぼ》台地に実験場が移され、鹿児島宇宙空間観測所が開所した。同年二月の起工式に打ち上げられたOT75S型ロケットは、全長一・六八メートルの小型であったが、しだいに大型化し、カッパ、ラムダ、ミューへと進んで、五十五年末までには二六一機のロケットが打ち上げられた。

昭和四十五年二月十一日、東京大学宇宙航空研究所内之浦の鹿児島宇宙空間観測所から、ラムダ4S5号機が打ち上げられた。これまで四回失敗したあと、この日搭載《とうさい》されていた人工衛星が軌道に乗り、日本ではじめての人工衛星「おおすみ」が誕生し、日本はアメリカ・ソ連・フランスに続いて世界で四番目の衛星保有国になった。翌四十六年には初の科学衛星「しんせい」が誕生、その後も科学衛星を含め、五十五年までに一二個の衛星が打ち上げられた。五十六年四月、実験場は各大学の共同利用研究施設として、文部省宇宙科学研究所と改称された。

ロケット実験場の設置によって、「陸の孤島」とも呼ばれていた内之浦町への道路が漸次改良された。鉄道などによる震動がないことが、ロケット実験場の条件の一つにあったように近くに鉄道はない。三二キロ離れた高山《こうやま》駅から搬入していた。高山から志布志湾《しぶしわん》岸沿いに太平洋岸を走る道路は、実験機材を安全に輸送するために、カーブが削られ、陸橋がかけられ、所要時間も短縮された。

内之浦でのミュー１型ロケット１号機発射風景（昭和41年10月31日）

鹿児島県には内之浦町のほかに、もう一カ所ロケットの発射場ができた。科学技術庁宇宙開発事業団が発射場として種子島《たねがしま》を選定し、昭和四十一年九月には竹崎《たけざき》射場の建設工事に着手した。こんな近いところに、直線距離にして一〇〇キロも離れていない場所に、なぜ二つの発射場が必要なのだろう。ニュースを聞いた鹿児島県民の多くはそう思った。

日本の宇宙開発は科学研究と実利用の二つの分野に分かれて推進されてきた。科学研究を文部省所属の宇宙科学研究所が、内之浦の実験場から衛星を打ち上げ、天体観測や宇宙の謎の解明に取り組んできた。実利用は科学技術庁が担当することになった。担当省庁の違いが二つの実験場を生むことになった。種子島の宇宙センターからは実利用向けの衛星が打ち上げられることになった。

ロケットの燃料として宇宙航空研究所が使用したのは固体燃料ロケットであった。科学技術庁では液体燃料ロケットの研究から始めた。両者には一長一短があり、一概にどちらがすぐれているとはいえないが、大型を必要とする実利用の衛星を打ち上げるためには、性能が高く、必要に応じて推進力を断つことができる液体燃料ロケットが必要であった。実際の衛星の打上げには、両者の特徴をいかして組み合わせているが、一般には液体燃料ロケットが主で、固体燃料ロケットは補助的な役目に使われることが多い。

種子島の竹崎射場からは、昭和四十二年三月第一回打上げ実験の予定であったが、漁業関係者の反対により中止されたので、最初のロケット打上げは、四十三年九月の気象観測用SBロケットであった。竹崎発射場では小型ロケットは発射できたが、大型化するロケットの発射地として大崎《おおさき》射場の建設工事が着手された。技術的にも、衛星打上げのために宇宙開発事業団が最初に開発しようとした四段ロケットはQロケットと呼ばれたが、第三段だけに使用した液体燃料ロケットの能力が不十分で、静止衛星の打上げはむずかしいことがわかったので、新しいNロケットへ計画が変更された。Qロケットによる打上げは成功せず幻のロケットで終った。Nロケットはこれまでの純国産ロケットの技術でなく、アメリカのロケットの技術を取り入れた三段式のロケットであった。Nロケットによる数回の燃焼試験のあと、五十年九月、N—Iロケット一号機による技術試験衛星I型で「きく」の打上げに成功した。

その後もアメリカの技術を利用しながら、ひまわり・さくら・ゆりなどの衛星をつぎつぎに軌道に乗せていった。Nロケットは大型の三五〇キロ級静止衛星を打ち上げるためであり、実験に成功すると、科学技術庁では自主技術の育成をめざし、H—IIロケットの開発に取り組んだ。H—Iロケット一号機による測地実験衛星「あじさい」は昭和六十一年八月に打ち上げられた。その後も通信衛星・気象衛星・放送衛星などが実用に供され、将来に備えてのJ—Iロケットの研究が進められている。

門倉岬《かどくら》から遠望する茎永《くきなが》一帯に散在する宇宙開発事業団の種子島宇宙センターは、八六四万平方メートルの敷地に、小型ロケット打上げの竹崎射場、大型ロケット中心の大崎射場、増田《ますだ》追跡管制所、野木《のぎ》レーダーステーション、光学研究所、宇宙開発展示館などがある。かつて鉄砲《てっぽう》伝来で知られた種子島は、外来文化を受け入れて国産化に成功した。平成十五年（二〇〇三）十月、日本の航空宇宙三機関の文部科学省宇宙科学研究所（ＩＳＡＳ）・独立行政法人航空宇宙技術研究所（ＮＡＬ）・特殊法人宇宙開発事業団（ＮＡＳＤＡ）は、宇宙航空研究開発機構（ＪＡＸＡ）に統合され、ロケット基地種子島は、内之浦とともに宇宙研究の先進基地としての役割を果たしている。

ユニークな図書館活動

昭和四十年代、鹿児島県立図書館の活動がマスコミで取り上げられ、全国に紹介されたことがあった。「親子二〇分間読書運動」である。この運動が鹿児島県で生まれ育つまでには、館内外関係者の長年の努力と協力があった。

図書館の役割は図書の保存と公開である。貴重な内外の資料を書庫からだして利用者に提供するのは基本的な業務であり、やがて座して待つだけの図書館でなく、地方への出張サービスが始まった。県立図書館は所在地の鹿児島市民と隣接地町村民の一部に利用されるだけで、その他地方の県民にはあまり利用されていなかった。文化施設の恩恵に浴さない地方の人びとのために貸出文庫を設け、市町村の図書館に出張所をおいて利用促進をはかった。昭和二十三年（一九四八）のことである。翌年にはジープを購入、県下を四ブロックに分けて地域をまわる巡回文庫のサービスを始めた。

巡回文庫は教養・娯楽の読書から出発したが、昭和三十年代になると、農業経営を改善して農村生活を豊かにするために、県の農政にマッチした図書を選定した「農業文庫」を充実させ、農業普及員の協力をえて、農業研究グループへ図書利用を広めた。

農業文庫と並行して、昭和三十五年度から「親子二〇分間読書」運動を提唱し、その普及につとめた。二〇分間読書とは、

教科書以外の本を
子どもが二〇分間ぐらい読むのを
母が、かたわらに座って静かに聞く。

というやり方である。市町村の図書館や公民館などの協力をえて、親子読書会が結成された。この運動はたちまち県下にその輪を広げていった。三十六年一月の調査によると、約八五〇〇人の母子が読書会に参加していた。その後六十三年度の調査によると、五一二団体・二万七〇〇〇人余にふえている。

読書運動の提唱に一年さきだって、当時の館長久《く》保《ぼ》田《た》彦《ひこ》穂《ほ》（椋鳩十《むくはとじゅう》）は、知人の小学校長に協力を求め実験してみた。実験校の宮《みや》之《の》城《じょう》町立流水《りゅうすい》小学校は、当時児童数二五〇人、世帯数の半分が農家、残り半分は勤め人と商人という構成であった。今でも若者の活字離れをなげく声をよく聞くが、当時はマンガ本が流行しはじめたころであり、テレビ放送も地方で受信できるようになっていた。マンガ本の禁止、テレビのある家を渡り

歩くテレビジプシーの禁止が社会の話題になっていた。抜本的な解決策として、消極的な禁止では効果がないので、積極的に読書指導はできないか、と考えられるようになった。

久保田館長は昭和三十一年に渡米して、アメリカの読書運動を視察してきた。大学で「落第生の原因はなにか」という問いに対して、「読書のスピードが遅く、理解力がない者に多い」という答えを知った。読書力を養うには、親と子どもが一緒になって読書をする習慣、をつけることが最適だと考え、構想がかたまっていった。流水小学校長から学校の現況を聞いた久保田館長は、読書運動の構想を話し、ここにテストケースとしての運動が展開されることになった。

流水小学校でも研究を進め、婦人学級のテーマとして、「母と子の二〇分間読書」が各家庭で実施された。みんなが真面目に取り組み、マンガ本やテレビに熱中する子が減っていった。婦人学級生以外からも希望者がでてきたので、全校をあげて実施することになった。

昭和三十五年一月、県立図書館主催の研究会で、流水小学校一年間の成果が発表され注目をあびた。県立図書館ではこの成果を踏まえ「親と子が共に伸びる二〇分間読書運動」を提唱し、広く県下に推進することにした。配布された趣意書に、

椋鳩十

毎日、子供が二十分間ずつ本を読むのを親が聞くやり方で、三日間で一時間、一ヶ月では十時間、一年間には十五六冊から二十四冊以上の本を読むことになるとし、それによって親と子の心の結びつきや、親と子にあたえる影響などを説いている。市町村の図書館や読書団体などの協

力によって、運動を数年間続けることによって、県民の精神面の改造をはかりたいという狙いもあった。

運動を推進するために、県立図書館は昭和三十五年度に五〇万円を計上し、児童図書二〇〇〇冊を購入し、指定したモデル一〇地区に二〇〇冊ずつを配本した。モデル地区では地元の図書館の本を加えて、各家庭への配本を始めた。モデル地区以外でも教育委員会が主となって、親子会や読書グループなどを通じて呼びかけたので、この運動は教育文化運動として県下全域に広まり、初年度で約八万五〇〇〇人が参加した。

読書運動を続けるために、啓発と問題点解決のための調査研究が続けられ、報告書にまとめられた。昭和四十年代には対象が幼児にまで拡げられ、運動は定着し、読書会員の機関紙『さざなみ』も発行されるようになった。

親子二〇分間読書運動が鹿児島県で成功したのは、主催者の熱心な呼びかけや、たゆまない努力もあったが、前提として以前に提唱してきた読書グループの育成があった。三〇〇〇を超える婦人や青年たちの読書グループの輪に、一五万人を超える母子読書運動が成長したのである。運動を県下全域に拡げるためには、本がたりないという壁があった。独立の図書館がない市町村や辺地・離島の子に本を、昭和四十年、南日本新聞社が「あなたの善意を一冊の本に託して、ふるさとの図書館へ」と呼びかけて、「心に火をたく献本運動」がスタートした。運動は共感を呼び、全国から善意の基金や献本がよせられた。昭和四十三年五月現在で、九八九万円余、一万五八〇〇余冊を数えた。

十　高度経済成長下の生活の変化

創設当時の黎明館

1　寺園県政から金丸県政へ

高度経済成長期の昭和四十二年（一九六七）四月、金丸三郎《かなまるさぶろう》知事が誕生した。同年十月、通産省が志布志湾《しぶしわん》を共同原油輸入基地候補地にあげたことから、大隅《おおすみ》地域が臨海工業地帯として発展する可能性が浮上した。翌昭和四十三年十月、県は「二〇年後のかごしま」のなかで、志布志湾地区に臨海大規模工業地帯をつくる構想を発表した。その構想を具体化しようとしたのが新大隅開発計画である。この計画は、第一次試案が発表された昭和四十六年十二月から平成二年（一九九〇）六月「鹿児島県総合基本計画」が策定されるまで、約二〇年のあいだ、計画を縮小変更しながら実施された。新大隅開発計画は、昭和五十二年「第三次全国総合開発計画」を策定して国土開発を推進しようとする国の方針にそって計画されたものである。

新大隅開発計画

まず第一次試案は、志布志湾一帯を中心とする大隅半島全域の二市一七町を対象に、昭和六十年度を目標年次として発表された。その内容は、志布志湾岸を埋め立て、石油コンビナート、造船、機械など重化学工業地帯を形成するものであった。その五年後の昭和五十一年六月、第二次試案を公表。あらたに石油貯蔵施設が加えられ、想定立地業種として、食品加工、木材および住宅、石油精製、造船、機械金属ならびに流通加工関連工業が盛られていた。

最終計画は昭和五十五年十二月十八日に決定した。食品加工団地が削除されたほか、臨海工業の開発規模など大幅に縮小されるものとなった。

計画変更・規模縮小は、住民の反対運動などを考慮したものと考えられる。石油貯蔵施設は昭和四十八年、同五十三年の二度のオイルショックへの対応であろう。

住民の運動は、第一次試案公表以前からあったが、県が日南《にちなん》海岸国定公園のうち開発予定地の指定解除を要請したことから火がつき、昭和四十六年十二月には「柏原地区石油コンビナート絶対反対同盟」「志布志湾公害反対連絡協議会」が結成された。

昭和四十七年になると反対住民が県議会に乱入、警官隊が出動する事態となり、八月一日、金丸知事は試案修正の意向を表明、また八月十七日、志布志湾を視察した小山長規《こやまおさのり》環境庁長官が、国定公園の指定解除はしないと発言した。

埋立工事着工前（左上）と完成した志布志港

右のような経緯で最終計画案は決定されたが、新大隅開発計画の三本柱は志布志港臨海工業用地、志布志石油備蓄基地、大規模畜産基地の建設であった。昭和五十三年十一月、県は志布志港の大型化をめざす志布志港港湾計画改定案を発表、同五十四年、志布志漁協との交渉が妥結（組合員二三八人に対し補償金額二五億五〇〇〇万円）して、同五十五年六月、埋立工事が始まった。総事業費五〇〇億円。臨海工業団地は目標年次の昭和六十年完成（総面積約六九・二ヘクタール）。この団地につぎつぎに全農サイロなどの企業が進出し、昭和六十二年までに飼料の一大物流拠点が形成された。これで南九州が日本最大級の畜産基地となる基盤が確立されたことになる。

つぎに石油備蓄基地の建設着工は昭和六十年一月であった。着工までの足どりは、昭和五十六年、石油公団による立地可能性調査結果の公表、環境庁との埋立ての折衝、同五十七年一月、環境庁の条件付き許可、三月、県議会での予算案の可決。反対派一〇〇〇人が議会を取り囲んでのなかであった(昭和五十二年から鎌田要人《かまだかなめ》知事)。その後環境アセスメント、漁業補償がなされた(昭和五十八年十月妥結、総額四一億二五〇〇万円)。

昭和五十九年九月十七日、志布志石油備蓄株式会社が設立された(おもな株主は石油公団)。基地建設事業費一八〇〇億円(うち鹿児島県八一八億円)。第一期工事は昭和六十三年十二月完成。平成五年十二月には一九六ヘクタールの埋立地に五〇〇万キロリットルの貯油施設が全面操業開始した。

新大隅開発計画は、もともと工業開発だけでなく、農業分野との一体的振興をはかるものであった。県は、昭和五十年度から六十三年度までに曽於《そお》郡・肝属《きもつき》郡で大規模畜産基地を建設した。事業費総額五九億九四〇〇万円。その結果は、家畜飼養状況の大変化となってあらわれた。大隅町では、一経営当り肉牛など二二〇頭を超える大規模経営があらわれる一方、倒産、商社への売却など変動があった。昭和六十三年二七経営体のうち一五が商社経営となり、個人農家は半数以下に減少した。

このほか大隅地域の農業発展のために、畑地灌漑《かんがい》、圃場《ほじょう》整備など生産基盤の整備が進められた。

新大隅開発計画は金丸・鎌田二代県知事によって進められた。公害反対運動など住民意識が高まりをみせたことが大きな特徴であった。鹿児島県が北海道につぐ畜産県となったことにみられるように、今日の大隅開発の基礎を築いたものであった。

鹿児島臨海工業地帯

農林業中心の後進県と認識されていた鹿児島県は、昭和三十三年(一九五八)、県民所得の向上をめざして本格的な工業開発に乗りだした。鹿児島市と谷山《たにやま》市の沿岸部を埋め立てて、一大工業団地を造成する計画である。この事業のため開発事業団が設立され、昭和六十三年までに八六六・五ヘクタールが造成された（総事業費八五一億三〇〇〇万円）。

臨海工業地帯最大の一号用地は四三〇ヘクタールあり、北側からA区とB区に分かれていた。A区は昭和四十九年度から五十三年度にかけ造成（二二五ヘクタール）、食料品・住宅産業・窯業・土石製品などの企業が立地した。

B区は、昭和四十七年度から五十一年度にかけ造成（二〇五ヘクタール）、石川島《いしかわじま》播磨《はりま》重工業株式会社（「石《いし》播《はり》」と呼ぶ。現、IHI）や機械金属などの企業が立地した。しかし石播の大規模工場建設は経済状況の激変などにより実現せず、取得用地の約一三％で工場が立地しただけで、平成十四年（二〇〇二）には撤退した（平成二十五年から大規模太陽光発電谷山基地となった）。

埋立て前の１号用地谷山地区

二号用地は昭和四十二年度から四十六年度にかけて、二六六・二ヘクタールが造成されたものである（昭和四十六年六月完成）。その用途は工業用地、流通業務用地（「卸団地」）、港湾関連業務用地、公共施設用地などであった。ここに食料品・飼料・印刷・金属などの企業が立地している。このうち南九州グレーンセンターなどの飼料工場群は全国屈指の食料基地を形成し、畜産県鹿児島を支えることになる。鹿児島総合卸商業団地の完成は昭和四十九年十月。本県の流通業の中心基地となった。

三号用地は昭和四十四〜四十六年度、五三・五ヘクタールを埋め立て造成したもの。昭和六十三年には木材加工およびその関連の会社三二社が立地している。

以上は開発事業団が主体になった造成であるが、東開《とうかい》町工業団地は、鹿児島製材団地事業協同組合が造成したもので（九一・八ヘクタール）、「木材団地」と通称している。

鹿児島臨海工業地帯は昭和四十二年度から五十三年度にかけて造成された。昭和四十二年に鹿児島市と谷山市が合併されたことも、その一環といえる。

昭和六十三年の時点で、立地企業数は三〇〇、従業者数七〇九二人、出荷額は二四七億四六〇〇万円である。この臨海工業地帯の鹿児島市全体における比重をみると昭和四十七年事業所数〇・五％、従業者数一・三％であったものが、一九年後の平成三年には、一一九六事業所（四％）、従業者数二万四七六四人（九・八％）とふえている。従業者数の伸びが高いことは、事業所の規模が大きいということである。これを製造業の事業所だけでみると鹿児島市全体の一八・八％の三一八社が臨海工業地帯に集中している。

同時に、臨海工業地帯内に港湾の整備がはかられ、木材港区（平成五年中央港区と改称）、谷山一区と二区の港区の各港区が整備された。昭和五十一年には谷山二区に長距離フェリー専用岸壁とターミナルビルが完成し、阪神方面へのフェリー「さんふらわあ」の発着所が谷山一区から二区へ移された（昭和六十一年からは志布志発着）。また大型クルーズ客船も寄航するようになった（現在、クルーズ客船の寄航はマリンポート鹿児島）。

一方、本県は農林業を中心とした「後進」的な産業構造を変革し、県民所得を増大できたのであろうか。計画当初（昭和三十七年）、鹿児島県の一人当り所得水準は全国平均の五四％、全国最下位（四六位）であった。臨海工業地帯完成後一〇年たった昭和六十三年には、全国平均の七七％（一人当り名目所得一八七万九三一九円）と、格差をわずかに縮めたが、全国順位は四五位にとどまった（平成二十三年度は全国三三位）。

しかし臨海工業地帯が鹿児島県の経済発展の原動力となったことは確かである。昭和四十四年九月には日本《にほん》石油《せきゆ》（日石《にっせき》）喜入《きいれ》原油基地（現、ＪＸ日鉱日石石油基地）にタンカーが入港し、日石喜入原油基地（昭和四十二年設立）の操業も始まっていた。また四十七年には国分《こくぶ》内陸工業団地が完成、新鹿児島空港も溝辺《みぞべ》町（現、霧島市）に開港した。昭和五十六年国分隼人《はやと》を中心とした地域がテクノポリス地域に指定された。大正三年（一九一四）以来、鹿児島市鴨池《かもいけ》にあった動物園は、臨海工業地帯の造成に呼応して、その南東に位置する平川《ひらかわ》に移設された（跡地にはダイエーが進出）。

昭和五十八年、串木野《くしきの》市（現、いちき串木野市）を中心とする西薩《せいさつ》中核工業団地が計画され、昭和六十三年度造成完了、食料品（さつまあげ・焼酎など）、木材、化学・金属などの業種の工場が立地した。平成二年には串木野新港も完成した。

串木野地域には、日本初の横穴式、水封《すいふう》地下岩盤タンク方式の串木野国家石油備蓄基地も建設された（平成五年使用開始、同六年全面完成。計画貯油能力三〇〇万キロリットル）。先述した志布志石油備蓄基地の一部操業開始は平成四年九月、翌五年十二月には一九六ヘクタールの埋立地に一一万〜一二万キロリットルのタンク四三基完成、五〇〇万キロリットルの貯油が可能となった（日本全体の必要原油の八日分）。喜入・串木野・志布志の石油備蓄は、昭和四十八年の第一次オイルショック後、同五十三年、石油公団による石油の国家備蓄が始まったことに応えるものであった。

川内原子力発電所

昭和三十九年（一九六四）九月、新幹線・東京オリンピックの話題にわくなか、本県に新しい時代を画する知らせが届いた。通産省が、原子力発電所（原発）の立地予備調査地として、全国二〇カ所の一つに川内《せんだい》市寄田《よりた》地区（現、薩摩川内市）を指定したのである。同年十二月には、川内市議会は全会一致で原発誘致を議決した。翌年七月には川内市原発誘致促進期成会が設立され（昭和四十三年川内原発早期建設期成会と改称)、その後原発誘致の中心的役割を果たすことになる。

やや遅れて昭和四十八年(一九七三)九月、地元久見崎《ぐみざき》町から原発建設反対の署名運動が始まった。反対運動が組織化されたのは同年十一月、川内原発建設反対連絡協議会であった。以後、促進・反対の論争をへて、約二〇年後の昭和五十八年(一九八三)八月、県初の「原子力の火」がともった。九州電力株式会社(九電)は一〇年後の操業開始を予定していたので、二倍の年月がかかったことになる。その間の経過についてはこうである。

九電と川内市漁協との漁業補償が調印されたのが、昭和四十九年八月。補償総額は一九億円。同年八月六日付の『南日本新聞』は、三・三平方メートル当り単価では全国一の補償額と報じた。

補償交渉妥結後、原発建設のゴーサインが決定したのは、昭和五十年十月九日の県議会であった。原発建設反対陳情が否決されたのである。こうして昭和五十一年三月、川内原発一号機の建設が電源開発調査審議会で決定。昭和五十二年十二月、国の許可がおりた。翌五十三年十一月起工式、同五十八年八月一号機が初臨界に達したのである。営業運転は昭和五十九年七月に開始した(九州で三番目、全国で二七番目)。

二号機の建設は昭和五十六年五月に始まり、同六十年十一月営業運転を開始した。一号機とあわせると県内需要をはるかに上回る一九八万キロワットの発電量があり、川内市は、火力発電一・二号機(昭和四十九年・六十年)とあわせて九州最大の電力供給基地となった。

明治四十二年(一九〇九)の曽木《そぎ》水力発電所の余力電力によって熊本県水俣《みなまた》村の日本カーバイト会社(現、新日本窒素)が設立されて以来、鹿児島は、熊本・宮崎・福岡の各県に電力を供給する県となったのである。このほか川内川中流域に重力式水力発電では最大の鶴田《つるだ》ダムが昭和四十年完成したが、同四十二年、鶴田町(現、さつま町）の大水害を引き起こした要因の一つがダムにあったとする住民訴訟が起こされている。このほか昭和四十年、大隅半島の笠野原《かさのはら》台地の国営畑かん事業に給水するため、大隅ダムが建設されている。農業用水を主目的とするダム建設に比べると、原子力発電と石油コンビナートをめざした新大隅開発計画に対する住民の反対運動には激しいものがあった。ともに二〇年の歳月を要していること、とくに新大隅計画が当初計画から大きな規模縮小と内容変更を余儀なくされたことなど、金丸県政から鎌田県政への時期は、公害《こうがい》反対・環境破壊に対する住民運動が深化した時期でもある。

原発反対は昭和五十四年に起きたアメリカ、スリーマイル島の大事故により、原子炉の安全性に対する信頼がゆらいだことが拍車をかけた。川内原発反対住民は、昭和五十五年四月、国を相手に原子炉設置許可の取消しを求める行政訴訟を起こしている（全国では六番目）。その後昭和六十一年四月、ソ連ウクライナ共和国チェルノブイリでの事故が起き、さらに平成七年（一九九五）十二月、高速増殖炉〝もんじゅ〟でナトリウム流出の人為ミスが起きたりして、原発を進める行政・企業への住民の信頼がえられているとはいいがたい状況が続いている。

川内原発建設費の総額は五一〇〇億円であったが地元受注率は、一号機の場合一七％、二号機では一〇％であった。原発建設中は、延べ三四二万人の地元雇用が発生している。地元の川内市は固定資産税が昭和六十一年度五九億四四〇六万円（昭和五十九年度二億円余）に急増したが、以後、加速度的に償却資産税は減少した。

一方、昭和四十九年公布の電源三法により、川内市は五十三年度から一一年間で総額八七億九〇二七万円が交付されている（平成三年終了）。

川内市は原発立地のメリット・デメリットをまとめている。メリットとしては建設工事による産業の活性化、雇用増加による「まち」の活性化、交付金による公共施設の整備促進、市の財政状況の好転などがあげられる一方、デメリットとして活性化が一過性にすぎないこと、安全性の確立につねに対応しなければならないことなどをあげている。

昭和六十二年度日本の総電力の約三〇%が原発であったが、平成十七年五月には五三基の原発で四七〇〇万キロワットを発電している。そのなかでも川内原発は大きな比重を占めている。平成二十三年三月の福島原発の事故以来、日本のすべての原発は停止した。平成二十六年十一月、伊藤祐一郎《ゆういちろう》鹿児島県知事は川内原発再稼動に同意する考えを明らかにしたが、再稼動に反対する意見は根強い。

2 農村と都市の住環境の変化

好況のなかの都市と農村

戦後一〇年、昭和三十年代にはいると、わが国は世界的な好況と政府の高度経済成長政策によって、「神武《じんむ》景気」といわれるめざましい経済発展を示した。それにともなって、東京や大阪など大都市部を中心に労働力不足が深刻化し、地方からの若年労働者の吸収が進行した。鹿児島は、若年労働者の重要な供給地としてすさまじい求人攻勢がかけられた。とくに、中学卒業者は「金《きん》の卵」ともてはやされ、大挙して東京や名古屋・大阪方面へと就職していく「集団就職」が、昭和三十一年（一九五六）から始まった。このころは「糸へん景気」といわれるように繊維関係がとくに好調で、集団就職の子どもたちは多くが繊維関係工場で働く女子労働者であった。西鹿児島駅（現、鹿児島中央駅）からは、毎年春、中学や高校を卒業したばかりの若者たちが、父母や家族に見送られながら、集団就職列車に乗って旅立っていった。当時の新聞はそのようすを次のように報道している。

「もう子どもじゃないのですよ」とさとしながらも父兄は「カゼをひかぬよう、着いたとき荷物を忘れないように」などと、こまごまとした注意をあたえていた。女の子ははじめて親もとを離れるさびしさからシクシク泣き出す者も多く、希望と悲しみの明暗をえがき出す。（『郷土紙にみるかごしま世相百年』）

祖父母などは、かつて戦場にわが子を送り出した記憶もよみがえり、胸の張り裂けるような思いをいだいて、こうした親子の別れを見守っていた。

昭和三十年代の県民所得をみると、県民分配所得に比して個人所得がつねに上回っている。しかも、県外就職者からの送金などによる送金所得がその大部分を占めている（『鹿児島県史』第五巻）。これをみても集団就職者がいかに県民所得の上昇に寄与していたかが知られよう。県外への集団就職は昭和三十九年がピークで、以後、減少を続け、同四十九年をもって終った。

こうした集団就職のほか、成年男子の出稼ぎも多く、農村地帯では一家の働き手がつぎつぎと都市へでていき、祖父母と母親だけが郷里の田畑を耕作するいわゆる「三チャン農業」となった。このころの人口をみると、昭和三十年には、前々年十二月の奄美《あまみ》群島の復帰があって市部・郡部ともに増加していたが、同三十五年には市部人口がマイナス一・三％であるのに対して郡部はマイナス二・八％と、郡部の減少率が市部の二倍にのぼっている。さらに、昭和四十年には市部がプラス〇・一％とわずかながら上昇しているのに対し、郡部はマイナス三・一％と大きく減少している。昭和四十年代にはいると、県内の都市部でも企業が立地し、また、都市機能もしだいに整備されて、鹿児島市や名瀬《なぜ》市（平成十八年、笠利《かさり》町・住用《すみよう》村と合併して奄美市）などの地方都

水搬送工法での城山団地の造成

市への人口集中が進んでくる。昭和四十五年と同五十年の人口を比較してみると、都市部では五・五%増加したのに対し、郡部では六・三%も減少している。いかにこのころの都市集中が激しかったかがわかる。

都市部への人口集中現象は、当然、都市における住宅の不足を招く。鹿児島はとくに住宅適地が少なく、台風などの自然災害も多く、ほとんど慢性的な住宅不足に悩まされてきた。そのうえ、急激な人口集中が進んだため、鹿児島市の住宅不足は深刻で、地価は東京なみといわれるほどであった。

鹿児島市では、昭和二十六年「鹿児島市住宅協会」（昭和四十一年「市住宅公社」と改称）を設立し、同四十一年までに市街近郊に四六六戸の住宅を建設して一般に分譲してきた。鹿児島市は、周囲を南九州特有のシラス台地に囲まれており、低平地が少なく住宅用地が不足していた。シラス台地は、台地上は平坦であるが、周囲を高さ一〇〇メートルにあまる切り立った断崖に囲まれ、保水力も少なく非常に利用しにくい台地である。この台地の住宅地としての利用は、昭和三十二年度から始まった紫原《むらさきばる》台地における住宅開発が始まりである。紫原団地は、昭和三十九年度までの三次にわたる開発によって、総計三二・三ヘクタールの宅地が造成され、三一五戸の分譲住宅が建設された。昭和三十八年には鹿児島県住宅公社（昭和四十年県住宅供給公社と改称）が設立され、同四十年には県と市との共同出資により「鹿児島開発事業団」も設立されて宅地開発が進められた。以後、民間業者も参入して宅地開発が進み、上之原《うえのはら》団地（昭和三十七年）、大明ケ丘《だいみょうがおか》団地（昭和四十年）、緑ケ丘《みどりがおか》団地（昭和四十年）、希望ケ丘《きぼうがおか》団地（昭和四十年）、原良《はらら》団地（昭和四十一年）、伊敷《いしき》団地（昭和四十三年）、星ヶ峯《ほしがみね》ニュータウン（昭和五十一年）など、シラス台地上につぎつぎと大型団地が造成された。また、昭和四十二年から同四十六年にかけて行われた城山《しろやま》団地の造成には、排出したシラスを中心とする土砂は、海水とまぜて延長六〇〇〇メートルにおよぶパイプで海に運び、海の埋立てをするという、全国に類をみない「水搬送工法」が採用された。これによって、与次郎ヶ浜《よじろうがはま》に六六万平方メートルの埋立地が造成された。こうして、鹿児島市街を取り巻く広大なシラス台地は、鹿児島市民の住宅地としてみごとに生まれ変わったのである。しかし、水に弱いことや急坂をともなうことなど、シラス台地特有の悪条件はなかなか克服されず、さらに、台風などの自然災害の脅威もあって、鹿児島の住宅地は、全国的にみてもかなり高価なものとなっている。

消えた私鉄

昭和三十年代にはいると、経済発展とそれにともなう所得の増加、自動車産業の発展により、自動車の台数は急増した。本県においても、昭和二十七年（一九五二）三八二台であった乗用車の台数は同二十九年には七一六台、同三十四年一七六三台、同三十九年八八三五台と、飛躍的増加を示した。また、貨物自動車も昭和二十七年に四四四七台であったが、同三十九年には三万六四八〇台と九倍近くになっている。とくに本県は、昭和三十五年度から四十一年度の六年間に自動車保有台数は、四・一倍になり、全国の三・〇倍、九州の三・三倍を大きく上回っている。本県はこの時代に、人の移動も物資の輸送も自動車を利用する自動車時代に突入したのである。

こうした自動車の普及は道路整備の進展と連動するものであった。昭和二十九年から始まった国の道路整備五カ年計画によって、鹿児島県内の道路整備も大きく進んだ。まず、三号線・一〇号線をはじめとする国道の拡幅舗装工事が進められ、主要地方道についても、橋梁・高架橋・トンネルなどの改良工事が進捗した。しかし、第一次五カ年計画は急激な経済発展に対応しきれず、三十二年度で打ち切られ第二次五カ年計画があらたに策定された。この時期に県内主要国道の三号線・一〇号線は画期的な整備がなされた。一〇号線の鹿児島市長田町《ながた》の日豊本線《にっぽう》をまたぐ長田陸橋、田ノ浦《たうら》から磯《いそ》へぬけるバイパスとしての鳥越《とりごえ》トンネルなどはこの時期の工事であった。しかし、これも三カ年で打ち切らざるをえない状況になるなど、この時期のわが国の経済発展や自動車交通の発達はまさに目を見張るものがあった。昭和三十三年には、あらたに「道路構造令」が定められ、三号線・一〇号線・二二五号線という県内の主要な国道が国の直轄管理となり、鹿児島市に鹿児島国道工事事務所が設置された。昭和三十六年からの第三次計画では、鹿児島市と地方の拠点都市を結ぶ道路網の整備や観光道路の整備に重点がおかれ、鹿児島と霧島《きりしま》・桜島《さくらじま》・指宿《いぶすき》などの観光地を結ぶ道路の整備が進んだ。離島地域についても、離島振興事業とタイアップして道路建設が進み、奄美群島では復帰時大島《おおしま》と徳之島《とくのしま》にしかなかったバス路線が、昭和三十九年には主要な全島に開通した。

このような昭和三十年代における自動車輸送の飛躍的発展は、貨物輸送では全国平均を上回る増加を示し、旅客輸送についても、鉄道の輸送分担率が昭和三十五年度六〇%であったものが四十年度には五一・三%に減少したのに対し、自動車輸送は三十五年度三八・九%であったものが、四十年度には四八・三%と増加している。こうした点からも本県は、昭和三十年代後期がまさに鉄道輸送時代から自動車輸送時代への転換期にあたっていることをものがたるものであろう。

こうした時代の趨勢をシンボリックに示しているのが、九州縦貫自動車道の建設と、県内私鉄の廃止であろう。

国は、国土の均衡ある発展を実現するため、全国に高速自動車道を建設するため、国土開発縦貫自動車道建設法を昭和三十二年に制定した。北九州市を起点とし鹿児島市を終点とする九州自動車道は、九州を南北に縦貫する道路として、昭和四十一年、建設省から発表された三二路線の一つとなった。路線決定に際して、霧島の西回りと東回りの二つのルートのどちらをとるかで意見が対立し、結局えびの市で鹿児島市にいたる鹿児島線と宮崎市にいたる宮崎線とに分岐することになった。鹿児島線は総延長三五二キロで、昭和四十三年、建設大臣から施工命令がだされ、同四十八年、加治木《かじき》までの二九キロが県内初の高速道路として開通した。以後、昭和五十一年には新しい空港のある溝辺まで、同五十二年には鹿児島市側が伊敷（鹿児島北インターチェンジ）まで延長され、同六十三年には終点の鹿児島ジャンクションで指宿スカイラインと接続した。そして、平成七年（一九九五）には宮崎県えびの市から熊本県の人吉《ひとよし》市までが加久藤《かくとう》トンネルによって結ばれ、北九州市までの全線が開通した。その後、これを幹線として東回り・西回りの高速道路の建設が進められており、鹿児島も全国的な高速道路網に包み込まれるにいたった。

南薩鉄道加世田駅（昭和59年）

　このような、道路網の整備、自動車の普及によってあおりを受けたのが国鉄をはじめとする鉄道であった。鹿児島県は、鉄道整備も全国に比して遅く、幹線である鹿児島本線ですら全通したのは、ようやく昭和二年のことであった。私鉄は、きわめて少なく薩摩《さつま》半島を南下する南薩《なんさつ》鉄道（のち、鹿児島交通線と改称）と大隅半島を横断する大隅線の二路線であった。南薩鉄道は、明治四十五年（一九一二）衆議院議員鮫島慶彦《さめしまけいひこ》らが資本金一〇〇万円で設立し、大正三年（一九一四）伊集院《いじゅういん》—加世田《かせだ》間が開通した。以後、薩摩半島西部を南下して昭和六年枕崎《まくらざき》まで開通した。また、大正五年には地元が敷地を提供し工事費の一部負担をして、加世田から大崎《おおさき》までの万世《ばんせい》線が建設され、大正十二年には、川辺《かわなべ》・知覧《ちらん》両村や阿多《あた》村の運動が実って、薩南《さつなん》中央鉄道株式会社がつくられ、昭和五年、阿多から知覧までの鉄道建設が実現した。しかし、これは昭和十八年には合併されてしまった。とくにこの線は、戦争中は知覧に特攻基地があり、軍事的にみても重要な役割を果たした。戦後は、南薩地域の産業・観光開発に寄与するところが大きく、昭和三十九年には、南薩地域の観光開発を進めていた三州《さんしゅう》自動車と合併して社名を鹿児島交通と改称した。しかし、その最盛期は昭和二十六年ごろまでで、以後はトラックや自家用車の普及と、南薩地域の過疎化の進行によって利用率は年々激減し、ついに同五十九年全線が廃止されてしまった。

大隅半島では、明治四十五年平田禎《ひらたただし》らによって南隅軽便《なんぐうけいべん》鉄道株式会社が設立され、鹿屋《かのや》から鹿児島湾側の古江《ふるえ》まで、鉄道を建設する計画が立てられた。しかし、花岡《はなおか》から古江にいたる急坂のトンネル工事が困難であることがわかり、重役陣も交代し古江を高須《たかす》に変更して、大正四年、鹿屋—高須間が開通した。そして、志布志《しぶし》—串良《くしら》間の鉄道建設を計画していた大隅鉄道株式会社と合併し、大正九年、鹿屋—高山《こうやま》間、同十年、高山—串良間が開通した。難工事であった古江への延長も大正十二年ついに実現して、利用率も高く大隅半島の動脈としてその期待は大きかった。しかし、昭和初期の不況のあおりで経営不振となり、昭和十年鉄道省がこれを買収して国鉄となった。同年十月には志布志までの延長も実現したが、既設の線と軌道幅が異なり、乗客は東串良《ひがしくしら》で乗りかえる不便を強いられた。昭和十三年にようやく国鉄の標準軌条となり、同三十六年、古江—海潟《かいがた》間、同四十七年、海潟—国分《こくぶ》間が開通し、名称を大隅線と改称した。しかし、時すでに遅く、高度経済成長の余波を受け、自動車の普及、過疎化の急激な進行によって、全線開通当初から利用率は低く、ついに昭和六十二年三月、大隅線は志布志線とともに廃止されてしまった。

3 高度経済成長の明暗

太陽国体と県民スポーツ

昭和四十七年（一九七二）十月二十二日、前夜来の雨もしだいにやみ、一面にかざられた花で彩られた県立鴨池陸上競技場を舞台に、第二七回国民体育大会「太陽国体」は、その幕が切って落とされた。開会式は、天皇・皇后両陛下の臨席のもと、十二時三十分から始まり、二十七日までの六日間、全国から集まった二万数千のアスリートたちの熱気あふれる競技が、南国の空の下、県内二一市町、六七会場で展開された。

本県勢の活躍をみると、夏の大会の水泳で青年と教員が優勝し、秋の大会では、漕艇高校女子・陸上一般女子と高校女子、ホッケー高校男子、体操高校男子・女子、レスリング・グレコ一般男子・高校男子、ヨットのフィン、ハンドボール教員、軟式テニスは五種目すべて、軟式野球（准硬式）の一般男子、自転車道路競争一般男子、相撲高校男子、柔道高校男子、弓道一般女子（近的・遠的）・高校女子（近的）、剣道高校男子、ラグビー教員の、合計二六種目で優勝した。その結果、開催県鹿児島が、男女総合得点二〇二・七、女子総合得点八九と、ともに二位の東京を大きく引き離して優勝し、天皇杯・皇后杯を獲得した。これは、開催県はすべての種目にエントリーできるなど、開催県に有利な条件もあったためではあるが、それまでの約一〇年間におよぶ選手強化策が実を結んだ結果でもあった。

太陽国体にいたるまでの本県の国体成績をみると、第二四回長崎大会までは天皇杯が大体三〇位前後を上下するありさまで、とくに第二二回埼玉大会は四二位とふるわなかった。しかし、第二五回岩手大会では、天皇杯一七位、皇后杯一〇位と躍進し、第二六回和歌山大会ではついに天皇杯が第六位になった。これは、太陽国体に向けての選手強化策が奏効していたことを示すものといえよう。その余韻はしばらく残り、天皇杯一〇位以内が以後数年間維持されている。

鹿児島は、古く隼人といわれた時代から、武を尊び勇猛果敢な土地柄で知られていたが、戦後の児童・生徒の体格や運動能力の測定結果には、全国平均を下回る数値がならんでいた。国体誘致の運動は、こうした県民の体力強化をはかる必要もあり、また、戦後二〇年、経済的には一応安定成長の方向がみえるようになって、ようやくソフト面への関心が向いてきた時代の状況もあって、展開された運動であった。

太陽国体の主会場となった鴨池公園運動施設は、鹿児島市から一九万四〇〇〇平方メートルの土地の提供を受けて、県が建設したもので、陸上競技場、野球場、庭球場、補助競技場からなる総合的な都市型運動公園で、太陽国体の前年に完成した。また、鹿児島市以外にも、根占町《ねじめ》（現、南大隅町）の競輪場など、各地に競技関連施設がつくられた。こうした施設はスポーツ・レクリエーションの拠点として広く県民に利用されている。また、各種競技の会場として、高等学校の施設を利用したので、高等学校の体育施設が充実した。そして、小・中学校や高等学校の体育施設の社会人への開放も進んだ。県立の鹿児島南高等学校など三校には体育科も設置された。

県のスポーツ振興審議会は、太陽国体後のスポーツ振興策について、指導者の育成、施設の充実、およびスポーツ振興組織の拡充について答申した。これを受ける形で県教育委員会は、各教育事務所に保健体育担当の指導主事を配置し、一五市町村に社会教育主事を派遣した。さらに有志指導者制度を設け、社会体育の指導体制を充実した。これは、国体選手として確保したスポーツ選手の活用方策でもあった。

昭和四十九年には、「県民総スポーツ」の推進のため、組織としての鹿児島県総合体育センターを設置し、スポーツ指導者の養成、スポーツ教室の開設、スポーツクラブの育成などの施策を推進するようにした。スポーツ教室は県総合体育センターをはじめ、各市町村にも開設するよう働きかけ、子どもから高齢者までを対象としたスポーツ教室が昭和五十一年度は四五コース開設され、一七二六人の参加者があった。そのほか、健康づくりの集いや、体力づくり大会などが盛んに開催され、県レクリエーション協会が中心となって各種レクリエーション活動も展開された。とくに、昭和四十八年から実施されたスポーツ教室は緻密な計画と講師の懇切な指導によって初心者の関心を呼び、昭和五十一年には一万三七二二人の参加者があった。このような行政主導の振興策のなかから、しだいに自主的なスポーツクラブも結成されるようになり、昭和五十一年には県内に合計三六七一のスポーツクラブが活動している。また、子どもたちのスポーツ活動は「スポーツ少年団」や、各地区の「子ども愛護会」活動によって、これも活発に展開されている。昭和五十四年のスポーツ少年団の数は一一八二団・三万五三〇〇人にのぼっている。

こうして、さまざまなスポーツ活動への参加者数は、昭和五十一年には総計八五万七九〇〇人にのぼり、県民の半数以上が参加

太陽国体秋季大会開会式（昭和47年10月22日）

しているという状況になった。県をあげて取り組んだ「太陽国体」は、県民の健康増進のみならず、自立性の涵養にも大きな役割を果たしたのである。

鹿児島の「明治百年」

一八六八年の明治維新《いしん》から一〇〇年目にあたる昭和四十三年（一九六八）に向けて、国の広報活動もあって、全国的に「明治百年」を記念する行事がさまざま計画されるようになった。鹿児島県は、一〇〇年前に明治維新をなしとげた功労者を数多くだしているところであり、本県も記念事業を計画してはどうか、という意見が高まってきた。時の寺園勝志《てらぞのかつし》知事は、昭和四十一年三月の県議会での質問を受けて、懇談会を設けて検討を開始し、同年十月には県内各界の代表など約一〇〇人からなる「鹿児島県明治百年記念事業委員会」が設立された。

その設立趣意書によると、「明治維新は、近く一世紀の記念日を迎えます。……この記念すべき年を迎え、私たちは、当時と同じ地域に眠れる〝よき伝統〟をよびさますと同時に、ポツダム宣言受諾にともなう新しい日本の歩みを自覚し、さらに進んで、鹿児島県の物心両面の振興に役立て、民主日本、平和世界の創建に寄与しなければならない」という趣旨のもとに、県内各地でさまざまな記念行事や事業を計画・推進するための組織として設立されたものである。この趣意書の表現のなかにもうかがわれるように、当時「明治百年」という発想に、なにか危険なものを感じとって反対する人びとも多かった。明治維新は、「日本帝国」の始まりであって、現在の「民主日本」の始まりとはいえない、というのである。しかし、こうした意見は鹿児島では少数意見でしかなかった。

この委員会の性格は、第一に「記念事業の実施について連絡調整を主とする機関」であり、委員会自体が記念行事や事業を主催するものではない。県民によって企画される各種の記念事業・行事などが、郷土発展のため有意義に行われるようつとめるのが目的である。第二には、そうはいっても、「記念式典ならびに県民にとって特に有意義と思われる記念事業」（規約第三条）の推進、記念事業についての広報活動などを、推進することとしていた。そして、この委員会の事務局が県に設置された。

明治百年記念事業などが、こうして県内各自治体・機関などによって主体的に推進され、県民の主体的・積極的な参加が求められたことは大きな特色といえよう。どちらかといえば上意下達的な雰囲気の強い鹿児島の風土を考えたとき、このような事業の推進方法は画期的なことといえよう。

こうした県の働きかけを受けて、各市町村ではさまざまな記念行事・事業が計画された。そのおもなものは、記念植樹・造林事業、管内文化財の保護、郷土誌・史の編纂発行、青少年の育成強化などであった。また、民間では日本紡績協会が、わが国紡績業発祥の地鹿児島市磯《いそ》に「紡績百年の碑」を建立《こんりゅう》しタイムカプセルを埋設した。鹿児島青年会議所は、鹿児島市の高島屋で「明治維新と鹿児島」展を開催、県婦人会連絡協議会は、移動講演会の開催を決定、ＭＢＣ南日本放送は、幕末に藩の青年が欧米に派遣されたことにちなんで「派米高校生」事業を興こした。

委員会としての事業は、次の三つからなっていた。

(1)記念祝典＝五箇条のご誓文発布の日から満一〇〇年にあたる昭和四十三年四月三日、県体育館に県民の代表約四一〇〇人（その約半数を青少年の代表とする）を集めて実施。あわせて、前夜祭として「青少年のつどい」、祝賀行事として「記念講演会」「祝賀パレード」「祝賀マスゲーム」が開催された。

(2)記念会館・記念公園の建設＝鹿児島市の鶴丸城《つるまるじょう》跡に、維新資料を中心とする歴史・民俗資料を収集展示する博物館と、宿泊施設を備えた青少年研修センターを建設し、西郷隆盛《さいごうたかもり》らをほうむっている南洲《なんしゅう》墓地に南洲公園を整備する。

⑶記念出版＝明治維新を中心とする青少年向けの歴史読み物の編集刊行と、明治維新を中心とする史料を編集刊行する。

これらの記念事業は、それぞれに特別委員会がつくられ、さまざまな検討をへて多少の変更の末、着実に実行された。このうち、⑵の記念会館については鶴丸城跡には「明治百年記念館」と略称される歴史博物館を建設し、青少年研修センターは、鹿児島郡吉田《よしだ》町（現、鹿児島市）に建設されることとなった。明治百年記念館は、昭和五十八年に「鹿児島県歴史資料センター黎明館《れいめいかん》」として完成した。また、南洲公園は、鹿児島市が建設することとなり、昭和四十三年いち早く整備され、一角には「西郷南洲記念館」もつくられた。昭和五十三年、西郷南洲顕彰館が開館した。なお、県は、鹿児島市吉野《よしの》町に広大な吉野公園を建設した。

⑶の記念出版については、まず、青少年向け歴史読み物として『鹿児島と明治維新』が昭和四十二年に完成し、一五万四〇〇〇冊が県下の中学生らに無償で配付された。翌年からは、中学一年生のみに配付された。この事業はその後、県育英財団に引き継がれ、『西郷隆盛』『大久保《おおくぼ》利通《としみち》』『郷土を興した人々』などつぎつぎと青少年向け歴史読み物が刊行された。史料集の刊行については、昭和四十三年九月、「鹿児島県維新史料編纂所」が開設され、まず、東京大学の史料編纂所に所蔵されている島津家《しまづけ》文書《もんじょ》を中心とする関係史料の、写真による収集が行われた。そして、幕末《ばくまつ》に伊地知《いじち》季安《すえやす》・季通《すえみち》父子によって編纂された『薩藩《さっぱん》旧《きゅう》記《き》雑録《ざつろく》』の、幕末に近い「追録《ついろく》」（全八巻）の編集刊行から開始された。昭和四十七年からは、島津家最後の藩主《はんしゅ》忠義《ただよし》公の関係史料（全七巻）が編集刊行された。この史料編纂事業は現在も継続されており、平成二十六年度までに九〇冊の史料集が刊行された。最近は、こうして鹿児島県関係の史料が整備されてきたのを受けて、あらたな「県史」

の発行が求められるようになってきた。

このように、明治百年記念事業は、戦後二〇年をへてようやく物質的な豊かさが達成された時期に、教育の振興、文化の興隆、また地域の自立という課題に目を向けるよい機会となった。政治的・行政的には、ハード中心の基盤整備からソフト面の充実・振興へと、政策の転換をはかる機会となった。鹿児島県においても、いまだにハード面にかなりの重心があるものの、青少年の健全育成、教育の振興、文化の向上といったソフト面に重点をおいていたことは否定できない。

以後、四六年、明治百年を機に始まった事業のいくつかはなお継続され、また、その機会に整備された各種施設は、今もおおいに利用されているが、そこに掲げられていた目標は、今なお、達成されてはいない。現在は、二〇一八年の明治維新百五十年に向けての新しい取組みが始まっている。

黎明館と地方郷土館の建設

鹿児島県歴史資料センター黎明館は、昭和四十三年（一九六八）、明治百年記念事業の一環として計画されたもので、当初は青少年宿泊研修施設をも含んだものとして計画されていた。しかし、県明治百年記念事業委員会は、第五回総会において、両者を切り離して建設することを決定した。そして、歴史博物館を中心とする施設を「明治百年記念館」と仮称することとして、その基本構想を発表した。

それによると、「この記念館は、明治百年を記念して、県民の郷土に対する正しい理解と愛情を深め、本県の教育・文化、特に青少年教育に寄与することを目的として、旧鶴丸城跡に建設しようとするものであ」った。そして、おおむね、明治維新を中心とする歴史博物館とし、とくに青少年の教育に資する教育的配慮を強くもった地域の生活や文化に密着した地域博物館であるという基本的性格を備えたものとすることとされていた。

そして、建設地は、当時、鹿児島大学のキャンパスとなっていた鶴丸城本丸《ほんまる》跡の約五万九〇〇〇平方メートルとし、建物の大きさは、基本的性格を満たすのに必要な広さ、として、とくに具体的数値はあげられていなかった。建設の年次は、鹿児島大学の移転計画との関係から、昭和四十六年度着工し四十八年度完成という予定であった。しかし、ちょうどオイルショックの時期と重なり、建設はしばらく延期されることとなり、完成したのは一〇年後の昭和五十八年度であった。建物や、展示の基本構想はすでにできており、延期によって生み出された一〇年間は、資料の調査・収集にあてられ、その意味では、まさに十分な時間的余裕があったのである。しかし、一〇年前の基本構想によって展開された展示は、完成したときすでにやや古めかしいものとなっていたことはいなめない。建物は、切妻造《きりづま》り瓦葺《かわらぶき》の三階建てで、設計者は東宮御所《とうぐうごしょ》の設計を担当した谷口《たにぐち》吉郎《よしろう》であった。鶴丸城本丸の故地にふさわしい落ち着いた和風の雰囲気をもっている。黎明館より前の昭和五十四年には、隣接の二の丸跡に県立図書館が建設されたが、これも同じ谷口の設計によるもので、両者が調和を保って、落ち着いた文教地区となっている。

館の名称は、「明治百年記念館」(仮称)とされてきたが、開館を機にふさわしい名称を一般から公募することとなり、その結果、近代日本の黎明を告げた明治維新を中心とするということで、「黎明館」という名前が採用され、それまで県立図書館で行っていた史料編纂事業をも加えて「鹿児島県歴史資料センター」がつけられることとなった。これは、黎明館が教育委員会の所管ではないことから、「博物館」とはいえない事情もあった。

展示については、全体がテーマ展示と部門別展示からなっており、テーマ展示は「県民のエネルギーの源泉になったものは何か」「それはどのように培われたか」「それはどのように活用されたか」「それはどう活用されなければならないか」といったテーマの基調が設定され、そのうえに各時代をあらわすテーマが設定されるという、ユニークな構成をとっていた。こうした展示構想のモデルとしては、昭和四十五年の大阪万博《ばんぱく》の展示や北海道札幌《さっぽろ》の開拓記念館、さらに遠くアメリカのアトランタにある南北戦争の記念博物館などが参考にされた（なお、黎明館のテーマ展示はその後、平成八年度に大幅な展示替えがなされた）。

さて、この黎明館の開館は、県内の地方にも大きな波紋をあたえることとなった。一つには、新しい展示技術がふんだんに活用され、従来の資料館とか郷土館のイメージを大きくくつがえしたこと、「明治百年」をへて地方の文化的自立意識が芽生えてきたこと、さらに、郷土の文化財が、県にもっていかれるのではないか、という危惧もあったことはいなめない。

それまでは、県内にはまがりなりにも博物館としての機能を有するものとしては、自然資料を中心とした県立博物館、美術作品をおさめた鹿児島市立美術館、それと鹿児島市の平川動物公園、私立の尚古集成館《しょうこしゅうせいかん》くらいしかなかったが、オイルショック後、しだいに財政事情も好転したため、つぎつぎと資料館をもつ市町村も多くなってきた。国が、歴史民俗資料館建設費補助制度を拡充したことも大きい要因であった。

オイルショック後の好況下で、納戸や物置をもつ古い形式の民家がしだいに取り壊され、父祖伝来の家の宝をおさめておく場所がなくなって、それらを収蔵しておく施設が必要になったこともみのがせない社会的要因である。また、近年、かねて収集していた美術品などを収蔵・展示するため美術館や博物館を設ける傾向もあり、そうした私立の美術館が平成十年代県内に一三館あり、公立の博物館や資料館などの六六館とあわせて、全体で七九館にのぼっている。

どこもそれぞれにユニークな活動をしているが、ただ専門的な知識・技術をもった専任の職員が少ないことが問題であろう。なお、これも各市町村に埋蔵文化財担当の職員が配置されるようになって、しだいに解消されつつある。

観光立県と温泉

幕末日本を訪れた欧米人は、日本列島の景観美に驚き、わが国を「ガーデン・アイランド」と表現した。一八〇〇年（寛政《かんせい》十二）、クルーゼンシュタインの世界周航に乗船していた水路学者のイギリス人ホーナーは、日本列島最南端の開聞岳《かいもんだけ》の美しさに感動し、「ホーナー・ピーク」と呼んでいる。琉球《りゅうきゅう》を基地に浦賀《うらが》に来航したペリー提督一行は、黒潮《くろしお》に洗われる奄美とトカラ列島のようすを航海記に記している。与論島《よろんとう》は「一粒の真珠《しんじゅ》」、喜界島《きかいじま》は「バンガロー・アイランド」、トカラ列島最南端の横当《よこあて》島《じま》（無人島）は「クレオパートル・アイランド」である。開国《かいこく》後、欧米人にとっての人気の航路が、上海《シャンハイ》—長崎—鹿児島沖—横浜《よこはま》の南航路であった。イギリス人植物学者ロバート＝フォーチュンは、野生原種の植物を求めて来日したプラントハンターの一人であったが、佐多岬《さたみさき》を「クルーゼンシュタインの記すケープ・チチャコフ」と記している。チチャコフはホーナーの同乗者であろう。奄美から甑島《こしきじま》列島までは欧米人にとって美しい百合《ゆり》の島々であった。沖永良部島《おきのえらぶじま》の鉄砲ユリ（イースター・リリー）、請島《うけしま》の「請ユリ」、口之島《くちのしま》の「タモト・ユリ」（平家《へいけ》落人《おちうど》の袂《たもと》にちなむ）、甑島の「鹿《か》の子《こ》ユリ」など、これらの球根が、明治三十年（一八九七）以降、欧米へ輸出され続け換金産業となったばかりでなく、南島観光の魅力として現在の観光を支えている。慶応《けいおう》三年（一八六七）のパリ万博に薩摩《さつま》藩がはじめて日本の山百合を紹介し、この山百合が改良されてカサブランカが生まれたこともあまり知られていない。

鹿児島の観光の魅力は、豊かな山林と四季をとおして花木が楽しめることであろう。霧島《きりしま》のミヤマキリシマ、ケラマツツジ、屋久島《やくしま》のハイビスカスとサクラツツジ、奄美のフヨウなどである。慶応二年、薩長同盟《さっちょうどうめい》の労をとった坂本龍馬《さかもとりょうま》は妻お龍《りょう》とともに薩摩に招かれ、霧島の温泉で人生で一回きりの静かな時をすごしている。鹿児島県では、この二人の旅を「日本最初のハネムーン」と称し、平成六年（一九九四）からは「ハネムーン・ウォーク」のイベントで全国から観光客を集めている。

戦前の鹿児島には、ゴチック風の壮麗な石造建築の鹿児島監獄が建設されたが、これは不平等条約の治外法権《ちがいほうけん》を撤廃するために法治国家を対外的にアピールしようとしたものであるが、奈良・長崎・千葉・金沢《かなざわ》ともに鹿児島の町が国際的に知名度が高かったからであろう。

しかし戦後、日本人に観光の余裕がでてくるのは、高度経済成長の昭和三十年（一九五五）以降のことである。昭和三十九年までは日本人の海外旅行には制約が多く、解禁されても渡航費用の高さがネックになっていた。昭和三十九年当時、シンガポールへの航空運賃が一五万円、月収二万円のサラリーマンには高嶺の花であった。

昭和三十五年から、南九州は新婚旅行のメッカといわれ、観光は活況であった。「三島《さんとう》観光」「島津ライン」と呼ばれ、宮崎県の青島《あおしま》、霧島、桜島《さくらじま》が周遊のルートとなった。ちょうどこのころ、週刊誌にもグラビア写真があらわれ、清宮貴子《すがのみやたかこ》内親王が、どんな帽子を身につけているかが国民の話題を集めた。貴子内親王が宮崎県佐土原《さどわら》の島津家に降嫁《こうか》されることが発表されるや、三島観光に火がついた。宮崎県では岩切章太郎《いわきりしょうたろう》が「大地をデッサン」するという理念のもとに今日の日南《にちなん》海岸からえびの高原の原型を築いたが、鹿児島県では、岩崎《いわさき》与八郎《よはちろう》により、指宿・佐多岬が観光地として整備されていった。泉都《せんと》指宿が「東洋のハワイ」、鹿児島市が「東洋のナポリ」といわれたのも、海外渡航の自由でなかった時代の呼称である。霧島は昭和九年、日本で最初に国立公園の指定を受け、バス交通とリンクされ、湯治場が温泉リゾートと姿を変えたのは、林田《はやしだ》交通の林田熊一《くまいち》の着想であった（林田産業は平成九年経営不振で岩崎産業に吸収された。経営不振の主因はゴルフ場開発であり、観光バス事業そのものではない）。

昭和四十七年の沖縄復帰まで都会の若者に与論島ブームが起き、夏の与論はさながら「東京村」であった（島内人口二〇〇〇人、島外人口一万人）。復帰後ブームは去り、現在は沖縄県北部の山原《やんばる》と連携して、アイランド・テラピー、いやしの島として島の魅力のPRに取り組んでいる。

昭和五十年代、「史と景の国」鹿児島への県外宿泊客数は七〇〇〜八〇〇万人を前後していたが、NHK大河ドラマ「翔ぶが如く」が放送された平成二年には九三二万人（過去最高）に達し、鹿児島市加治屋《かじや》町に維新ふるさと館などの施設が整備された。しかしその後は、七〇〇万人台半ばで伸び悩んでいる。この傾向に追打ちをかけたのが、平成五年の豪雨八・六水害で、一五〇年前甲突川《こうつきがわ》にかけられた四連・五連のアーチ石橋が流失ないし損傷を受けた。このあと県指定重要文化財の西田橋《にしだばし》の移転か現地保存かで論議が分かれたが、現在、西田橋はザビエルゆかりの地である祇園洲《ぎおんのす》に移設されている（石橋公園）。

しかし同年、県民に朗報がもたらされた。屋久島が日本ではじめて青森県の白神《しらかみ》山地とともに世界自然遺産に登録されたのである。縄文《じょうもん》以来、人間が手をつけながら、自然の生態系が維持されてきたことが評価されての登録であった。高度経済成長期、昭和四十五年まで小杉谷《こすぎだに》を中心に樹齢一〇〇〇年以上の屋久杉が皆伐されてきたが、島民の山を守れという運動が国の行政を動かし、屋久杉は絶滅の危機をまぬがれていた。現在、土埋木や切株により屋久杉加工品が伝統的工芸品として生産されている。さらに、平成十二年、国分《こくぶ》市上野原《うえのはら》テクノパークに一大縄文村落が発掘された。九五〇〇年前の定住村落は、縄文時代の通説をくつがえすものとして学界からも注目され、上野原遺跡は平成十一年国の史跡に指定され、同十四年、「上野原縄文の森」と呼ば

九州新幹線全線開業一周年記念出発式（平成24年）

れる県営公園として整備された（種子島《たねがしま》では、立切《たちきり》遺跡など旧石器《きゅうせっき》時代の遺跡も発掘されている）。

観光と関連するものに国際会議の開催がある。昭和六十三年、鹿児島国際火山会議が世界三〇カ国以上の代表を集めて開催された。国による桜島の砂防工事は世界の最先端を示すものとして、インドネシア・フィリピンなど諸国からの技術視察が毎年一〇〇人を超えている。天草雲仙《あまくさうんぜん》の砂防工事にも役立ったが、会議では「サボウ」が英語で通用していたのが象徴的であった。

錦江湾《きんこうわん》、三島（竹《たけ》島・硫黄《いおう》島・黒《くろ》島）ヨットレース、生涯教育・総合学習のフィールド、山村留学、グリーンエコツーリズム、残された照葉樹林、知覧《ちらん》・出水《いずみ》武家屋敷、日本初の工業団地集成館と大名《だいみょう》庭園仙巌園《せんがんえん》、日本名勝の双剣石《そうけんいわ》（南さつま市坊津《ぼうのつ》町）、田中一村《たなかいっそん》画伯が魅せられ、イギリスのエジンバラ公が絶賛した奄美の原生林（金作原《きんさくばる》）、アマミノクロウサギ、アカゲラなど固有の野生生物。県立奄美パーク（田中一村館）は平成十三年オープンした。高度経済成長から取り残された鹿児島には、自然遺産の恵みがある。亜熱帯から冷温帯の気候風土には多種多様な山の幸、海の幸の食材がある。奄美だけの黒糖焼酎、本土のイモ焼酎は、薩摩焼の黒茶家《ちょか》、薩摩切子《きりこ》のとっくりが似合っている。肴のキビナゴ、鰹の腹皮やトビ魚も黒潮の恵みである。平成二十七年度国立公園化、引き続いて沖縄・奄美の世界自然遺産登録が取り組まれている。自然・歴史・文化遺産の活用はこれからの課題であろう。

失われゆく緑の自然

明治二十年代、宮之城《みやのじょう》盈進《えいしん》小学校の校長をつとめた越後《えちご》長岡《ながおか》士族《しぞく》、本富安四郎《ほんぷやすしろう》は『薩摩見聞記』のなかで、「薩摩は国中、八分が山である」と記した。高い山といえば、紫尾《しび》・霧島・国見《くにみ》・高隈《たかくま》山地が本土部にある。平坦地はシラス台地、その下はシラス低地となっている。高温多湿な気候帯は、樹種豊かな照葉樹林帯を形成し、代表的な樹種が、カシ・シイ・クス・ツバキ・タブノキ・チャ（茶）などである。

奄美群島の五島の自然は、対照的な二グループに分けられる（ハイ&ロー、ウェット&ドライという）。高い山と水資源の豊富な大島・徳之島の二島と隆起サンゴ礁の低地と水に乏しい喜界・沖永良部・与論の三島である。三島には隆起サンゴ礁の下に地下貯水ダムが建設されている。気候は亜熱帯性である。南北六〇〇キロ・東西二七〇キロの県土では、亜熱帯性の気候帯から北薩の冷温帯の気候帯が展開している。北部の伊佐《いさ》市や出水《いずみ》市山間部では降雪、氷結などが厳冬期にみられる。

高山の代表は屋久島にある宮之浦岳《みやのうらだけ》・永田岳《ながただけ》・黒味岳《くろみだけ》の三岳で、ともに二〇〇〇メートル級、九州では最高峰である。洋上アルプスと呼ばれる屋久島では、山頂が氷結しているとき、海岸部では亜熱帯性のブーゲンビリアの花が咲いている。しかし近年は温暖化が進み、尾之間《おのあいだ》の標高五〇〇メートルまでの林相の亜熱帯化が進んでいる。サンゴの白化現象も起きている。

県内の生物多様性はこの風土条件のもとではぐくまれたものである。緯度差二〇度の日本列島には、シダ植物以上の高等植物が約七〇〇〇種存在しているが、鹿児島県にはその半数の三四〇〇種が存在する。固有種が多いのも当然で、屋久島には約四〇の固有種がみられる。奄美にも固有種が四〇もあり、平成二十三年（二〇一一）、日本における生物多様性の重要地域に選定された。植物・動物も北限・南限に生息するものが多い。

昭和九年（一九三四）わが国ではじめて国立公園に指定された霧島には、狭い地域ながら八〇〇メートル以上に八八二の種子植物がある。シダ植物以上の高等植物は、約一三〇〇種もある。霧島はニホンオオカミなどの天敵がいなくなり、また人が狩猟しなくなったので、シカの樹木食害が深刻な問題になっている。平成二十二年、日本ジオパークに認定され、平成二十七年以降、世界ジオパーク認定をめざしている。

屋久島では昭和四十五年まで小杉谷《こすぎだに》を中心に国有林が皆伐されていたが、以後は禁止となり、縄文杉などの価値が注目されるようになった。江戸時代以来、人間による開発がありながら、屋久島の貴重な生態系が維持されていることが評価され、平成五年（一九九三）日本ではじめて白神山地とともに世界自然遺産に登録された。

奄美でも、戦後復興期の枕木伐採、奄振法による道路・港湾整備による自然破壊が懸念されている。工事による赤土流出がその一例である。

開発で環境が大きく破壊されたのは、鹿児島臨海工業地帯造成の大規模な埋立てである。もともと二つの大きなカルデラによって錦江湾《きんこうわん》（鹿児島湾）が形成されているため干潟が少なかった。錦江湾の水深は平均五〇メートル、最深域で約四〇〇メートルある。現在、まとまった干潟（生物生息）は、始良町重富《あいらしげとみ》（現、始良市）のみとなった（平成二十四年、再編された霧島錦江湾国立公園の一部となった）。

農畜産業が基幹産業である本県では、高度経済成長期に化学肥料・農薬の多投、糞尿処理、焼酎廃液の問題もあったが、製茶における減農薬栽培の方法も定着している。焼酎粕も処理技術が開発され飼料や肥料、バイオマス・エネルギーなどに再利用されている。ただし、畜産による内陸部（大隅地方）の水質悪化は解決されていない。肝属川《きもつきがわ》の水質は九州内でもワーストランキングの上位にある。平成十七年から官民一体となった水質改善の取組みがなされている。

本県は台風常襲、火山灰特殊土壌による自然災害に周期的に見舞われてきた（台風上陸数は日本一多い）。昭和四十年代の鹿児島市近郊団地の造成により、集中豪雨・土石流《どせきりゅう》災害にあう危険性が高まった。平成五年の八・六水害では一〇〇人を超す死者がでた。幕末に架橋された甲突川《こうつきがわ》の新上橋《しんかんばし》・武之橋《たけのはし》も流出した。人災的要因もいなめない。

新大隅開発計画によって志布志湾《しぶしわん》も大きく変容した。目にみえる変化は、台風のあと大きく砂丘が浸食される被害がでている。

本県は総じて高度経済成長期に巨大開発からは取り残されてきた。環境保護の観点からすれば、かえって貴重な自然生態系を保持することができたといえる。奄振事業による道路開発もトンネル方式によっていたため、大きな生態系の破壊からはまぬがれた。しかしアマミノクロウサギなど貴重な生物が絶滅の危機に瀕していることはまちがいない。琉球列島の一環である奄美を第二の世界自然遺産に指定されるよう官民一体での取組みも本格化している。

大隅半島南部の稲尾岳《いなおだけ》一帯が宮崎県綾《あや》町に劣らない貴重な照葉樹林帯であるという認識も高まってきた。

鹿児島固有の自然環境と生態系こそが、貴重な社会的共通資本として、持続可能な開発に配慮するようになったが、地球規模の温暖化、酸性雨《さんせいう》やＰＭ２・５などによる被害などの課題が残されている。

あとがき

本書を平成二十七年の今になって世に出すことには内心忸怩たるものがある。共著者の宮下満郎・向山勝貞両先生が脱稿されてから、一五年の歳月が流れたからである。悔やまれるのは私の県立甲南高校時代の恩師向山勝貞先生が平成十六年四月急逝されたことである（享年六八歳）。もちろん読者ならびに山川出版社へご迷惑をおかけしたことを詫びねばならない。

薩摩の伝統的地域教育である郷中《ごじゅう》教育では、言い訳は一切許されない。「兼《かね》て士の格式油断なく穿議《せんぎ》致すべき事」（二才咄格式定目《にせはなしかくしきじょうもく》）とある。「武士の心得になる意見を互いに問答したり、とっさの場合武士としていかに処すべきかを、平素からお互いにくふうするのが詮議（穿議）である」（『鹿児島県教育史』上、昭和三十五年）。

咄嗟の局面での判断と行動の速さ、そしてその結果を重視するのである。本書でも明治中期に郷中教育を受け継ぐ学舎《がくしゃ》が確立したことを叙述している。鹿児島県は長野県と並んで教育県と呼ばれてきたが、その独自性は近現代になっても、地域教育が学校教育にともなっていたことにも由来すると考えられる。したがって、たとえば甲子園の野球で一対〇で敗れても惜敗とは言わない。負けは負けなのである。

民俗学者の宮本常一先生は、昭和三十年代の鹿児島県下の過疎・僻地である農山漁村、離島を調査された。当時の写真などその貴重な調査資料は、本書に描かれた百年の変貌の証拠資料である。

また宮本先生は、機械的であっても小学校低学年から判断力を身につけさせる訓練をすることが必要であることを遺言として残されている。おそらく鹿児島県下の田舎で生きた郷中教育を観察された結果であろう。

私は百年の歴史を振り返りながら、日本文化の根源の一つは、農山漁村のなかにある、という確信を得たように思う。地域ごとの暮しと生命《いのち》、先人たちが培ってきた地域の知恵、それらを学ぶことの喜びは、学校教育だけではえられないだろう。いま学歴社会から学習歴社会へ変わろうとする生涯学習時代にはいっている。地域の歴史と文化を次世代に語り継ぐことこそ、大人の責任である。

「近代の横顔」のなかで、鹿児島の未来について若干展望した。一五年前のものである。今回大きな改稿はしなかった。その理由は、歴史はあらゆる可能性が相互に関連しながら、一つの方向に動いていくものであり、そのあらゆる可能性とは何だったのかも記憶されねばならないと考えるからである。

本書は、鹿児島県の近現代の百年でなにが起こったのかをつとめて客観的に叙述しようとした。次世代への責任の一端が果たせたとすれば幸いである。最後に、写真の収集などお世話になったＮＰＯ法人かごしま探検の会事務局長東川美和氏に謝意を表したい。

原口　泉

二〇一五年一月

原口泉　はらぐちいずみ
1947年生
1979年，東京大学大学院人文科学研究科博士課程中退
現在　志學館大学教授・鹿児島県立図書館長
主要著書　『龍馬を超えた男　小松帯刀』(PHP文庫，2010年)，『吉田松陰の妹』(幻冬舎，2014年)，その他

宮下満郎　みやしたみつろう
1933年生
1955年，熊本大学法文学部史学科卒業
現在　鹿児島県歴史資料センター黎明館史料編さん委員
主要著書　『西郷隆盛のすべて』(共著，新人物往来社，1985年)，『鹿児島県の歴史散歩』(共著，山川出版社，2005年)，その他

向山勝貞　むかいやまかつさだ
1935年生
1958年，東京教育大学文学部史学科卒業
元鹿児島国際大学非常勤講師
主要著書　『南九州の民俗仮面』(春苑堂出版，1997年)，『街道の日本史54　薩摩と出水街道』(共編著，吉川弘文館，2003年)，その他

鹿児島県《かごしまけん》の近現代《きんげんだい》

2015年5月10日　1版1刷印刷　　2015年5月20日　1版1刷発行

著　者　原口泉《はらぐちいずみ》・宮下満郎《みやしたみつろう》・向山勝貞《むかいやまかつさだ》
発行者　野澤伸平
印刷所　図書印刷株式会社　　製本所　株式会社ブロケード
発行所　株式会社　山川出版社　東京都千代田区内神田1-13-13　〒101-0047
TEL　03(3293)8131(営業)　03(3293)8135(編集)
http://www.yamakawa.co.jp/　　振替 00120-9-43993
装　幀　菊地信義　　ISBN978-4-634-59081-6

付　　録

■索　引

キ――

ク――

ケ――

コ――

サ――

シ――

■年　表

（注）　月日は明治５年までは旧暦。

年号	事項
天保１ 1830	***12***‐島津重豪・斉興，調所広郷に朱印の書付をあたえ，明年以降10年間に金50万両貯蓄，古借証文の回収などを命ずる。この年，大島・喜界島・徳之島三島砂糖の惣買入法に着手。重豪の『鳥名便覧』を刊行。
天保２ 1831	***3***‐斉興は調所広郷に財政改革を命ず。***12***‐調所広郷大番頭に任命されて改革担当。
天保３ 1832	***12***‐調所広郷は財政改革の功を認められ，家老格側詰役となる。
天保６ 1835	この冬，三都藩債（500万両）250年賦償還法を決定。
天保８ 1837	***7***‐アメリカ船モリソン号山川沖に碇泊，家老島津久風が山川で応接し，砲撃して退去させる。
天保９ 1838	***2***‐鳥居平八を長崎に遊学させ，高島秋帆に砲術を学ばせる。帰国後幕府が高島流を学ぶことを禁じたため，成田正右衛門正之と改名する。***4***‐江戸城西丸普請手伝として金10万両を献上。
天保11 1840	この年までに財政改革がほぼ成功し，諸営膳用途金200万両と，藩庫金50万両を貯える。
弘化１ 1844	***3***‐フランス艦アルクメーヌ号，那覇にきて通商・布教を要求。
弘化３ 1846	***4***‐イギリス船那覇に渡来，ベッテルハイムが上陸し，強引に滞在する。またフランス艦サビーヌ号も那覇に渡来，５月運天に回航し，クレオパートル号ほか１隻も回航し，司令長官セシーユ琉球に通商を求める。***6***‐斉彬が琉球に渡来した諸外国船処置の幕命を受けて帰藩する。
弘化４ 1847	***9***‐領内沿岸部の主要地の砲台建設に着手し，大砲の鋳造も進める。この年，吉野原で洋式銃砲隊1000余人の大操練を行い，50斤臼砲を試射する。
嘉永１ 1848	***2***‐斉興は東目20郷を巡見し，各地砲術の訓練を視察。***5***‐軍制改革を実施，異国船掛を廃し，兵具方・宗門方掛・唐船掛などを軍役方に移し，家老末川久平に軍役掛を，成田正之に高島流砲術掛を命ず。***12‐18*** 調所広郷が江戸桜田藩邸で没す。
嘉永２ 1849	***10***‐斉彬は前田杏斎を長崎に派遣し，オランダ人医者モーニッケに種痘法を習わせ，翌月，佐賀藩からえた痘苗で種痘の実験をする。***12***‐斉彬の襲封問題で正義派の首領となっていた山田清安らが自刃を命じられ，嘉永朋党事件（高崎崩れ，おゆら騒動）の処分が始まる。
嘉永３ 1850	***3***‐近藤隆右衛門・山田清安・高崎五郎右衛門らを首領とみなし，士籍を除き，鋸挽磔刑または磔刑が追加される。
嘉永４ 1851	***1***‐土佐の漂流民中浜万次郎がアメリカの捕鯨船に送られて，琉球摩文仁の小渡浜に上陸し，鹿児島へ送られると，斉彬は約２カ月間城下西田に滞在させ，造船術や海外事情などを聞きとらせる。***2***‐斉興が隠居し，第11代藩主に斉彬が就任する。***3***‐串木野・久志・秋目に砲台を築造。***8***‐城内の花園跡に製煉所を設け，反射炉の雛形を建設。***10***‐斉彬，薩南地方を巡見して翌月帰城す。
嘉永５ 1852	***8***‐砲術および蒸気船建造などの伝習生を長崎に派遣。***12***‐鹿児島大門口に砲台を築造。
嘉永６	***3***‐琉球大砲船建造に着手。今和泉に砲台築造。***4***‐アメリカの使節ペリーが軍艦

1853　4 隻で那覇に来航し，首里城にはいる。***7-*** 鹿児島下町海岸と祇園洲に砲台築造。***9-*** 江戸高輪・田町藩邸に砲台築造を幕府に申請。***11-*** 大船12隻・蒸気船 3 隻の建造許可と，日の丸を日本船の船印にすることを幕府に建議。斉彬，封内東目を巡見し翌月帰城す。

安政 1　1854　***1-*** ロシア使節プチャーチンが那覇に来航。***3-*** 洋式帆船伊呂波丸が竣工。***7-*** 幕府は斉彬が建議した日の丸を船印と定める。桜島と牛根の造船所で大船 4 隻の建造に着手。***12-*** 建造中の琉球大砲船を洋式帆船(軍艦)に改造完成，翌月昇平丸と命名。この年，磯に熔鉱炉竣工，斉彬は和洋活字を設計し木村嘉平に製作を命ず。

安政 2　1855　***8-*** 昇平丸を幕府に献上，幕府は昌平丸と命名。江戸の田町藩邸で建造中の蒸気船雲行丸が竣工，隅田川で試験運航し江戸市民を驚かせた。***9-*** 鹿児島にはじめて西洋通事をおく。この春，ガラス製造所を磯に移す。

安政 3　1856　***12-*** 斉彬の養女敬子(篤姫のち天璋院)が将軍家定に嫁す。

安政 4　1857　***8-*** 磯邸内の反射炉などの諸施設を集成館，域内花園跡の製煉所などの実験施設を開物館と命名。磯邸内でガス灯実験。このころ鹿児島城内で電気通信を試みる。***10-*** 西郷隆盛，徒目付に抜擢される。斉彬は造士館・演武館の改革に着手。この年，口永良部島ではじめて甘蔗を栽培。

安政 5　1858　***3-*** 幕府の練習艦日本丸，鹿児島入港。***7-8*** 斉彬，天保山の砲術訓練に臨み，帰途発病し16日急逝。斉彬の遺言で久光の子忠徳(のち茂久・忠義)を養子とする。***10-*** 集成館などの事業を縮小。***11-*** 僧月照・西郷隆盛が錦江湾大崎鼻で投身自殺，西郷は蘇生する。***12-29*** 忠徳が第12代藩主に就封すると，祖父斉興が後見する。

安政 6　1859　***1-*** 西郷隆盛流謫地の大島に着く。***2-*** 忠徳は茂久と改名。***8-*** 水戸・薩摩藩の有志が大老井伊直弼の暗殺を計画。***11-*** 茂久，大久保利通などへ「誠忠士面々へ」として藩主直筆の諭書をあたえる。一同は感激して脱藩を中止。***12-*** 斉興のあとを受けて久光が茂久を後見する。

万延 1　1860　***3-3*** 桜田門外の変に，薩藩士有村次左衛門が参加して大老井伊直弼の首級をあげる。同事件に関係した兄雄助は伊勢四日市でとらえられ，藩に護送されて切腹を命じられ，奈良原繁が介錯。

文久 2　1862　***3-*** 久光1000の兵を率いて上京。***4-11*** 西郷隆盛らを大坂から鹿児島へ送還。***4-23*** 奈良原繁らは久光の上意を受けて，伏見寺田屋に集結していた有馬新七ら 8 人の尊攘激派を斬る(寺田屋事件)。***5-*** 久光は勅使大原重徳に随従して江戸にくだり，6 月江戸に着いて 7 月幕政改革に成功。***8-21*** 江戸からの帰途，横浜近くの生麦村でイギリス人リチャードソンらを斬る(生麦事件)。

文久 3　1863　***1-*** 琉球通宝の鋳造開始。***5-*** 斉彬に照国大明神の神号が勅許される。***7-2*** イギリス艦隊との交渉が決裂し，砲撃戦開始(薩英戦争)。***8-18*** 長州藩にかわり薩摩藩兵と会津藩兵が宮門警衛に就く。***12-*** 薩摩藩の傭船長崎丸が，下関海峡で長州藩の砲撃を受けて沈没。

元治 1　1864　***2-*** 西郷隆盛・村田新八ら赦されて鹿児島に帰着。***3-*** 徳之島に犬田布一揆起こる。***6-*** 開成所を設けて英国海陸軍事を教授。***7-19*** 入京しようとする長州藩兵と薩摩・会津など諸藩兵がたたかう(禁門の変・蛤御門の変)。***8-*** 幕府の命を受けて，薩藩の征長先陣総督島津久明以下を任命し，城下・外城の15組に出動を命ず。***11-*** 西郷隆盛の斡旋によって長州藩恭順を申し出る。***12-*** 照国神社社殿竣工。

慶応 1　1865　***3-22*** 新納久修・五代友厚・松木弘安らが率いた英国留学生の一行19人が串木野羽島をグラバー商会の船で出航。***4-*** 幕府の長州再征の命令に薩摩藩は反対。

慶応 2　1866　***1-21*** 西郷隆盛・大久保利通・小松帯刀ら，坂本龍馬の仲介で木戸孝允らとあい薩長連合の密約を結ぶ。***4-*** 薩摩藩は長州再征への出兵を拒否。***6-*** イギリス公使

	パークス鹿児島訪問。***11***- パリ万国博覧会へ出品のため，家老岩下方平が使節として出発。この年，イギリス人技師が鹿児島にきて紡績工場建設に着手，宿舎(異人館)も建築する。
慶応 3 1867	***6***- 小松・西郷・大久保ら，後藤象二郎・坂本龍馬・中岡慎太郎らとあい，薩土盟約を結ぶ(9月解消)。***10-13*** 薩摩藩に討幕の密勅くだる(長州藩へは翌日)。***11***- 茂久率兵上京を決意。***12-9*** 王政復古の大号令でる。***12-25*** 江戸取締役の庄内藩兵を主力とする旧幕府軍が，三田の薩摩藩邸を焼打ち。
明治 1 1868	***1-3*** 鳥羽・伏見の戦いに薩摩藩兵が先鋒としてたたかい，旧幕軍を大坂に走らす(戊辰戦争)。***2***- 薩軍諸隊，政府軍の先鋒として京都を発し，東征の途につく。***3-13・14*** 西郷隆盛，勝海舟と会談し，江戸城総攻撃を中止，無血開城を約束。***5***- 開成所を造士館に併せ，和・漢・洋の3学局をおく。***11***- 医学院を設置。***11***- 東北地方に転戦していた諸隊が鹿児島に凱旋。***12***- 凱旋兵士など，門閥打破と藩政改革を迫る。
明治 2 1869	***1-20*** 島津忠義，長州・土佐・肥前の3藩主とともに版籍奉還を上表。***2***- 大久保は勅使柳原前光に同行して鹿児島に帰り，兵士鎮撫と藩政改革にあたる。***3***- 藩兵の一部は品川を発し，箱館征討に向かう。同月，藩境の関所を撤廃。***6***- 城下常備隊につづいて諸郷常備隊を編成。同月版籍奉還が勅許され，忠義が鹿児島藩知事となる。***11***- 藩内寺院を全廃(廃仏毀釈)。***12***- イギリス人医師ウィリアム＝ウィリス鹿児島に着任。医学校·病院を設置。この年，『薩摩辞書』が出版される。
明治 3 1870	***7***- 西郷隆盛鹿児島藩大参事となる。***9***- 軍楽隊が発足し，東京越中島の操練天覧にさいし，フェントン作曲の「君が代」を演奏。***12***- 勅使岩倉具視が来鹿。
明治 4 1871	***1-3*** 西郷大参事，勅使·大久保利通らに同道して上京。***1***- 本学校および小学第1・第2校を設立。***3***- 御親兵1大隊が上京。***4***- 御親兵3大隊が上京。***6***- 垂水学校を外城第1郷校，指宿正明館を第2郷校とする。***7-14*** 鹿児島藩を廃し鹿児島県をおき，忠義の知藩事を免ずる(廃藩置県)。***8***- 鹿児島城に鎮西鎮台第2分営をおく。***11***- 南九州の7県を廃し，鹿児島・都城・美々津の3県をおき，鹿児島県参事大山綱良，都城県参事桂久武が新任される。***12***- 城下および外城諸隊を解散。
明治 5 1872	***2***- 鹿児島県庁を旧軍務局跡に移す。***6-22*** 明治天皇西国巡幸のため鹿児島着。***7***- 鹿児島に郵便取扱所を設置。***8***- 三島砂糖の専売を廃し，大島商社を設立して移出業務を担当させる。学制頒布により既設の郷校を変則小学校とする。
明治 6 1873	***1***- 屋敷地に地券を発行。***4***- 県参事大山綱良権令となる。***10-23*** 朝鮮派遣使節が中止となり，西郷参議など下野。***12***- 鎮西鎮台第2分営(旧鶴丸城本丸)焼失。***12***- 第五国立銀行鹿児島支店開業。
明治 7 1874	***2***- 県下主要路線に郵便開通。***5***- 台湾出兵に鹿児島の徴募兵が多数従軍。***6***- 私学校の設立を決定。***10***- 権令大山綱良県令となる。***11***- 川内川にはじめて太平橋を架橋。
明治 8 1875	***4***- 本学校を変則中学校と改める。***12***- 正則による小学教育を達す。鹿児島裁判所の開設を布告。
明治 9 1876	***3***- 小学正則講習所・同女子講習所を，鹿児島師範学校・同女子師範学校と改称。***5***- 地租改正に着手。***8-21*** 宮崎県を廃して鹿児島県に合併し，宮崎支庁をおく。***9***- 信仰の自由を公認。***10***- 浄土真宗大谷派別院を鹿児島に設立。
明治10 1877	***1***- 警視庁警部中原尚雄ら帰県。政府は汽船赤龍丸で鹿児島の火薬搬出。***1-29*** 私学校生徒ら，草牟田陸軍火薬庫ならびに磯海軍造船所を襲撃し，武器・弾薬を奪う。***2***- 大島砂糖自由売買運動首謀者50余人を県監獄に拘禁。***2-17*** 西郷隆盛上京のため鹿児島出発。***3***- 岩村通俊鹿児島県令に任命。***9-1*** 薩軍鹿児島に突入し城山による。***9-24*** 政府軍の総攻撃を受けて西郷隆盛以下自刃。城山陥落して西

南戦争終る。
明治11 1878 *6-* 師範学校再開。*7-* 県立鹿児島中学再開。*9-* 女子師範学校再開。*11-* 真宗大谷派鹿児島仮別院開設。
明治12 1879 *1-* 地租改正に再着手。*2-* 郡役所を新設。*5-* 県営織物授産場を開設。*10-* 第百四十七国立銀行開業。
明治13 1880 *2-* 県会議員選挙実施。*4-* 鹿児島授産場設立。*5-11* 第1回県会開会。*11-* 南島社設立。
明治14 1881 *6-* 地租改正事業終了。*11-* 鹿児島で三州社，東京で郷友会設立。
明治15 1882 *2-10*『鹿児島新聞』創刊。*3-* 鹿児島商法会議所設立。*4-* 九州改進党鹿児島部設置。*12-* 鹿児島測候所創立。県社照国神社が別格官幣社となる。
明治16 1883 *5-9* 鹿児島県から宮崎県を分置。*9-* 興業館創設。*10-* 第2回九州沖縄八県連合共進会を鹿児島で開催。
明治17 1884 *12-* 県立中学造士館創設。
明治18 1885 *4-* 蚕糸講習所開設。
明治19 1886 *4-* 甑島島民を種子島に移す。*5-* 鹿児島大林区署を設置。*8-* 大島支庁長を大島島司に改称。*9-* 種子島にアメリカ商船カシミア号が漂着し，島民が乗組員を救助。
明治20 1887 *4-* 第1期道路開鑿計画に着手(24年まで，現在の国道3号線・10号線の路線)。*5-* 南島興産社設立。
明治21 1888 *4-1* 県立中学造士館が官立高等中学校となる。
明治22 1889 *2-11* 大日本帝国憲法発布の恩赦で，西郷隆盛の賊名が除かれ，正三位が追贈される。*2-11* 文部大臣森有礼刺殺される。*3-* 鹿児島同志会・帝国同志会結成。*4-* 鹿児島市制実施，町村制実施(大島郡5島と川辺郡10島を除く)。*5-9* 鹿児島市会開会。
明治23 1890 *1-* 鹿児島で九州同志大懇親会を開催。*6-10* 貴族院多額納税者議員選挙。*7-1* 第1回衆議院議員選挙実施。*8-* 鹿児島県共同授産会社設立。
明治24 1891 *2-* 大島天主教会創立。*5-6* ロシア皇太子ニコラス親王殿下・ギリシア第2皇子ジョージ親王殿下来鹿。*10-*『鹿児島毎日新聞』発刊。この年，国道鹿児島—米之津間完通。
明治25 1892 *4-* 第2期道路開鑿工事起工(29年まで)。
明治26 1893 *5-* 鹿児島商業会議所設立。*9-25* 市立鹿児島病院設立。
明治27 1894 *1-29* 加納久宜知事就任。*4-19* 鹿児島尋常中学校開校(鶴丸高校の前身)。*4-* 大島興業株式会社設立。*8-1* 清国へ宣戦布告。
明治28 1895 *2-* 三島汽船株式会社が設立され，5月から種子島・屋久島・口永良部島3島への航路に就航。*4-17* 日清講和条約(下関条約)調印。*4-* 県農会規則制定。*8-* 大日本水産会鹿児島支会成立。
明治29 1896 *4-* 鹿児島連隊区司令部設置。*7-* 日本赤十字鹿児島支部成立。*9-* 歩兵第45連隊創設。*11-* 鹿児島電気株式会社創立。*12-2* 鶴峯女学校開設。*12-* 鹿児島県尋常中学造士館開校。
明治30 1897 *4-* 鹿児島尋常中学校第1分校を川内に，第2分校を加治木に設置。*5-* 第1回鹿児島水産品評会開催。*6-* 県下吏党・民党が合同し，鹿児島政友会を結成。*8-* 鹿

	児島貯蓄銀行設立。8- 八代—鹿児島間鉄道(のちの肥薩線)敷設工事着工。
明治31 1898	8- 鹿児島政友会は解散し，憲政党鹿児島支部を結成。8- 小山田に発電所建設，水力発電により点灯。
明治32 1899	2-『鹿児島実業新聞』創刊。6- 鹿児島県農会設立。
明治33 1900	3- 鹿児島港改修工事計画成立。4- 鹿児島県第四中学校を川辺に新設。4- 鹿児島県農学校を鹿屋に移転し，県立鹿屋農学校と改称。4- 県立農事試験場開設。9- 伊藤博文が立憲政友会を結成，鹿児島政友会はその支部となる。
明治34 1901	3- 第七高等学校造士館を設立。4- 大島農学校創立。5- 県立大島病院設立。6- 鹿児島—国分間に鉄道開通。
明治35 1902	2- 排水および耕地整理奨励規則制定。4-1 鹿児島県立高等女学校開校。10- 鹿児島県授産学校を鹿児島県授産社と改称。
明治36 1903	5- 愛国婦人会鹿児島支部結成。9- 国分—吉松間鉄道開通。12- 乗合自動車営業取締規則制定。
明治37 1904	2-10 ロシアに宣戦布告。5- 鹿児島—谷山間乗合自動車営業開始。6- 歩兵第45連隊が日露戦争に出征。
明治38 1905	5- 鹿児島郵船株式会社設立。12-20 鹿児島港築港完工式挙行(第一期)。
明治39 1906	3-3 イギリスのコンノート殿下鹿児島に来遊。3-21 鹿児島市で電話交換業務開始。4-1 県立鹿児島中学校を県立鹿児島第一中学校，同校分校を独立させて県立鹿児島第二中学校と称す。
明治40 1907	4-1 鹿児島市立病院を県立に移管。8- 鹿児島種馬所創設。
明治41 1908	3- 鹿児島高等農林学校創設。4- 大島その他の島々に町村制実施。7- 県立商船学校開校。
明治42 1909	11- 人吉—吉松間の鉄道が完成し，八代—鹿児島間が全線開通。
明治43 1910	4-1 県立高等女学校を県立第一高等女学校と改称。県立師範学校を西武田村に移転開校。山下町の女子師範学校に県立第二高等女学校を併置して開校。7- 鹿児島ガス株式会社設立。
明治44 1911	8-4 鹿児島電気軌道株式会社設立許可(10月設立)。8-14 西郷隆盛・大久保利通両誕生地の寄贈採択。
大正1 1912	4-1 私立鹿児島図書館を県に移管。5- 大隅鉄道株式会社設立。7- 南薩鉄道株式会社設立。9- 万瀬水力電気株式会社設立。12-1 鹿児島市電気軌道武之橋—谷山間開通。
大正2 1913	6- 鹿児島専売支局開設。10- 国鉄川内線鹿児島—東市来間開通。
大正3 1914	1-12 桜島大爆発。5- 南薩鉄道伊集院—加世田間開通。5- 鹿児島銀行設立。6- 川内線全通。8-23 ドイツに対し宣戦布告(第一次世界大戦参戦)。12-20 鹿児島市電気軌道鹿児島駅前—武之橋間開通。
大正4 1915	6- 集成館事業を廃止。7- 大隅鉄道高須—鹿屋間開通。
大正5 1916	4-1 県立大島中学校開校。9-2 鹿児島市教育参考館，南洲神社隣接地に設立。10-6 山形屋デパート新築落成開館。
大正6 1917	2- 鹿児島紡績会社設立。11-22 島津斉彬・忠義・久光の三公銅像除幕式を探勝園で挙行。

大正7 1918	***3-1*** 電車柿本寺—草牟田間開通。***4-*** 県立感化院牧之原学校設立。***10-*** スペイン風邪大流行。
大正8 1919	***7-11*** 鹿児島港開港。***8-13*** 県立鹿児島病院看護師ストライキ突入。***11-*** 鹿児島手形交換所設立。
大正9 1920	***11-*** 加治木町小作人の小作争議発生。
大正10 1921	***3-*** 隼人塚および大隅国分寺跡史跡に指定。***9-*** 栗野—山野間鉄道開通。
大正11 1922	***9-*** 谷山村の小作人158人，地主23人に小作料減額要求争議発生。***10-*** 鹿児島履物工場で賃銀値上げのストライキ。
大正12 1923	***4-*** 県立工業試験場開設。***5-*** 石造建物を利用して，尚古集成館設置。***7-*** 川内—米之津間鉄道開通。***12-*** 大隅鉄道古江—串良間開通。この年，鹿児島市内に労働争議頻発。
大正13 1924	***3-*** 鹿児島職業紹介所設立。***12-*** 始良郡東襲山村・清水村・国分村に大小作争議。
大正14 1925	***5-*** 笠之原水道組合水道敷設工事開始。***10-*** 県庁新築落成式挙行。
昭和1 1926	***5-*** 宮之城線川内—宮之城間開通。***7-*** 郡制廃止，熊毛・大島支庁を設置。
昭和2 1927	***5-*** 笠之原水道工事竣工。***9-*** 鹿児島海外移住組合の組織結成。***10-22*** 県立図書館落成式。***10-*** 米之津—八代間鉄道連絡，この線を鹿児島本線とし，旧鹿児島線を肥薩線と改称。
昭和3 1928	***4-24*** 歩兵第45連隊済南出動のため鹿児島駅出発(山東出兵)。***7-1*** 鹿児島電気軌道株式会社を鹿児島市が買収，市営電車運行。
昭和4 1929	***3-*** 南薩鉄道，枕崎まで全通。***12-31*** 鹿児島市営バス，伊敷線ほか5線運行開始。
昭和5 1930	***11-*** 薩南中央鉄道開通。***12-*** 指宿線西鹿児島—五位野間開通。
昭和6 1931	***3-10*** 鹿児島市城山公園自動車道路開削工事竣工。***6-3*** 城山を史跡天然記念物に文部省指定。***9-18*** 満州事変勃発。***10-16*** 県教育会館落成。***12-13*** 歩兵第45連隊先発隊満州に出征。
昭和7 1932	***10-*** 佐多旧薬園を史跡に指定。***12-*** 日豊線都城—隼人間開通。
昭和8 1933	***11-*** 磯島津別邸・集成館・異人館および船形台場を史跡に指定。
昭和9 1934	***1-*** 唐仁古墳群史跡に指定。***4-24*** 鹿児島港築港竣工式挙行(第二期)。***9-*** 県史編纂事業第1回打合せ会開催。***12-*** 指宿線指宿まで開通。
昭和10 1935	***4-*** 大隅鉄道を国鉄に移管。***5-*** 国立療養所星塚敬愛園設立。***10-10*** 天皇大元帥を迎えて，陸軍特別大演習が隼人地方で行われる。***10-26*** 鹿児島放送局で電波放送開始。
昭和11 1936	***3-25*** 国鉄指宿線山川まで全通。***4-1*** 鹿屋海軍航空隊発足。***9-*** 桂庵玄樹の墓・南浦文之の墓史跡に指定。***11-23*** 高島屋デパート新築落成。
昭和12 1937	***3-*** 国防婦人会鹿児島支部発足。***5-23*** 西郷隆盛銅像除幕式挙行。***7-7*** 日中戦争勃発。***8-*** 出水海軍飛行場着工。***12-*** 国鉄宮之城線・山野線全通。この年，桜島溶岩道路完成。
昭和13	***3-*** 満蒙開拓青少年義勇軍第1陣出発，本県青少年925人(19年まで本県から約

1938　2300人)。**5-8** 鹿児島市営バス木炭車の運行開始。

昭和14 1939　**7-20** 鹿児島歴史館，市役所跡地に開館。**7-** 県立商船学校，官立鹿児島商船学校となる。**7-**『鹿児島県史』第１巻刊行。**8-** 鹿児島県産業報国会発足。

昭和15 1940　**2-11** 天孫降臨祭および紀元節奉祝会を高千穂川原の神籬祭場で実施。同日川内町市制施行。**11-10** 紀元二千六百年奉祝式典を鹿児島市で挙行，約7000人出席。

昭和16 1941　**4-** 国民学校令施行細則公布。**5-** 鹿児島県青少年団結成。**5-** 肝属郡鹿屋町，大姶良村・花岡村を合併して市制施行。**9-** 県女子勤労隊(挺身隊)第１陣北九州の工場に就労。**12-8** 米英両国に宣戦布告(太平洋戦争)。**12-** 大政翼賛会県支部結成。

昭和17 1942　**2-7** 鹿児島新聞社・鹿児島朝日新聞社合併して鹿児島日報社(のち南日本新聞社)発足。**3-** 知覧陸軍飛行場完成。**4-** 大日本婦人会県支部結成。**9-** 大浦干拓工事第１区着工(37年３月完成)。**12-** 農地開発営団，有明町野井倉開墾事業に着手(37年完成)。

昭和18 1943　**1-** 鹿児島連隊区司令部女子職員に竹槍訓練実施。このころから戦時中を通じ県下学校・婦人団体の常時訓練実施。**4-1** 鹿児島県立医学専門学校，鹿児島市に開校。**4-1** 鹿児島県男子師範学校および同女子師範学校を官立師範学校に移管。**4-1** 鹿児島海軍航空隊・出水海軍航空隊発足。**5-** 奄美和光園設置。**7-** 串良町，溝辺町十三塚原海軍飛行場，頴娃町青戸，加世田市万世陸軍飛行場着工。**8-** 県男子学徒報国隊北九州その他に動員。**12-** 徳之島浅間に海軍飛行場着工。

昭和19 1944　**1-14** 県女子学徒報国隊第１陣北九州の工場に動員。**2-1** 鹿児島銀行と鹿児島貯蓄銀行合併。**2-** 垂水海軍航空隊発足。**2-** 県下の料理屋・カフェーなど全部休業。**4-1** 鹿児島高等農林学校を鹿児島農林専門学校に，鹿児島高等商業学校を鹿児島経済専門学校と改称。**4-1** 串良海軍航空隊発足。**8-15** 国分海軍航空隊発足。**8-22** 沖縄本土疎開船対島丸悪石島近海で米潜水艦の攻撃を受け沈没。**8-23** 沖縄本土疎開船第１陣鹿児島着。**10-10** 米軍機奄美大島名瀬町・天城村初空襲。

昭和20 1945　**1-22** 米軍機喜界島海軍飛行場を空襲。**2-9** 鹿児島市内の各中学校生徒，愛知県半田市の軍需工場に動員。**3-18** 米軍機県下本土陸海軍飛行場を中心に空襲。**4-7** 種子島学童約5000人本土疎開実施。**4-7** 沖縄戦出動の日本艦隊(戦艦大和など)坊の岬沖合いで壊滅。このころ県内陸海軍飛行場から特別攻撃隊がとびたつ。**4-** 国民義勇隊発足。**4-** 第１次本土決戦部隊五カ師団と１カ旅団県下に駐屯。**6-8** 県国民義勇隊本部発足。**6-17** 鹿児島市大空襲(第５次)，川内市初空襲。**8-15** 天皇終戦の詔勅を放送。**8-20** 県下駐屯陸海軍部隊解隊開始。**9-3** 連合国軍九州先遣隊鹿屋飛行場に到着。**9-17** 山形屋デパート再開。**9-** 県下各学校に授業再開通達。**10-6** 連合国軍進駐調査団鹿児島市着。**11-24** 厚生省鹿児島引揚援護局設置。

昭和21 1946　**2-2** 北緯30度以南は日本から分離。**2-28** 米国務省告示により，十島村のうち竹島・黒島・硫黄島は本県所管に編入。ほかは米軍政下の統治となる。**3-17** 桜島噴火，黒神集落に溶岩が流入。**4-1** 国立水産専門学校開校。**5-6** 県公職適格審査開始(22年４月まで追放164人)。**6-20** 門司—鹿児島間に戦後初の急行列車運行。**7-1** 奄美大島など北部南西諸島は米国陸軍軍政府の統治となり，同日大島郡名瀬町市制施行。**10-9** 特別都市計画法により戦災都市として鹿児島市・川内市・串木野町・阿久根町・加治木町・枕崎町・山川町・垂水町・東市来町・西之表町を指定。

昭和22 1947　**2-15** 県下初の婦人警官採用。**3-4** 県農地委員会事務局設置。**3-30** 農地改革第１次農地買収開始。**3-** PTA結成始まる。**4-5** 初の民選知事に重成格当選。市町村長も民選となる。**5-1** 県下新制中学校発足。**5-6** 戦後第１回県下１周駅伝開催。**7-14** 県立鹿児島医科大学設置。**12-6** 県教職員組合結成。**12-9** 県連合婦人会結成。

昭和23 1948　**3-6** 新警察制度発足により，県下30市町村に自治体警察，20カ所に国家警察発足。**4-1** 新制高等学校発足。**7-1** 鹿児島—東京間に急行列車復活運行。**8-15** 県経済

農業協同組合連合会発足。

昭和24 1949 *4-1* 国立鹿児島大学(文理・教育・農・水産学部), 県立鹿児島大学(医学部・工学部)開校。*5-30* ザビエル上陸400年祭開催。*9-1* 枕崎町市制施行。*11-3* 鹿児島市で初のおはら祭開催。

昭和25 1950 *3-23* 九州ステートフェア鹿児島市で開催(47日間)。*3-31* 第七高等学校廃校。*4-1* 県立大学に短期大学部設置。*4-1* 鹿児島商科短大設立。*4-1* ラ・サール学園高等学校開校。*4-1* 大浦干拓第2工区着工(40年9月完工)。*10-1* 串木野町市制施行。*11-15* 警察予備隊鹿屋駐屯部隊発足。

昭和26 1951 *3-* 県下中学卒業生初の集団就職列車運行(出水職安関係60人)。*10-* 鹿児島無尽会社, 旭相互銀行と社名変更。

昭和27 1952 *4-1* 阿久根町市制施行。*4-* 日米平和条約により10島村のうち残り7島も鹿児島県に編入。*7-23* 屋久島千尋滝発電所工事着工(28年4月完工)。*10-10* 鹿児島ロータリークラブ発足。*11-25* 第1回九州1周駅伝始まる。

昭和28 1953 *5-25* 鹿児島市鴨池飛行場設置許可。*6-23* ラジオ南日本設立(36年南日本放送と社名変更)。*12-1* 海上保安隊鹿屋航空隊開隊。*12-24* 日米協定調印により奄美群島日本へ返還, 25日, 大島支庁設置。*12-26* 第二次世界大戦敵味方戦没者慰霊碑除幕式(鹿児島市)。

昭和29 1954 *4-1* 大口市・出水市・指宿市発足。*7-15* 加世田市発足。*9-1* 鹿児島市立美術館開館。*9-* 中越パルプ工業川内工場操業開始。

昭和30 1955 *2-1* 国分町市制施行。*7-1* 鹿児島県立大学の医学部・工学部を国立に移管。*9-28* 川辺郡知覧町旧陸軍飛行場跡に特攻記念碑・平和観音建立。*10-13* 桜島南岳, 昭和14年以来の大爆発。*11-21* 陸上自衛隊鹿屋駐屯部隊, 国分市に移転。

昭和31 1956 *3-30* 県下中学卒業生の中京・関西・関東地方への就職激増のため, 就職臨時列車を運行開始(いわゆる集団就職列車)。*3-31* 国鉄国分線および枕崎線着工。*4-* 早期水稲栽培普及段階にはいる。

昭和32 1957 *7-1* 鹿児島市鴨池空港, 民間空港として開港。鹿児島—宮崎—大阪間に定期航路開設。

昭和33 1958 *2-22* NHK鹿児島テレビ局開局, 初放送。*4-8* 鹿児島市鳥越トンネル開通。*10-1* 谷山町・西之表町・垂水町が市制施行。*10-1* 東京—鹿児島間に特急はやぶさ運行開始。

昭和34 1959 *1-24* 国営笠之原灌漑事業認可。*2-17* 種子島西之表空港開港。*3-29* 県立大島病院開設。*4-1* ラジオ南日本, テレビ放送開始。*5-3* 鹿児島毎日新聞社(37年1月鹿児島新報社と社名変更)設立。*8-5* 喜界空港開港。

昭和35 1960 *3-23* 国鉄指宿線山川—西頴娃間開通。*4-1* 鹿児島経済大学および鹿児島純心短期大学開校。*5-3* 鹿児島市, イタリアのナポリ市と姉妹都市盟約。*5-* 県立図書館親子20分間読書運動開始(全国に広まる)。*7-* 屋久島電工安房川第一発電所および屋久島工場操業開始。*10-21* 県体育館竣工(鹿児島市)。

昭和36 1961 *4-11* 肝属郡内之浦町長坪台地に東京大学宇宙空間観測所(ロケット実験場)設置決定。*7-7* 川内川鶴田ダム起工式(41年度完工)。*10-1* 鹿児島—名瀬間マイクロウェーブ開通。

昭和37 1962 *9-30* 京都大学桜島火山観測所開所。*11-6* 国営笠之原畑地灌漑および高隈ダム起工式。*12-18* 東京大学宇宙空間観測所ロケット8型打上げ, 観測に成功。

昭和38 1963 *6-19* 鹿児島大学桜島火山観測所開所。*7-1* 鹿児島—東京間定期航空運行開始。*7-1* 屋久島空港開港。*7-* 国鉄西頴娃—枕崎間開通。指宿線を指宿枕崎線と改称。

昭和39 1964 *1-26* 鹿児島電話局全国即時網編入。*3-16* 霧島屋久国立公園指定。*4-1* 奄美群島振興事業(5カ年計画)実施。*6-1* 奄美空港開港。*7-* 大口市産婦人科医が提唱し

	たおぎゃー献金運動全国に普及。***9-*** 東京オリンピック大会の聖火県内をリレー北上。
昭和40 1965	***4-1*** 南薩地区土地改良事業(畑地灌漑)国直轄調査開始。***4-5*** 鶴田ダム完工式。
昭和41 1966	***5-*** 種子島竹崎海岸に科学技術庁の実用衛星開発基地設置決定。***6-*** 鹿児島市与次郎浜埋立工事認可。***8-*** 沖永良部飛行場開港。***9-*** NHKカラーテレビ放送開始。***11-15*** 県文化センター開館。
昭和42 1967	***2-*** 鹿屋市高隈ダム貯水開始。***3-9*** 公募による鹿児島県章決定。***4-29*** 谷山市が鹿児島市に合併。***11-8*** 鹿児島新港完成。
昭和43 1968	***2-21*** えびの吉松地震発生(～22日)。***4-*** 明治百年記念式典挙行。
昭和44 1969	***3-29*** KTS放送開局(4月1日から正式放送開始)。***5-12*** 太陽の子運動本部発足。***9-*** 喜入町に日石原油基地開設。***10-1*** 溝辺町十三塚原に大型空港建設着工。
昭和45 1970	***2-11*** 内之浦から国産衛星第1号発射に成功。***3-1*** 東京—鹿児島間にジェット機の直行便就航。***3-30*** 鹿児島市与次郎浜埋立て完成。***5-16*** 県立吉野公園開園。***10-1*** 鹿児島本線全線電化完成。
昭和46 1971	***7-27*** 鹿児島県・岐阜県姉妹盟約協定。
昭和47 1972	***4-1*** 溝辺町に新鹿児島空港開港。***9-9*** 国鉄大隅線開通。***9-*** 太陽国体夏季大会開催。***10-*** 太陽国体秋季大会開催。***10-14*** 鹿児島市平川に動物公園開園。
昭和48 1973	***11-*** オイルショックでパニック起こる。
昭和49 1974	***4-9*** 黒の瀬戸大橋開通。***4-23*** 鹿児島市とオーストラリアのパース市姉妹都市盟約式。
昭和50 1975	***9-9*** 種子島から初の技術試験衛星「きく」打上げ成功。
昭和51 1976	***6-14*** 新大隅開発計画発表。
昭和52 1977	***4-1*** 指宿スカイライン頴娃—谷山間開通。***9-24*** 西郷没後百年記念式典開催。***12-17*** 川内原子力発電所1号原子炉の設置認可。
昭和53 1978	***4-1*** 鹿児島大学に歯学部新設。***4-26*** 活動火山対策特別措置法改正公布。***5-14*** 大久保利通没後百年記念式典挙行。
昭和54 1979	***1-9*** 鹿児島ドック鉄工株式会社倒産。***3-30*** 鹿児島刑務所姶良郡吉松町へ移転決定。***9-26*** 大久保利通銅像建立。***10-*** 志布志港の大型港改築に着手。
昭和55 1980	***1-12*** 県立図書館・視聴覚センターが二の丸跡に新築落成。***3-*** 志布志—大阪間に日本カーフェリー(おおすみ)就航。***3-*** 九州縦貫自動車道のうち鹿児島空港—栗野間開通。***7-10*** 鹿児島市の人口50万人突破。
昭和56 1981	***1-12*** 県立博物館(旧県立図書館を改装)再開。***7-13*** 国立南九州中央病院，大学病院跡に開院。***8-11*** 種子島宇宙センター実用気象衛星「ひまわり2号」打上げ成功。
昭和57 1982	***3-31*** 西鹿児島駅前広場に「若き薩摩の群像」建立。***7-4*** 谷山七ツ島に県営サンライフプールがオープン。***8-1～10*** 昭和57年度全国高等学校総合体育大会開催。***10-1*** 鹿児島放送(KBB)開局。
昭和58 1983	***6-21*** 加世田川堤防が決壊し，市街地2700戸が被害。***10-21*** 県歴史資料センター黎明館開館。
昭和59 1984	***3-17*** 鹿児島交通の南薩鉄道廃止。***10-25*** 百貨店丸屋が鹿児島三越としてオープン。***10-25*** 平川動物公園にオーストラリアよりコアラ2頭贈呈。

昭和61 1986	***3-25*** 鹿児島刑務所姶良郡吉松町に完成。***12-8*** 九州新幹線西鹿児島駅周辺整備事業起工式。
昭和62 1987	***1-9*** 国鉄宮之城線(川内—薩摩大口間)廃止。***3-13*** 国鉄大隅線(国分—志布志間)廃止。***4-1*** 国鉄が分割民営化。***8-1*** 鹿児島農協が田上農協に吸収合併。***12-1*** 奄美大島本島のウリミバエが根絶され，野菜・果物の出荷解除。
昭和63 1988	***1-31*** JR山野線(栗野—水俣間)廃止。***3-29*** 九州縦貫自動車道(鹿児島北—鹿児島間)，指宿有料道路Ⅲ期(鹿児島—谷山間)，国道3号線バイパスの一部，3路線が同時開通。***11-19***「火山と人との共存」をテーマに鹿児島国際火山会議開催。
平成1 1989	***2-1*** 旭相互銀行が普通銀行に転換し，南日本銀行と社名変更。***7-21*** 種子島・屋久島航路に高速水中翼船トッピー就航。***8-8*** 九州新幹線鹿児島ルートの第3紫尾山トンネル工事着手。***10-8*** 屋久杉自然館開館。***11-1*** ウリミバエ根絶宣言。徳之島・沖永良部島・与論島で規制解除。
平成2 1990	この年，NHK大河ドラマ「翔ぶが如く」放送。***3-22*** 鹿児島市と大阪・福岡市を結ぶ長距離高速バス運行開始。***8-8*** 串木野国家石油備蓄基地に岩盤タンク1基完成。***9-11*** 南薩畑地灌漑事業完成。
平成3 1991	***1-21*** 全国初のコミューター空港枕崎市に開港。***9-7*** 新幹線鹿児島ルート起工式。***10-22*** 鹿児島—札幌間の全日空直行便就航。
平成4 1992	***3-1*** 広域合併農協「鹿児島いずみ農協」「あいら農協」発足。***3-25*** 自動車専用の隼人道路開通。***9-2*** 志布志石油備蓄基地で備蓄開始。***10-1*** FM局のエフエム鹿児島開局。***10-18*** 県警46年ぶりに婦人警官採用。***10-20*** 鹿児島刑務所跡地に鹿児島アリーナ完成。***12-1*** 県職員の完全週休2日制実施。
平成5 1993	この年，串木野地下備蓄基地で備蓄開始。***8-6*** 甲突川が氾濫し，新上橋・武之橋流出。***11-1*** 8.6水害による甲突川改修に河川激甚災害対策特別緊急事業決定。***12-8*** コロンビアの世界遺産委員会，屋久島を世界遺産に登録。
平成6 1994	***3-18*** 鹿児島市にレトロ観光バス「シティビュー」運行。***6-2*** 瀬戸内町の加計呂麻島でクロマグロ牧場着工。***7-22*** 牧園町の霧島国際音楽ホール「みやまコンセール」開館。
平成7 1995	***2-10*** 県と鹿児島市は西田橋・高麗橋・玉江橋を祇園洲周辺に移設方針決定。***7-27*** 九州自動車道全通し，青森まで直結される。***8-10*** 輝北天球館開館。
平成8 1996	***10-24*** 新県庁舎が鴨池新町に完成，11月山下町から引っ越し，71年ぶりの移転となった。
平成9 1997	***3-26〜5-13*** 鹿児島県北西部地震，マグニチュード6.5と6.3，川内市・阿久根市・宮之城町など被害。***7-10*** 出水市境町針原地区で土石流，21人の犠牲者がでる。
平成10 1998	***11-28〜29*** 薩摩焼発祥400年を記念して，鹿児島市と東市来町で日韓閣僚懇談会を開催。***12-25*** 国分市上之原遺跡，国史跡に指定。
平成11 1999	この年，県は鹿児島市沖の人工島建設に着手。***12-26*** マリンポート鹿児島起工式。
平成13 2001	***5-11*** ハンセン病訴訟全面解決へ。***11-*** 九州新幹線(新八代—西鹿児島間)建設にともない，在来線三セク設立合意。
平成14 2002	この年，石川島播磨重工業株式会社，鹿児島から撤退。
平成16 2004	***3-13*** 九州新幹線(鹿児島中央—新八代間)部分開業。***3-13*** 肥薩オレンジ鉄道(在来線の八代—川内間)開業。***10-12*** 1市4町4村が合併して薩摩川内市成立。***11-1*** 吉田町・桜島町・喜入町・松元町・郡山町が鹿児島市と合併。
平成17 2005	***3-1*** 商業施設ドルフィンポート開業。***3-22*** 合併で，さつま町・湧水町・錦江町成立。***3-31*** 南大隅町成立。***5-1*** 日置市成立。***7-1*** 曽於市・肝付町成立。***10-1*** い

ちき串木野市成立。***11-7*** 南さつま市・霧島市成立。

平成18 2006 ***1-1*** 鹿屋市・指宿市・志布志市，合併して成立。***3-13*** 出水市成立。***3-20*** 奄美市・長島町成立。

平成19 2007 ***10-1*** 屋久島町成立。***10-6*** イオン鹿児島ショッピングセンター開業。***12-1*** 南九州市成立。***12-*** パリセーグル美術館で薩摩焼展開催。

平成20 2008 この年，NHK大河ドラマ「篤姫」放送。***11-1*** 伊佐市成立。

平成22 2010 ***3-23*** 姶良市成立(平成合併により，県下98市町村が43市町村となる)。

平成23 2011 ***1-26*** 新燃岳爆発的噴火。***3-11*** 東日本大震災。***3-12*** 九州新幹線鹿児島ルート全線開業し，大阪まで直通列車運行。***3-12*** 薩摩仙台市の原子力発電所全停止。***11-2*** 奄美南部豪雨。この年，桜島・新燃岳の活動が激しくなる。

平成24 2012 ***3-16*** 霧島屋久国立公園，霧島錦江湾国立公園に改称。屋久島国立公園，独立して指定。

■ 参考文献

1　通史(県史・県議会史・機関史・産業史など)

黒板勝美監修『鹿児島県史』1-4　鹿児島県　1939-43(復刻版　近藤出版社　1974)
大久保利謙・増村宏監修『鹿児島県史』5　鹿児島県　1967(復刻版　5上・下　近藤出版社　1974)
鹿児島県編『鹿児島県史』6上・下　鹿児島県　2006
原口虎雄『鹿児島県の歴史』　山川出版社　1973
原口泉ほか『鹿児島県の歴史』　山川出版社　1999
鹿児島県社会科教育研究会高等学校歴史部会編『鹿児島の歴史』　鹿児島県社会科教育研究会高等学校歴史部会　1958
公爵島津家編輯所編『薩藩海軍史』上・中・下　公爵島津家編輯所刊行会(原書房復刻)　1968
武藤長平『西南文運史論』　刀江書院　1926
鹿児島県教育委員会編『鹿児島県教育史』上・下　鹿児島県教育研究所　1960
南日本新聞社編『鹿児島百年』上・中・下　春苑堂　1968
南日本新聞社編『郷土人系』上・中・下　春苑堂　1969・70
伊地知峻『薩藩年中行事』　鹿児島市教育委員会　1937
地方史研究協議会編『日本産業史大系8　九州地方編』　東京大学出版会　1971
鹿児島県編『鹿児島県農地改革史』　鹿児島県　1954
鹿児島県編『鹿児島県水産史』　鹿児島県　1968
貴島一郎編『明治百年—鹿児島県の歩み』　毎日新聞鹿児島支局　1968
芳即正編『鹿児島県民の百年』　著作社　1987
鹿児島県議会編『鹿児島県議会史』1・2・別巻　鹿児島県議会　1971
鹿児島県民生労働部労政課編『資料鹿児島県労働運動史』1・2　鹿児島県　1967
北川鉄三『鹿児島の郷中教育』　鹿児島県立図書館　1972
南日本新聞社編『明治百年と鹿児島』　南日本新聞社　1967
南日本新聞社編『郷土紙にみるかごしま世相百年』　南日本新聞開発センター　1981
鹿児島市編『鹿児島のおいたち』　鹿児島市　1955
東禾鳥『鹿児島自慢』　日本警察新聞社　1915
鹿児島県土地改良事業団体連合会編『鹿児島の土地改良記念碑』　鹿児島県土地改良事業団体連合会　1989
鹿児島県体育協会編『鹿児島県体育史』　鹿児島県体育協会　1977
鹿児島市水道局編『鹿児島市水道史』　鹿児島市水道局　1991

南日本新聞社編『かごしま戦後50年』 南日本新聞社　1995
鹿児島県広報協会編『鹿児島(県政)35年のあゆみ』 鹿児島県広報協会　1981
芳即正編『ふるさとの想い出写真集　明治・大正・昭和　鹿児島』 国書刊行会　1980
原口泉監修『目で見る日置・いちき串木野の100年』 郷土出版社　2007

2　郡史・市町村史

姶良町郷土誌改訂編纂委員会編『姶良町郷土誌』 姶良町　1995
吾平町誌編纂委員会編『吾平町誌(新訂版)』上・下　吾平町　1991
阿久根市誌編さん委員会編『阿久根市誌』 阿久根市　1974
東町郷土史編さん委員会編『東町郷土史』 東町　1992
天城町役場編『天城町誌』 天城町　1978
有明町郷土史編さん委員会編『有明町誌』 有明町　1980
伊集院町誌編纂委員会編『伊集院町誌』 伊集院町　2002
出水市郷土誌編集委員会編『出水郷土誌』上・下　出水市　2004
伊仙町誌編さん委員会編『伊仙町誌』 伊仙町　1978
市来町郷土誌編集委員会編『市来町郷土誌』 市来町　1982
指宿市役所総務課市誌編さん室編『指宿市誌』 指宿市　1985
指宿市制50周年記念事業実行委員会事務局編『指宿市誌(追録版)』 指宿市　2005
入来町誌編纂委員会編『入来町誌』上・下・追録　入来町　1964・78・99
宇検部落郷土誌編集委員会編『宇検部落郷土誌(改訂版)』 宇検村宇検部落　1996
内之浦町誌編纂委員会編『内之浦町誌』 内之浦町教育委員会　2003
頴娃町郷土誌編集委員会編『頴娃町郷土誌(改訂版)』 頴娃町　1990
大浦町郷土誌編纂委員会編『大浦町郷土誌』 大浦町　1995
大口市郷土誌編さん委員会編『大口市郷土誌』上・下　大口市　1981・78
大崎町編『大崎町史 明治百年』 大崎町　1975
大隅町誌編纂委員会編『大隅町誌(改訂版)』 大隅町　1990
大根占町誌編纂委員会編『大根占町誌(増補改訂版)』 大根占町誌編纂委員会　2004
名瀬市誌編纂委員会編『名瀬市誌』下　名瀬市　1973
改訂名瀬市誌編纂委員会編『改訂名瀬市誌』3　名瀬市　1996
開聞町郷土誌編纂委員会編『開聞町郷土誌(改訂版)』 開聞町　1994
鹿児島市役所編『鹿児島市史』上・下　鹿児島市役所　1924
鹿児島市史編さん委員会編『鹿児島市史』1-4　鹿児島市　1969-90
笠沙町郷土誌編さん委員会編『笠沙町郷土誌』上・中・下　笠沙町　1991-93
笠利町誌執筆委員会編『笠利町誌』 笠利町　1973
加治木郷土誌編さん委員会編『加治木郷土誌(改訂版)』 加治木町　1992
鹿島村郷土誌編集委員会編『鹿島村郷土誌(改訂版)』 鹿島村　2000

加世田市史編さん委員会編『加世田市史』上・下　加世田市　1986
鹿屋市史編さん委員会編『鹿屋市史(改訂版)』上・下　鹿屋市　1984
上甑村郷土誌編集委員会編『上甑村郷土誌』 上甑村　1980
上屋久町郷土誌編集委員会編『上屋久町郷土誌』 上屋久町　1984
蒲生町郷土誌編さん委員会編『蒲生郷土誌』 蒲生町　1991
川辺町郷土史編集委員会編『川辺町郷土史』 川辺町　1976
川辺町郷土史編集委員会編『川辺町郷土史追録』 川辺町　1997
喜入町郷土誌編集委員会編『喜入町郷土誌(増補改訂版)』 喜入町　2004
喜界町誌編纂委員会編『喜界町誌』 喜界町　2000
輝北町郷土誌編纂委員会編『輝北町郷土誌』 輝北町　2000
霧島町郷土誌編集委員会編『霧島町郷土誌』 霧島町　1992
金峰町郷土史編さん委員会編『金峰町郷土史』上・下　金峰町　1987・89
救仁郷繁・救仁郷建校訂『大崎町史』(新訂版 古代〜幕末)　至言社　1997
串木野市郷土史編集委員会編『串木野市郷土史』 串木野市　1984
串良町郷土誌編纂委員会編『串良郷土誌』 串良町　1973
栗野町郷土誌再版委員会編『栗野町郷土誌』 栗野町　1995
祁答院町誌編さん委員会編『祁答院町史』 祁答院町　1985
高山郷土誌編さん委員会編『高山郷土誌』 高山町　1997
郡山町郷土史編集委員会編『郡山町郷土史』上・下　郡山町　1971・83
郡山郷土史編纂委員会編『郡山郷土史』 鹿児島市教育委員会　2006
国分郷土誌編纂委員会編『国分郷土誌』通史編(上・下)・資料編　国分市　1997・98
桜島町郷土誌編さん委員会編『桜島町郷土誌』 桜島町　1988
佐多町誌編集委員会編『佐多町誌』2　佐多町　1973・91
薩摩町郷土誌編さん委員会編『薩摩町郷土誌』 薩摩町　1998
里村郷土誌編纂委員会編『里村郷土誌(上)』 里村　1985
志布志町役場編『志布志町誌』上・下　志布志町　1972・84
下甑村郷土誌編集委員会編『下甑村郷土誌』 下甑村　2004
四元幸夫『東市来町郷土誌』 東市来町　1988
末吉町郷土史編集委員会編『末吉郷土史』 末吉町　1987
瀬戸内町誌編集委員会編『瀬戸内町誌』民俗編・歴史編資料集1-4　瀬戸内町　1977・1999-2003
川内郷土史編さん委員会編『川内市史』上・下　川内市　1975・80
高尾野町郷土史編集委員会編『高尾野町郷土史』 高尾野町　1969
財部町郷土史編さん委員会編『財部町郷土史』 財部町　1997
田代町教育委員会編『新編田代町郷土誌』 田代町　2005
龍郷町誌歴史編編さん委員会・龍郷町誌民俗編編さん委員会編『龍郷町誌』歴史編・民俗編　龍郷町　1988
谷山市史編さん委員会編『谷山市史』 谷山市　1967
垂水市史編集委員会編『垂水市史下巻』 垂水市　1978

垂水市史編集委員会編『垂水市史上巻(改訂版)』 垂水市 1998
知名町誌編纂委員会編『知名町誌』 知名町 1982
知覧町郷土誌編さん委員会編『知覧町郷土誌』 知覧町 1982
鶴田静磨『輝北町郷土史』 輝北町 1966
鶴田町郷土誌編集委員会編『鶴田町郷土誌』 鶴田町 2005
東郷町郷土史編集委員会編『東郷町郷土史』 本編・続編 東郷町 1969・2003
徳之島町誌編纂委員会編『徳之島町誌』 徳之島町 1970
十島村誌編集委員会編『十島村誌』 十島村 1995
長島町郷土史編集委員会編『長島町郷土史』 長島町 1974
中種子町郷土誌編集委員会編『中種子町郷土誌』 中種子町 1971
西之表市史編纂委員会編『西之表市百年史』 西之表市 1971
根占郷土誌編さん委員会編『根占郷土誌(復刻改訂版)』 根占町 1996
野田町郷土誌編さん委員会編『野田町郷土誌』 野田町 2003
隼人町編『隼人郷土誌』 隼人町 1985
東串良郷土誌編纂委員会編『東串良郷土誌』 東串良町1980
菱刈町郷土誌編纂委員会編『菱刈町郷土誌改訂版』 菱刈町 2007
日吉町郷土誌編さん委員会編『日吉町郷土誌』上・下 日吉町 1982・88
樋脇町史編さん委員会編『樋脇町史』上・下 樋脇町 1993・96
吹上郷土誌編纂委員会編『吹上郷土誌』通史編1・2・3，資料編 吹上町 2003
福山町郷土誌編集委員会編『福山町郷土誌』 福山町 1978
坊津町郷土誌編集委員会編『坊津町郷土誌』上・下 坊津町 1969・72
牧園町郷土誌編さん委員会編『牧園町郷土誌(改訂版)』 牧園町 1991
枕崎市誌編さん委員会編『枕崎市誌』上・下・十年史 枕崎市 1990・2000
松元町郷土誌編さん委員会編『松元町郷土誌』 松元町 1986
松山町郷土史編纂委員会編『松山町郷土史』 松山町 1969
三島村誌編纂委員会編『三島村誌』 三島村 1990
溝辺町郷土誌編集委員会編『溝辺町郷土誌』全3巻 溝辺町 1973・89・2004
南種子町郷土誌編纂委員会編『南種子町郷土誌』 南種子町 1987
南日本新聞社編『鹿児島市史』4 鹿児島市 1990
宮之城町史編纂委員会編『宮之城町史』 宮之城町 2000
屋久町郷土誌編さん委員会編『屋久町郷土誌』1-4 屋久町 1993-2007
山川町役場編『山川町史(増補版)』 山川町 2000
横川町郷土誌編纂委員会編『横川町郷土誌』 横川町 1991
吉田町郷土誌編纂委員会編『吉田町郷土誌』 吉田町 1991
吉松郷土誌編集委員会編『吉松郷土誌(改訂版)』 吉松町 1995
与論町誌編集委員会編『与論町誌』 与論町 1988
和泊町誌編集委員会編『和泊町誌』歴史編・民俗編 和泊町 1984・85

3　諸史

山下玄洋『中学造士館の研究』(私家版)　1997
増満義孝『鹿児島刑務所史』　春苑堂出版　1992
鹿児島市交通局管理部企画室編『鹿児島の路面電車50年』　鹿児島市交通局　1978
鹿児島県立博物館編『桜島大噴火写真集』　鹿児島県教育委員会　1989
鹿児島県・鹿児島地方気象台編『鹿児島県災異誌』　鹿児島県　1967
鹿児島県編『桜島大正噴火誌』　鹿児島県　1927
橋村健一『桜島大噴火』　春苑堂出版　1994
鹿児島市戦災復興誌編集委員会編『鹿児島市戦災復興誌』　鹿児島市　1982
勝目清『勝目清回顧録』　南日本新聞社　1962
恵原義盛『奄美生活誌』　木耳社　1973
鹿児島県地方自治研究所編『奄美戦後史』　南方新社　2005
名越護『南島雑話の世界』　南日本新聞社　2002
鵜飼敏定ほか『歩兵第四十五聯隊史』　歩兵第四十五聯隊史編纂委員会　1981
鹿児島開発事業団史編さん委員会編『鹿児島開発事業団史　二十八年のあゆみ』　鹿児島開発事業団　1993
皆村武一『奄美近代経済社会論』　晃洋書房　1988
皆村武一『近代の鹿児島』　高城書房　1990
河野和子・外口玉子編『らい看護から』　日本看護協会出版会　1980
石川捷治・平井一臣編『地域から問う国家・社会・世界』　ナカニシヤ出版　2000
南日本新聞社編『記憶の証人』　南日本新聞社　2006

4　伝記

木原三郎『愛加那記』(私家版)　1977
大囿純也『鹿児島の勧業知事加納久宜小伝』　春苑堂書店　1969
沖縄軍司令官牛島満伝刊行委員会編『沖縄軍司令官牛島満伝』　春苑堂書店　1972
日本文化の会編『日本を創った人びと24　西郷隆盛』　平凡社　1978
原口泉『かがやけ薩摩　歴史のあゆみを進めた先人たち』　鹿児島南ロータリークラブ　1990

5　その他

笹森儀助『南島探験』(私家版)　1894
鹿児島県教育会編『軍神横山少佐』　鹿児島県教育会　1942
栄友直『徳之島小史』　鹿児島民俗学会　1963
柴田融ほか編『図録維新と薩摩』　南日本放送　1968
本富安四郎『薩摩見聞記』　東陽堂　1902

肥薩鉄道開通式協賛会編『鹿児島県案内』 肥薩鉄道開通式協賛会 1909
林蘇喜男『奄美拾遺集』(私家版) 1997

■ 図版所蔵・提供者一覧

朝日新聞社　p.261下
鵜飼敏定ほか『歩兵第四十五聯隊史』・鹿児島県立図書館蔵　p.121，247
鹿児島開発事業団史編さん委員会編『鹿児島開発事業団史　二十八年のあゆみ』　p.326
鹿児島県　p.231，261上
鹿児島県教育会編『軍神横山少佐』・鹿児島県立図書館蔵　p.257
鹿児島県広報協会編『鹿児島（県政）35年のあゆみ』　p.281中・下，291，303，317，319
鹿児島県立図書館　p.43上
鹿児島県立博物館　p.177上
鹿児島県歴史資料センター黎明館　p.43下，53，177下右，213，235，315
鹿児島県歴史資料センター黎明館保管・玉里島津家蔵　p.55，62
鹿児島市　p.275右・左，343
鹿児島市交通局　p.191
鹿児島大学　p.172
株式会社山形屋　p.103，195
芳即正編『ふるさとの想い出写真集　明治・大正・昭和　鹿児島』国書刊行会　p.13，30，65，155
記念艦　三笠　p.125上
"九州旅ネット"フォトギャラリーより転載　カバー
霧島市観光課　口絵
久保田瑤二・かごしま近代文学館　p.313
公益財団法人　徳川記念財団　カバー
国立国会図書館　p.15右，115，125下右・左
笹森儀助『南島探験』・鹿児島県立図書館蔵　p.143
柴田融ほか編『図録維新と薩摩』　p.15左，43中，81，163，189，255
尚古集成館　p.21，129
武雄鍋島家資料　武雄市蔵　p.3
長崎大学附属図書館　p.5，27
中原昌一（撮影）・笠沙恵比寿（提供）　p.329
野井倉土地改良区・志布志市　p.239
東川美和（撮影）　p.37，49，113，125中，131，149，175，177下左，225，261中，269
肥薩鉄道開通式協賛会編『鹿児島県案内』・鹿児島県立図書館蔵　p.141
本富安四郎『薩摩見聞記』・鹿児島県立図書館蔵　p.167
増満義孝『鹿児島刑務所史』・鹿児島県立図書館蔵　p.117
南日本新聞社　p.281上，309，333
三宅通夫・鹿児島大学　p.111
屋久島森林環境保全センター　p.93

配列は五十音順とし，敬称は略させていただきました。

紙面構成の都合で個々に記載せず，巻末に一括しました。所蔵者不明の図版は，転載書名を掲載しました。万一，記載漏れなどがありましたら，お手数でも編集部までお申し出下さい。